Correspondance générale d'Helvétius

VOLUME I : 1737–1756 / LETTRES 1–249

Éditions critique préparée par Peter Allan, Alan Dainard, Jean Orsoni et David Smith

Le présent volume est le premier des trois qui constituent l'édition critique compléte des lettres de Claude-Adrien Helvétius (1715-1771) et de sa femme, née Anne-Catherine de Ligniville (1722-1800).

Ses attaches familiales avaient valu à Helvétius d'être introduit à la cour et dans les cercles gouvernementaux et il avait dû à sa qualité de fermier général de connaître de nombreux personnages de la vie politique et sociale de son temps. Il fréquentait les salons et s'entretenait de philosophic et de littérature avec les grands écrivains du XVIIIe siécle. Son premier ouvrage, *De l'Esprit,* eut un succés de scandale, lui conféra une réputation internationale et développa ses relations avec les encyclopedistes et avec les grandes figures étrangéres de l'Europe. Sa femme le soutint avec constance au cours de *l'affaire de L'Esprit,* et bien plus tard, fut en relations épistolaires avec Benjamin Franklin. Aussi, la présente correspondance fournit-elle de nombreux détails sur la vie d'Helvétius et celle de son épouse et offre des perspectives nouvelles sur l'histoire politique, intellectuelle et sociale du XVIIIe siécle.

Ce premier volume contient prés de 250 lettres, inédites pour la plupart, qui ont été écrites ou reçues par Helvétius ou par Mme Helvétius. Les plus nombreuses sont celles que cette dernière, alors qu'elle était encore Mile de Ligniville, avait adressées à sa tante, Mme de Graffigny, et d'autre part, un important groupe de lettres ecrites par Helvétius à sa femme, dont leurs descendants ont bien voulu fournir communication. Au nombre des correspondants, figurent Baculard d'Arnaud, Boulanger, Dumarsais, La Chaussée, l'abbé Le Blanc, Montesquieu, Voltaire et Mme Du Châtelet.

Le présent volume est préfacé par le comte Charles-Antoine d'Andlau, descendant de la fille cadette d'Helvétius; il contient une introduction et un exposé des principes d'édition qui ont été observes.

ALAN DAINARD et le directeur de l'édition, DAVID SMITH, enseignent à University of Toronto, PETER ALLAN à Mount Allison University (Nouveau Brunswick) et JEAN ORSONI à l'université du Québec à Trois-Rivières.

Gravure d'Helvétius d'après le portrait par Drouais

Correspondance générale d'Helvétius

VOLUME I : 1737–1756 / LETTRES 1–249

Préface du
Comte Charles-Antoine d'Andlau

Introduction, principes d'édition,
établissement des textes et
appareil critique par
Alan Dainard, Jean Orsoni,
David Smith, directeur de l'édition, et
Peter Allan, pour la préparation des
lettres de Madame Helvétius

UNIVERSITY OF TORONTO PRESS
Toronto and Buffalo

THE VOLTAIRE FOUNDATION
Oxford

Toronto Buffalo London
Reprinted in paperback 2015
ISBN 978-0-8020-5517-0 (cloth)
ISBN 978-1-4426-3880-8 (paper)

Published in Great Britain by the Voltaire Foundation
Taylor Institution
Oxford OX1 3NA

Données de catalogage avant publication (Canada)
Helvétius, C. A., 1715–1771.
Correspondance générale d'Helvétius

(University of Toronto romance series; 41)
Sommaire : v.1, 1737–1756.
Comprend un index.

1. Helvétius, C. A., 1715–1771. 2. Philosophes – France – Correspondance. I. Allan, Peter, 1931– II. Dainard, J. A., 1930– III. Orsoni, J. D., 1931– IV. Smith, David W., 1932– V. Titre. VI. Collection : University of Toronto. University of Toronto Romance Series; 41.
B2046.H44 194 C80-094481-X

Préface

Mon père, ainsi que tous les membres de sa famille, avait accueilli avec enthousiasme le projet du professeur D. W. Smith de publier la correspondance de notre aïeul Helvétius; il se serait fait un plaisir d'écrire la préface de ce premier tome. Cet honneur me revient puisque mon père n'est plus parmi nous.

Avec un certain recul, il semble tout naturel qu'après la période de pouvoir autoritaire qu'avait connue la France au XVIIe siècle, une réaction s'amorçât au siècle suivant, réaction rendue d'ailleurs d'autant plus concevable que le pouvoir royal était affaibli.

Cette réaction se traduisit par le désir d'une liberté de pensée et par cette abondance d'idées nouvelles qui ont caractérisé le siècle des Lumières. Ce déploiement d'idées était d'autant plus légitime que le relâchement de l'autorité royale avait donné naissance à un certain nombre d'abus, et pour ce qui concerne les finances publiques, à un grand laisser-aller.

En tant que fermier général, Helvétius était bien placé pour les connaître; nul doute que par ses idées et par son attitude en ce milieu du XVIIIe siècle, Helvétius a été ce que nous appellerions aujourd'hui un "contestataire". Bien sûr, il avait profité lui-même du mode de collecte des droits et impôts sous l'Ancien Régime, mais mieux que quiconque, il connaissait les abus de l'affermage des impôts : il avait dénoncé l'avidité des intermédiaires qui en tiraient profit et voyait le danger de telles pratiques.

Il est toujours difficile de provoquer des réformes à l'intérieur d'un "système" bien établi surtout lorsqu'un grand nombre de personnes ont intérêt à le laisser se perpétuer; néanmoins, pour attirer l'attention sur certains abus, Helvétius n'avait-il pas engagé, nous dit Saint-Lambert, les bourgeois de Bordeaux soumis à un nouveau droit sur les vins, à se réunir et à assiéger les représentants de la Ferme : "Faites-vous craindre... Attaquez nos employés : ... vous nous battrez, et on vous rendra justice."? Voilà un trait de caractère qui rend Helvétius, homme du XVIIIe siècle, très proche de nous.

Cette même opposition à l'ordre établi, nous la retrouverons dans ses écrits. Si *De l'Esprit* pouvait paraître à première vue une simple attaque contre les croyances religieuses du moment – d'où la violente réaction des jésuites et des jansénistes – certains ne s'y trompèrent pas, il apparaissait que le livre attaquait indirectement le pouvoir royal; d'où le sursaut – simple instinct de conservation – de minorités qui cherchaient par un éclat à maintenir les avantages acquis, et aussi cette avalanche de condamnations – Conseil du roi, Parlement, Faculté de théologie, etc. – qui se succédèrent en moins d'un an.

Réaction d'autant plus violente que *De l'Esprit* avait reçu de la censure royale l'autorisation de paraître, et ceci un an après la proclamation royale de 1757 condamnant à la peine de mort "tous ceux qui seront convaincus d'avoir composé, fait composer et imprimer des écrits tendant à attaquer la religion, à émouvoir les esprits, à donner atteinte à notre autorité royale et à troubler l'ordre et la tranquillité de nos états".

Or *De l'Esprit* faisait tout cela à la fois; du moins, c'est ce que pensaient ses détracteurs.

Avec le recul du temps, devons-nous avancer qu'Helvétius ne visait dans cette œuvre ni la religion, ni le pouvoir royal, mais bien tous ceux qui, profitant du régime, allaient le conduire à sa perte? C'est du moins ce qui se dégage de l'échange de lettres entre Voltaire et Helvétius où le premier reprend ce thème et sépare le Roi de ceux qui l'entourent : "Aimons le Roi et détestons les fanatiques." ou encore "Soyons hardiment bons serviteurs de Dieu et du Roi et foulons aux pieds les fanatiques et les hypocrites."

Duplicité, diront certains, mais cela n'est pas tellement sûr, car, même trente ans plus tard, au tout début de la Révolution française, on ne s'en prendra pas au Roi, on ne cherchera pas à le destituer.

Faut-il aller plus loin et prétendre qu'Helvétius cherchait à protéger le pouvoir royal contre tous ceux qui vivaient à ses dépens et à démontrer que, sans réformes, la royauté allait à sa perte? Pourquoi pas?

Il ne faut pas s'y méprendre : stigmatiser les abus d'un régime ou d'une époque, ce n'est pas nécessairement souhaiter qu'un changement radical intervienne.

Helvétius avait d'ailleurs bien des motifs d'être attaché à ses privilèges; il était un grand propriétaire terrien et disposait d'une fortune considérable; à la Cour, il était maître d'hôtel de la Reine.

Helvétius avait donc toutes les raisons d'être par certains côtés un conservateur; peut-être pourrions-nous dire qu'il était un conservateur éclairé cherchant à faire la synthèse entre des idées philosophiques avancées pour l'époque et les avantages non négligeables dont il jouissait. Renverser la royauté lui semblait, comme à bien d'autres, tout à fait inconcevable.

Quoi qu'il en soit, le siècle n'est pas encore rassasié d'idées : on propose, on discute, on compare; il faudra attendre la fin du siècle pour que cette abondance d'idées qui donna naissance en France à un trop grand nombre de constitutions, soit remise en question et que s'instaure à l'égard des idées, une certaine suspicion, idéologues et amateurs de perfectibilité mis à part.

Mais qui met en branle le mouvement des idées est toujours coupable; trop de personnes profitent d'un régime établi pour qu'elles n'aient pas à craindre un changement. Qui alors soutiendra l'initiateur, Helvétius en l'occurrence? Bien sûr les philosophes qui prônent une certaine évolution. Néanmoins l'auteur de *L'Esprit* va se trouver isolé, en butte à de nombreuses tracasseries. Les membres de sa famille ne le soutiendront pas tous : sa mère insistera même pour qu'il se rétracte; le réconfort, il ne le trouvera qu'auprès de sa femme.

C'est là un trait assez particulier en un siècle où les mœurs étaient assez relâchées. Au moment où Helvétius cherche à se disculper à la Cour, c'est auprès de sa femme qu'il cherche les apaisements; c'est elle seule qui peut le consoler. Il lui écrit souvent, fort tendrement, désirant la rejoindre au plus vite à la campagne : "Je regrette mes champs; ce sont les champs qu'habite celle que j'aime; c'est près d'elle qu'est mon bonheur; elle ne perdra jamais son serviteur."

Bien d'autres lettres nous montrent la tendresse, voire l'intimité qui régnait entre Helvétius et sa femme. À ce propos, n'est-il pas curieux de noter que bien avant son mariage, avant même de venir à Paris, la future Madame Helvétius avait des idées bien arrêtées sur les qualités que devait avoir son futur époux; dans une lettre à Madame de Graffigny ne dit-elle pas (elle avait alors vingt-trois ans) : "Je désirerais d'être mariée avec un homme aimable, non pas à un jeune homme... Je désirerais d'être aimée passionnément... Avec cela, il faudrait que ce mari ait dix mille livres de rente et une campagne charmante."? Ne peut-on pas reconnaître dans cette description le portrait d'Helvétius?

Par sa correspondance, Helvétius nous est révélé sous divers aspects : il est l'ami et le bienfaiteur des philosophes, le propriétaire intervenant pour la remise en état d'un chemin, l'homme d'affaires s'inquiétant de la santé de son secrétaire, le voyageur donnant ses impressions sur l'Angleterre; enfin au moment de l'affaire de *L'Esprit*, il fait revivre les tensions consécutives à l'épanouissement des Lumières.

Encore fallait-il pour en juger, que cette correspondance, partiellement publiée, fût complétée afin que la réalité ne risquât point d'être déformée.

C'est le très grand mérite du professeur D. W. Smith d'avoir apporté un soin extrême à la publication de cette correspondance. Ses travaux antérieurs et ses publications sur Helvétius font autorité; grâce à sa patience et à sa sagacité il a mis au jour quantité de documents inédits dispersés dans de nombreux instituts et bibliothèques. Nul n'était plus indiqué que lui pour s'attaquer à cette tâche qu'avec l'aide de ses trois collaborateurs, il a su mener à bien, et nous espérons que la publication de la correspondance rencontrera auprès du public un succès bien mérité. Qu'il soit donc remercié de nous avoir rendu encore plus vivante – pour nous descendants d'Helvétius, et pour tous ceux qui s'intéressent à l'histoire des Lumières – cette époque qui annonce, par ses idées et par les transformations qu'elle va apporter, le monde où nous vivons.

Charles-Antoine d'Andlau

Voré, le 25 janvier 1981

Introduction

Ces vingt-cinq dernières années ont vu l'apparition de plusieurs ouvrages et articles sur Helvétius, qui témoignent d'un renouveau d'intérêt pour sa vie et son œuvre. Dans la première moitié du siècle, la thèse magistrale d'Albert Keim avait, semble-t-il, découragé d'entreprendre d'autres travaux tous ceux qui n'étaient pas munis de documents nouveaux. Mais depuis 1950, Helvétius a été redécouvert, surtout hors de France. On s'est intéressé en particulier à sa philosophie de l'éducation, à l'affaire de *L'Esprit*, à la *Réfutation de L'Homme* de Diderot, à l'analyse bibliographique des différentes éditions de ses ouvrages, à l'influence que son œuvre a exercée sur d'autres écrivains tels que Sade, Stendhal et les idéologues, et enfin aux aspects prémarxistes de son idéologie politique.

Mais en dépit de ce regain d'intérêt, aucun des philosophes n'est encore lu dans des textes aussi incertains. Aucun de ses ouvrages n'a fait l'objet d'une édition intégrale satisfaisante. Cette médiocrité dans l'établissement des textes surprend cependant moins lorsqu'on sait que la dernière édition des *Œuvres complètes* date de 1818. D'autre part, si cette dernière est la moins infidèle, c'est pourtant celle de 1795 en 14 volumes, due à Martin Lefebvre de La Roche, que l'on a coutume de considérer comme la meilleure, malgré de nombreuses altérations, suppressions et interpolations. C'est ainsi que le texte de *L'Homme* comporte, par rapport à la version originale, diverses omissions atteignant au total quelque 30 000 mots. Quant aux éditions originales, qui pourraient fournir un texte relativement authentique, il est problématique d'y recourir. Celle de *L'Esprit*, dont seulement six exemplaires sont publiquement accessibles, comporte des indications bibliographiques qui laissent croire à l'existence de plusieurs cartons. Et celle de *L'Homme*, dont le texte fut souvent modifié au cours de l'impression, diffère sensiblement de celui du manuscrit. Ainsi, aucun des manuscrits subsistants n'a jamais été utilisé à des fins d'édition depuis le XVIIIe siècle. Il va donc sans dire qu'une édition moderne des œuvres d'Helvétius est justifiée, et même indispensable, car l'utilisation de textes d'authenticité douteuse entraîne inévitablement le risque de fautes d'interprétation sur la pensée d'Helvétius.

L'intérêt que présentent les ouvrages d'Helvétius, n'empêche cependant pas l'édition de sa correspondance de rester notre objectif privilégié; les éditions existantes des lettres d'Helvétius laissent en effet encore plus à désirer que celles de ses autres œuvres. À l'exception des lettres échangées entre Helvétius et Voltaire, qui figurent dans les deux éditions de Theodore Besterman et dans les différentes éditions des *Œuvres* des deux auteurs, on ne rencontre jamais plus d'une douzaine de lettres de la correspondance d'Helvétius dans aucune des nombreuses publications dont il a fait l'objet.

La qualité de ces éditions fragmentaires est malheureusement des plus médiocres, en dehors de certaines éditions modernes de correspondances, comme celles de Hume, Montesquieu, ou Voltaire, ou celle des lettres d'Helvétius publiées par Jusselin. En général, on constate une orthographe arbitrairement modernisée, des suppressions de passages, et des dates erronées, le plus souvent sans explication méthodologique de la part des éditeurs. Le "tripatouillage" éditorial a même pris une fois la forme de la fusion de deux lettres pourtant bien distinctes et temporellement assez éloignées l'une de l'autre. Dans deux cas, des lettres adressées à Montesquieu par un Suisse disant se nommer "Helvétius", ont été attribuées à notre auteur, alors que les différences d'écriture et de signature étaient patentes. Enfin, certaines lettres apocryphes ont été publiées sous le nom d'Helvétius par La Roche qui entendait apporter à la cause révolutionnaire le concours posthume du philosophe, exemples qui nous ont engagés à une certaine circonspection à l'égard de toutes lettres dont l'authenticité ne repose que sur les affirmations de La Roche.

En ce qui concerne les lettres déjà publiées, elles se trouvent dans une telle profusion de publications qu'il est souvent fort difficile d'en obtenir le texte. Quant aux lettres inédites, elles sont dispersées dans de nombreuses bibliothèques publiques et privées, aux États-Unis aussi bien qu'en Europe. C'est ainsi que des lettres ont été localisées en France dans les villes d'Alençon, Besançon, Bordeaux, Laon, Nantes, Paris, Poitiers, et à l'étranger dans des villes aussi diverses que Bâle, Berlin, Bruxelles, Édimbourg, Forlì, Genève, La Haye, Leningrad, Londres, Mariemont, Minneapolis, Moscou, New York, Rome, Stockholm, Vérone, Vienne et Washington.

Cependant, c'est dans quatre collections particulières que se trouvent réunis les ensembles de lettres les plus importants. L'Université Yale, en premier lieu, détient plus de soixante-six lettres de Mme Helvétius, dans les "Graffigny Papers", source à peine exploitée de renseignements sur la période 1738–1758. Nous y avons puisé d'ailleurs un certain nombre de lettres de Mme de Graffigny dans lesquelles elle offre à François Devaux des informations nouvelles sur une période peu connue de la vie d'Helvétius et de son épouse.

D'autre part, l'American Philosophical Society, de Philadelphie, possède plusieurs lettres de Benjamin Franklin à Mme Helvétius qui ne manquent ni de sel ni de charme.

La troisième collection est celle que détient le marquis de Rosanbo, descendant direct d'Helvétius, qui a bien voulu nous permettre de consulter le microfilm en question aux Archives nationales. Il s'agit de 26 lettres, la plupart adressées à Helvétius, qui sont non seulement inédites mais inconnues jusqu'à présent des spécialistes. Parmi les correspondants d'Helvétius figurent les noms de Dumarsais, Frédéric II, Hume, La Roche, Lévesque de Burigny, Lord Palmerston, le cardinal Passionei, le père Plesse, et un matérialiste de ses amis qui fait un long commentaire sur le manuscrit de *L'Homme*. Ces lettres datent surtout des années 60, mais il y en a deux qui datent de 1738 et de 1751. Nous sommes fort reconnaissants au marquis de Rosanbo de nous avoir autorisés à publier dans ce premier volume les éléments essentiels de ces deux lettres.

Enfin, la quatrième collection est conservée au château de Voré, dans l'Orne, dont Helvétius, qui y avait passé les années les plus heureuses de sa vie, se plaisait à vanter le charme : "Oh! le beau lieu que Voré pour dormir!" À Voré se trouvent plus d'une centaine de lettres d'Helvétius à sa femme, que ses descendants conservent précieusement depuis plus de deux cents ans. Certains ont déjà été publiées, et sont surtout des lettres envoyées par Helvétius d'Angleterre et de Prusse, mais la plupart sont inédites. Toutes, grâce à la bienveillance et à la collaboration éclairée du comte d'Andlau, descendant direct du philosophe, ont été mises à la disposition des éditeurs, qui tiennent à lui exprimer ici leur vive reconnaissance.

Cette dernière collection permet d'apprécier l'importance particulière de Mme Helvétius, née Anne-Catherine de Ligniville d'Autricourt, dans la carrière de son mari. La parenté et les origines nobles de "Minette", son charme tant vanté des contemporains, ses qualités mondaines, sa dignité naturelle, sa force d'âme, et surtout la passion et l'affection inaltérables qu'elle sut inspirer à son mari pendant les vingt ans de leur mariage, sont des facteurs déterminants pour une compréhension réelle du comportement et des idées de ce dernier. C'est pourquoi la présente édition comprendra toutes lettres connues, écrites ou reçues par Mme Helvétius au long de sa vie. Celles qu'elle avait envoyées à Mme de Graffigny avant son mariage, alors qu'elle désirait tant quitter son couvent et rejoindre sa tante à Paris, sont particulièrement révélatrices, tant des conditions de la vie conventuelle de l'époque que de la personnalité de la future Mme Helvétius. Après la mort de son mari en 1771, c'est grâce à son initiative et à ses qualités personnelles qu'elle se ménagea un rôle social marquant en animant la "Société d'Auteuil" qui réunissait d'Alembert, Cabanis, Franklin, La Roche, Morellet, Saint-Lambert, Turgot, etc. On ne peut que regretter qu'aucune des nombreuses lettres qu'elle dut adresser à son mari n'ait encore été retrouvée.

Il existe un cinquième groupe de lettres d'importance majeure : celles relatives à l'affaire de *L'Esprit*, qui se trouvent à la Bibliothèque nationale dans trois dossiers assemblés par Malesherbes, directeur de la librairie, par Jean-Omer Joly de Fleury, avocat général au Parlement, et par son frère Guillaume-François-Louis Joly de Fleury, procureur général au Parlement. Ces lettres, souvent exploitées mais jamais publiées intégralement, présentent un intérêt remarquable pour qui s'intéresse au réseau complexe de forces dont l'ouvrage principal d'Helvétius fut la victime.

Il va sans dire que toutes ces lettres, réunies pour la première fois dans la même édition, apportent des informations nouvelles sur les idées d'Helvétius, sur sa vie et celle de sa femme, et sur l'histoire du XVIIIe siècle en général. En attendant la parution de la nouvelle biographie d'Helvétius que prépare D. W. Smith, et celle de Mme Helvétius que prépare Peter Allan, il ne sera pas inutile d'esquisser ici leurs relations avec leurs contemporains. Avant son mariage, c'est surtout avec Voltaire qu'Helvétius avait été en correspondance. Aucune des lettres de ce dernier remontant à cette époque ne nous est parvenue, à l'exception de deux d'entre elles, adressées à Mme Du Châtelet. Leurs thèmes probables peuvent être inférés des réponses publiées depuis déjà plus de deux cents ans, dans lesquelles le philosophe de Ferney parle d'épistémologie et de science, initie le jeune fermier général à ses querelles littéraires, et lui donne surtout des conseils de poétique. Pendant cette même période, Helvétius entretient Baculard d'Arnaud d'inspiration littéraire et La Chaussée de ses propres œuvres dramatiques, aujourd'hui perdues. Il écrit également à l'abbé Le Blanc, qui admire en lui le philosophe, à Montesquieu dont il loue *L'Esprit des lois*, et à la comtesse de Rochefort à laquelle il réserve ses plus intimes confidences.

Cependant, Mlle de Ligniville, demoiselle de haute naissance, mais de médiocre fortune, languit en Lorraine. Éloignée de la demeure familiale, dépourvue d'affection maternelle, elle sera élevée par Mme de Graffigny, sa tante à la mode de Bretagne, à qui elle écrit dès 1746 : "Si j'étais votre fille. Mon Dieu! Pourquoi faut-il que je ne la sois pas?" Toutefois, c'est d'abord, dans une série de couvents lorrains qu'elle passe ses jeunes années entre 1738 et 1746, à l'exception d'une courte période, vers 1742, vécue chez Mme de Rouerke, sœur de Marc de Beauvau-Craon qui avait épousé une Ligniville. C'est pendant son dernier séjour dans un couvent chez les chanoinesses augustines de la Congrégation Notre-Dame à Ligny-en-Barrois, qu'elle adresse à sa "tante" les 73 lettres mentionnées plus haut. Et c'est en septembre 1746 que Mme de Graffigny, malgré l'état précaire de ses finances, cède aux instances pressantes d'Anne-Catherine, qui s'installe chez elle, rue Saint-Hyacinthe, dans le Quartier Latin.

Mme de Graffigny ne tarde pas à chercher parmi les habitués de son salon le mari rêvé de sa nièce – aimable, pas jeune, capable d'un sincère attachement, passionné, muni de dix mille livres de rente et d'un séjour de campagne charmant. Après quelques initiatives mal inspirées, son choix se fixe sur Helvétius. Roturier, mais riche, il se démet de ses fonctions de fermier général, épouse, en 1751, la "haute et puissante comtesse du Saint-Empire", et s'installe au château de Voré.

C'est pendant les vingt ans de son mariage qu'Helvétius établit sa réputation et élargit le cercle de ses connaissances. Grâce à son épouse et à Mme de Graffigny, il noue des relations avec les Lorrains de Paris : Mme de Boufflers, Choiseul et Palissot, son futur ennemi, qui le félicite à l'occasion de son mariage et reçoit en retour l'assurance qu'il atteindra à l'immortalité en tant que poète. Il est probable qu'Helvétius correspond avec d'autres personnes souvent mentionnées dans ses lettres en termes indiquant l'intimité : Buffon, Duclos, Le Roy, Mably, Pluquet, Quesnay, Saurin, Trudaine, Turgot, la comtesse de Vassé et Condillac, qui avait dédié à cette dernière son *Traité des sensations*; mais aucune lettre échangée avec ces relations ne nous est encore parvenue.

Lors de l'affaire de *L'Esprit*, Helvétius correspond avec Choiseul, qui exerce les fonctions de principal ministre sans en porter le titre, de même qu'avec Collin, homme de confiance de Mme de Pompadour, Malesherbes, directeur de la librairie, et le cardinal Passionei, protecteur des lettres, qui allait pourtant signer la condamnation papale de *L'Esprit*. Mirabeau se joint à cette occasion à Voltaire et à d'autres philosophes pour prodiguer leurs conseils et consolations à l'auteur persécuté. Et pendant ses brefs séjours à Paris ou à Versailles, Helvétius conte à sa femme, restée à Voré, le détail de ses humiliations et de ses petits triomphes. Ce sont toutefois les lettres échangées entre tiers qui sont à ce moment les plus intéressantes, en raison de la part prise à la querelle par la cour, le gouvernement, le Parlement, la Sorbonne, le Vatican, un certain nombre d'évêques et archevêques, sans compter les philosophes qui s'y mêlèrent. Parmi bien des commentaires sérieux, des anecdotes amusantes égayent parfois la correspondance de cette époque. Par exemple, Walpole raconte comment une recherche entreprise à Berne pour mettre la main sur des exemplaires de *L'Esprit* et de *La Pucelle* révéla très peu d'esprit et pas une pucelle.

Pendant les treize dernières années de sa vie, la renommée qu'Helvétius s'était acquise en publiant *De l'Esprit* et en voyageant en Angleterre et en Prusse, contribue à accroître sensiblement le nombre de ses correspondants, surtout à l'étranger, où les plus célèbres d'entre eux furent Garrick, Hume, Walpole et Wilkes en Angleterre, Frédéric le Grand en Prusse, la reine Louise-Ulrique en Suède et Ivan-Ivanovitch Chouvalov en Russie. En France, les noms les plus notables que l'on relève parmi ses correspondants sont ceux de Dom Deschamps, Lévesque de Burigny, Servan et bien entendu Voltaire, qui restera le plus fidèle. Ses lettres adressées à sa femme lors de ses séjours en Angleterre et en Prusse offrent des descriptions d'un intérêt particulier concernant ses voyages et ses expériences, alors que sa correspondance avec Choiseul, Praslin et d'Argental permet de suivre ses activités diplomatiques à Potsdam. Enfin, vers la fin de sa vie, Helvétius s'attache à réfuter les critiques de Rousseau à l'encontre de *L'Esprit* et à prodiguer ses encouragements au comte de Forbach, soupirant de sa fille cadette.

On n'a découvert aucune trace de correspondance entre Helvétius et d'Alembert, Diderot, d'Holbach, Marmontel et Morellet, bien que ces noms soient très souvent associés au sien dans les ouvrages sur l'histoire des idées au XVIIIe siècle. À d'Holbach du moins, Helvétius avait certainement dû écrire, puisqu'ils étaient devenus des amis intimes et avaient échangé des visites fréquentes.

Les idées qu'Helvétius exprime dans ses lettres apparaissent généralement en harmonie avec celles contenues dans ses ouvrages. Toutefois, il lui arrive d'exprimer de façon inconsciente des idées sensiblement éloignées de celles dont il faisait profession. Par exemple, si ses lettres à sa femme constituent un monument élevé à la gloire de l'amour conjugal, elles sont diamétralement opposées à ses théories sur l'amitié, l'amour et le mariage. C'est à bien des occasions qu'il fait mentir son assertion selon laquelle l'amour entre les sexes pourrait se réduire à la satisfaction d'une convoitise animale, par exemple, lorsqu'il avoue : "Je n'ai jamais ressenti autant de tendresse que j'en ai pour toi, et de bonne foi je n'aurais pas cru à l'existence de ce sentiment si je ne l'éprouvais pas."

Malgré l'absence inattendue, dans les lettres respectives des époux Helvétius, d'observations sur certains événements importants, tels que les vicissitudes de l'*Encyclopédie* ou les péripéties de la Révolution, il n'en reste pas moins que leur correspondance fournit une mine d'informations nouvelles sur le XVIIIe siècle. Sur le plan littéraire et philosophique, on voit Helvétius protéger de jeunes écrivains vivant dans la gêne, commenter les manuscrits de ses amis et les féliciter de leurs ouvrages, et soutenir ses opinions auprès de Hume, Voltaire, et indirectement, Rousseau. Sur le plan politique, il observe la lutte entre le roi et le Parlement, décrit le choc produit par la tentative d'assassinat de Damiens sur la personne de Louis XV, détaille les développements intervenus dans la guerre de Sept Ans, et relate ses négociations délicates en Prusse. Quant aux affaires religieuses, elles lui inspirent peu de commentaires, mais son anti-cléricalisme se révèle encore plus amer après l'affaire de *L'Esprit*. Son attention se porte à la fois sur le banal et le marquant – jardins anglais, architecture prussienne, candidatures à l'Académie française, avis médicaux, hypocondrie de Duclos, tournée de concert de Mozart – et sa correspondance éclaire ainsi d'un jour nouveau sa vie et son œuvre, les personnages illustres de son temps et la société du XVIIIe siècle.

Principes de la présente édition

Rien ne serait plus aventuré que de prétendre qualifier une édition de correspondance de définitive. Aussi nous limiterons-nous à indiquer que nous avons fait notre possible, au cours de plusieurs années de recherches, pour nous procurer le texte de toute lettre existante ou ayant existé, et pouvant avoir titre à figurer dans cet ouvrage.

Le principe fondamental de la présente édition est de respecter l'authenticité du texte original dans toute la mesure compatible avec une lecture aisée.

I. CHOIX ET NATURE DES TEXTES ÉDITÉS

Toute lettre et tout billet dont Helvétius ou Mme Helvétius est l'expéditeur ou le destinataire sont imprimés intégralement. Font exception à cette règle un petit nombre de lettres conservées dans les archives de Voré, adressées à Helvétius, et relatives à l'administration de ses terres, et dont seuls certains passages ont été cités, dans les notes accompagnant d'autres lettres. Lorsque des extraits de lettres sont seuls disponibles, les passages absents sont indiqués au moyen de trois points de suspension entre crochets [...]. Quand le caractère épistolaire d'un texte présenté comme étant une lettre est hautement douteux ou fictif, comme dans le cas des nombreux ouvrages littéraires publiées sous forme de lettre au XVIIIe siècle, elle a été, soit rejetée entièrement, soit reléguée en annexe.

Ont été également incluses dans cette édition un certain nombre de lettres échangées entre tiers, et qui ont trait à Helvétius ou à Mme Helvétius. Toutefois, seuls les passages les concernant ont été retenus, et lorsque ceux-ci ont été jugés trop courts pour être présentés sous forme de lettre numérotée, ils ont été insérés dans les notes explicatives ou dans les remarques accompagnant une autre lettre. Les passages omis sont indiqués au moyen du signe [...].

En ce qui concerne les lettres dont nous n'avons pu obtenir le texte intégral, nous en fournissons les éléments disponibles, tels que texte partiel, résumé, date, noms du destinataire et de l'expéditeur, ainsi que nos sources d'information, et en général, la référence d'un catalogue de vente.

II. PRÉSENTATION GÉNÉRALE DES LETTRES ET DÉSIGNATION DES CORRESPONDANTS

Chaque lettre porte un numéro, et son texte est précédé des noms de l'expéditeur et du destinataire.

Les correspondants sont désignés par leurs prénoms, leur nom, et le cas échéant, les titres de noblesse qu'ils portaient à la date de la lettre. Échappent à ce principe Helvétius, Madame de Graffigny, Montesquieu, Voltaire et Madame Helvétius à partir de son mariage, personnages qui sont toujours désignés comme ils viennent de l'être ci-dessus.

III. DATATION

1. *Disposition des dates* : Les dates indiquées par l'expéditeur sont reproduites à la place qu'elles occupent dans l'original, c'est-à-dire en début ou en fin de lettre. Toutefois, leur position sur la ligne est uniformisée; les dates portées en début de lettre sont toujours placées à droite; celles écrites en fin de lettre, toujours à gauche.

2. *Pluralité de dates* : Lorsqu'une lettre porte plusieurs dates, elles sont toutes reproduites dans l'ordre où elles ont été écrites. Mme de Graffigny écrivait souvent ses lettres à Devaux en plusieurs jours, en datant séparément les sections écrites chaque jour, qui se suivaient directement sur la même page.

3. *Détermination et vérification des dates* : Pour toute lettre non datée, nous indiquons, en haut du texte et entre crochets, la date exacte ou approximative de sa rédaction.

Une date erronée écrite par l'expéditeur est reproduite, suivie de la date véritable (ex. : 17 mai 1765 [=1766]).

Si la date suppléée ou rectifiée par nos soins est approximative, elle est accompagnée de précisions telles que "vers", "avant", "après", "peu après", "entre", etc. Toutes explications les concernant sont fournies dans le commentaire. Il va sans dire que la mention de la date de réception, parfois ajoutée sur la lettre par le destinataire, a été utilisée pour circonscrire celle de sa composition ou de son envoi.

4. *Typographie des dates* : Sur deux points, nous nous sommes conformés à l'usage moderne, en orthographiant les mois et les jours avec des minuscules initiales, et en rectifiant la ponctuation.

IV. CLASSIFICATION DES LETTRES

Les lettres sont classées en fonction conjointe de leur chronologie et de l'imprécision des dates qu'elles portent ou qui leur sont attribuées. C'est ainsi que pour un groupe de lettres appartenant à la même période, les plus imprécisément datées viennent d'abord, suivies de celles dont la datation est approximative, et enfin de celles datées avec exactitude (ex. : [1763]; [Mai 1763]; 6 mai 1763).

V. LIEU DE COMPOSITION OU DE PROVENANCE

Nous ne mentionnons le lieu de composition ou de provenance d'une lettre que s'il est indiqué par l'expéditeur lui-même.

VI. ÉTABLISSEMENT DU TEXTE

Conformément au principe indiqué au début du présent exposé, nous nous sommes efforcés de reproduire dans toute la mesure du possible la forme de l'original et les intentions de l'expéditeur. Toutes suppressions, adjonctions et modifications par rapport au texte original ont ainsi été réduites au minimum et ne sont dues qu'aux impératifs afférents à la compréhension, à la commodité de la lecture et aux renvois à l'appareil critique. Ces divers amendements font l'objet des notes qui suivent, mais les seuls de quelque portée consistent en l'insertion, d'une part, de mots ou de lettres complémentaires placés entre crochets, et d'autre part, des lettres minuscules et chiffres arabes renvoyant respectivement aux notes textuelles et aux notes explicatives.

1. *Lettres et mots raturés* : Les lettres et mots délibérément raturés par l'expéditeur sont supprimés. Toutefois, si leur intérêt le justifie, ils font l'objet d'une note textuelle, dans laquelle ils sont présentés entre anti-lambdas, ou parenthèses angulaires : ⟨ ⟩. Les lettres et mots raturés par une personne autre que l'expéditeur sont conservés dans la mesure où ils sont lisibles.

2. *Lettres et mots omis ou superflus* : En principe, les passages comportant des omissions inadvertantes de mots ou de lettres sont reproduits tels quels. Toutefois, si le sens en est obscur, nous recourons, soit à une note explicative, soit à l'adjonction entre crochets, dans le texte même, des lettres ou mots de remplacement susceptibles d'avoir été omis par l'expéditeur, du moins lorsqu'une solution plausible se présente (ex. : "J'aimerois mieux aller loger [ailleurs] que de voir maintenant deranger une pincette dans ma chambre."; "Tu ne ferois qu'emb[ar]rasser icy ma mere.").

Les mots répétés par inadvertance par l'expéditeur et ceux qu'il a omis de raturer sont supprimés et font l'objet d'une note textuelle, dans laquelle le texte original est indiqué.

3. *Mots indéchiffrables* : Sont à comprendre comme indéchiffrables les mots illisibles, obscurcis par un pâté ou une rature ou dérobés par une déchirure.

Les mots indéchiffrables, et pour lesquels aucune solution de remplacement ne se présente sont indiqués par le signe [.....]. Le nombre de points correspond au nombre présumé de lettres pouvant être inféré du texte.

Les mots indéchiffrables pour lesquels une conjecture plausible résulte du sens de la phrase, de l'espace disponible, ou d'une lisibilité partielle, sont remplacés par le terme proposé, placé entre crochets et écrit en français moderne, sauf s'il s'agit de mots toujours orthographiés de la même façon par le destinataire (ex. : dans les lettres de Mme Helvétius "aux jours [dhuie]"). Toute suggestion à caractère hypothétique fait l'objet d'une note explicative, et les mots remplacés y sont signalés comme totalement ou partiellement illisibles.

4. *Surcharges* : Sont à entendre comme surcharges les lettres, mots, passages ou paragraphes ajoutés en haut, en bas ou au verso des pages, en interlignes ou dans les marges.

Les surcharges pratiquées par l'expéditeur lors de la composition de la lettre sont insérées dans le texte à leur place normale. Les autres surcharges sont éliminées du texte et indiquées en note, qu'elles soient dues au destinataire, à un propriétaire du manuscrit, à un éditeur, ou à l'expéditeur lui-même, lorsqu'il a ajouté la surcharge sur un brouillon ou une copie, et non sur l'original expédié.

5. *Orthographe* : L'orthographe particulière de tout original autographe rédigé antérieurement à la mort de Mme Helvétius (1800) est conservée intégralement. Ainsi, nous conservons les u et les i, utilisés respectivement au lieu des v et des j modernes, ces graphies étant au demeurant assez rares dans cette correspondance. Toutefois nous nous sommes dispensés de reproduire typographiquement les s allongés (ſ) et les s double (ſſ) utilisés au XVIIIe siècle.

Lorsque le texte original n'est pas un manuscrit autographe, mais une copie, un imprimé ou une version issue d'une traduction en une langue étrangère, l'orthographe en est également respectée lorsque ce document est antérieur à la mort de Mme Helvétius, à l'exception des coquilles que contiennent certains imprimés. Dans le cas contraire, l'orthographe est entièrement modernisée, sauf si nous avons tout lieu de croire que l'original du XVIIIe siècle a été fidèlement reproduit, comme dans le cas des lettres publiées par Jusselin.

Nous adoptons l'usage moderne en ce qui concerne les majuscules et minuscules, celui du XVIIIe siècle étant trop irrégulier pour permettre une lecture aisée. La pratique de l'expéditeur est cependant retenue lorsque l'usage actuel varie (ex. : le roi et le Roi) et dans le cas de Dieu et dieu.

En principe, nous ne modifions les accents utilisés par l'expéditeur et ne suppléons à l'absence d'accentuation que si un risque réel de confusion existe. En ce qui concerne en particulier les mots monosyllabiques qui existent à la fois sous forme accentuée et sous forme non accentuée (ex. :

a/à, des/dès, la/là, ou/où), nous ajoutons l'accent grave requis dans le second cas. Nous ajoutons également l'accent aigu exigé sur la syllabe terminale, en français moderne (ex. : bonté, touché) comme en français du XVIIIe siècle (chés, vous allés).

6. *Espacement et liaison graphique des mots* : Nous suivons généralement la façon dont l'expéditeur fait se succéder deux mots, soit qu'il les espace, soit qu'il les relie au moyen d'un trait d'union, d'une apostrophe ou d'une soudure (ex. : "peut-être" ou "peutestre", "aujourd'hui" ou "aujourdhui", "parce que" ou "parceque"). Nous ajoutons une apostrophe dans les rares cas où elle est indispensable à la lecture facile du texte, c'est-à-dire surtout dans les lettres de Mme Helvétius (ex. : "minspire" devient "m'inspire").

Lorsque l'expéditeur espace deux mots que l'usage moderne relie par un trait d'union ou une apostrophe, nous ajoutons le signe orthographique qui convient (ex. : "peut être" devient "peut-être").

Nous rétablissons les majuscules, les signes orthographiques et l'espacement normaux à l'intérieur des noms propres dont les éléments sont soudés, sans cependant modifier leur orthographe proprement dite (ex. : "dhademart" devient "d'Hademart", manière particulière d'orthographier "d'Adhémar").

Lorsque la graphie de l'expéditeur est trop peu lisible pour que la succession des mots apparaisse clairement, l'usage moderne est suivi.

7. *Abréviations* : Les abréviations dues à l'expéditeur sont conservées et reproduites dans la forme qui leur a été donnée dans l'original, par exemple en ce qui concerne l'orthographe, le retranchement de lettres et la mise des finales en supérieures (comme dans "Mme" au lieu de "Mme").

Les trois amendements suivants ont cependant été introduits :

– Les parties soulignées ou surlignées de mots abrégés sont imprimées en lettres supérieures (ex. : "M$\bar{r}$" ou "M$\underline{r}$" deviennent "M^{r}").

– Lorsque des abréviations sont obscures ou ambiguës, les lettres retranchées sont indiquées entre crochets (ex. : ma[réch]al).

– Le point abréviatif, parfois utilisé au XVIIIe siècle dans les cas où les lettres finales d'un mot abrégé étaient maintenues, est supprimé (ex. : "M$^{me.}$" devient "Mme").

8. *Ponctuation* : La ponctuation n'est rectifiée ou ajoutée que lorsque cela est indispensable pour la compréhension aisée du texte.

9. *Procédés de mise en relief* : Tout mot ou passage souligné par l'expéditeur est signalé comme tel dans une note, ou est imprimé en italique, sans que le soulignage soit reproduit.

Les titres d'ouvrages cités dans une lettre sont imprimés en italique, indépendamment de la présentation adoptée par l'expéditeur.

Des alinéas ont été disposés au début de certaines lignes, de façon à ménager des paragraphes supplémentaires, lorsque le caractère compact de la lettre nuisait à sa lecture. La présence d'alinéas est d'ailleurs si rare dans les manuscrits autographes de certains correspondants que nous avons parfois été amenés à signaler ceux y figurant déjà, comme dans le cas des lettres d'Anne-Catherine de Ligniville à Mme de Graffigny.

10. *Mentions terminales* : Les formules de politesse sont conservées intégralement.

Les signatures sont également reproduites exactement. Il est à noter que les lettres d'Helvétius à sa femme, et de celle-ci à Mme de Graffigny ne sont presque jamais signées, pratique très courante jusque vers le XIXe siècle, lorsque les expéditeurs estimaient leur écriture suffisamment connue des destinataires pour pouvoir se dispenser d'indiquer leur nom.

Les post-scriptum, quelle que soit leur position dans le manuscrit, sont placés dans cette édition conformément à l'usage moderne, c'est-à-dire juste après la signature, et en partant de la marge de gauche.

11. *Reproduction textuelle d'originaux* : Afin que tout lecteur intéressé puisse se rendre compte visuellement des caractéristiques de la graphie d'Helvétius et de celle de Mme Helvétius, qui est fort curieuse, nous avons accompagné diverses lettres des photocopies des originaux manuscrits.

VII. ADRESSE ET INSTRUCTIONS AU PORTEUR

Dans la plupart des cas, les lettres de la présente correspondance sont écrites sur une feuille pliée en deux et formant quatre pages. Le haut et le bas de la lettre sont rabattus sur la première page, ce pliage horizontal en trois formant enveloppe. L'adresse est écrite sur le tiers central de la dernière page et la lettre est scellée avec un cachet. Lorsque l'expéditeur envoie la lettre par un cocher, il inscrit parfois des instructions à l'intention de ce dernier sur la partie de la dernière page formant le verso de l'enveloppe, ce qui était surtout le cas pour les lettres expédiées par Helvétius de Versailles à Paris. Si l'expéditeur envoie sa lettre par porteur sans la sceller, il se contente d'inscrire le nom du destinataire au bas de la dernière page du texte.

Toutes mentions de la nature indiquée ci-dessus sont intégralement reproduites, précédées selon les cas des indications : [*adresse* :], [*instructions relatives au porteur* :] ou [*destinataire* :]. L'absence de telles indications signifie que l'enveloppe ne nous est pas parvenue, ou que la page portant l'adresse, et éventuellement les instructions, a été déchirée, ou encore que la lettre a été envoyée par porteur, sans comporter d'adresse ou d'instructions écrites.

Tout mode d'envoi autre que ceux spécifiés ci-dessus fait l'objet d'une note explicative.

VIII. APPAREIL CRITIQUE

Notre appareil critique comprend cinq rubriques principales intitulées : Manuscrits, Imprimés, Texte, Notes explicatives et Remarques. Est également fournie la traduction en français des lettres dont l'original est écrit en une autre langue. Cette traduction est placée immédiatement à la suite de l'original, c'est-à-dire juste avant les rubriques précitées. L'objet et le contenu respectifs de ces dernières sont les suivants :

1. *Manuscrits* : La rubrique "Manuscrits" rend compte de la localisation, du nombre de pages et de la nature des manuscrits, ainsi que des marques postales qu'ils portent. Le fonds où les manuscrits sont déposés est indiqué, de même que les références utiles concernant la collection à laquelle ils appartiennent, leur cote et leur classification. Si le manuscrit n'est connu que par son passage à une vente, les renseignements disponibles concernant celle-ci sont fournis.

Le nombre de pages du texte autographe est précisé à l'exclusion des pages vierges et de celles comportant l'adresse et les instructions relatives au port. S'il y a lieu, le nombre de pages disparues est mentionné également.

En général, les lettres autographes de cette correspondance sont rédigées sur des feuilles d'environ 34 sur 22 cm., pliées une fois, de façon qu'elles forment deux feuillets, et donc, quatre pages. Ainsi, l'indication "3 p." signifie que le texte de la lettre se trouve sur les trois premières pages. L'adresse est éventuellement inscrite à la dernière page, parfois conjointement avec la fin du texte. Il est rendu compte de tout agencement différent d'une lettre autographe, et en particulier de l'usage de demi-feuilles, c'est-à-dire de feuilles coupées en deux.

Si nous ne reproduisons que des extraits d'un manuscrit, nous précisons, outre la numérotation des folios dont ils proviennent, le nombre total des pages de la lettre.

La nature des manuscrits est précisée selon cinq désignations principales : brouillon; copie; copie officielle (copie offic.), s'il s'agit d'une copie à caractère administratif; original signé (orig. signé), si seule la signature est de la main de l'expéditeur; enfin original autographe (orig. autogr.), si le texte même de la lettre est de sa main.

Lorsque plusieurs manuscrits sont disponibles, nous utilisons comme texte de base celui qui a effectivement été expédié. Lorsque les raisons de ce choix ne sont pas évidentes, une note d'explication les précise. Le texte de base, qu'il s'agisse d'un manuscrit ou d'un imprimé, est indiqué par un astérisque.

Le cachet, le timbre de la poste et d'autres marques relatives à l'acheminement postal sont également décrits brièvement.

2. *Imprimés* : Sous cette rubrique sont fournies les versions imprimées présentant un certain intérêt, disposées chronologiquement. Sont citées en particulier certaines éditions des ouvrages d'Helvétius publiées avec l'approbation de ses héritiers : *Le Bonheur*, 1772 (édition originale), *Le Bonheur*, 1776, *Œuvres*, 1781 (édition en 5 volumes), *Œuvres*, 1795 (édition en 14 volumes), et enfin, la dernière édition des *Œuvres*, parue en 1818.

3. *Texte* : Les notes textuelles sont relatives à l'état du texte de la lettre et des extraits de lettres contenus dans les Remarques, aux amendements que nous y avons apportés, et aux variantes. Toute note correspond dans le texte à une minuscule en italique en position supérieure. Dans le cas où une note concerne plusieurs mots, la minuscule figure à la fois au début et à la fin du passage.

Les notes sont parfois précédées d'une explication générale visant à éviter une profusion de notes subséquentes sur un même sujet. Dans le même but, les particularités qui se rencontrent de façon récurrente, chez certains correspondants, ne sont expliquées que dans la première lettre où elles apparaissent; par exemple, il est mentionné dès la première lettre de Mme Helvétius que les "e" qu'elle place à la fin des mots peuvent remplacer les terminaisons normales -é, -es, -és, ée, -ées, -ez, -er, -ers, -ai, -ais, -ait, -aient.

Toutefois, dans les cas où le sens de la lettre est obscurci par l'orthographe de Mme Helvétius, la seule solution, pour que le texte reste compréhensible tout en gardant son maximum de saveur, a été de remplacer par des notes explicatives nos amendements habituels. Ainsi, Mme Helvétius écrit d'habitude "nesse pas"; au lieu de transcrire ces mots par "n'es-se pas", conformément à ce que prévoient nos principes, nous avons reproduit la graphie de l'original et avons préféré, quel que soit le nombre des cas analogues, fournir à chaque fois l'explication requise.

Sous cette rubrique nous avons placé entre guillemets, et s'il y a lieu entre parenthèses angulaires, tout ce qui est cité du texte et des variantes, afin de le distinguer de ce qui est de notre cru.

4. *Notes explicatives* : Les notes explicatives sont destinées à élucider les problèmes de datation et à faciliter la compréhension des lettres.

Ces notes correspondent, dans le texte, à un chiffre arabe en position supérieure.

Elles sont parfois précédées d'une note explicative générale, destinée à rendre compte du contexte d'ensemble de la lettre.

5. *Remarques* : Sous la rubrique "Remarques" sont placées des observations utiles pour comprendre la suite des événements ou pour exposer le lien de continuité existant entre deux lettres plus ou moins éloignées dans le

temps. Nous avons utilisé ces Remarques dans le premier volume, pour présenter de façon homogène un certain nombre d'extraits de la correspondance échangée entre Mme de Graffigny et François-Antoine Devaux. Les Remarques sont normalement placées à la fin de l'appareil critique. Toutefois, lorsqu'elles justifient des notes, soit textuelles, soit explicatives, elles sont disposées au tout début dudit appareil critique.

Enfin, sauf indication contraire, les traductions de lettres ou de citations sont établies par nos soins. Si la lettre ne nous est parvenue que sous forme de traduction française, c'est cette traduction qui est présentée sous forme numérotée dans la présente édition, avec notes concernant la langue d'origine et tous autres éclaircissements utiles.

Remerciements

Nous désirons en premier lieu exprimer toute notre reconnaissance envers les personnes qui nous ont aidés par leur concours à la préparation de la présente édition : feu Theodore Besterman, Laurence L. Bongie, Pierre Bouillaguet, Nicole Boursier, Andrew Brown, Jean-Daniel Candaux, Janet Cox, Roland Desné, Otis Fellows, Daniel Jourlait, Ralph Leigh, le comte Jean de Ligniville, Pierre Lions, Judith Neave, John Pappas, Alberto Postigliola, France Robert, Salvatore Rotta, Robert Shackleton, English Showalter jr., O. R. Taylor, S. S. B. Taylor, Jean Terrasse, Michael Ukas, Marjorie Wynne. Nous remercions à titre tout particulier nos anciens collaborateurs Harold M. Brathwaite et Michel Lecavalier, qui ont participé au travail fondamental des débuts de notre entreprise; le premier a retrouvé plusieurs lettres relatives à la publication de *L'Homme* et nous a apporté une aide essentielle pour l'établissement de la chronologie des lettres; au second, nous devons la découverte des lettres d'Anne-Catherine de Ligniville à l'université Yale et l'établissement du texte de la série des premières lettres.

Nous sommes d'autre part extrêmement obligés envers le Conseil des Arts du Canada, l'université de Toronto et l'université Mount Allison pour les nombreuses formes d'aide qu'ils ne nous ont pas ménagée, et envers les différentes institutions qui ont bien voulu nous communiquer les manuscrits utilisés dans le présent volume : Archives de l'Orne (Alençon); Archives nationales (Paris); Archives royales (La Haye); Bibliothèque communale A. Saffi (Forlì, Italie); Bibliothèque de l'Arsenal (Paris); Bibliothèque de l'Institut de France (Paris); Bibliothèque municipale de Bordeaux; Bibliothèque municipale de Nantes; Bibliothèque municipale de Vérone; Bibliothèque nationale (Paris); Bibliothèque nationale d'Autriche (Vienne); Bibliothèque publique et universitaire (Genève); Bibliothèque royale de Belgique (Bruxelles); British Library (Londres); Institut et Musée Voltaire (Genève); Pierpont Morgan Library (New York); Staatsbibliothek der Stiftung Preussischer Kulturbesitz (Berlin); Université de Bâle; Université du Minnesota (Minneapolis); Université Yale (New Haven).

Nous éprouvons une reconnaissance spéciale envers les descendants d'Helvétius, dont le comte Philippe d'Harcourt, qui a porté un vif intérêt à nos études, le comte Antonin de Mun, qui nous a fourni des documents précieux sur sa famille, et le marquis de Rosanbo, qui nous a gracieusement permis d'examiner les lettres d'Helvétius figurant dans sa riche collection de manuscrits.

Enfin, nous tenons à exprimer notre gratitude particulièrement émue aux membres de la famille d'Andlau, sans lesquels cette édition n'aurait jamais vu le jour : à feu le comte d'Andlau qui, dès le début, nous a toujours encouragés dans notre tâche, et à la comtesse d'Andlau, auteur d'un ouvrage indispensable intitulé *Helvétius, seigneur de Voré*, lesquels nous ont accueillis à Voré avec une bienveillance simple et chaleureuse; au comte et à la comtesse Charles-Antoine d'Andlau, dont la confiance et les conseils nous ont été infiniment précieux. C'est à eux que nous dédions cette édition en les priant d'accepter l'hommage de notre cordiale gratitude.

Cet ouvrage a été publié avec l'aide d'une subvention accordée par la Fédération canadienne des études humaines, organisme financé par le Conseil de recherches en sciences humaines du Canada. Il a également bénéficié du concours du Publications Fund de l'University of Toronto Press.

Abréviations et sigles bibliographiques

N.B. À moins d'indication contraire, Paris est le lieu d'édition des ouvrages indiqués ci-après.

Aff. étr.	Archives du ministère des Affaires étrangères.
A.N.	Archives nationales.
Andlau	B. d'Andlau, *Helvétius, seigneur de Voré*, 1939.
Argenson	R. L. de V., marquis d'Argenson, *Journal et mémoires*, 1859–1867, 9 vol.
Barbier	E. J. F. Barbier, *Journal historique et anecdotique du règne de Louis XV*, éd. Villegille, 1847–1856, 4 vol.
Best.	*Voltaire's Correspondence*, éd. Besterman, Genève, 1953–1965, 107 vol.
Best. D.	*Les Œuvres complètes de Voltaire*, Genève, Toronto, Thorpe Mandeville & Oxford, 1968–. Les lettres tirées de la correspondance de Voltaire, qui forme les volumes 85 à 132, sont indiquées par simple adjonction à la mention "Best. D." du numéro qu'elles portent dans cette édition. Pour les œuvres de Voltaire, le numéro du volume et celui de la page sont fournis.
Bibl. mun.	Bibliothèque municipale.
BK	Copie préparée par Beaumarchais pour l'édition dite de Kehl des *Œuvres* de Voltaire et qui se trouve à l'Institut Voltaire à Genève.
B.N.	Bibliothèque nationale.
Le Bonheur, 1772	Édition originale du *Bonheur*, Londres, 1772, cxx + 116 p., 8°, titre en noir et rouge.
Le Bonheur, 1776	*Le Bonheur*, Londres, 1776, 184 p.
Brit. Libr.	British Library, Londres.
Caussy	F. Caussy, "Lettres inédites de Thieriot à Voltaire", *R.H.L.F.*, XV (1908), pp. 131–161, 340–351 et 705–721; XVI (1909), p. 160–180.
Collé	Ch. Collé, *Journal et mémoires...*, éd. Bonhomme, 1868, 3 vol.

Corr. litt.	F. M. baron Grimm, *Correspondance littéraire, philosophique et critique*, éd. Tourneux, 1877–1882, 16 vol.
C.P.	Correspondance politique.
Cumming	I. Cumming, *Helvétius: His Life and Place in the History of Educational Thought*, London, 1955.
De l'Esprit	Édition originale de *L'Esprit*, Durand, 1758, xxii + 643 p., 4°.
Desné	R. Desné, "Helvétius, fermier-général", *Beiträge zur französischen Aufklärung und zur spanischen Literatur; Festgabe für Werner Krauss zum 70 Geburtstag*, Berlin, 1971.
Gébelin	Montesquieu, *Correspondance*, éd. Gébelin, 1914, 2 vol.
Guillois	A. Guillois, "Correspondance d'Helvétius avec sa femme (1753–1765)", *Carnet historique et littéraire*, 1900, pp. 424–446 et 481–498.
Guillois, *Salon*	A. Guillois, *Le Salon de Madame Helvétius...*, 1894.
Institut	Institut de France.
Jusselin	M. Jusselin, *Helvétius et Madame de Pompadour, à propos du livre et de l'affaire de L'Esprit, 1758–1761*, Le Mans, 1913.
Keim	A. Keim, *Helvétius, sa vie et son œuvre...*, 1907.
Kehl	Voltaire, *Œuvres complètes*, Kehl, 1785–1789, 70 vol.
Leigh	Rousseau, *Correspondance complète*, éd. Leigh, Genève, Thorpe Mandeville & Oxford, 1965–.
Luynes	C. P. d'Albert, duc de Luynes, *Mémoires sur la cour de Louis XV (1735–1758)*, 1860–1865, 17 vol.
M.C.	Minutier central, Archives notariales. Le numéro de l'étude notariale est indiqué en chiffres romains, et est suivi de celui de la liasse, en chiffres arabes.
Moland	Voltaire, *Œuvres complètes*, 1877–1885, 52 vol.
Morellet	Abbé A. Morellet, *Mémoires inédits...*, éd. Lemontey, 1823, 2 vol.
Morgan	Pierpont Morgan Library, New York.
Nagel	Montesquieu, *Œuvres complètes*, éd. Masson, Nagel, 1950–1955, 3 vol.

Noël	G. Noël, *Une "Primitive" oubliée de l'école des "cœurs sensibles" : Madame de Grafigny (1695–1758)*, 1913.
Œuvres, 1781	Helvétius, *Œuvres complettes...*, Londres [= Société typographique de Bouillon], 1779–1781, 5 vol., 8°.
Œuvres, 1795	Helvétius, *Œuvres completes...*, éd. La Roche, Didot, An III, 1795, 14 vol.
Œuvres, 1818	Helvétius, *Œuvres complètes...*, 1818, 3 vol.
Ozanam	D. Ozanam, "La Disgrâce d'un premier commis : Tercier et l'affaire de *L'Esprit* (1758–1759)", *Bibliothèque de l'École des Chartes*, CXIII (1955), p. 140–170.
R.H.L.F.	*Revue d'histoire littéraire de la France.*
Rogister	J. M. J. Rogister, "Le Gouvernement, le parlement de Paris et l'attaque contre *De l'Esprit* et l'*Encyclopédie* en 1759", *Dix-huitième Siècle*, X (1978), p. 321–354.
Roth	Diderot, *Correspondance*, éd. Roth & Varloot, 1955–1970, 16 vol.
Sgard	*Dictionnaire des journalistes (1600–1789)*, éd. J. Sgard, Grenoble, 1976.
Smith	D. W. Smith, *Helvétius : A Study in Persecution*, Oxford, 1965.
Smith, *Bibliography*	D. W. Smith, "A Preliminary Bibliographical List of Editions of Helvétius's Works", *Australian Journal of French Studies*, VII (1970), p. 299–350.
Smith, *Publication*	D. W. Smith, "The Publication of Helvétius's *De l'Esprit*", *French Studies*, XVIII (1964), p. 332–344.
Studies	*Studies on Voltaire and the Eighteenth Century*, Genève, Thorpe Mandeville & Oxford, 1955–.
Trublet	Abbé N. C. J. Trublet, *Un Journal de la vie littéraire au XVIIIe siècle. La Correspondance de l'abbé Trublet*, éd. Jacquart, 1926.
Walpole's Correspondence	*Horace Walpole's Correspondence*, éd. W. S. Lewis, Yale University Press, 1937–.
Yale, G.P.	Université Yale, Graffigny Papers.

Correspondance générale d'Helvétius

VOLUME I : 1737–1756 / LETTRES 1–249

1. *Helvétius à Pierre-Claude Nivelle de La Chaussée*[1]

À Caën, le 12 may 1737

Je ne vous renouvellerai point, Monsieur, les protestations d'attachement que je vous ai faites; l'amitié qui [a]se jure[a] craint d'etre soupconnée, et vous ne pouvés pas douter de la mienne, j'y gagne trop[b]. Je m'y hazarde au risque de vous ennuier. En tout cas vous en serés quitte pour jetter une autre fois mes lettres au feu sans les lire, et j'aurai satisfait au plaisir et à la reconnoissance.

Je viens de lire *L'Ecolle des amis*[2]; j'en suis enthousiasmé. L'esprit, le bon sens, l'jmagination semblent l'avoir pensé, et les Graces l'avoir dicté. J'y ai remarqué une connoissance parfaite du theatre, fruit des solides reflexions : les scenes bien amenées, bien filées, les carracteres bien soutenus, l'jntrigue bien suivie, bien demêllée, les coups de theatre bien ménagés, les situations neuves, jnteressantes, et l'jnterêt croissant d'acte en acte, sentiments nobles, elevés, une plaisanterie fine, delicate et qui sent la compagnie que frequente l'auteur, le tour du vers aisé, la diction pure, la rime riche et ce naturel heureux qui distingue l'artiste de l'homme de genie.

Un stile ingenieux, delicat et sans fard
　Ne fut jamais le fruit de l'art;
C'est un lis qui, formé des mains de la nature,
　Emprunte sa parure
　Et son eclat et sa couleur,
Mais dont tout l'art de la peinture
S'efforceroit en vain d'imiter la blancheur.[3]

Nous avons jcy une troupe de comediens assés bonnes pour des comediens ambulants. Ils ont donné l'autre jour *Le Prejugé à la mode*[4] qui a eû[c] du succés, quoyqu'il n'ait point été bien rendu, et j'y ai vû pleurer les plus beaux yeux du monde.

Jls comptent donner *L'Ecolle des amis*, mais je ne crois pas qu'ils soient en etat de l'executer. Cette piece est remplie de traits trop delicats et qu'il faut bien sentir pour les bien rendre.

J'examine jcy l'jmpression que font les pieces sur les spectateurs, mais il n'y a point à Caën d'oreilles pour les choses fines; on aplaudy aux vers bouffys, bien cadencés, mais mal pensés.

J'etois l'autre jour à la piece de Boissy[5] jntitulée [d]*La Vie est un songe*[d6]. Vous conviendrés avec moi qu'il y a quelques vers assés beaux, mais qu'il n'y a pas le sens commun dans la conduite de cette piece; ainsi je ne vous dirai point toutes les fautes que j'y trouve. Cependant malgré tout cela, elle frape à un certain point, et [c'est][e] ce qu'elle ne doit (selon moy) qu'au spectacle. On offre [aux][f] yeux du spectateur Sigismond enchainé dans sa prison.[7] Il est touché, il fixe son attention sur ce prince, et il oublie tout le reste de la piece dans cet jnstant. C'est ce qui m'a convaincû de ce que [g]Lamotte[8] dit[g] qu'on ne devroit pas etre si scrupuleux observateur [de][e] l'unité de lieu qui oblige de faire passer en recit des actions qui frapperoient bien plus si elles étoient offertes à la vëue du spectateur. Il s'y prête si bien à l'opera, pourquoy n'auroit-il pas la même jndulgence pour la tragedie? Il en seroit si bien recompensé par une jnfinité de beautés, et par consequent de plaisir qu'il semble s'etre ravi à lui-même.

J'allois vous parler de la durée de l'action, mais il faut menager vos bontés. C'est assés vous ennuier pour une fois; sans cela, gare la brusleure.

À propos de la brusleure, sçache qu'on ne brusle jcy que du feu de l'amour de Dieu, et si on rencontre jcy par hazard quelque amour, jl est si laid, si negligé, qu'il peut degoûter de toute leur engeance.

Priés Dieu pour le pauvre exillé. Adieu.

Je suis, avec tout l'attachement possible, Monsieur, Votre tres humble et tres obeissant serviteur,

Helvetius

[*adresse* :] À Monsieur / Monsieur de La Chaussée de / l'Académie francoise, logeant / rue Geoffroy-l'Angevin / À Paris[h]

MANUSCRIT

*A. B.N., ms. fr., n. a. 5157, fol. 116–117; 3 p.; orig. dont seuls le poème, la signature, l'adresse et quelques retouches sont autographes; le cachet sur cire rouge porte les mots : "Fermes generales"; timbre de la poste : CAEN.

TEXTE

La troisième page du A porte plusieurs corrections qui lui donnent l'aspect d'un brouillon. [a] Le A : ⟨s'assure⟩. [b] Le A : "trop ⟨de vous écrire⟩". [c] Le A : "qui a eû ⟨bien⟩ du succés". [d] Titre entre parenthèses. [e] Omis dans le A. [f] Déchirure. [g] Mots soulignés. [h] On a fait suivre la lettre en ajoutant sous l'adresse originale "rue Gefroy- / l'Anie ditte Cheguy."[9]

NOTES EXPLICATIVES

1. La Chaussée (1692–1754), riche libertin mondain ruiné par l'affaire Law. Créateur de la comédie larmoyante, il était entré à l'Académie en 1736.
2. Comédie de 1737 en cinq actes et en vers. Elle est, d'après le *Dictionnaire dramatique* de Chamfort, "une école où l'on trouve beaucoup à profiter, et peu à reprendre".
3. Vers d'origine problématique dont l'auteur est peut-être Helvétius.
4. Comédie de La Chaussée, en cinq actes et en vers (1735).
5. Louis de Boissy (1694–1758), auteur dramatique chargé de la rédaction du *Mercure* après son entrée à l'Académie en 1754. Voir Sgard, p. 44.
6. Comédie héroïque de 1732 en trois actes et en vers libres. Imitation d'une pièce jouée aux Italiens, elle-même transposition de *La Vida es Sueño*, de Calderón.
7. Basile, roi de Pologne, emprisonne

son fils unique, Sigismond, car les astres ont prédit que "Ce prince impie et sanguinaire / Régnerait sur son peuple en tyran furieux." C'est à l'acte II, scène 4, que paraît Sigismond enchaîné dans sa prison.

8. Antoine Houdar de La Motte (1672–1731) écrit à propos de l'unité de lieu, dans son *Discours sur la tragédie à l'occasion des "Machabées"* de 1722 : "Je dispenserais donc en bien des rencontres les auteurs dramatiques de cette unité forcée, qui coûte souvent au spectateur des parties de l'action qu'il voudrait voir, et auxquelles on ne peut suppléer que par des récits toujours moins frappants que l'action même."
9. La Chaussée se trouve à cette époque à Saint-Germain, d'après une lettre qu'il adresse le 1er mai à l'abbé Le Blanc; en outre, c'est rue Simon-le-Franc qu'il habitait à Paris. Nous n'avons relevé aucune autre indication que la rue Geoffroy-l'Asnier ait également été appelée "Cheguy". Voir *R.H.L.F.*, XXVI (1919), p. 99.

REMARQUES

Pendant l'année 1737, Helvétius est directeur des fermes à Caen pour les traites, gabelles et tabacs (v. l'*Almanach royal* de 1738). En 1736, puis en 1738 et 1739, ce poste est occupé par son oncle maternel, Antoine Carvoisin d'Armancourt (1695–1765), qui est directeur des fermes à Laval de 1741 à sa mort, après l'avoir déjà été en 1735.

2. *Helvétius à ?*[1]

[Fin 1737][2]

Du plus profond de mon chagrin, je t'écris pour t'apprendre que les honneurs n'entraînent pas toujours les plaisirs après eux. Oui, je suis reçu à l'Académie,[3] on y a même applaudi mon discours qui, à ce que je m'imagine, valait quelqu'un de ceux qu'on y a lus. Voilà tout ce que j'ai à te dire sur ma réception. Au reste cela ne me dérange nullement : je travaille à ma deuxième tragédie.[4] Je vais dans quelques jours commencer à versifier un acte; mon sujet me fournira des vers magnifiques; je crains même qu'ils ne sentent un peu trop le poème épique.

Mais sais-tu que je ne pars point encore, que j'ignore le temps de mon retour à Paris, et par conséquent celui où je goûterai quelques plaisirs? Je t'attends ici avec impatience pour me consoler de ma résidence à Caen.

Helvétius

MANUSCRIT

A. Texte de l'original communiqué par Louis Du Bois à la *Revue rétrospective* en 1838.

IMPRIMÉ

*I. *Revue rétrospective*, 3e série, III (1838), p. 189–190.

NOTES EXPLICATIVES

1. Le destinataire, quoique désigné comme étant "M ***" dans le I, n'est pas nécessairement du sexe masculin.
2. Le 28 novembre 1737, Helvétius est reçu comme "surnuméraire" de l'Académie royale des belles-lettres

de Caen. Cette lettre a été vraisemblablement écrite peu après sa réception. Voir A. -R. -R. de Formigny de La Lande, *Documents inédits pour servir à l'histoire de l'ancienne Académie royale des belles-lettres de Caen*, 1854, p. 118.

3. C'est au père André, jésuite, et à Paul de Luynes, évêque de Bayeux, qu'Helvétius doit cette admission, contre laquelle militaient sa jeunesse, sa carrière dans les finances, et l'imminence de son retour à Paris. Voir *Bulletin de l'instruction publique et des sociétés savantes de l'académie de Caen*, 2e année, III (1841–1842), p. 355.

4. Aucune des trois tragédies d'Helvétius ne nous est parvenue. Lefebvre de La Roche fait allusion à la première dans son *Éloge d'Helvétius* (Institut, ms. 2222, p. 6) : "A l'âge de 18 ans la lecture des *Mémoires* de Retz lui communiqua l'audace d'un conjuré. Il fit une tragédie de la conspiration de Fiesque." C'est cette tragédie, intitulée *Le Comte de Fiesque*, qu'il communique au père André avant d'être élu à l'académie de Caen (*Bulletin* ..., p. 355). Quant à la seconde, la seule indication que nous ayons rencontrée de son existence figure dans son cahier de notes, où il écrit : "Almanazor, prince maure sujet de tragédie". Voir *Notes de la main d'Helvétius* ..., éd. Keim, 1907, p. 63. Selon Mme de Graffigny, Helvétius aurait brûlé trois tragédies (v. lettre 47).

3 . *Helvétius à Pierre-Claude Nivelle de La Chaussée*

À Caen, ce 1 janvier 1738

Est-il permis à un citoien de Caen d'ozer ecrire à un des plus spirituels habitants de Paris? On perd bien son tems à lire la lettre d'un provincial naturalizé qui a oublié la lengue françoise, et qui n'a plus qu'un patois qu'on peut à peine deviner. Mais il faut l'excuzer; en oubliant sa lengue, il n'a pas perdu le souvenir de l'amitié que vous luy avez temoignéz : c'est un titre qui luy fait trop d'honeur pour ne pas chercher à le meriter. En faveur du sentiment pardonnez-luy la facon dont il les[a] exprime.

Je suis, avec tout l'attachement possible,

Monsieur,

Votre tres humble et
tres obeissant serviteur,

Helvetius

MANUSCRIT

*A. *Isographie des hommes célèbres, ou Collection de facsimilé de lettres autographes et de signatures*, 1828–1830, 2 vol., I, p. [311]. L'orig. autogr. figurait à la vente Monmerqué du 2 mai 1837.

TEXTE

Ce n'est peut-être qu'un fragment de cette lettre que reproduit l'*Isographie*, car d'après le fichier Charavay et Keim (p. 16), Helvétius avait écrit ce jour-là à La Chaussée pour lui dire, en dehors de ce qu'indique le présent texte, qu'il profitait de ses conseils, qu'il lisait les bons auteurs et qu'il avait été admis à l'académie de Caen. D'ailleurs, d'après le fichier Charavay, la lettre comporte deux pages, alors que le fac-similé n'en couvre qu'une. [a] S'agit-il des sentiments?

4. *Helvétius à Charles-Pierre de Mondion de Montmirel*[1]

À Dijon, ce ii juillet 1738

[Conseils à un jeune poète de ses amis.] Rien de mieux dans le monde que de lire l'okre[a], rien de plus rare que de bien l'entendre. [...] Laisséz croire à vos pieux parens qu'on est mal honete homme alors qu'on n'a point de foy. [...] Comptéz qu'jl n'y a point d'autre esprit dans le monde que l'esprit de metaphisique, et que c'est cet esprit qui a produit les Neutons, les Miltons, et les chanceliers Baçons. [...] Je me suis etudié, j'ay senti une grande facilité à *jmaginer* : les moindres jmages me frapent l'esprit comme si l'on frapoit un coup de baguette sur un clavecin. *Enfin je vois tous ce que je dis.* [...] Tout s'embellit sous les doigts de la poesie, elle seul ne s'embellit de rien. [...]

MANUSCRIT

*A. Collection du marquis de Rosanbo, Fonds Lamoignon, 263 ap 6; 4 p.; orig. dont seuls quatre mots sont autographes.

TEXTE

[a] Locke.

NOTE EXPLICATIVE

1. C'est bien, à cette époque, le seul de ses amis poètes à qui Helvétius pourrait s'adresser de ce ton plutôt supérieur. Montmirel, né en 1718, gagnera en 1741 le prix de prose de l'Académie française, et accédera en 1745 au rang de conseiller à la deuxième chambre des enquêtes. Voltaire, écrivant à Helvétius, l'appelle "cet amy de Paris qui vous doit tout, et qui aime tant les vers" (v. lettre 21).

5. *Voltaire à Helvétius*

Voicy, mon cher eleve des Muses, d'Archimede[1] et de Plutus, ces *Elemens de Neuton* qui ne vous aprendront rien autre chose sinon que j'aime à vous soumettre tout ce que je pense et ce que je fais. J'ay reçu une lettre de M^r votre pere.[2] Il sait combien [a]je l'estime[a] luy, et ses ouvrages, mais son meilleur ouvrage c'est vous. Quand vous voudrez travailler à celuy que vous avez entrepris,[3] l'hermitage de Cirey vous attend pour etre votre Parnasse.[4] Chacun travaillera dans sa cellule.

Il y a un nommé Bourlon de Joinville[5] qui a une affaire qui depend de vous. Madame Du Chastelet vous le recommande, autant que l'equité le permet s'entend, *votisque assuesce vocari.*[6] Je vous embrasse tendrement et je vous aime trop pour mettre icy les formules de tres humble.

V.

À Cirey, ce 17 [juillet 1738][7]

MANUSCRIT

*A. B.N., ms. fr. 12938, p. 217–218; 2 p. (demi-feuille); orig. autogr.

IMPRIMÉS

I. *Le Bonheur*, 1776, p. 142.
II. *Œuvres*, 1781, V, p. 207.
III. *Œuvres*, 1795, XIII, p. 213–214.
IV. *Œuvres*, 1818, III, p. 220–221.
V. Best. 1492.
VI. Best. D. 1560.

TEXTE

Une main inconnue a écrit en haut du A la mention "à M. Helvétius" et la date du "17 ⟨aug[te] 1738⟩ janv[r] 1739" [a] Les I, II, III et IV : "j'estime".

NOTES EXPLICATIVES

1. Helvétius a bien été poète et financier, mais on ignore dans quelle mesure il s'est intéressé aux sciences.
2. Jean-Claude-Adrien Helvétius (1685–1755), conseiller d'État, premier médecin de Marie Leszczynska, médecin à la suite du roi, inspecteur général des hôpitaux militaires de Flandre, docteur régent de la faculté de médecine de Paris, membre de l'Académie royale des sciences, de la Société royale de Londres, et des académies de Berlin et de Florence, diplomate et auteur d'ouvrages médicaux, et notamment de l'*Idée générale de l'œconomie animale et observations sur la petite vérole*, de 1722. Il est mentionné dans la dix-neuvième *Lettre philosophique* : "Un Mead fait cas d'un Helvétius." Aucune des lettres qu'il a échangées avec Voltaire ne nous est parvenue.
3. Probablement l'*Épître sur l'amour de l'étude*, dont il est question dans les lettres 8 et 14, et que Voltaire renvoie "apostillée" à son auteur en octobre 1738.
4. Helvétius arrive à Cirey le 2 août au plus tard, date à laquelle Voltaire écrit à Thiériot : "Nous avons icy un fermier général qui me paroît avoir la passion des belles-lettres. C'est le jeune Helvetius qui sera digne du temple de Cirey s'il continue." (Best. D. 1570.)
5. Soit Pierre Bourlon, conseiller du roi, contrôleur au grenier à sel de Saint-Dizier, maître des forges et fourneaux, soit plus probablement François-Alexandre Bourlon, conseiller du roi en l'élection de Joinville, mort avant 1760. Helvétius sera à Joinville fin juillet (v. Desné, p. 54).
6. Virgile, *Géorgiques*, I, 42 : *et votis iam nunc adsuesce vocari* [et dès maintenant accoutume-toi à être invoqué par des prières].
7. C'est en juillet que Voltaire fait distribuer les premiers exemplaires de ses *Éléments de la philosophie de Newton* (v. Best. D. 1539).

6. *Voltaire à Helvétius*

10 aoust[a] [1738][b]

Je recois dans ce moment, mon aimable petit-fils d'Apollon, une lettre de M^r^ votre pere, et une de vous. Le pere ne veut que me guerir, mais le fils veut faire mes plaisirs. Je suis pour le fils; que je languisse, que je soufre, j'y consens, pourvu que vos vers soient baux. Cultivez votre genie, mon cher enfant. Je vous y exhorte hardiment parceque je sçai que jamais vos gouts ne vous feront oublier vos devoirs, et que chez vous l'homme, le poete et le philosophe seront egalement estimables. Je vous aime trop pour vous tromper.

Macte animo, generose puer, sic itur ad astra.[1] En allant *ad astra* n'oubliez pas Cirey. Grace au genie de Madame Du Chastelet Cirey est sur la route.[2] Elle fait grand cas de vous, et en conçoit baucoup d'esperance. Elle vous fait ses compliments et moy je vous assure, sans compliment et sans formule, de l'amitié la plus tendre et de la plus sincere estime. Ces sentiments si vrais ne soufrent point du tres humble et tres...

V.

MANUSCRITS

*A. Morgan, MA 1752(2); 1 p. (demi-feuille); orig. autogr.

B. BK 30.

IMPRIMÉS

I. *Le Bonheur*, 1776, p. 143.
II. *Œuvres*, 1781, v, p. 208.
III. Kehl, LIII, p. 74.
IV. *Œuvres*, 1795, XIII, p. 214–215.
V. *Œuvres*, 1818, III, p. 221.
VI. Best. 1416.
VII. Best. D. 1581.

TEXTE

Ajouté en tête du A : "à M. Helvétius". [a] Date du A, reproduite dans tous les imprimés sauf le III et le VI. Le B porte "10 aoust 1738" mais le mois est raturé et remplacé par "auguste" qui figure dans le III. Le mois du B a été mal transcrit dans le VI par Besterman qui lit "avril". [b] Une autre main a ajouté l'année sur le A. Cette date nous semble exacte en raison de l'analogie entre la dernière phrase de cette lettre et celle de la lettre précédente.

NOTES EXPLICATIVES

1. Virgile, *Énéide*, IX, 641 : *Macte nova virtute, puer, sic itur ad astra* [Déploie ton jeune courage, enfant; c'est ainsi qu'on monte aux astres].
2. Helvétius avait déjà séjourné à Cirey vers le 2 août, alors qu'il se rendait de Joinville à Troyes (v. Desné, p. 54). C'est inutilement que Voltaire l'invite à revenir : à la date de cette lettre Helvétius se trouve déjà à Vitry-le-François, où il s'est sans doute rendu directement de Troyes, sans passer par Cirey (v. Desné, p. 54).

REMARQUES

La présente lettre est la première d'une collection de 33 lettres adressées par Voltaire à Helvétius, et détenues par la Pierpont Morgan Library, de New York. Ces lettres sont toutes autographes, sauf quatre qui sont de la main de Wagnière, secrétaire de Voltaire.

7. *Voltaire à Helvétius*

[Vers le 11 septembre 1738][1]

Mon aimable amy, qui ferez honneur à tous les arts, et que j'aime tendrement, courage, *macte animo*[2]. La sublime metaphisique peut fort bien parler le langage des vers. Elle est quelquefois poetique dans la prose du pere Mallebranche; pourquoy n'acheveriez-vous pas ce que Mallebranche a ebauché? C'etoit un poete manqué, et vous etes né poete. J'avoue que vous entreprenez une carriere difficile, mais vous me paraissez peu etonné du travail. Les obstacles vous feront faire de nouvaux efforts; c'est à cette ardeur pour le travail, qu'on reconnoit le vray génie. Les paresseux ne sont jamais que des gens médiocres, en quelque genre que ce puisse etre. J'aime d'autant plus ce genre métaphisique, que c'est un champ tout nouvau que vous defricherez. *Omnia jam vulgata.*[3]

Vous dites avec Virgile : *Tentanda via est qua me quoque possim*
Tollere humo, victorque virum volitare per ora.[4]
Ouy, *volitabis per ora*, mais vous serez toujours dans le cœur des habitans de Cirey.

Vous avez raison assurément de trouver de grandes difficultéz dans le chapitre de Loke de la puissance, ou de la liberté. Il avouoit luy-meme qu'il etoit là comme le diable de Milton pataugeant dans le cahos.[5]

Au reste je ne vois pas que son sage sisteme qu'il n'y a point d'idées innées soit plus contraire qu'un autre à cette liberté, si desirable, si contestée, et peutetre si incomprehensible. Il me semble que dans tous les sistemes Dieu peut avoir acordé à l'homme la faculté de choisir quelquefois entre des idees, de quelque nature que soient ces idées. Je vous avoueray enfin qu'apres avoir erré bien longtemps dans ce labirinthe, apres avoir cassé mille fois mon fil, j'en suis revenu à dire que le bien de la societé exige que l'homme se croye libre. Nous nous conduisons tous suivant ce principe, et il me paraitrait[a] un peu etrange d'admettre dans la pratique ce que nous rejetterions dans la speculation. Je commence, mon cher amy, à faire plus de cas du bonheur de la vie que d'une verité, et si malheureusement le fatalisme[b] etoit vray, je ne voudrois pas d'une verité si cruelle. Pourquoy l'Etre souverain, qui m'a donné un entendement qui ne peut se comprendre, ne m'aura-t-il pas donné aussi un peu de liberté? [c]Nous nous sentons tous[d] libres. Dieu[c] nous auroit-il trompéz tous? Voyla des arguments de bonne femme. Je suis revenu au sentiment apres m'etre egaré dans le raisonement.

Quant à ce que vous me dites, mon cher amy, de ces raports infinis du monde, dont Loke tire une preuve de l'existence de dieu, je ne trouve point l'endroit où il le[d] dit.[6]

Mais à tout hazard je crois concevoir votre difficulté, et sur cela, sans plus de detail, voicy mon idée que je vous soumets.

Je crois que la matiere auroit, independemment de dieu, des raports [d]necessaire à l'infini. J'apelle ces raports aveugles, comme raports[d] de lieu, de distance, de figure, etc, mais pour des raports de dessein je vous demande pardon. Il me semble qu'un male et une femelle, un brin d'herbe et sa semence, sont des demonstrations d'un etre intelligent qui a presidé à l'ouvrage. Or de ces raports de dessein, il y en a à l'infini.

Pour moy je sens mille raports qui me font aimer votre cœur et votre esprit, et ce ne sont point des raports aveugles. Je vous embrasse du meilleur de mon cœur; je suis trop de vos amis pour vous faire des compliments.

Madame Du Chastelet a la meme opinion de vous que moy, mais vous n'en devez aucun remerciment ny à l'un ny à l'autre.

V.

[*adresse* :][e] À Monsieur / Monsieur Heluetius le fils, fermier / general, à l'hotel des Fermes / À Paris[7]

MANUSCRITS

*A. Morgan, MA 1752(1); 3 p.; orig. autogr. sauf pour l'adresse qui est de la main de Mme Du Châtelet; cachet sur cire rouge; indication manuscrite d'un postier : de barsuraube [Bar-sur-Aube]. B. BK 31.

IMPRIMÉS

I. *Le Bonheur*, 1772, p. xxiv (fragment).
II. *Le Bonheur*, 1776, p. 121–123.
III. *Œuvres*, 1781, v, p. 188–190.
IV. Kehl, LIII, p. 257–259.
V. *Œuvres*, 1795, XIII, p. 182–186.
VI. *Œuvres*, 1818, III, p. 207–209.
VII. Best. 1368.
VIII. Best. D. 1521.

TEXTE

Comme le IV ne suit pas toujours le B, il faut supposer qu'il a été vérifié d'après le A. En tête du A on a ajouté : "À M. Helvétius". [a] Le B et le IV : "paraît". [b] Le B : "fanatisme". [c] Omis dans les I, II, III, V et VI. [d] Omis dans le B. [e] L'adresse est absente dans le B et dans tous les imprimés parus avant le VIII.

NOTES EXPLICATIVES

1. La date ajoutée à l'encre sur le A est "7bre 1739". Le quantième, 11, y a été ajouté au crayon, puis on a barré le 9 de l'année pour le remplacer par un 8. Besterman ne signale pas cette dernière correction, mais adopte la date de 1738, estimant que celle de 1739 est une addition des éditeurs de Kehl, qui l'utilisent dans le IV. La présence de Voltaire à Paris en septembre 1739 (Best. D. 2072), de même que l'absence de date dans le II, qui en général reproduit fidèlement les dates portées par les manuscrits originaux, semblent donner raison au correcteur ainsi qu'à Besterman.

Comment les éditeurs de Kehl ont-ils déterminé la date du 11 septembre 1739? D'après Besterman, le mois et l'année seraient conjecturaux, et le quantième résulterait de l'erreur d'un typographe qui aurait pris le numéro XI, affecté à la lettre par les éditeurs du II, pour le jour du mois. Cette hypothèse, pour intéressante qu'elle soit, ne permet pas de fixer la date réelle, tâche dont Besterman accuse la difficulté : dans le VII, il l'indique comme étant [Vers le 20 janvier 1738]; dans le VIII, par contre, cette date se trouve remplacée sans explication par celle de [? juin 1738]. En fait, l'une et l'autre apparaissent improbables : au début de janvier 1738 Helvétius ne semble pas sur le point de quitter Caen (v. lettre 3), et en juin, Voltaire n'aurait sans doute pas manqué de mentionner la tournée que le fermier général allait entreprendre en Champagne vers le 1er juillet (v. Desné, p. 54). Besterman déclare en outre, toujours sans étayer ses affirmations, que "le ton" de la lettre l'oblige à la placer avant celle du 10 août 1738.

Cette lettre nous paraît clairement ultérieure au mois d'août 1738, d'abord parce que Voltaire y cite les deux mots de l'*Énéide* "Macte animo", qui paraissent être un rappel de la citation de Virgile figurant en entier dans sa lettre du 10 août. Ces mêmes mots sont répétés par Voltaire dans sa lettre du 29 décembre 1738 à Thieriot : "Dites au très aimable Mr Helvétius que je l'aime infiniment, et que je dis toujours en parlant de luy : *Macte animo, generose puer, sic itur ad astra*!" (Best. D. 1717.) D'autre part, Voltaire rappelle dans la présente lettre la visite effectuée par Helvétius à Cirey en août, lorsqu'il assure son ami qu'il sera "toujours dans le cœur des habitans de Cirey", ce qui la situe peu après la tournée d'Helvétius en Champagne qui s'est terminée vers le 8 septembre (v. Desné, p. 54). C'est pourquoi, sans garantir l'exactitude absolue de la date figurant dans le A, nous la retenons dans notre texte, comme étant la plus vraisemblable, en dépit de l'ingénieuse théorie de Besterman.

2. Virgile, *Énéide*, IX, 641 : *Macte nova virtute, puer, sic itur ad astra* [Déploie ton jeune courage, enfant; c'est ainsi qu'on monte aux astres].
3. Virgile, *Géorgiques*, III, 4 : [Les autres sujets sont tous banaux].
4. Virgile, *Géorgiques*, III, 8–9 : [Il me faut tenter une voie par où je puisse, moi aussi, m'élever de terre et faire voler mon nom victorieux de bouche en bouche parmi les hommes].
5. Ni le chapitre "De la Puissance" (II, XXI), ni les autres parties de l'*Essai sur l'entendement humain* de Locke ne contiennent d'allusion aux vers du *Paradis perdu* (II, 938–950) auxquels se réfère Voltaire.
6. Il n'est question nulle part dans l'*Essai* de Locke de cette preuve de l'existence de Dieu qu'Helvétius y aurait rencontrée. Les chapitres intitulés "De la Relation" (II, XXV) et "De la Connoissance que nous avons de l'existence de Dieu", en particulier, sont muets sur le raisonnement prêté à Locke par Helvétius.

   Cette mention des "rapports", sur lesquels Voltaire revient dans la suite de la lettre, permet de croire qu'il se réfère à la première version de l'*Épître sur l'orgueil et la paresse de l'esprit* dans laquelle Helvétius entendait prouver que "tout est rapport" (v. *Œuvres*, 1818, III, p. 133).
7. L'hôtel des Fermes, siège central de l'administration des fermes, était situé rue de Grenelle-Saint-Honoré, près de l'église Saint-Eustache.

8. *Voltaire à Helvétius*

Mon tres cher enfant, pardonnez l'expression, la langue du cœur n'entend pas le ceremonial, jamais vous n'eprouverez tant d'amitié et tant de severité. Je vous renvoye votre epitre[1] apostillée comme vous l'avez ordonné. Vous et votre ouvrage, vous meritez d'etre parfaits. Qui peut ne pas s'interesser à l'un et à l'autre? Madame la marquise Du Chastelet pense comme moy : elle aime la verité et la candeur de votre caractere, elle fait un cas infini de votre esprit, elle vous trouve une imagination féconde, votre ouvrage luy paroit plein de diamans brillants. Mais qu'il y a loin de tant de talents et de tant de graces à un ouvrage correct! La nature a tout fait pour vous, ne luy demandez plus rien, demandez tout à l'art. Il ne vous manque plus que de travailler avec difficulté. Vingt bons vers en quinze jours sont malaizéz à faire, et depuis nos grands maitres dites-moy qui a fait vingt bons vers alexandrins de suitte? Je ne connois personne dont on puisse en citer un pareil nombre, et voyla pourquoy tout le monde s'est jetté dans ce miserable stile marotique, dans ce stile bigaré et grimaçant, où l'on allie monstrueusement le trivial et le sublime, le serieux et le comique, le langage de Rabelais, celuy de Villon et celuy de nos jours. À la bonne heure qu'un laid visage se couvre de ce masque. Rien n'est si rare que le bau naturel, c'est un don que vous avez. Tirez-en donc, mon cher amy, tout le party que vous pouvez. Il ne tient qu'à vous. Je vous jure que vous serez superieur en tout ce que vous entreprendrez, mais ne negligez rien. Je vous donne un bon conseil apres vous avoir donné de bien mauvais exemples. Je me suis mis trop tard à corriger mes ouvrages; je passe actuellement les jours et les nuits à réformer *La Henriade, Œdipe, Brutus* et tout ce que j'ay jamais fait.[2] N'attendez pas comme moy. *Si non vis sanus, curres hidropicus.*[3] Je songe à guerir mes maladies, mais vous, prevenez celles qui peuvent vous attaquer. Puisque vous chantez l'etude avec tant d'esprit et de courage, ayez aussi le courage de limer cette production vingt fois; renvoyez-lamoy, et que je vous la renvoye encore. La gloire en ce metier-cy est comme le royaume des cieux : *et violenti rapiunt illud.*[4] Que je sois donc votre directeur, pour ce royaume des belles-lettres. Vous etes une belle ame à diriger. Continuez dans le bon chemin, travaillez, je veux que vous fassiez aux belles-lettres et à la France un honneur immortel. Plutus ne doit etre que le valet de chambre d'Apollon. Le tarif est bientot connu, mais une epitre en vers est un terrible ouvrage. Je defie vos quarante fermiers generaux de le[a] faire.

Adieu, je vous embrasse tendrement, je vous aime comme on aime son fils. Madame Du Chastelet vous fait les complimens les plus vrais, elle vous ecrira, elle vous remercie.

Allons, qu'un ouvrage qui luy est adressé soit digne de vous et d'elle.

Vous m'avez fait trop d'honneur dans cet ouvrage, et cependant je vous rends la vie bien dure. Adieu, je vous souhaitte la bonne année. Aimez toujours les arts, et Cirey.

À Cirey, ce 4 x^bre[b] 1738

MANUSCRITS

*A. Morgan, MA 1752(3); 3 p.; orig. autogr.

B. BK 44.

IMPRIMÉS

I. *Le Bonheur*, 1776, p. 99–101.

II. *Œuvres*, 1781, V, p. 167–169.

III. Kehl, LIII, p. 119–121.

IV. *Œuvres*, 1795, XIII, p. 151–155.

V. *Œuvres*, 1818, III, p. 193–194.

VI. Best. 1598.

VII. Best. D. 1673.

TEXTE

Ajouté en tête du A : "À M. Helvétius". [a] Les I, II, IV et V : "la". [b] Les I, II, IV et V : "septembre", date évidemment erronée puisque Voltaire "souhaitte la bonne année" à son ami dans cette lettre.

NOTES EXPLICATIVES

1. *Épître sur l'amour de l'étude*, dédiée à Mme Du Châtelet. Voltaire écrit dans la suite de cette lettre : "Vous chantez l'etude" et 'Qu'un ouvrage qui luy est adressé soit digne de vous et d'elle".
2. Voltaire préparait la nouvelle édition de ses *Œuvres*..., Amsterdam, Ledet, 1738–1739, 4 vol., 8°.
3. Horace, *Épîtres*, I, ii, 34 : *Si noles sanus, curres hydropicus* [Si tu ne veux pas courir bien portant, il te faudra courir hydropique].
4. Matthieu, XI, 12.

9 . *Voltaire à Helvétius*

[Vers le 16 janvier 1739][a1]

Mon cher amy, toutes lettres ecrites, tous memoires[2] brochéz, toute reflexion faitte, voicy à quoy je m'arrete. Je vous prends pour avocat et pour juge.

Tiriot[3] avoit oublié que l'abbé Df. l'avoit traitté de *colporteur* et de *faquin* dans son *Dictionaire neologique*;[4] il avoit peut-etre aussi oublié un peu les marques de mon amitié; il avoit surtout oublié que j'avois dix lettres de luy par les quelles il me mandoit autrefois que Desf. *est un monstre, qu'à peine sauvé de Bissetre par mon secours, il fit un libelle contre moy intitulé Apologie, qu'il le luy montra, etc.*[5] Tiriot ayant donc oublié tant de choses, et le vin de Champagne de La Popliniere[6] luy ayant servi de fleuve Lethé[7], il se tenoit coy et tranquile, faisoit le petit important, le petit ministre avec Madame Du Chastelet, s'avisoit d'ecrire des lettres *équivoques, ostensibles* qu'on ne luy demandoit pas, et au lieu de vanger son amy, et soy-meme, de soutenir la verité, de publier par ecrit que *La Voltairomanie* est un tissu de calomnies, enfin au lieu de remplir les devoirs les plus sacréz, il buvoit, se taisoit, et ne m'ecrivoit point. Madame de Berniere, mon ancienne amie, outrée du libelle, m'ecrit il y a huit jours une lettre pleine de cette amitié vigoureuse, dont votre cœur est si capable, une lettre, où elle avoue hautement tout ce que j'ay fait, tout ce que j'ay payé entre ses mains pour[b] Tiriot meme, tous les services que j'ay rendus à Des Fontaines; la lettre est si forte, si terrible, que je la luy ay renvoyée, ne voulant pas la commettre. J'en attends une plus moderée, plus simple, un petit mot qui ne servira qu'à detruire, par son temoignage, les calomnies du libelle, sans nommer et sans offenser personne.

Que Tiriot en fasse autant, qu'il ait seulement le courage d'ecrire dix lignes par les quelles il avoue que, depuis vingt ans qu'il me connoit, il ne m'a connu qu'honnet'homme et bienfaisant, que tout ce qui est dans le libelle et en particulier ce qui le regarde est faux et calomnieu, qu'il est tres loin d'avoir pu desavouer ce que j'ay jamais avancé, etc.

Voyla tout ce que je veux. Je vous prie de l'engager à envoyer cet ecrit à peu pres dans cette forme. Quand meme cela ne serviroit pas, au moins cela ne pouroit nuire et en verité dans ces circomstances, Tiriot me doit 10 lignes au moins. S'il veut faire mieux, à luy permis. C'est une chose honteuse que son silence. Vous devriez en parler fortement à M^r de La Popliniere qui a du pouvoir sur cette ame molle et qui a quelque interest que la molesse n'aille point jusqu'à l'ingratitude.

De quoy Tiriot s'avise-t'il de négocier, de tergiverser, de parler du *Preservatif*? Il n'est pas question de cela, il est question de savoir si je suis un imposteur ou non, si Tiriot m'a ecrit ou non en 1726 que l'abbé Desf. avoit fait pour recompense de mes bienfaits un libelle contre moy, si M^r et Me de Berniere m'ont logé par charité, si je ne leur[c] ay pas payé ma pension, et celle de Tiriot, etc. Voyla des faits; il faut les avouer ou l'on est indigne de vivre.

Belle ame, je vous embrasse, *gratior et pulcro veniens in corpore virtus*.[8]

Je suis à vous pour ma vie.

MANUSCRITS

*A. Morgan, MA 1752(4); 2 p. (demi-feuille); orig. autogr.

B. BK 72.

IMPRIMÉS

I. Kehl, LIII, p. 152–154.

II. Best. 1700.

III. Best. D. 1783.

TEXTE

Ajouté en tête du A : "à M. Helvétius".

[a] Le A : "⟨1741⟩ 1739 ⟨fevrier janvier⟩ janvier"; le B : "⟨1741 janv^r fevrier⟩ 1739 janvier". [b] Le B et le I : "par". [c] Le B : "les".

NOTES EXPLICATIVES

La longue querelle entre Voltaire et l'abbé Pierre-François Guyot Desfontaines (1685–1745) se ranime au milieu de 1738 avec la publication, sans nom d'auteur, du *Préservatif*, qui est une critique d'un périodique rédigé par l'abbé, les *Observations sur les écrits modernes*. Or, Desfontaines avait été incarcéré à Bicêtre et en avait été élargi sur certaines interventions, et en particulier celle de Voltaire. Dans *Le Préservatif* celui-ci l'accuse d'avoir écrit, dans cette prison même, un libelle intitulé *Apologie de M. de Voltaire* que, selon lui, Thieriot aurait obligé Desfontaines à brûler. Desfontaines contre-attaque à la mi-décembre 1738 avec sa *Voltairomanie*, autre libelle où il attribue sa libération moins à Voltaire qu'au président de Bernières "qui par complaisance le [Voltaire] logeait chez lui"; il y souligne d'autre part que Thieriot a nié avoir lu l'*Apologie*. Voltaire fait alors écrire par Mme de Bernières, son ancienne maîtresse, une lettre attestant qu'il avait toujours payé chez elle sa pension, et même celle de Thieriot (Best. D. 1759). Quant à ce dernier, en dépit des sollicitations de Voltaire et de Frédéric le Grand, il se gardera toujours de témoigner que Desfontaines était l'auteur de l'*Apologie*, ce qu'il était le seul à pouvoir confirmer.

1. Le 31 décembre 1738, Thieriot adresse à Mme Du Châtelet une lettre (Best. D. 1728) que Voltaire qualifie ici d'"équivoque". D'autre part, la mention de "mémoires brochéz" situe la date de cette lettre vers la mi-janvier au plus tôt, car ce n'est qu'à partir du 15 que Mme Du Châtelet (Best. D. 1781) et Voltaire (Best. D. 1778) parlent d'un second mémoire de ce dernier sur l'affaire Desfontaines. Enfin, si la lettre que Voltaire dit avoir reçue de Mme de Bernières huit jours auparavant est celle du 9 janvier (Best. D. 1759), la présente lettre est à dater du 16.
2. Pour ces mémoires, voir Moland, XXIII, p. 25–64, ainsi que la lettre suivante.
3. Nicolas-Claude Thieriot (1696–1772), compagnon de jeunesse et factotum paresseux de Voltaire. Voir Sgard, p. 351–352.
4. Dans l'avant-dernier chapitre des *Pantalo-Phébéana*, ouvrage que Desfontaines a ajouté à la troisième édition de son *Dictionnaire néologique* (Amsterdam, 1731), il cite complaisamment la préface de *Mariamne* (1725), tragédie de l'abbé Nadal, dans laquelle Thieriot est traité de "facteur de bel esprit et de littérature" qui "va montrant, pour ainsi dire, sous le manteau le génie de Voltaire".
5. Les seules indications relatives à l'existence d'une telle lettre de Thieriot sont les passages que Voltaire prétend, en janvier 1739 (Best. D. 1736), avoir extraits de l'original qui serait daté du 16 août 1726. Celui-ci ne nous est pas parvenu, mais Besterman s'est efforcé de le reconstituer (Best. D. 300).
6. Alexandre-Jean-Joseph Le Riche de La Popelinière (1693–1762), fermier général et mécène des lettres et de la musique, héberge Thieriot à cette époque dans un de ses appartements rue des Petits-Champs.
7. Fleuve des Enfers dont les ombres buvaient les eaux pour oublier leurs maux terrestres.
8. Virgile, *Énéide*, V, 344 : [Ta valeur est si puissante sur les cœurs quand elle s'offre dans la beauté du corps].

10. *Voltaire à Helvétius*

Ce 19 [janvier 1739][a1]

Mon cher amy, si vous faites des lettres metaphisiques[2], vous faites aussy de belles actions de morale. Madame Du Chastelet vous regarde comme quelqu'un qui fera bien de l'honneur à l'humanité, si vous allez de ce train-là. Je suis penetré de reconnaissance et enchanté de vous. Il est bien triste que les miserables libelles viennent troubler le repos de ma vie et le cours de mes etudes. Je suis au desespoir, mais c'est de perdre trois ou quatre jours de ma vie; je les aurois consacréz à aprendre et peu[t]-etre à faire des choses utiles.

[b]Si l'abbé Desfontaines s'avoit que je ne suis pas plus l'auteur du *Preservatif* que vous, et s'il etoit capable de repentir, il devroit avoir bien des remords.

Cependant la chose est tres certaine, et j'en ay la preuve en main.[b] L'auteur du *Preservatif*, piqué dès longtemps contre Desf., a fait imprimer plusieurs choses que j'ay ecrittes il y a plus d'un an à diverses personnes. Encor une fois j'en ay la preuve demonstrative. Et sur cela ce monstre vomit ce que la calomnie a de plus noir.

> Et là-dessus on voit Oronte qui murmure,
> Qui tache sourdement d'apuyer cette injure,
> Luy qui d'un honnete homme ose chercher le rang.
> ....
> Tete bleu, ce me sont de mortelles blessures
> De voir qu'avec le vice on garde des mesures.[3]

[c]Cela est du *Misantrope*, mais cela ne me rend point misantrope.[c]

Mais je ne veux pas me facher contre les hommes et tant qu'il y aura des cœurs comme le votre, comme celuy de M^r d'Argental[4], de Madame Du Chastelet, j'imiteray le bon dieu qui alloit pardonner à Sodome,[5] en faveur de quelques justes. Je suis presque tenté de pardonner à un sodomite en votre faveur. À propos de cœur justes et tendres, je me flatte que mon ancien amy Tiriot est du nombre. Il a un peu une ame de cire, mais le cachet de l'amitié y est si bien gravé que je ne crains rien des autres impressions, [d]et d'ailleurs vous le remouleriez.[d]

Adieu, je vous embrasse tendrement et je vous quitte pour travailler.

[e]Non, je ne vous quitte pas, Madame Du Chastelet recoit votre charmante lettre.[6] Pour reponse je vous envoye le memoire corrigé. Il est indispensablement necessaire. La calomnie laisse toujours des cicatrices quand on n'ecrase pas le scorpion sur la playe. Laissez-moy la lettre au pere

de Tournemine.[7] Il la faut plus courte, mais il faut qu'elle paraisse. Vous ne savez pas l'etat où je suis. Il n'est pas question icy d'une intrepidité anglaise. Je suis Français, et Français persecuté. Je veux vivre et mourir dans ma patrie avec mes amis et je jetterai plustot dans le feu les *Lettres philosophiques* que de faire encor un voiage à Amsterdam au mois de janvier avec un flux de sang, dans l'incertitude de retourner aupres de mes amis. Il faut une bonne fois pour touttes me procurer du repos, et mes amis devroient me forcer à tenir cette conduite si je m'en ecartois. *Primum vivere.*[8]

Comptez, belle ame, esprit charmant, comptez que c'est en partie pour vivre avec vous que je sacrifie à la bienseance. Je vous embrasse avec transport, et suis à vous pour jamais. Envoyez sur-le-champ, je vous en prie, mémoire et lettre à Mr d'Argental; ranimez le tiede Tiriot du bau feu que vous avez; qu'il soit ferme, ardent, imperturbable dans l'amitié, et qu'il ne se mêle jamais de faire le politique, et[f] de negotier quand il faut combatre. Adieu encor une fois.

MANUSCRITS

*A. Morgan, MA 1752(6); 3 p.; la première moitié de cette lettre est de la main de Wagnière, avec deux surcharges autographes; la date et toute la deuxième partie sont autographes.

B. BK 78.

IMPRIMÉS

I. *Le Bonheur*, 1776, p. 139–141.
II. *Œuvres*, 1781, V, p. 204–206.
III. Kehl, LIII, p. 192–194.
IV. *Œuvres*, 1795, XIII, p. 208–212.
V. *Œuvres*, 1818, III, p. 218–220.
VI. Best. 1804.
VII. Best. D. 1891.

TEXTE

Ajouté en tête du A : "à M. Helvétius". [a] Le A porte la date autographe "Ce 19" à laquelle on a ajouté "fevrier ⟨1741⟩ 1739"; le B : "⟨22⟩ Ce 19 fevrier ⟨1741⟩ 1739". [b] Omis dans le III. [c] Surcharge marginale autographe dans le A, reproduite dans la marge du B, omise dans le III, et figurant dans les I, II, IV et V à l'endroit où le A porte des points de suspension. [d] Surcharge autographe. [e] Le reste de la lettre est autographe à partir de cet endroit. [f] Ajouté dans les IV et V : "surtout".

NOTES EXPLICATIVES

Pour les allusions à l'affaire Desfontaines voir les notes de la lettre précédente.

1. Cette datation résulte de plusieurs éléments :

   Le 9 janvier 1739 Voltaire écrit à d'Argental : "Le jeune Helvetius, qui paraît avoir bien de l'esprit et un cœur excellent, vous enverra un petit mémoire qui me paraît absolument nécessaire pour ce pays-ci, pour les étrangers, et pour la postérité." (Best. D. 1755.) Le lendemain, Mme Du Châtelet confirme cet envoi : "Helvetius par qui n[ou]s v[ou]s l'avons envoyé est une jolie âme; c'est un enfant plein d'honneur et d'amitié p[ou]r votre ami; on peut s'y confier sur une chose qui va être publique." (Best. D. 1763.) La seconde version du *Mémoire* est annoncée à d'Argental le 13 (Best. D. 1770.), et le 15,

Voltaire écrit à Moussinot : "Mr Helvetius le fils, fermier général, doit vous avoir envoyé un mémoire mais il n'en faut faire aucun usage. J'en fais un meilleur qui sera présenté à M. le chancelier." (Best. D. 1778.) Enfin, le 19, Mme Du Châtelet écrit à d'Argental : "C'est à Mr Helvetius à qui on a adressé la seconde édition de l'ouvrage, mais quant il v[ou]s l'aura remise il faut la garder et n[ou]s en dire votre avis." (Best. D. 1800.) C'est sans doute cette lettre, qui ne porte comme adresse que le nom du destinataire, que Voltaire demande à Helvétius de bien vouloir acheminer.

Notre datation est corroborée par la demande de Voltaire : "Ranimez le tiede Tiriot du bau feu que vous avez.", et par ses remerciements adressés le 28 à Helvétius : "Vous avez réchauffé un ami tiede." (v. lettre suivante.)

Remarquons encore que Besterman, qui accepte la date du 19 janvier dans le VI, y substitue sans explications celle de février dans le VII, sans doute parce que les deux manuscrits portent la mention "février" qui n'est pourtant pas autographe. Cette lettre ne saurait cependant être de février : elle contient une référence de Voltaire à l'impossibilité d'un voyage "au mois de janvier"; d'autre part, le mémoire, que Voltaire prie Helvétius de transmettre à d'Argental était déjà imprimé en février.

2. Les *Épîtres* d'Helvétius.
3. Voltaire cite inexactement les vers 2 et 3 (v. *Le Misanthrope* de Molière, acte V, scène 1, et acte I, scène 1).
4. Charles-Augustin Ferriol, comte d'Argental (1700–1788), neveu de Mme de Tencin, conseiller au parlement de Paris, partagea sa vie entre la diplomatie et les lettres. Surnommé son "cher ange" par Voltaire, qui était son condisciple au collège de Clermont, il fut étroitement associé à l'œuvre de son ami. Il négocia avec les libraires et les acteurs parisiens, dirigea ses batailles littéraires et humanitaires, et suggéra même des corrections à ses œuvres.
5. Desfontaines avait été emprisonné en 1725 pour sodomie.
6. Cette lettre ne nous est pas parvenue.
7. Dans cette lettre ostensible (Best. D. 1729), Voltaire cherchait à prouver la droiture de ses intentions sur le plan religieux, ce que confirme sa lettre à d'Argental du 20 janvier 1739 : "La lettre au père Tournemine est essentielle. Helvetius raisonne en jeune philosophe hardy qui n'a point tâté du malheur, et moy en homme qui ay tout à craindre." (Best. D. 1893, mal datée du 20 février 1739.) Helvétius s'était peut-être élevé contre la teneur de cette lettre à Tournemine, ou même contre sa parution.
8. Cf. Horace, *Épîtres*, I, viii, 15 : *primum gaudere* [Il faut d'abord se distraire].

11 . *Voltaire à Helvétius*

Mon cher amy, tandis que vous faites tant d'honneur aux belles-lettres, il faut aussi que vous leur fassiez du bien. Permettez-moy de recomander à vos bontéz un jeune homme d'une bonne famille, d'une grande esperance, tres bien né, capable d'attachement et de la plus tendre reconnaissance, qui est plein d'ardeur pour la poesie et pour les sciences, et à qui il ne manque peutetre que de vous connaitre pour etre heureux. Il est fils d'un homme que des affaires, où d'autres s'enrichissent, ont ruiné ; il se nomme d'Arnaud[a1]. Baucoup de merite et de malheur font sa recomandation aupres d'un cœur comme le votre. Si vous pouviez luy procurer quelque petite place, soit par vous, soit par Mr de La Popliniere[2], vous le mettriez en etat de cultiver ses talents, et vous rempliriez votre vocation qui est de faire du bien. Vous m'en faites à moy, car vous avez rechauffé [b]un amy[b] tiede[3]. Jamais votre illustre pere n'a fait de si belle cure.

Je luy[3] ay envoyé un autre memoire, où je sacrifie enfin le litteraire au personel, mais Mr d'Argental pense que c'est une necessité. Vous le pensez aussi et je me rends. Ma presence seroit necessaire à Paris; mais je ne peux quitter mes amis pour mes propres affaires. Madame Du Chastelet vous fait bien des compliments; on ne peut avoir plus d'estime et d'amitié qu'elle en a pour vous. Nous attendons de vous des choses qui feront l'agrément de notre retraite, et qui nous consoleront, si cela se peut, de votre absense.

Je vous embrasse avec les transports les plus vifs d'amitié, d'estime et de reconnaissance.

V.

À Cirey, ce 28[c] janvier [1739][d]

MANUSCRITS

*A. Morgan, MA 1752(5); 1 p. (demi-feuille); orig. autogr.

B. BK 70.

IMPRIMÉS

I. *Le Bonheur*, 1776, p. 102–103.
II. *Œuvres*, 1781, V, p. 170–171.
III. Kehl, LIII, p. 174–175.
IV. *Œuvres*, 1795, XIII, p. 155–157.
V. *Œuvres*, 1818, III, p. 195.
VI. Best. 1746.
VII. Best D. 1829.

TEXTE

Ajouté en tête du A : "à M. Helvétius". [a] Le I : "D'***"; les II, IV et V : "D ***". [b] Le VI : "une âme". [c] Le I : "ce 8", lecture fautive du A reprise dans les II, IV et V. [d] En tête du A on a ajouté : "Ce 28 janv[er] 1739".

NOTES EXPLICATIVES

1. François-Thomas Baculard d'Arnaud (1718–1805), futur dramaturge et romancier. Voir Sgard, p. 14–15. L'intervention de Voltaire en sa faveur (v. aussi Best. D. 1819, 1827, 1831) eut sans doute son effet, car d'Arnaud fit publier dans le journal de Philippe de Prétot, *Les Amusemens du cœur et de l'esprit* (v. la 5e éd., La Haye, 1742, IV, p. 319–324), une *Épître à M. Helvetius*, datée du 2 février 1739, et qui commence ainsi : "O toi, que du flambeau de la Philosophie, / Éclairas le premier le berceau de ma vie…".
2. Voir lettre 9, note 6.
3. Thieriot.

Lettre d'Helvétius à Baculard d'Arnaud (a)

Lettre d'Helvétius à Baculard d'Arnaud (b)

12 . *Helvétius à François-Thomas Baculard d'Arnaud*

À Charleville [après le 28 janvier 1739][1]

Je recois, Monsieur, les deux lettres que vous m'avez fait l'honneur de m'ecrire. Vous sçavez combien je desire de vous etre bon à quelque chose. D'abord que j'en trouveray l'occassion je vous delivreray de ce Mr [........][a]. Mais vous sçavez comme moy que nous n'avons pas toujours des emplois vacants et que souvent nous ne sommes pas les maitres d'y nommer. Adieu, nourrisson des Muzes. Achevez donc votre *Mauvais Riche*[2] et envoiez-la-moy quand vous l'aurez fini. Ce que vous en avez deja fait me donne grande envie de le voir achevé. Je suis accablé d'affaires; je n'ay que le tems de vous assurer de l'attachement avec lequel je suis,

Monsieur,

Votre tres humble
et tres obeissant serviteur,

Helvetius

MANUSCRIT

*A. Université du Minnesota, États-Unis; 2 p. (demi-feuille); orig. autogr.

TEXTE

Les fréquentes formulations avortées, ratures et surcharges du manuscrit lui donnent l'aspect d'un brouillon plutôt que d'un original expédié. C'est ainsi qu'Helvétius a écrit "envoiez moy quelques la moy", et n'a ensuite barré que le mot "quelques". [a] Un ou deux mots grattés.

NOTES EXPLICATIVES

1. La mention la plus ancienne du *Mauvais Riche* que nous ayons relevée figure dans une lettre de Mme de Graffigny à Devaux du 20 décembre 1739 : "Point de *Mauvais Riche*, ou du moins il n'est point reçu et n'est pas de Voltaire." (Yale, G.P., III, p. 156, et E. Showalter, *Voltaire et ses amis*, *Studies*, CXXXIX (1975), p. 217.) Si cette pièce était déjà achevée en décembre 1739, au moins dans sa première forme, la présente lettre date nécessairement de l'année 1739, et est postérieure à la lettre 11, dans laquelle Voltaire sollicite la protection d'Helvétius pour le jeune d'Arnaud.
2. Trois ans plus tard, la pièce n'est toujours pas terminée, et en octobre 1742, Voltaire écrit à d'Arnaud : "Vous allez retomber dans votre péché de paresse; n'y retombez pas au moins quand il s'agira de travailler à votre *Mauvais Riche.*" (Best. D. 2677.) Cette comédie en cinq actes et en vers n'a été achevée qu'en 1745, selon ce qu'indique une lettre d'Arnaud à Fréron en 1765. Voir *L'Année littéraire*, IV (1765), p. 51–57, qui reproduit également la première scène de l'acte II. *Le Mauvais Riche* n'a été représenté qu'en février 1750, à l'hôtel de Clermont-Tonnerre, dans le Marais.

13 . *Helvétius à François-Thomas Baculard d'Arnaud*

[Après le 28 janvier 1739][1]

[...] Vous avez bien raison d'étudier les philosophes. La poésie ne doit être bâtie que sur le fond de raisonnement solide que ne s'acquiert que par la méditation. Les vers ne sont faits que pour dire harmonieusement des vérités et les orner de l'habit de l'imagination, et cet habit n'est beau qu'autant qu'il va bien à sa taille. [...]

MANUSCRIT
L'existence de l'orig. autogr. de deux pages et non signé n'est attestée que par son passage à la vente Michelin du 12 juin 1868.

IMPRIMÉ
*1. Keim, p. 73. Les deux premières phrases y sont citées d'après le fichier Charavay.

NOTE EXPLICATIVE
1. Helvétius ne connaît sans doute pas Baculard d'Arnaud avant le 28 janvier, date à laquelle Voltaire recommande le jeune poète à Helvétius (v. lettre 11).

14 . *Voltaire à Helvétius*

À Cirey, ce 25e fev. 1739

Mon cher amy, l'amy des muses et de la verité, votre epitre[1] est pleine d'une hardiesse de raison bien au-dessus de votre age, et plus encor de nos laches et timides ecrivains, qui riment pour leurs libraires, qui se resserent sous le compas d'un censeur royal envieux, ou plus timide qu'eux. Miserables oisaux à qui on rogne les ailes, qui veulent s'elever, et qui retombent en se cassant les jambes! Vous avez un genie male, et votre ouvrage etincelle d'imagination. J'aime mieux quelques-unes de vos sublimes fautes que les mediocres bautéz dont on nous veut affadir. Si vous me permettez de vous dire en general ce que je pense pour les progres qu'un si bel art peut faire entre vos mains, je vous diray : craignez en atteignant le grand, de sauter au gigantesque. N'offrez que des images vraies, et servez-vous toujours du mot propre. Voulez-vous une petite regle infaillible pour les vers? La voicy : quand une pensée est juste et noble, il n'y a encor rien de fait; il faut voir si la maniere dont vous l'exprimez en vers seroit belle en prose, et si votre vers, depouillé de la rime et de la cesure, vous parait alors chargé d'un mot superflu; s'il y a dans la construction le moindre défaut, si une conjonction est oubliée, enfin si le mot le plus propre n'est pas employé, ou s'il n'est pas à sa place, concluez alors que l'or de cette pensée n'est pas bien enchassé. Soyez sûr que des vers qui auront l'un de ces defauts ne se retiendront jamais par cœur, ne se feront point relire, et il n'y a de bons vers que ceux qu'on relit, et qu'on retient malgré soy. Il y en a baucoup de cette espece dans votre epitre, tels que personne n'en peut faire à votre age et tels qu'on en faisoit il y a cinquante ans. Ne craignez donc point d'honorer le Parnasse de vos talents. Ils vous honoreront sans doute parceque vous ne negligerez jamais vos devoirs.

Et puis voyla de plaisants devoirs! Les fonctions de votre etat ne sont-elles pas quelque chose de bien difficile pour une ame comme la votre? Cette besogne se fait comme on regle la depense de sa maison et le livre de son maitre d'hotel. Quoy! pour etre fermier general on n'auroit pas la liberté de penser! Eh morbleu! Atticus etoit fermier general, les chevaliers romains etoient fermiers generaux, et pensoient en Romains. Continuez donc, Atticus!

Je vous remercie tendrement de ce que vous avez fait pour d'Arnaud[a].[2] J'ose vous recomander ce jeune homme comme mon fils : il a du merite; il est pauvre et vertueux; il sent tout ce que vous valez; il vous sera attaché toute sa vie. Le plus bau partage de l'humanité c'est de pouvoir faire du bien; c'est ce que vous savez et ce que vous pratiquez mieux que moy. Madame Du Chastelet vous remerciera des eloges qu'elle merite, et moy je passerai ma vie à me rendre moins indigne de ceux que vous m'adressez.

Pardon de vous ecrire en vile prose, mais je n'ay pas un instant à moy. Les jours sont trop courts. Adieu, quand pourai-je en passer quelques-uns avec vous? Buvez à ma santé avec xx Montigni.[3]

Est-il vray que la philosophie de Neuton gagne un peu?

MANUSCRITS

*A. Morgan, MA 1752(7); 4 p.; orig. autogr.

B. BK 8.

IMPRIMÉS

I. *Le Bonheur*, 1772, p. xx–xxii, xxv–xxvi (fragments)[b].

II. *Le Bonheur*, 1776, p. 104–106.

III. *Œuvres*, 1781, V, p. 172–174.

IV. Kehl, LIII, p. 198–200.

V. *Œuvres*, 1795, XII, p. 157–161.

VI. *Œuvres*, 1818, III, p. 196–197.

VII. Best. 1816.

VIII. Best. D. 1906.

TEXTE

Ajouté en tête du A : "à M. Helvétius".

[a] Le II : "D'****"; les III, V et VI : "D****".

[b] Le texte n'est pas reproduit fidèlement dans les fragments du I.

NOTES EXPLICATIVES

1. *Épître sur l'amour de l'étude.* Dans la présente lettre Voltaire mentionne Mme Du Châtelet, à qui cette épître sera dédiée, et fait allusion à l'une des remarques qu'il avait écrites sur le texte de l'épître d'Helvétius : "Enfin, il faut venir à une conclusion qui manque à l'ouvrage; il faut un petit mot à la personne à qui il est adressé." (Moland, XXIII, p. 23.)

2. Voir lettre 11.

3. Étienne Mignot de Montigny (1714–

1782), ingénieur et géomètre, admis en 1740 à l'Académie des sciences, neveu du beau-frère de Voltaire. Les x qui précèdent son nom indiquent peut-être cette parenté, ou bien son rôle de géomètre. Voir aussi les x contenus dans la lettre suivante.

15 . *Voltaire à Helvétius*

Ce 14 mars [1739][a], à Cirey

Vous etes une bien aimable creature, voyla tout ce que je peux vous dire, mon cher amy. On me mande que vous venez bientot à Cirey.[1] Je remets à ce temps-là à vous parler des deux leçons de votre belle *Épitre sur l'etude.* Vous pouvez de ces deux desseins[2] faire un excellent tablau avec peu de peine. [b]Continuez à remplir votre belle ame de toutes les vertus et de tous les arts.[b] Les femmes pensent [c]que vous vous devez[c] tout à l'amour. La poesie vous revendique, la geometrie vous offre des xx, l'amitié veut tout votre cœur, et messieurs des fermes voudroient aussi que vous ne fussiez qu'à eux. Mais vous pouvez les satisfaire tous à la fois. Mettez-moy toujours, mon cher amy, au nombre des choses que vous aimez, et dans votre immensité[3] n'oubliez point Cirey qui ne vous oubliera jamais.

Est-il possible que vous ayez daigné aller chez St-Hiacinte?[4] Vous profanez vos bontéz. Je ne scais comment vous remercier.

V.

MANUSCRITS

*A. Morgan, MA 1752(8); 1 p. (demi-feuille); orig. autogr.

B. BK 86.

IMPRIMÉS

I. *Le Bonheur*, 1776, p. 129.

II. *Œuvres*, 1781, V, p. 195.

III. Kehl, LIII, p. 206–207.

IV. *Œuvres*, 1795, XIII, p. 194–195.

V. *Œuvres*, 1818, III, p. 212.

VI. Best. 1847.

VII. Best. D. 1938.

TEXTE

Ajouté en tête du A : "À M. Helvétius".

[a] Ajouté à la date du A : "17 ⟨40⟩ 39".

[b] Cette phrase figure dans *Le Bonheur*, 1772, p. XXV, sous la forme suivante : "Continuez de remplir votre ame de toutes les connoissances, de tous les arts & de toutes les vertus." [c] Tous les imprimés sauf le III : "que vous devez".

NOTES EXPLICATIVES

1. Voltaire tenait sans doute cette nouvelle de Mme Du Châtelet qui avait reçu la veille une lettre d'Helvétius (v. Best. D. 1937). La visite prévue n'eut pas lieu (v. lettres 17, note 3, et 20, note 1).
2. On ne sache pas qu'Helvétius ait jamais fait fusionner les deux versions de son épître.
3. Cf. Ézéchiel, XXXI, 2.
4. Voir lettre suivante.

16. *Voltaire à Helvétius*

Ce 21 [mars 1739][a1]

Ce que j'aprends est-il possible? Belle ame née pour faire plaisir, et qui agissez comme vous pensez, vous etes allé, et vous avez encor retourné chez ce St-Hiacinte?[2] *Generose puer*,[3] ne profanez pas votre vertu avec ce monstre. C'en est trop. Mon cœur est penetré de vos soins. Si vous saviez ce que c'est que St-Hiacinte, vous auriez eu horreur de luy parler. Je ne l'ay connu qu'en Angleterre où je luy ay fait l'aumône; il la recevoit de qui vouloit, il prenoit jusqu'à un écu.[4] Il s'etoit échappé de la Hollande où il avoit volé le libraire Catuffe son beau-frere,[5] et il n'avoit auprès de moy d'autre recommandation que de m'avoir déchiré dans plusieurs libelles. Il avoit eu part au *Journal littéraire*, où il m'avoit maltraitté,[6] mais je l'ignorois, et il se donnoit pour l'auteur de *Matanasius*, ce qui faisoit que je luy pardonnois ses anciens péchéz. Se faire honneur du *Matanasius*, qui etoit de Messieurs de Sallengre et 's Gravesande,[7] etc., etoit la moindre de ses fourberies. Il se servit à Londre de l'argent de mes charitéz et de celuy que je luy avois procuré, pour imprimer un libelle contre *La Henriade*.[8] Enfin mon laquais le surprit me volant des livres, et le chassa de chez moy avec quelques bourades.[9] Je ne l'ay jamais revu, jamais je n'ay proferé son nom. Je scai seulement qu'il a volé en dernier lieu feu Madame de Lambert,[10] et que ses heritiers en savent des nouvelles. Enfin voyla l'homme qui dans un libelle impertinent et digne de la plus vile canaille, ose m'insulter avec tant d'horreur.[11] C'est trop s'abaisser, mon cher amy, d'exiger une satisfaction d'un scelerat qui ne doit me satisfaire qu'une torche à la main ou sous le baton. Evitez ce malheureux qui souilleroit l'air que vous respirez.

Je vous avoue que mon cœur est saisi quand je vois les belles-lettres deshonorées à ce point. Mais aussi que vous me consolez! Venez donc à Cirey avant que nous partions pour la Flandre; j'espere qu'un jour nous nous reverrons tous dans le bau palais digne d'Emilie. Il est voisin de votre bureau des fermes[12] mais nos cœurs seront bien plus pres de vous. Dites donc quand vous viendrez, aimable enfant?

V.

MANUSCRITS

*A. Morgan, MA 1752(9); 2 p. (demi-feuille); orig. autogr.

B. BK 87.

IMPRIMÉS

I. Kehl, LIII, p. 168–169.

II. Best. 1857.

III. Best. D. 1948.

TEXTE

Ajouté en tête du A : "à M. Helvétius".

[a] Ajouté à la date du A : "à Cirey ⟨mars 1741⟩ janv^r 1739"; le B : "à Cirey ce 21 Janv^r 1739 ⟨mars 1741⟩".

NOTES EXPLICATIVES

1. Cette lettre est certainement de mars 1739. Le 14 mars, Voltaire n'en était

qu'à demander à Helvétius confirmation qu'il avait "daigné aller chez St-Hiacinte" (v. lettre précédente). Dans la lettre suivante, datée du 2 avril, il revient sur le projet d'un rendez-vous à Cirey pour en préciser à Helvétius les modalités. Enfin, le 2 mai, Voltaire lui propose, comme nouveau lieu de rendez-vous, Châlons, qu'il traversera pour se rendre en Flandre.

2. Hyacinthe Cordonnier, dit Thémiseul de Saint-Hyacinthe (1684–1746), fils putatif de Bossuet, a fait une brève carrière militaire avant de s'adonner à l'étude des langues et des lettres. Il habite principalement en Hollande après 1704, et il devient protestant, ou du moins partisan du libre examen vers 1714. Il collabore au *Journal littéraire* (1713–1722), et à *L'Europe savante* (1718–1720). En 1714, il fait paraître à La Haye *Le Chef d'œuvre d'un inconnu, poème découvert... par M. le docteur Chrisostome Matanasius.* Cette satire contre le pédantisme, souvent rééditée, connaît un grand succès. Il rencontre Voltaire d'abord en 1718 à Paris, où il lui fait des éloges sur *Œdipe*, et puis en Angleterre, où il fait un long séjour (1723–1731), et où il devient membre de la Société royale en 1728. Sa brouille avec Voltaire aurait eu pour origine sa désapprobation publique de certaines actions mal connues de ce dernier à Londres. En 1732, une autre satire, la *Déification de l'incomparable docteur Aristarchus Masso*, est ajoutée à la réédition du *Matanasius*, et Saint-Hyacinthe y fait allusion aux coups de bâton que Voltaire avait reçus de l'officier Beauregard en 1722. La reproduction de ce passage dans *La Voltairomanie* de Desfontaines, en décembre 1738, exaspère Voltaire qui avait jusqu'alors ignoré la parution de la *Déification.* Dans ses *Conseils à un journaliste* (*Mercure de France*, 1, novembre 1744), Voltaire affirme que le *Matanasius* est l'ouvrage collectif de toute la société du *Journal littéraire*, et non pas du seul Saint-Hyacinthe, ce qu'il n'avait fait qu'insinuer dans plusieurs lettres, à partir de 1739. Saint-Hyacinthe se défendra en novembre 1745 dans une lettre publique à Voltaire parue dans la *Bibliothèque françoise.* Voir *Lettre de M. de Burigny à M. l'abbé Mercier sur les démêlés de M. de Voltaire avec M. de Saint-Hyacinthe*, 1780, dans Moland, I, p. 465–476, la thèse d'Élisabeth Carayol, *Thémiseul de Saint-Hyacinthe (1684–1746)*, Paris IV, 1971, 2 vol., A.-M. Rousseau, *L'Angleterre et Voltaire (1718–1789)*, *Studies*, CXLV–CXLVII (1976), I, p. 137–138, et Sgard, p. 334–335.

3. Virgile, *Énéide*, IX, 641. Voir lettre 6, note 1, et lettre 7, note 2.

4. En Angleterre Saint-Hyacinthe avait obtenu la pension que le gouvernement anglais avait accordée jusqu'en 1728 aux protestants convertis ou réfugiés.

5. En 1722, Saint-Hyacinthe avait épousé Suzanne de Marconnay, fille d'un protestant réfugié. La sœur de celle-ci épouse à Londres Jean Catuffe, né en 1695 et issu d'une famille huguenote riche et considérée. Ce libraire d'Amsterdam était membre de la deuxième société à publier le *Journal littéraire* (1729–1733). Quant à l'accusation de vol, rien de précis ne la confirme ni ne l'infirme, malgré E. Carayol qui se borne à la taxer de médisance de ce "grand nerveux" qu'était Voltaire.

6. Il ne peut s'agir du *Journal littéraire*,

dans lequel le nom de Voltaire n'est mentionné pour la première fois qu'en 1733, alors que Saint-Hyacinthe n'y collaborait plus depuis onze ans. Voltaire confond probablement avec *L'Europe savante*, où des comptes-rendus assez défavorables d'*Œdipe* et d'*Artémise*, sans doute rédigés par Saint-Hyacinthe, avaient été publiés. (x, juillet 1719, p. 3–69; xii, 1720, p. 157–158.)

7. Albert-Henri Sallengre (1694–1723), érudit et avocat de la Cour de Hollande, publie en 1715 l'*Histoire de Pierre de Montmaur*, et devient en 1719 membre de la Société royale de Londres. Quant au mathématicien Guillaume-Jacob van 's Gravesande (1688–1742), il défend les théories de Newton et s'intéresse également à la littérature, à la diplomatie et à la philosophie chrétienne. Sallengre et 's Gravesande appartenaient à la première société d'édition du *Journal littéraire*, avec Prosper Marchand, Juste van Effen, Alexandre et Saint-Hyacinthe. Malgré les accusations répétées de Voltaire, les biographes modernes de Saint-Hyacinthe ont accepté le témoignage de Lévesque de Burigny, collaborateur de ce dernier à *L'Europe savante*, qui le désigne comme seul auteur du *Matanasius* (v. la note 2 de la présente lettre).
8. *Lettres critiques sur la Henriade de M. de Voltaire*, Londres & La Haye, 1728. Cet ouvrage ne contient qu'une seule lettre dans laquelle l'auteur critique, de façon d'ailleurs assez anodine, le premier chant du poème. Comme dans sa critique d'*Œdipe*, Saint-Hyacinthe s'y présente en aîné illustre qui dispense ses conseils au jeune auteur qu'était Voltaire, proposant des critiques de détail, mais aussi des compliments, le tout assorti de quelques méchancetés voilées qui ont dû atteindre Voltaire.
9. Incidents non corroborés.
10. Anne-Thérèse de Marguenat de Courcelles, marquise de Lambert (1647–1733), dont le fameux salon de la rue Colbert a reçu de 1710 à 1733 gens de lettres et personnes de qualité. Élève de Fénelon, elle s'intéressait à l'éducation des femmes, et prodiguait des conseils aux jeunes écrivains. Selon E. Carayol (op. cit., p. 285), Saint-Hyacinthe possédait différents écrits de la marquise ou de membres de son entourage, reçus d'elle à titre de don selon l'explication courante, mais d'après Voltaire, volés.
11. Il s'agit du passage de la *Déification* reproduit dans *La Voltairomanie*.
12. Mme Du Châtelet avait acquis, vers la fin du mois de mars 1739, l'hôtel Lambert, situé à la pointe est de l'île Saint-Louis, et séparé par la petite rue Saint-Louis de l'hôtel de Bretonvilliers. Cet hôtel était devenu en 1719 une des annexes de la Ferme générale, et était le siège du bureau des aides et du papier timbré.

17 . *Voltaire à Helvétius*

Ce 2 avril [1739][a]

Mon cher confrere en Apollon, mon maitre en tout le reste, quand viendrez-vous voir la nimphe de Cirey, et votre tendre amy? Ne manquez pas, je vous prie, d'aporter votre derniere epitre[1]. Madame Du Chastelet dit que c'est moy qui l'ay perdue, moy je dis que c'est elle. Nous cherchons depuis huit jours. Il faut que Bernoulli[2] l'ait emportée pour en faire une equation. Je suis desesperé mais vous en avez sans doute une copie. Je suis tres sûr de ne l'avoir confiée à personne. Nous la retrouverons, mais consolez-nous.

Ce grand garçon d'Arnaud[b] veut vous suivre dans vos royaumes de Champagne, il veut venir à Cirey.[3] J'en ay demandé la permission à Madame la marquise, elle le veut bien; presenté par vous il ne peut etre que bien venu. Je seray charmé qu'il s'attache à vous. Je suis le plus trompé du monde s'il n'est né avec du genie et des mœurs aimables. Vous etes un enfant bien charmant de cultiver les lettres à votre age avec tant d'ardeur et d'encourager encor les autres. On ne peut trop vous aimer. Amenez donc ce grand garçon. Madame Du Chastelet et Me de Chambonin[4] vous font mille compliments.

Adieu jusqu'au plaisir de vous embrasser.

V.

MANUSCRITS

*A. Morgan, MA 1752(10); 1 p. (demi-feuille); orig. autogr.

B. BK 91.

IMPRIMÉS

I. *Le Bonheur*, 1776, p. 117–118.

II. *Œuvres*, 1781, V, p. 185.

III. Kehl, LIII, p. 211–212.

IV. *Œuvres*, 1795, XIII, p. 178–179.

V. *Œuvres*, 1818, III, p. 205.

VI. Best. 1871.

VII. Best. D. 1963.

TEXTE

Ajouté en tête du A : "à M. Helvétius".

[a] Ajouté à la date du A : "⟨1742⟩ 1739".

[b] Les I et II : "D'***"; les IV et V : "D***".

NOTES EXPLICATIVES

1. Sans doute son *Épître sur l'amour de l'étude* (v. lettres 14 et 15).
2. Johann Bernoulli (1710–1790), professeur de rhétorique à Basle, y héritera de la chaire de mathématiques à la mort de son célèbre père. Il avait quitté Cirey huit jours avant la date de la présente lettre.
3. Le lendemain, Voltaire écrit à Moussinot : "Envoyez chercher le grand d'Arnaud, et dites-luy qu'il peut venir à Cirey quand il voudra avec M. Helvetius, que Madame la marquise le trouve bon." (Best. D. 1967.) Le 25, Arnaud arrive à Cirey sur un cheval de louage, et au grand déplaisir de Mme Du Châtelet. Helvétius ne l'accompagne pas (v. Best. D. 1992).
4. Antoinette-Françoise Paulin, morte après 1780, confidente de Mme Du Châtelet, habitait à Wassy en Champagne, non loin de Cirey. Voltaire, qui la donnait pour sa "cousine" pendant l'affaire Desfontaines, l'appelait "Gros Chat" (v. Best. D. 1700 et 1867). Selon Mme de Graffigny, elle était "trait pour trait la grosse femme courte du *Paysan parvenu*". (Best. D. 1677.) Son mari, Jacques-François Du Raget de Champbonin, chevalier de Saint-Louis, successivement

lieutenant de dragons au régiment de Beauffremont, lieutenant-colonel du régiment du Maine et capitaine d'infanterie au bataillon de Saint-Dizier, était pensionné du roi depuis 1739. Devenue veuve en 1748, Mme de Champbonin est maintenue dans la noblesse de son mari et se fixe à Wassy même, dans le faubourg de la Madeleine. Son fils unique, Louis-Toussaint, à qui Voltaire avait proposé de marier sa nièce, la future Mme Denis (Best. D. 1677), sera premier commis des fortifications, commissaire des guerres et gouverneur de Wassy.

18. *Voltaire à Helvétius*

Ce 29 [avril 1739][1]

Mon cher ami, j'ai reçu de vous une lettre sans date, qui me vient par Bar-sur-Aube, au lieu qu'elle devait arriver par Vassy.[2] Vous m'y parlez d'une nouvelle épitre.[3] Vraiment vous me donnez de violents desirs; mais songez à la correction, aux liaisons, à l'élégance continue; en un mot, évitez tous mes défauts. Vous me parlez de Milton; votre imagination sera peut-être aussi féconde que la sienne; je n'en doute même pas; mais elle sera aussi plus agréable et plus réglée. Je suis fâché que vous n'ayez lû ce que j'en dis que dans la malheureuse traduction de mon essai anglais. La dernière édition de *La Henriade* qu'on trouve chez Prault vaut bien mieux;[4] et je serais fort aise d'avoir votre avis sur ce que je dis de Milton dans l'essai qui est à la suite du poëme.[5]

You learn english: for ougth[a] j[b] know. Go on; your lot is to be éloquent[c] in every language, and master of every science; j love, j esteem you, j am your[d] for ever.[6]

Je vous ai écrit en faveur d'un jeune homme qui me parait avoir envie de s'attacher à vous. J'ai mille remercimens à vous faire; vous avez remis dans mon paradis les tiedes que j'avais de la peine à vomir de ma bouche[7]... Cette tiédeur m'était cent fois plus sensible que tout le reste. Il faut à un cœur comme le mien des sentiments vifs, ou rien du tout.

Tout Cirey est à vous.

MANUSCRIT

*A. BK 100; 2 p.; copie.

IMPRIMÉS

I. *Le Bonheur*, 1776, p. 119–120.
II. *Œuvres*, 1781, V, p. 186–187.
III. Kehl, LIII, p. 228–229.
IV. *Œuvres*, 1795, XIII, p. 180–181.
V. *Œuvres*, 1818, III, p. 206.
VI. Best. 1903.
VII. Best. D. 1997.

TEXTE

Ajouté en tête du A : "À M. Helvetius". Le A est fort probablement une copie du I, et non du manuscrit original. [a] aught. Orthographe "corrigée" ainsi dans le III : "ought". [b] Le IV et le V : "I". [c] Accent supprimé dans le IV et le V. [d] yours; le III : "your's".

NOTES EXPLICATIVES

1. Si l'on se fie au I, qui reprend en général fidèlement la date des originaux, celui de la présente lettre ne portait probablement que "Ce 29". La précision "avril 1739" a été ajoutée dans le A et reprise dans le III ainsi que dans les deux éditions de Besterman, qui l'a acceptée sans la discuter. L'année est certainement 1739, le "jeune homme" et l'ami "tiède" dont parle Voltaire étant sans doute respectivement d'Arnaud et Thieriot (v. lettres 11 et 9). Par contre, le mois peut être aussi bien mars qu'avril : en mai 1739, Voltaire était déjà parti pour la Flandre (v. lettre 20), et avant le mois de mars, Helvétius avait coutume de rester à Paris en raison du temps, alors qu'il était déjà en Champagne au moment d'envoyer cette lettre (v. la note 2). L'allusion de Voltaire à d'Arnaud peut paraître un peu brève pour que la lettre ait été du 29 avril, car ce "jeune homme" était arrivé à Cirey le 25, mais on ne saurait affirmer pour autant que le mois d'envoi était mars et non avril.
2. Étant sans doute en Champagne, Helvétius aurait dû expédier sa lettre par Wassy, mais en l'adressant par Bar-sur-Aube, il a probablement fait comme s'il était encore à Paris.
3. La lettre d'Helvétius ne nous est pas parvenue. Il peut s'agir soit d'une épître sur un sujet nouveau, soit d'une nouvelle version de l'*Épître sur l'amour de l'étude.*
4. Laurent-François Prault, libraire principal de Voltaire à cette époque, avait publié en 1737, sous l'adresse de Londres, une nouvelle édition in-8° de *La Henriade*, corrigée et augmentée par l'auteur. Voir Bengesco, n° 373, et *La Henriade*, éd. O. R. Taylor, dans Best. D., II, p. 239.
5. L'*Essay on Epick Poetry*, écrit en anglais par Voltaire et publié en 1727, a été aussitôt traduit en français par Desfontaines. A partir de 1733, la version française de Voltaire paraît à la suite de *La Henriade*, dans les éditions de ce poème.
6. Vous apprenez l'anglais, ai-je entendu dire. Continuez. C'est votre destin que d'être éloquent dans toutes les langues, et d'être un maître dans toutes les sciences; je vous aime, vous estime et mon cœur est à vous pour toujours.
7. Apocalypse, III, 16.

19 . *Helvétius à François-Thomas Baculard d'Arnaud*

[Mai? 1739?][1]

Dites-moy donc, Monsieur, comment vous n'avez pas recu deux lettres que je vous ai ecrittes. Aparament que vous ne m'avez pas bien donné votre adresse. Vous ne doutez pas, me marquez-vous, que je ne sois fort bien avec les Muzes. Elles font les prudes mais elles sont femmes et sont réellement des putains qui me plantent là fort souvent. C'est à vous à fixer leur inconstançe. Vous voulez que je vous mande si je me porte bien.

Lettre d'Helvétius à Baculard d'Arnaud (a)

Lettre d'Helvétius à Baculard d'Arnaud (b)

Vraiement je suis bien plus pressé de vous dire que je suis, avec tout l'attachement [possible],

Monsieur,

Votre tres humble
et tres obeissant serviteur,

Helvetius

[*adresse* :] À Monsieur / Monsieur Buquet, procureur[2] / au Chatelet, rue Ste-Avoie, pour / rendre à Mr d'Arnaud / À Paris

MANUSCRIT

*A. Offentliche Bibliothek der Universität Basel, Autographen-Sammlung Geigy-Hagenbach, n° 1408; 1 p.; orig. autogr.; timbre de la poste : CHAALONS [Châlons-sur-Marne]. Le cachet a été découpé; d'après le fichier Charavay (v. Keim, p. 73), il représentait un chien attaché à une borne avec cette légende : "Fidel sans contrainte".

NOTES EXPLICATIVES

1. Helvétius, qui a fait la connaissance de Baculard d'Arnaud en fin janvier 1739 (v. lettre 11), était à Châlons en mai 1739 (v. lettre suivante). Mais cette date est incertaine, car Helvétius a dû revenir souvent dans cette ville au cours de ses tournées de fermier général.
2. Gabriel Buquet, procureur au Châtelet depuis 1695. La rue Sainte-Avoie est aujourd'hui réunie à la rue du Temple.

20. *Voltaire à Helvétius*

Our friendship is so well known, my dear young Apollo, that every body resorts to me, in order to obtain yr benevolence. J cannot deny a letter of recommandation, tho it should be quite to[a] no purpose. J am very far from preeing[b] upon you, but men are desirous of words. Give words to them jf you cannot better.

J long after the pleasure of seeing you at Chalons.[1] All the house presents its service to you. Farewell, my dear friend.

May the 2 [1739][2]

[*traduction* :] Notre amitié est si connue, mon jeune et cher Apollon, que tout le monde s'adresse à moi pour obtenir votre bienveillance. Je ne peux refuser une lettre de recommandation, quoiqu'elle soit inutile. Je suis donc fort éloigné de vous prier d'y avoir égard; mais les hommes sont désireux de mots. Donnez-leur des mots, si vous ne pouvez faire mieux.

Je languis après le plaisir de vous voir à Châlons.[1] Toute la maison vous fait des amitiés. Adieu, mon cher ami.[3]

Le 2 mai [1739][2]

MANUSCRIT

*A. B.N., ms. fr. 12936, p. 45–46; 1 p. (demi-feuille); orig. autogr.; fragments de cachet sur cire rouge.

IMPRIMÉS

I. *Lettres inédites de Voltaire*, éd. Cayrol, Paris, 1856, 2 vol., I, p. 183.

II. Best. 1905.

III. Best. D. 2000.

TEXTE

Ajouté en tête du A : "à M. Helvétius". [a] Le I : "of". [b] Le I : "praying". Sens probable : preying [importuner].

NOTES EXPLICATIVES

1. Châlons est situé sur la route de Voltaire aux Pays-Bas, où il allait bientôt se rendre. Ce rendez-vous remplaçait sans doute celui fixé à Cirey.
2. La date de 1739 est fort probable en raison du recours à l'anglais, qu'Helvétius apprenait à cette époque, et de la référence à Châlons. En 1749, date ajoutée au A et reprise par le I, le "jeune Apollon" avait déjà 34 ans.
3. Sauf pour la date, cette traduction est celle qui figure sur une demi-feuille collée au verso de l'original.

21 . *Voltaire à Helvétius*

À Anguien, ce 6 juillet 1739

Je vois, mon charmant amy, que je vous avois ecrit d'assez mauvais vers[1], et qu'Apollon n'a pas voulu qu'ils vous parvinssent; ma lettre etoit adressée à Charlesville, où vous deviez etre; et j'avois eu soin d'y mettre une petite apostille afin que la lettre vous fut rendue en quelque endroit de votre département que vous fussiez. Vous n'avez rien perdu, mais moy j'ay perdu l'idée que vous aviez de mon exactitude. Mon amitié n'est point du tout negligente. Je vous aime trop pour etre paresseux avec vous. J'attends, mon bel Apollon, votre ouvrage[2] avec autant de vivacité que vous le faites. Je comptois vous envoyer de Bruxelles ma nouvelle edition de Hollande, mais je n'en ay pas encor reçu un seul exemplaire de mes libraires. Il n'y en a point à Bruxelles et j'aprends qu'il y en a à Paris. Les libraires de Hollande, qui sont des corsaires maladroits, ont sans doute fait baucoup de fautes dans leur edition,[3] et craignent que je ne la voye assez tot pour m'en plaindre et pour la décrier. Je ne pouray en etre instruit que dans quinze jours.

Je suis actuellement avec Madame du Chastelet à Anguien chez M. le duc d'Aremberg[4], à 7 lieues de Bruxelles. Je joue baucoup au brelan[5], mais nos cheres etudes n'y perdent rien. Il faut allier le travail et le plaisir. C'est ainsi que vous en usez et c'est un petit mélange que je vous conseille de faire toute votre vie, car en verité vous etes né pour l'un et pour l'autre.

Je vous avoue à ma honte que je n'ay jamais lu l'*Utopie* de Tomas Morus. Cependant je m'avisay de donner une fete il y a quelques jours dans

Bruxelles sous le nom de l'envoyé d'Utopie. La fete etoit pour Madame Du Chastelet comme de raison; mais croiriez-vous bien qu'il n'y avoit personne dans la ville qui sceut ce que veut dire Uthopie? Ce n'est pas icy le pays des belles-lettres. Les livres de Hollande y sont deffendus et je ne peux pas concevoir comment Roussau a pu choisir un tel azile. Ce doyen des medisans qui a perdu depuis longtemps l'art de médire, et qui n'en a conservé que la rage, est icy aussi inconnu que les belles-lettres.[6] Je suis actuellement dans un chatau où il n'y a jamais eu de livres que ceux que Madame Du Chastelet et moy nous avons aportéz. Mais en recompense, il y a des jardins plus baux que ceux de Chantilly, et on y mene cette vie douce et libre qui fait l'agrément de la campagne. Le possesseur de ce bau sejour vaut mieux que baucoup de livres; je crois que nous allons [a]y jouer la comedie[a]. On y lira du moins les roles des acteurs.

J'ay bien un autre projet en tete. J'ay fini ce *Mahomet* dont je vous avois lu l'ebauche. J'aurois grande envie de savoir comment une piece d'un genre si nouvau et si hazardé reussiroit chez nos galants Français. Je voudrois faire jouer la piece et laisser ignorer l'auteur. À qui pui-je mieux me confier qu'à vous? N'avez-vous pas en main cet amy de Paris qui vous doit tout, et qui aime tant les vers?[7] Ne pouriez-vous pas la luy envoyer? Ne pouroit-il pas la lire aux comediens? Mais lit-il bien? Car une belle prononciation et une lecture patetique sont une bordure necessaire au tablau. Voyez, mon cher amy, donnez-moy sur cela vos instructions[b].

Quelle est donc cette Madame Lambert[8] à qui je dois des compliments? Vous me faites des amis des gens qui vous aiment. Je seray bientot aimé de tout le monde.

Adieu. Madame Du Chastelet vous estime, vous aime, vous n'en doutez pas. Nos cœurs sont à vous pour jamais. Elle vous a ecrit comme moy à Charlesville. Adieu, je vous embrasse du meilleur de mon ame.

[c]Mon adresse sera toujours à Bruxelles, rue de la Grosse-Tour. Si vous voulez m'envoyer quelque gros paquet, il faudra, de peur des curieux, l'adresser à Monsieur de Sechelles, intendant de Flandres, à Valenciennes,[9] avec une seconde envelope à Mad[e] Du Chastelet.[c]

MANUSCRITS

*A. Morgan, MA 1752(11); 4 p.; orig. autogr.

B. BK 108.

IMPRIMÉS

I. *Le Bonheur*, 1776, p. 107–109.

II. *Œuvres*, 1781, V, p. 175–177.

III. Kehl, LIII, p. 248–250.

IV. *Œuvres*, 1795, XIII, p. 162–166.

V. *Œuvres*, 1818, III, p. 198–200.

VI. Best. 1942.

VII. Best. D. 2040.

TEXTE

Ajouté en tête du A : "à M. Helvétius". [a] Les I, II, IV et V : "jouer des comédies". [b] Le B, le III et le VI : "réflexions". [c] Paragraphe omis dans le B et dans tous les imprimés antérieurs au VII.

NOTES EXPLICATIVES

1. Probablement l'une des odes ou épîtres parues avant la fin de l'année dans un *Recueil de pièces fugitives.*
2. Sans doute l'*Épître sur l'amour de l'étude.*
3. L'édition des *Œuvres*, Amsterdam, Ledet, 1738–1739, 4 vol., comportait effectivement beaucoup de fautes, que Voltaire fit corriger à la main dans plusieurs exemplaires. Celui envoyé à Helvétius a fait l'objet d'un article paru dans *Le Conservateur, ou Recueil de morceaux inédits tirés des portefeuilles de François de Neufchâteau*, an VIII, II, p. 7–19.
4. Léopold-Philippe-Charles-Joseph, duc d'Aremberg (1690–1754), feld-maréchal et commandant en chef des armées de l'Empereur dans les Pays-Bas, gouverneur du Hainaut, accorda sa protection aux gens de lettres, et notamment à J.-B. Rousseau. Le séjour de Voltaire et de Mme Du Châtelet en juillet 1739 dans son château d'Enghien, près de Mons, a duré deux semaines.
5. "Ce chien de brelan", comme l'appelait Mme de Sévigné, était un jeu de cartes fort ancien, très en vogue à la fin du XVIIe siècle.
6. Vers 1736 le duc d'Aremberg avait retiré à Rousseau la protection qu'il lui avait accordée pendant plus de dix ans.
7. Cet ami est Montmirel (v. lettre 4).
8. La célèbre salonnière de ce nom était morte en 1733. Peut-être s'agit-il de la femme de l'ancien précepteur d'Helvétius, Jacques-Mathurin Lambert, professeur de rhétorique au collège de La Marche.
9. Valenciennes était en fait dans le Hainaut et c'est de cette province que Jean Moreau de Séchelles (1690–1760), futur contrôleur général, était intendant depuis 1727.

22. *L'abbé Jean-Bernard Le Blanc*[1] *au président Jean Bouhier*[2]

Montbard, 19 septembre 1739

Monsieur,

[...] Je reviens à Montbard pour vous dire, Monsieur, que nous sommes ici trois amis à qui il ne manque que la barbe pour être philosophes. Je mets Mr de Buffons à la tête & comme notre hote & comme notre patron. Le second est Mr Helvétius, qui je crois a eû l'honneur de vous voir à Dijon; tout jeune, & ce qui est plus étonnant, tout fermier général qu'il est, il est en éffect philosophe jusqu'au bout des ongles. De plus il a beaucoup de talent pour la poësie; c'est un jeune arbre qui peut-être a trop de séve, mais qui avec le tems produira de bon fruit. Votre serviteur est le troisiéme, car je suis aussi philosophe & plus que je ne le parais & plus que je ne le dis. Nous travaillons ainsi chacun de notre coté; l'un résout un probleme, l'autre fait des vers, le troisiéme écrit sur les mœurs & les usages des nations.[3] Nous vivons à peu près comme trois hermites, nous ne nous voyons guére qu'à table & toute la différence est que nous nous y tenons un peu plus longtems & que nous y parlons plus de Newton ou de Descartes, de Virgille ou de Racine que des peres du désert. Je vous avoüe qu'une société de pareils amis est bien douce en même tems & bien utile quelque carriére que l'on coure. [...]

L'Abé Le Blanc

MANUSCRIT

*A. B.N., ms. fr. 24412, foll. 532 recto et 533 recto–533 verso; 4 p.; orig. autogr.

IMPRIMÉ

I. Hélène Monod-Cassidy, *Un Voyageur philosophe au XVIIIe siècle, l'abbé Jean-Bernard Le Blanc*, Harvard, 1941, pp. 339, 341 et 342.

NOTES EXPLICATIVES

1. L'abbé Le Blanc (1707–1782) cherchait alors à se faire un nom dans les lettres et postulera en vain pendant 30 ans un fauteuil à l'Académie française. Étant dijonnais, il se peut qu'il soit entré chez le président Bouhier en qualité de secrétaire, et qu'il ait participé aux réunions de son salon littéraire. Il avait accompagné le marquis de Marigny, lors de son voyage en Italie, et Mme de Pompadour le fera nommer historiographe des bâtiments du roi. Son œuvre principale consiste en *Lettres d'un Français concernant le gouvernement, la politique et les mœurs des Anglais* (1745), dont six sont adressées "À Monsieur H***", c'est-à-dire, à Helvétius.
2. Bouhier (1673–1746), président à mortier au parlement de Dijon depuis 1704. Grand humaniste, il s'intéresse au droit, à la philosophie, aux mathématiques et aux langues, entre à l'Académie française en 1727, et habite surtout Dijon, où il préside un salon littéraire. Bouhier a entretenu une volumineuse correspondance avec des juristes et savants de tous pays.
3. Allusion aux *Lettres d'un Français* de Le Blanc.

REMARQUES

Dans sa réponse du 22 septembre, Bouhier se réfère en ces termes à Helvétius : "Je ne connaissais point son goût, ni son talent pour la poésie. Je voudrais fort qu'il lui prît envie de réconcilier vos muses avec la France." (Laverdet, *Catalogue d'une belle collection de lettres autographes*, 1854.)

23 . *Helvétius à François-Thomas Baculard d'Arnaud*[1]

À Montbard [automne 1739][2]

Ma foy, Monsieur, votre lettre est arrivée trop tard : j'ai deja disposé de l'employ que vous me demandez en faveur d'un de vos amis. Vous m'avez fait reprocher que je ne vous ecrivois [plus]; il faut un peu m'excuser : vous sçavez que l'on court toujours en tournée et que j'employe[a] au culte des muzes tous les moments que me laisse ma charge. Je crois avoir fait ma profession de foy à votre egard et que vous aurez assez de bontés pour m'excuser. Je suis, avec toute la consideration possible,

Monsieur,

Votre tres humble
et tres obeissant serviteur,

Helvetius

MANUSCRIT

*A. Staatsbibliothek der Stiftung Preussischer Kulturbesitz, Berlin; 2 p. (demi-feuille); orig. autogr.

TEXTE

[a] Le A : "j'emplo⟨ï⟩e". Le "y" est en surcharge.

NOTES EXPLICATIVES

1. Le destinataire n'est pas identifié dans le manuscrit, mais il est connu qu'en 1739 Baculard d'Arnaud importunait souvent le fermier général.
2. Le 23 juillet 1739, Buffon écrit au chimiste Jean Hellot : "Je ne puis me résoudre à perdre l'espérance de vous posséder ici. Helvétius vient de m'écrire qu'il me tiendrait parole au mois de septembre." (Buffon, *Correspondance générale*, éd. Nadault de Buffon, 1885, 2 vol., I, p. 42.) Le même jour, il écrit à l'abbé Le Blanc : "Je dois recevoir Helvétius, et je vous invite à venir avec lui." (op. cit., I, p. 43.) Helvétius est bien arrivé à Montbard en septembre 1739 : il y était encore en octobre et peut-être même en novembre (v. lettres 22, 24 et 25).

24. *Voltaire à Helvétius*

[a]3 octobre [1739], à Paris[a]

Mon jeune Apollon, j'ay reçu votre charmante lettre. Si je n'etois pas avec Madame Du Chastelet, je voudrais etre à Montbar. Je ne scai comment je m'y prendray pour envoyer une courte et modeste reponse que j'ay faite aux antineutoniens.[1] Je suis l'enfant perdu d'un party dont Mr de Buffon est le chef, et je suis assez comme les soldats qui se battent de bon cœur sans trop entendre les interets de leur prince. J'avoue que j'aimerois infiniment mieux recevoir de vos ouvrages que vous envoyer les miens. N'aurai-je point le bonheur, mon cher amy, de voir arriver quelque gros paquet de vous avant mon départ? Pour Dieu donnez-moy au moins une epitre! Je vous ay dedié ma quatrieme epitre sur la moderation. Cela m'a engagé à la retoucher avec soin.[2] Vous me donnez de l'emulation; mais donnez-moy donc de vos ouvrages. Votre metaphisique n'est pas l'ennemie de la poesie.

Le pere Mallebranche etoit quelquefois poete en prose, mais vous, vous savez l'etre en vers. Il n'avoit de l'imagination qu'à contretemps.

Madame Du Chastelet a emmené[b] avec elle à Paris son Kenig[3], qui n'a de l'imagination en aucun sens, mais qui, comme vous savez, est ce qu'on apelle grand metaphisicien. Il sait à point nommé de quoy la matiere est composée, et il jure d'apres Leibnits, qu'il est demontré que l'etendue est composée de monades non étendues, et la matiere impenetrable composée de petites monades penetrables. Il croit que chaque monade est un miroir de son univers. Quand on croit tout cela, on merite de croire aux miracles de S[t] Paris[4]. D'ailleurs il est tres bon geometre comme vous savez, et ce qui vaut mieux tres bon garçon. Nous irons bientot philosofer à Bruxelles ensemble, car on n'a point sa raison à Paris. Le tourbillon du monde est cent fois plus pernicieux que ceux[c] de Descartes. Je n'ay encor eu ny le temps de penser ny celuy de vous ecrire. Pour Madame Du Chastelet, elle est toute differente : [d]elle pense toujours,[d] elle a toujours son esprit et si elle ne vous a pas ecrit elle a tort. Elle vous fait mille complimens, et en dit autant à M[r] de Buffon.

Le d'Arnaud[e] espere que vous ferez un jour quelque chose pour luy, apres Montmirel s'entend, car il faut que chaque chose soit à sa place.[5]

Si je savois où loge votre aimable Montmirel[f], si j'avois achevé *Mahomet*, je me confierois à luy *in nomine tuo*, mais je ne suis pas encor prest et je pourai bien vous envoyer de Bruxelles mon Alcoran.

Adieu, mon cher amy, envoyez-moy donc de ces vers dont un seul dit tant de choses. Faites ma cour, je vous en prie, à M[r] de Buffon; il me plait tant que je voudrais bien luy plaire. Adieu, je suis à vous pour le reste de ma vie.

V.

MANUSCRITS

*A. Morgan, MA 1752(12); 3 p.; orig. autogr.

B. BK 112.

IMPRIMÉS

I. *Le Bonheur*, 1776, p. 124–126.

II. *Œuvres*, 1781, V, p. 191–192.

III. Kehl, LIII, p. 260–261.

IV. *Œuvres*, 1795, XIII, p. 187–190.

V. *Œuvres*, 1818, III, p. 209–210.

VI. Best. 1980.

VII. Best. D. 2086.

TEXTE

Ajouté en tête du A : "À M. Helvetius".

[a] Ajouté à la date du A : "17 ⟨49⟩ 39"; le B : "3 octobre ⟨à Paris⟩ 17 ⟨39⟩ 40 à Paris 1739"; les I, II, IV et V : "3 novembre, à Paris". [b] Le B, le III et le VI : "amené". [c] Le B : "celui". [d] Omis dans le B. [e] Les I et II : "D'**"; les IV et V : "D***". [f] Le B et le VI : "Montmireil".

NOTES EXPLICATIVES

1. *Réponse à toutes les objections principales qu'on a faites en France contre la philosophie de Newton*, 1739. (Moland, XXII, p. 71–86.)
2. Le nom d'Helvétius n'est mentionné, ni dans l'édition originale du quatrième des *Discours en vers sur*

l'homme, intitulé *Épître sur la modération en tout, dans l'étude, dans l'ambition, dans les plaisirs*, [Paris, Prault, 1738,] ni dans la deuxième, parue dans les *Épîtres sur le bonheur, la liberté et l'envie*, Amsterdam, Desbordes, 1738, p. 32–37. En revanche, dans la troisième, qui fait partie d'un *Recueil de pièces fugitives en prose et en vers*, [Paris, Prault,] 1740 [=1739], p. 59–64, le quatrième discours est bien dédié "À M^R^. H***". Sept vers en ont été remaniés, apparemment pour des raisons stylistiques.

3. Samuel König (1712–1757), mathématicien suisse, disciple de Jean Bernoulli et de Wolff, enseignait à Mme Du Châtelet la géométrie et la métaphysique leibnizienne.
4. François de Pâris (1690–1727), diacre janséniste fameux par les prétendus miracles ayant eu lieu sur sa tombe au cimetière Saint-Médard.
5. D'Arnaud et Montmirel (v. lettres 11 et 4).

25. *Voltaire à Helvétius*

[Vers le 15 octobre 1739][a1]

J'ay trop de remercimens, trop de compliments à vous faire, trop d'eloges à vous donner, mon charmant amy, pour vous écrire. Il faut que je vous voye, il faut que je vous embrasse. On dit que vous venez à Paris, et que peutetre ma lettre ne vous trouvera pas à Montbar. Si vous y etes encor, tachez de quitter Mr de Buffon si cela se peut. Je sens combien il vous en coutera à tout deux.

Madame Du Chastelet vous desire avec la meme vivacité que moy. J'ay vu Mr de Montmirel; je n'ay rien vu icy de plus aimable que luy et que[b] ce qu'il m'a aporté. Faites souvenir de moy le tres philosofe Mr de Buffon à qui je suis bien veritablement attaché. Adieu, je vous embrasse de tout mon cœur. Venez, l'esperance et le modele des philosophes et des poetes.

V.

MANUSCRIT

*A. B.N., ms. fr. 12938, p. 283–284; 1 p. (demi-feuille); orig. autogr.

IMPRIMÉS

I. *Le Bonheur*, 1776, p. 133.
II. *Œuvres*, 1781, V, p. 199.
III. *Œuvres*, 1795, XIII, p. 200–201.
IV. *Œuvres*, 1818, III, p. 214–215.
V. Best. 1989.
VI. Best. D. 2096.

TEXTE

Ajouté en tête du A : "à M. Helvetius".

[a] Ajouté au A : "7bre 1741". [b] Mot omis dans le V et le VI.

NOTE EXPLICATIVE

1. Datation déjà retenue par Besterman. Effectivement, cette lettre a été écrite entre le 3 octobre (v. lettre précédente, d'où il ressort que Voltaire n'a pas encore vu Montmirel à cette date) et le départ de Paris de Mme Du Châtelet au début de novembre.

26 . *Helvétius à l'abbé Jean-Bernard Le Blanc*

À Paris, ce 8 décembre [1739]

Eh! Voilà justement comme on juge mal des gens. Ne deviez-vous pas être à Paris huit jours après moi? N'ai-je pas été huit jours à la cour? N'ai-je pas dû vous attendre de jour en jour? Ne deviez-vous plutôt venir m'embrasser à Paris? Mais enfin vous êtes avec Buffon. En son nom tout vous est pardonné; il vaut mieux que moi et tout Paris. En attendant le bonheur de le voir, nous jouissons du plaisir de parler de lui avec Montigny, Cléraut[1], Maupertuis, Mme Du Châtelet. À propos, vous savez la nouvelle aventure de Voltaire; j'en suis au désespoir, car il n'y a pas d'apparence qu'il puisse revenir de sitôt à Paris.[2] Nous avons parlé de vous avec l'abbé Fouchet[3] que je commence à aimer depuis qu'il vous aime. En vérité, j'ai une grande envie de vous revoir, dussions-nous nous arracher les yeux en disputant. Vous me retrouverez de votre avis sur bien des choses que je n'ose encore croire; mais l'occasion démasque les hommes. Adieu; aimez-moi, faites ma cour à M. de Buffon. Je compte sur son amitié, et je crois que je compte bien.

Je suis, avec tout l'attachement possible,

Votre très humble et très obéissant serviteur,

Helvétius

MANUSCRIT

Le manuscrit original n'est connu que par les indications (3 p.; cachet) et l'extrait contenus dans les *Lettres autographes composant la collection d'Alfred Bovet*, [Londres,] 1883–1892, 6 vol., I, p. 272.

IMPRIMÉS

*I. Lord H. Brougham, *Voltaire et Rousseau*, 1845, p. 352–353.

II. H. Monod-Cassidy, *Un Voyageur philosophe au XVIIIe siècle, l'abbé Jean-Bernard Le Blanc*, Harvard, 1941, p. 441–442, note 54 (fragment).

NOTES EXPLICATIVES

1. Alexis-Claude Clairaut (1713–1765), mathématicien. Admis à l'âge de dix-huit ans à l'Académie des sciences, il accompagne Maupertuis en Laponie en 1736–1737 pour y déterminer la longueur d'un degré du méridien.
2. Le *Recueil de pièces fugitives* de Voltaire est interdit le 4 décembre 1739 par un arrêt du Conseil d'État du Roi (v. Best. D. 2110 et 2115).
3. L'abbé Paul Foucher (1704–1778) s'était fait à cette époque une petite réputation de poète. Ses travaux ultérieurs sur les religions perse et grecque lui vaudront d'être admis à l'Académie des inscriptions en 1753 et d'être en butte aux sarcasmes de Voltaire (v. Moland, XXVII, p. 431–437).

27 . *Voltaire à Helvétius*

Je vous salue au nom d'Apollon, et je vous embrasse au nom de l'amitié. Voicy l'*Ode de la superstition*[1] que vous demandiez, et l'opera dont nous avons parlé.[2] Quand vous aurez lu l'opera, mon cher amy, envoyez-le à Mr de Pondeveile[3], porte St-Honoré. Mais pour dieu envoyez-moy de meilleures etrennes. Je n'ay jamais tant travaillé que ce dernier mois, j'ay la tete fendue. Guerissez-moy par quelque belle epitre. Adieu les vers cet hiver, je n'en feray point; la phisique est de quartier; mais vos lettres, votre souvenir, votre amitié, vos vers seront pou[r] moy de service toute l'année. Avez-vous vu[a] ce receuil qu'avoit fait Praut?[4] Pourquoy le saisir? Quelle barbarie! Sui-je né sous les Gots et sous les Vandales? Je méprise la tirannie autant que la calomnie; je suis heureux avec Emilie, votre amitié et l'etude. Vous l'avez bien dit, l'étude console de tout.[5] Je vous embrasse mille fois.

V.

5 janvier 1740

MANUSCRIT

*A. B.N., ms. fr. 12936, p. 27–28; 1 p. (demi-feuille); orig. autogr.

IMPRIMÉS

I. *Le Bonheur*, 1776, p. 110.
II. *Œuvres*, 1781, V, p. 178.
III. *Œuvres*, 1795, XIII, p. 167–168.
IV. *Œuvres*, 1818, III, p. 200.
V. Best. 2016.
VI. Best. D. 2130.

TEXTE

Ajouté en tête du A : "à M. Helvétius, 5 janvier 1740". [a] Omis dans les I, II, III et IV.

NOTES EXPLICATIVES

1. L'*Ode sur la superstition* avait paru en 1738 dans les *Œuvres*, Amsterdam, Ledet, 1738–1739, 4 vol., IV, p. 45–51, et en 1739, dans le *Recueil de pièces fugitives*, sous le titre d'*Ode sur le fanatisme*.
2. *Pandore*, opéra en cinq actes, imprimé dans les *Œuvres*, Dresde, Walther, 1748, 8 vol., III, p. 321–360. Il n'a jamais été représenté.
3. Antoine de Ferriol, comte de Pont de Veyle (1694–1774), neveu de Mme de Tencin et amant de Mme Du Deffand, était intendant général des classes de la marine. Voltaire lui a souvent demandé, comme à son frère d'Argental, d'examiner ses ouvrages avant leur publication.
4. Voir lettres 24 et 26.
5. Voir l'*Épître sur l'amour de l'étude*.

28 . *Voltaire à Helvétius*

À Bruxelles, ce 19[a] [janvier 1740][1]

Eh bien! nous n'entendrons donc parler de vous ny en vers ny en prose. Je me flatte que mon cher Apollon naissant me payera de son silence avec usure. Aparemment que vous preludez à present, et que bientot nous aurons la piece.[2] Cependant, mon cher amy, je vous prie de me mander si vous avez receu le brouillon de *Pandore* et si vous l'avez envoyé à Mr de Pondeveile, rue et porte St-Honoré.[3] Si vous etes content de l'esquisse, je finiray le tablau, sinon je le mettray au rebut. Madame Du Chastelet vous fait mille complimens et moy je vous suis attaché pour la vie. Mandez-nous donc ce que c'est qu'Eugenie[4]. Cela est-il digne d'etre vu plusieurs fois de vous? Mes compliments à votre amy[5]. Adieu, je vous embrasse, mon jeune Apollon.

V.

[b]Je vous suplie de vouloir bien faire mettre cette lettre[6] à la poste.[b]

MANUSCRIT

*A. Morgan, MA 1752(13); I p. (demi-feuille); orig. autogr.

IMPRIMÉS

I. *Le Bonheur*, 1776, p. 130.
II. *Œuvres*, 1781, V, p. 196.
III. *Œuvres*, 1795, XIII, p. 195–196.
IV. *Œuvres*, 1818, III, p. 212–213.
V. Best. 2028.
VI. Best. D. 2146.

TEXTE

Ajouté en tête du A : "à M. Helvétius". [a] Ajouté à la date du A : "⟨aout⟩ 7bre ⟨1741⟩ 19 janv. 1740". Cette dernière datation est reprise par Besterman. [b] Post-scriptum omis dans les I, II, III et IV.

NOTES EXPLICATIVES

1. Nous suivons la datation de Besterman, tout en la trouvant loin d'être "évidente". La date de janvier est à retenir si Helvétius, dans la lettre à laquelle Voltaire répond ici, avait parlé du manuscrit ou des répétitions d'*Édouard III* de Gresset, et non de représentations qu'il avait vues. En effet, la première de celles-ci a eu lieu le 22 janvier, c'est-à-dire postérieurement au quantième de la date admise par Besterman. Ce qui peut d'ailleurs plaider en faveur du mois de janvier est que, dans cette lettre, Voltaire rappelle à son ami la commission dont il l'avait chargé le 3 janvier, et que, le 26 de ce même mois, il semble mieux informé sur la pièce qu'il ne l'est à la date de la présente lettre (v. Best. D. 2149). Mais si, comme Voltaire semble l'indiquer ici, Helvétius avait déjà assisté "plusieurs fois" à des représentations, la lettre est à dater de février.
2. Il s'agit probablement d'une nouvelle épître ou d'une nouvelle version de l'*Épître sur l'amour de l'étude*, et non d'une pièce de théâtre.
3. Voir lettre précédente.
4. Héroïne d'*Édouard III*, tragédie de Gresset en cinq actes et en vers qui eut neuf représentations successives au Théâtre-Français.
5. Sans doute Montmirel.
6. On ignore de quelle lettre il s'agit.

29 . *Voltaire à Helvétius*

Bruxelles, 24 janvier 1740[a]

Ne les verrai-je point ces baux vers que vous faites,[1]
Amy charmant, sublime auteur?
Le ciel vous anima de ces flammes secrettes,
Que ne sentit[b] jamais Boylau l'imitateur
Dans ses tristes bautéz si froidement parfaites.
Il est des baux esprits; il est plus d'un rimeur;
Il est rarement des poetes.
Le vray poete est createur.
Peut-etre je le fus, et maintenant vous l'etes.

Envoyez-moy donc un peu de votre creation. Vous ne vous reposerez pas apres le sixieme jour; vous corrigerez, vous perfectionerez votre ouvrage, mon cher amy. Votre derniere lettre m'a un peu affligé; vous tatez donc aussi des amertumes de ce monde, vous eprouvez des tracasseries, vous sentez combien le commerce des hommes est dangereux. Mais vous aurez toujours des amis qui vous consoleront et vous aurez, apres le plaisir de l'amitié, celuy de l'etude.

Nam nil dulcius est bene quam munita tenere
Edita doctrinæ sapientum templa serena,
Despicere unde queas alios passimque videre
Errare atque viam palantes quærere vitæ.[2]

Il y a bientot 8 ans que je demeure dans le temple de l'amitié et de l'etude. J'y suis plus heureux que le premier jour, j'y oublie les persecutions des ignorants en place, et la basse jalousie de certains animaux amphibies qui osent se dire gens de lettres, j'y puise des consolations contre l'ingratitude de ceux qui ont repondu à mes bienfaits par des outrages. Madame Du Chastelet qui a eprouvé à peu pres la meme ingratitude, l'oublie avec plus de philosophie que moy, par ce que son ame est au-dessus de la mienne.

[c]Il y a peu de grands seigneurs de deux cent mille livres de rente qui fassent pour leurs parents ce que Madame Du Chastelet avoit fait pour Kenig.[3] Elle avoit soin de luy et de son frere, les logeoit, les nourissoit, les acabloit de presents, leur donnoit des domestiques, leur fournissoit à Paris des équipages. Je suis témoin qu'elle s'est incomodée pour eux, et en verité c'etoit bien payer la metaphisique romanesque de Leibnits dont Kenig l'entretenoit quelquefois les matins. Tout cela a fini par des procedéz indignes que Madame Du Chastelet veut encor avoir la grandeur d'ame d'ignorer.[c]

Vous trouverez, mon cher amy, dans votre vie peu de personnes plus dignes qu'elle de votre estime et de votre attachement.

[c]On m'a ecrit que Kenig avoit seduit Mr de Montigni et luy avoit persuadé qu'il n'etoit pas dans son tort, mais Mr de Montigni a trop de discernem[ent po]ur[d] se laisser ainsi tromper, et il a vu de trop pres le[s bonté]z[d] de Made Du Chastelet pour ne les pas respecter. [d][N'est-]il pas enfin de l'Academie?[4] Mandez-le-moy afin que je luy en fasse mon compliment.[c]

Adieu, mon jeune Apollon. Je vous embrasse, je vous aime à jamais.

V.

MANUSCRITS

*A. Collection privée à Bruxelles; 3 p.; orig. autogr.

B. B.N., ms. fr. 12945, fol. 446; 1 p.; copie ne comprenant que les vers en français.

IMPRIMÉS

I. *Le Bonheur*, 1776, p. 111–112.

II. *Œuvres*, 1781, v, p. 179–180.

III. *Œuvres*, 1795, XIII, p. 168–170.

IV. *Œuvres*, 1818, III, p. 201–202.

V. Best. 2029.

VI. Best. D. 2147.

TEXTE

Ajouté en tête du A : "à M. Helvétius".

[a] Les I et II : "1720". [b] Le A : ⟨connut⟩.

[c] Paragraphe absent des I, II, III et IV.

[d] Le A est troué à cet endroit.

NOTES EXPLICATIVES

1. Il doit s'agir encore de l'*Épître sur l'amour de l'étude*, car Voltaire ajoute plus bas : "Vous corrigerez, vous perfectionnerez votre ouvrage…".

2. Lucrèce, *De rerum natura*, II, 7–10 : [Car rien n'est plus doux que d'occuper solidement les hauts lieux fortifiés par la science des sages, régions sereines d'où l'on peut abaisser ses regards sur les autres hommes, les voir errer partout, et chercher au hasard le chemin de la vie]. Une erreur de détail dans la transcription de Voltaire : pour *doctrinæ*, lire *doctrina*.

3. Samuel König avait offensé Mme Du Châtelet en révélant qu'elle était l'auteur des *Institutions de physique*, et surtout, en affirmant publiquement que cet ouvrage "n'étoit autre chose que les leçons qu'il luy avoit données". (Best. D. 2141.)

4. Mignot de Montigny (v. lettre 14) avait été élu adjoint mécanicien de l'Académie des sciences le 17 janvier 1740.

30. *Voltaire à Helvétius*

Ce 24[a] [mars 1740][1], à Bruxelles

Je vous renvoye, mon cher amy, le manuscript que vous avez bien voulu me communiquer.[2] Vous me donnez toujours les memes sujets d'admiration et de critique; vous etes le plus hardy[b] architecte que je connaisse, et celuy qui se passe le plus volontiers de ciment. Vous seriez trop au-dessus des autres, si vous vouliez faire attention combien les petites choses servent aux grandes et à quel point elles sont indispensables. Je vous prie de ne les pas negliger en vers, et surtout dans ce qui regarde votre santé. Vous m'avez trop allarmé par le danger où vous avez eté. Nous avons besoin de vous, mon cher enfant en Apollon, pour aprendre aux Français à penser un peu vigoureusement, mais moy j'en ay un besoin essentiel comme d'un amy que j'aime tendrement et dont j'attends plus de conseils dans l'occasion que je ne vous en donne icy.

J'attends la piece de M[r] Gresset. Je ne me presse point de donner *Mahomet*, je le travaille encor tous les jours. À l'egard de *Pandore*, je m'imagine que cet opera preteroit assez [c]au musicien[c], mais je ne scais à qui le donner. Il me semble que le recitatif en fait la principale partie et que le savant Ramau neglige quelquefois le recitatif. Monsieur d'Argental en est assez content, mais il faut encor des coups de lime; ce M[r] d'Argental est un des meilleurs juges comme un des meilleurs hommes que nous ayons. Il est digne d'etre votre amy. J'ay lu[d] *L'Optique* du P. Castel.[3] Je croi qu'il etoit aux Petites-Maisons quand il fit cet ouvrage. Il n'y en a qu'un que je puisse luy comparer, c'est le quatrieme tome de Joseph Privat de Moliere, où il donne de son cru une preuve de l'existence de Dieu propre à faire plus d'athée[e] que tous les livres de Spinoza.[4] Je vous dis cela en confidence. On me parle avec eloge des détails d'une comedie de Boissy[5]; je n'en croiray rien de bon que quand vous en serez content. Le janseniste Rollin continue-t'il toujours en[f] mettre en d'autres mots ce que tant d'autres ont ecrit avant luy? Et son party preconize-t'il toujours comme un grand homme ce prolixe et inutile compilateur?[6] A-t'on imprimé[g], [h]vend-on enfin[h] l'ouvrage de l'abbé de Gamache?[7] Il y aura sans doute un petit sisteme de sa façon car il faut des romans aux Français. Adieu, charmant fils d'Apollon. Nous vous aimons icy[i] tendrement. Ce n'est point un roman cela, c'est une vérité constante, car nous sommes icy tres constants.

V.

MANUSCRITS

*A. Morgan, MA 1752(14); 2 p. (demi-feuille); orig. autogr.

B. BK 127.

IMPRIMÉS

I. *Le Bonheur*, 1776, p. 131–132.
II. *Œuvres*, 1781, V, p. 197–198.
III. Kehl, LIII, p. 277–278.
IV. *Œuvres*, 1795, XIII, p. 197–200.
V. *Œuvres*, 1818, III, p. 213–214.
VI. Best. 2060.
VII. Best. D. 2187.

TEXTE

Ajouté en tête du A : "à M. Helvétius". [a] Ajouté à la date du A : "mars 1740"; le B : "24 ⟨7bre⟩ mars 1740". [b] Besterman affirme à tort que le III porte "habile". [c] Les B, III et VI : "aux musiciens"; le VII : "aux musicien". [d] Omis dans les B, VI et VII. [e] Au pluriel dans tous les imprimés. [f] Erreur corrigée dans le B et dans tous les imprimés antérieurs au VII. [g] Ajouté dans les I, II, IV et V : "ou"; ajouté dans les III et VI "et". Voltaire avait d'abord écrit "imprime-t'on", puis barré les deux derniers mots, et ajouté dans l'interligne "A-t'on". [h] Le B et le VI : "enfin vend-on". [i] Omis dans les I, II, IV et V.

NOTES EXPLICATIVES

1. La rédaction de cette lettre a eu lieu entre le 18 février (première représentation des *Dehors trompeurs*, de Boissy) et le 26 mars (réception par Voltaire de l'*Édouard III*, de Gresset). Elle date probablement de mars : le 1er avril Voltaire revient sur *L'Optique* de Castel et sur les *Leçons de physique* de Privat de Molières (v. Best. D. 2195).
2. Soit l'*Épître sur l'orgueil et la paresse de l'esprit*, soit une nouvelle version de l'*Épître sur l'amour de l'étude*.
3. Le père Louis-Bertrand Castel (1688–1757), mathématicien, membre de la Société royale de Londres, consacra inutilement sa vie à la construction d'un clavecin pour les yeux. Collaborateur du *Journal de Trévoux* pendant trente ans, il y avait longuement exposé en 1735 sa théorie de l'analogie des sons et des couleurs, reprise dans son *Optique des couleurs* (1740). Voir Sgard, p. 73–74.
4. Joseph Privat de Molières (1676–1742), membre de l'Académie des sciences et de la Société royale de Londres, était l'un des derniers défenseurs de la théorie cartésienne des tourbillons. Ses *Leçons de physique...*, 1733–1739, 4 vol., IV, p. 566–594, se terminent par une "nouvelle démonstration de l'existence de Dieu".
5. *Les Dehors trompeurs, ou l'Homme du jour*, comédie en cinq actes et en vers.
6. Dès l'achèvement de son *Histoire ancienne* en treize volumes, en 1738, Charles Rollin se met à publier son immense *Histoire romaine*, qui devait comporter seize volumes, mais la mort le surprend en 1741, après la parution du septième.
7. Étienne-Simon de Gamaches (1672–1756), membre de l'Académie des sciences, auteur d'*Astronomie physique, ou Principes généraux de la nature appliqués au mécanisme astronomique et comparés aux principes de la philosophie de M. Newton* (1740).

31. *Voltaire à Helvétius*

À La Haye, au palais du Roy de Prusse, ce 27 octobre 1740

Mon cher et jeune Apollon, mon poete philosophe, il y a six semaines que je suis plus errant que vous. Je comptois de jour en jour repasser par Bruxelles, et y relire deux pieces charmantes de poesie et de raison[1] sur les quelles je vous dois baucoup de points d'admiration et aussi quelques points interrogants. Vous etes le genie que j'aime, et qu'il falloit aux Francais. Il vous faut encor un peu de travail et je vous reponds que vous irez au sommet du temple de la gloire par un chemin tout nouvau. Je voudrois bien en attendant trouver un chemin pour me raprocher de vous.

La Providence nous a tous dispersèz. Madame Du Chastellet est à Fontaineblau, je vais peutetre à Berlin,[2] vous voyla, je croi, en Champagne. Qui sait cependant si je ne passeray pas une partie de l'hiver à Cirey, et si je n'auray pas le plaisir de voir celuy qui est aujourduy *nostri spes altera Pindi*?[3] Ne seriez-vous point[a] à present avec Mr de Buffon? Celuy-là va encor à la gloire par d'autres chemins, mais il va aussi au bonheur, il se porte à merveille. Le corps d'un athlete, et l'ame d'un sage, voyla ce qu'il faut pour etre heureux.

À propos de sage, je compte vous envoyer incessament un exemplaire de l'*Antimachiavel*.[4] L'auteur etoit fait pour vivre avec vous. Vous verrez une chose unique : un Allemand qui ecrit mieux que bien des Francais qui se piquent de bien ecrire, un jeune homme qui pense en philosophe, et un roy qui pense en homme. Vous m'avez acoutumé, mon cher amy, aux choses extraordinaires. L'auteur de l'*Antimachiavel* et vous sont deux choses qui me reconcilient avec le siecle. Permettez-moy d'y mettre encor Emilie; il ne la faut pas oublier dans la liste, et cette liste ne sera jamais bien longue.

Je vous embrasse de tout mon cœur; mon imagination, et mon cœur courent apres vous.

V.[b]

[*adresse :*] [c] À Monsieur / Monsieur Helvetius, fermier gen[al] / à l'hotel des Fermes gen[ales] / À Paris

MANUSCRITS

*A. Morgan, MA 1752(15); 3 p.; orig. autogr.; cachet sur cire rouge.

B. BK 154.

IMPRIMÉS

I. *Le Bonheur*, 1776, p. 113–114.

II. *Œuvres*, 1781, V, p. 181–182.

III. Kehl, LIII, p. 326–327.

IV. *Œuvres*, 1795, XIII, p. 171–173.

V. *Œuvres*, 1818, III, p. 202–203.

VI. Best. 2215.

VII. Best. D. 2353.

TEXTE

Ajouté en tête du A : "à M. Helvétius". [a] Les B, III, VI et VII : "pas". [b] Absent dans tous les imprimés sauf le VI [*sic*]. [c] Adresse absente dans le B et tous les imprimés antérieurs au VII.

NOTES EXPLICATIVES

1. L'une des pièces est certainement l'*Épître sur l'orgueil et la paresse de l'esprit*; l'autre est peut-être une nouvelle version de l'*Épître sur l'amour de l'étude* (v. lettre précédente, note 2).
2. Voltaire allait partir pour la Prusse au début de novembre.
3. Cf. *Énéide*, XII, 168 : *spes altera Romae* [second espoir de Rome].
4. Voltaire avait assuré la correction, et la publication à La Haye, de l'*Anti-Machiavel* de Frédéric le Grand.

32 . *Helvétius à Gabrielle-Émilie Le Tonnelier de Breteuil, marquise Du Châtelet-Lomont*

[Début 1741][1]

Je commencois, Madame, la lettre que j'ay l'honneur de vous ecrire à l'instant que je me trouvé[a] mal. J'ay été malade quinze jours, j'en ai été quitte pour trois saignées et trois purgations. Le premier usage que je fais de ma nouvelle vie est de vous ecrire et de vous mander que j'ay vu Mr de Buffon. Il pense et parle comme il le doit de votre ouvrage, il le trouve ecrit avec clarté, ordre, netteté, precision dans les mots et les idées, enfin il trouve admirable tout ce qui est à vous dans votre ouvrage. Vous vous doutiez bien qu'il ne seroit pas de votre avis en tout et qu'il ne deviendroit pas libenitien, mais il dit qu'il falloit toute votre penetration pour entreprendre d'eclairçir cette metaphisique. Enfin vous avez tout lieu d'estre contente de la façon dont il parle de votre ouvrage.

On attend que vous ajoutiez gloire sur gloire et que vous nous donniez un second volume de votre phisique. Pour moy je travaille à me rendre un peu plus digne de vos bontés et de celles de Mr de Voltaire. J'espere que vous serez un peu plus contente de mes dernieres epitres[2]. Je les aurois deja envoié à Mr de Voltaire si je n'avois été malade. Je les feray copier pour les luy adresser. J'ay deja reçu tant de preuves de son amitié que je n'ay presque plus besoin de votre protection aupres de luy. Engagez-le cependant à me dire durement la verité.

J'espere avoir l'honneur de vous aller faire ma cour au mois de may[3] et que vous ne m'en refuserez pas la permission. C'est une rente de plaisir que je conserveray tant que je pourray.

Je suis, Madame, sans ozer vous le dire, penetré des sentiments de la reconnoïssançe la plus vive et du respect le plus profond.

[*adresse* :] À Madame / Madame la marquize[b] / Du Chatelet, rue de la Grosse-Tour / À Bruxelles

MANUSCRIT

*A. Institut Voltaire, Genève, C.D. 88; 3 p.; orig. autogr.; cachet sur cire rouge représentant un profil masculin orienté vers la droite.

IMPRIMÉS

I. Best. 2201.

II. Best. D. 2384.

TEXTE

[a] trouvai. [b] Le A : ⟨comtesse⟩.

NOTES EXPLICATIVES

1. Si Helvétius parle ici de l'édition des *Institutions de physique* dont l'impression a été achevée en septembre 1740 (v. *Les Lettres de la marquise Du Châtelet*, éd. Besterman, Genève, 1958, 2 vol., lettres 249 et 252; Best. D. 2310), comme semblent l'indiquer sa référence au "second volume" et la lettre que Voltaire lui écrit le 7 janvier 1741, la présente

lettre doit être datée du 4 janvier 1741 au plus tôt, car Mme Du Châtelet, revenue à Bruxelles peu avant Noël 1740, ne l'avait visiblement pas reçue au moment où Voltaire écrit la lettre susmentionnée du 7 janvier.

Toutefois, comme Mme Du Châtelet se proposait, dès le 4 mars 1740, d'envoyer à Frédéric II la partie métaphysique de son ouvrage (v. *Les Lettres de la marquise Du Châtelet*, éd. cit., lettre 235; Best. D. 2176), il est possible qu'Helvétius et Buffon en aient reçu un jeu d'épreuves vers le même moment. Et comme Voltaire mentionne dans sa lettre du 24 mars 1740 (v. lettre 30) une maladie d'Helvétius ainsi que la réception de ses épîtres, il se peut que la présente lettre ait été écrite en fait vers le 20 mars 1740.

2. Voir lettre 31, note 1.
3. La visite qu'Helvétius envisage pour le "mois de may" peut se rapporter aussi bien à 1740 qu'à 1741. En mai 1740 il a séjourné chez Mme Du Châtelet et Voltaire qui écrit à Mlle Quinault, le 3 juin, au sujet d'un premier paquet qu'il a confié à son hôte : "[Ces tomes] sont partis de Charleville par le coche à votre adresse. C'est Mr Helvetius qui a dû se charger de vous les faire tenir." (Best. D. 2218; v. aussi Best. D. 2259.) Voltaire a également chargé Helvétius d'acheminer un second paquet pour Cideville, ce qu'il rappelle à ce dernier le 28 juin : "Avez-vous reçu le paquet T. C'est Monsieur Helvetius, un de nos confrères en Apollon quoyque fermier général, qui s'est chargé de le faire mettre au coche de Reims, recomandé à Paris pour Rouen. Si les soins d'un fermier général et l'adresse d'un 1er président ne suffisent pas, à qui faudra-t'il avoir recours?" (Best. D. 2251.) En mai 1741, Helvétius était également à Cirey; il avait même dû y arriver fin avril, peu après la représentation à Lille de *Mahomet*, à laquelle il avait été convié le 3 du même mois (v. lettre 35).

33 . *Voltaire à Helvétius*

À Bruxelles, ce 7 janvier [1741][a]

Mon cher rival, mon poete, mon philosophe, je reviens de Berlin, apres avoir essuyé tout ce que les chemins de la Vestphalie, les inondations de la Meuse, de l'Elbe et du Rhin, et les vents contraires sur la mer ont d'insupportable pour un homme qui revole dans le sein de l'amitié. J'ay montré au roy de Prusse votre epitre corrigée[1]; j'ay eu le plaisir de voir qu'il a admiré les memes choses que moy, et qu'il a fait les memes critiques. Il manque peu de chose à cet ouvrage pour etre parfait. Je ne cesseray de vous dire que, si vous continuez à cultiver un art qui semble si aisé et qui est si difficile, vous vous ferez un honneur bien rare parmy les quarante; je dis les quarante de l'Academie, comme ceux des fermes.

Les *Institutions phisiques* et l'*Antimachiavel* sont deux monuments bien singuliers. Se seroit-on attendu qu'un roy du nord et une dame de la cour de France eussent honoré à ce point les belles-lettres? Praut[2] a dû vous remettre de ma part un *Antimachiavel.* Vous avez eu la philosophie leibnitienne de la main de son aimable et illustre auteur[3]. Si Leibnits vivoit encore, il mourroit de joye de se voir ainsi expliqué, ou de honte de se voir surpasser en clarté, en metode, et en elegance. Je suis en peu de choses de l'avis de Leibnits; je l'ay meme abandonné sur les forces vives.[4] Mais apres avoir lu presque tout ce qu'on a fait en Allemagne sur sa[b] philosophie, je n'ay rien vu qui aproche à baucoup pres du livre de Madame Du Chastelet. C'est une chose tres honorable pour son sexe et pour la France. Il est peutetre aussi honorable pour l'amitié d'aimer tant[c] les gens qui ne sont pas de notre avis, et meme de quitter pour son adversaire un roy qui me comble de bontéz, et qui veut me fixer à sa cour par tout ce qui peut flatter le goust, l'interest et l'ambition. Vous savez, mon cher amy, que je n'ay pas eu grand merite à cela, et qu'un tel sacrifice n'a pas dû me couter. Vous la connaissez, vous savez si on a jamais joint à plus de lumieres un cœur plus genereux, plus constant et plus courageux dans l'amitié. Je crois que vous me mepriseriez bien si j'etois resté à Berlin.

Mr Gresset[5], qui probablement a des engagemens plus legers, rompra sans doute ses chaines à Paris pour aller prendre celles d'un roy à qui on ne peut preferer que Madame Du Chastelet. J'ay bien dit à Sa Majesté Prussienne, que Gresset luy plairoit plus que moy, mais que je n'etois jaloux ny comme auteur, ny comme courtisan. Sa maison doit etre comme celle d'Horace, *est locus uni cuique suus.*[6] Pour moy il ne manque à present que mon cher Helvétius[d]. Ne reviendra-t'il point sur les frontieres? N'aurai-je point encor le bonheur de [e]le voir et de[e] l'embrasser?

V.

MANUSCRITS

*A. Morgan, MA 1752(16); 3 p.; orig. autogr.

B. BK 158.

IMPRIMÉS

I. *Le Bonheur,* 1776, p. 134–136.
II. *Œuvres,* 1781, V, p. 200–201.
III. Kehl, LIII, p. 336–338.
IV. *Œuvres,* 1795, XIII, p. 201–204.
V. *Œuvres,* 1818, III, p. 215–216.
VI. Best. 2249.
VII. Best. D. 2397.

TEXTE

Ajouté en tête du A : "À M. Helvetius".

[a] Ajouté à la date du A : "174⟨2⟩1 1741". [b] Le B et tous les imprimés antérieurs au VII : "la". [c] Les B, III, VI et VII : "tous". [d] Accentuation exceptionnelle. [e] Omis dans le VII.

NOTES EXPLICATIVES

1. Dans ses remarques sur l'*Épître sur l'orgueil et la paresse de l'esprit* (Helvétius, *Œuvres,* 1818, III, p. 141), Voltaire écrit : "Je vous dirai en passant que le roi de Prusse en fut extasié."
2. D'après une lettre de Voltaire à Moussinot (Best. D. 2290), Louis-François Prault devait être chargé en

août 1740 d'une nouvelle édition de l'*Anti-Machiavel*. Son existence n'est cependant pas signalée par Fleischauer, dans la bibliographie de son édition critique de cet ouvrage. (*Studies*, v (1958), p. 363–372.)

3. Les *Institutions de physique* de Mme Du Châtelet.

4. Le problème de l'énergie cinétique avait été vivement débattu entre partisans et adversaires de Leibniz, notamment entre Mme Du Châtelet et Mairan, avant d'être résolu par d'Alembert dans son *Traité de dynamique* de 1743 (v. lettre 35).

5. Jean-Baptiste-Louis Gresset (1709–1777), auteur du poème *Ver-Vert*. Appelé deux fois en Prusse, il acceptera seulement d'être membre de l'académie de Berlin.

6. *Satires*, I, ix, 51–52 : [Chacun se tient à sa place].

34. *Helvétius à Gabrielle-Émilie Le Tonnelier de Breteuil, marquise Du Châtelet-Lomont*

Madame,

Je ne doute point que vous ne me rendissiez un zélé partisan de la méthaphisique de M. de Leibnitz, et quand même elle ne serait pas aussi excellente et aussi supérieure que vous la croyez, ce qu'elle est sans doute, je sens que vous me persuaderiez aisément que vous estes capable de faire de plus grands changements en moy.

J'examinerai encore votre article sur les forces mortes... [a] Soyez bien persuadée, Madame, que personne dans le monde ne vous honore, ne vous estime et ne rends plus de justice à la supériorité de votre génie et de vos lumières.

Helvétius

12 mars 1741

MANUSCRIT
L'original a disparu de la Bibliothèque royale de Bruxelles, collection du baron Goswin-Joseph-Augustin de Stassart. D'après le fichier Charavay, il est signé et comporte deux pages.

IMPRIMÉS
*I. Baron Joseph-Bruno-Marie-Constantin Kervyn de Lettenhove, "Les Collections d'autographes de M. de Stassart", dans *Mémoires couronnés et autres mémoires publiés par l'Académie royale des sciences, des lettres et des beaux-arts de Belgique*, Bruxelles, XXX (1880), p. 99.

II. Best. D. 2442.

TEXTE
[a] Passage sans doute omis dans le I.

NOTE EXPLICATIVE
Explication des diverses références et allusions : voir lettres 32 et 33.

35 . *Voltaire à Helvétius*

3 avril [1741][a], Bruxelles[b]

J'ay recu aujourduy, mon cher amy, votre diamant[1] qui n'est pas encor parfaitement taillé mais qui sera tres brillant.

Croyez-moy, commencez par achever la premiere epitre[1], elle touche à la perfection et il manque baucoup à la seconde[2].

Votre premiere epitre, je vous le repete, sera un morceau admirable; sacrifiez tout pour la rendre digne de vous. Donnez-moy la joye de voir quelque chose de complet sorti de vos mains. Envoyez-la-moy dans un paquet un peu moins gros que celuy d'aujourduy. Il n'est plus besoin de page blanche. D'ailleurs quand vous en gardez un double, je puis aisement vous faire entendre mes petites reflexions. J'ay autant d'impatience de voir cette epitre arondie, que votre maitresse en a de vous voir arriver au rendez-vous. Vous ne savez pas combien cette premiere epitre sera belle, et moy je vous dis que les plus belles de Despreaux seront au-dessous. Mais il faut travailler, il faut savoir sacrifier des vers; vous n'avez à craindre que votre abondance. Vous avez trop de sang, trop de substance; il faut vous saigner, et jeuner. Donnez de votre superflu aux petits esprits compasséz qui sont si metodiques et si pauvres, et qui vont si droit dans un petit chemin sec et uni qui ne mene à rien.

Vous devriez[c] venir nous voir ce mois-cy; je vous donne rendez-vous à Lile. Nous y ferons jouer *Mahomet*, La Noue le jouera,[3] et vous en jugerez. Vous seriez bien aimable de vous arranger pour cette partie. [d]Madame Du Chastellet vous adresse aux fermes generales un paquet par la poste de Bruxelles et deux autres par la poste de Lile, comptant que vous ne payez[e] point de port. Ces paquets sont destinéz pour Bremond[4]. Elle compte vous ecrire, et je vous avertis deja qu'elle craint d'abuser de votre amitié.[d]

J'ay peur que nous n'ayons pas raison contre Mairan[5] dans le fonds, mais Mairan a un peu tort dans la forme, et Madame Du Chastelet meritoit mieux. Bonsoir, mon cher poete philosophe, bonsoir, aimable Apollon.

MANUSCRITS

*A. Morgan, MA 1752(17); 3 p.; orig. autogr.

B. BK 168.

IMPRIMÉS

I. *Le Bonheur*, 1776, p. 127–128.

II. *Œuvres*, 1781, V, p. 193–194.

III. Kehl, LIII, p. 361–362.

IV. *Œuvres*, 1795, XIII, p. 191–193.

V. *Œuvres*, 1818, III, p. 210–211.

VI. Best. 2302.

VII. Best. D. 2456.

TEXTE

Ajouté en tête du A : "À M. Helvetius". [a] Ajouté à la date du A : "1741". [b] Mot peut-être apocryphe : encre différente;

absent des éditions d'Helvétius. [c] Les I, II, IV et V : "deviez". [d] Passage qui porte dans le A la note marginale "inédit"; rayé dans le B et absent du III. [e] Le B : "payerés"; les I, II, V et VI : "payerez"; le IV : "paierez".

NOTES EXPLICATIVES

1. Très probablement l'*Épître sur l'amour de l'étude*.
2. Sans doute l'*Épître sur l'orgueil et la paresse de l'esprit*, dont Voltaire cite un passage dans une lettre à Formont du 10 août 1741 : "Il y a un jeune Helvetius qui a bien du génie; il fait de temps en temps des vers admirables. En parlant de Locke, par exemple, il dit : 'D'un bras il abaissa l'orgueil du platonisme, / De l'autre il rétrécit le champs du pyrrhonisme.' Je le prêche continuellement d'écarter les torrents de fumée dont il offusque le beau feu qui l'anime. Il peut, s'il veut, devenir un grand homme. Il est déjà quelque chose de mieux : bon enfant, vertueux et simple." (Best. D. 2525.)
3. Le comédien Jean-Baptiste Sauvé, dit de La Noue (1701–1761), joue effectivement le rôle de Mahomet dans son théâtre de Lille, le 25 avril 1741. Voir Best. D. 2477 et L. Trénard, "L'Influence de Voltaire à Lille au XVIIIe siècle," *Studies*, LVIII (1967), p. 1611.
4. François de Brémond (1713–1742), admis en 1739 à l'Académie des sciences. On lui doit la traduction et la table des *Transactions philosophiques de la Société royale de Londres*. Voir aussi Sgard, p. 55–56.
5. Jean-Jacques Dortous de Mairan (1678–1771), célèbre physicien et mathématicien, membre de l'Académie française, de l'Académie des sciences, de la Société royale de Londres et de plusieurs autres académies. Auteur d'une *Dissertation sur l'estimation et la mesure des forces motrices des corps* (1741) et, après la publication des *Institutions physiques* de Mme Du Châtelet, d'une *Lettre à Mme *** sur la question des forces vives*. Voir R. Vaillot, *Madame Du Châtelet*, 1978, p. 208–211.

REMARQUES

Le 27 mai 1741, Voltaire écrit de Bruxelles à son ami Cideville : "Pourquoi ne pouvez-vous pas faire comme le jeune Helvetius qui est venu passer ici quelques jours. Nous avons parlé de belles-lettres, nous avons rempli toutes nos heures." (Best. D. 2488.)

36 . *Voltaire à Helvétius*

Ce 20 juin, à Bruxelles, 1741[a]

Je me gronde bien de ma paresse, mon cher et aimable amy, mais j'ay eté si indignement occupé de prose depuis un mois que j'osois à peine vous parler de vers. Mon imagination s'appesantit dans des études qui sont à la poesie ce que des gardes-meubles sombres[b] et poudreux sont à une salle de bal bien eclairée. Il faut secouer sa[c] poussiere pour vous répondre. Vous m'avez ecrit, mon charmant amy, une lettre où je reconois votre genie. Vous ne trouvez point Boylau assez fort; il n'a rien de sublime, son imagination n'est point brillante, j'en conviens avec vous. Aussi il me semble qu'il ne passe point pour un poete sublime, mais il a bien fait ce qu'il pouvoit et ce qu'il vouloit faire. Il a mis la raison en vers harmonieux, il est clair, conséquent, facile, heureux dans ses transitions, il ne s'eleve pas, mais il ne tombe gueres. Ses sujets ne comportent pas cette elevation dont ceux que vous traittez sont susceptibles. Vous avez senti votre talent comme il a senti le sien. Vous etes philosophe, vous voyez tout en grand, votre pinceau est fort et hardy. La nature en tout cela vous a mis, je vous le dis avec la plus grande sincerité, fort au-dessus de Despreaux. Mais ces talents-là, quelques grands qu'ils soient, ne seront rien sans les siens. Vous avez d'autant plus besoin de son exactitude, que la grandeur de vos idées soufre moins la gene et l'esclavage. Il ne vous coute point de penser, mais il coute infiniment d'ecrire. Je vous precheray donc eternellement cet art d'ecrire que Despreaux a si bien connu et si bien enseigné, ce respect pour la langue, cette liaison, cette suitte d'idées, cet air aizé avec le quel il conduit son lecteur, ce naturel qui est le fruit de l'art, et cette apparence de facilité qu'on ne doit qu'au travail. Un mot mis hors de sa place gate la plus belle pensée.[1] Les idées de Boylau, je l'avoue encor, ne sont jamais grandes, mais elles ne sont jamais défigurées. Enfin pour etre au-dessus de luy il faut commencer par ecrire aussi nettement,[d] aussi correctement que luy.

Votre danse haute ne doit pas se permettre un faux pas; il n'en fait point dans ses petits menuets. Vous etes brillant de pierreries; son habit est simple, mais bien fait. Il faut que vos diamants soient bien mis en ordre sans quoy vous auriez un air gené avec le diademe en tete. Envoyez-moy donc, mon cher amy, quelque chose d'aussi bien travaillé que vous imaginez noblement; ne dedaignez point [e]d'etre à la fois[e] possesseur de la mine et ouvrier de l'or qu'elle produit. Vous sentez combien, en vous parlant ainsi, je m'interesse à votre gloire et à celle des arts. Mon amitié pour vous a redoublé encor à votre dernier voiage. J'ay bien la mine de ne plus faire de vers. Je ne veux plus aimer que les votres. Madame Du Chastelet qui vous a ecrit vous fait mille compliments; adieu, je vous aimeray toute ma vie.

MANUSCRITS

*A. Morgan, MA 1752(18); 3 p.; orig. autogr.

B. BK 178.

IMPRIMÉS

I. *Le Bonheur*, 1772, p. xxii–xxiv; fragment cité inexactement.

II. *Le Bonheur*, 1776, p. 115–117.

III. *Œuvres*, 1781, v, p. 183–184.

IV. Kehl, LIII, p. 379–381.

V. *Œuvres*, 1795, XIII, p. 174–177.

VI. *Œuvres*, 1818, III, p. 203–204.

VII. Best. 2343.

VIII. Best. D. 2501.

TEXTE

Ajouté en tête du A : "à M. Helvétius".

[a] L'année est écrite au-dessous du mot "Bruxelles". Elle nous semble autographe, d'autant plus qu'elle est reprise dans le II, qui est généralement très fidèle au manuscrit. Besterman estime pourtant qu'elle a été ajoutée ultérieurement. [b] Omis dans le B. [c] Les B, IV, VII et VIII : "la". [d] Ajouté dans les B, IV, VII et VIII : "et". [e] Les B, IV et VII : "tout à la fois d'être".

NOTE EXPLICATIVE

1. Cf. *L'Art poétique*, I, 133 : D'un mot mis en sa place enseigna le pouvoir.

37 . *Voltaire à Helvétius*

À Bruxelles, ce 14 aoust [1741][a]

Mon cher confrere en Apollon, j'ay recu de vous une lettre charmante qui me fait regretter plus que jamais que les ordres de Plutus nous séparent quand les muses devroient nous raprocher. Vous corrigez donc vos ouvrages, vous prenez donc la lime de Boylau pour polir des pensées à la Corneille. Voyla l'unique facon d'etre un grand homme. Il est vray que vous pouriez vous passer de cette ambition. Votre commerce est si aimable que vous n'avez pas besoin de talents, celuy de plaire vaut bien celuy d'etre admiré; quelques baux ouvrages que vous fassiez, vous serez toujours au-dessus d'eux par votre caractere. C'est, pour le dire en passant, un merite que n'avoit pas ce Boylau dont je vous ay tant vanté le stile correct et exact. Il avoit besoin d'etre un grand artiste pour etre quelque chose. Il n'avoit que ses vers; et vous avez tous les charmes de la societé. Je suis tres aise qu'apres avoir bien rabotté en poesie, vous vous jettiez dans les profondeurs de la metaphisique; on se delasse d'un travail par un autre. Je scai bien que de tels delassements fatigueroient un peu bien des gens que je connois, mais vous ne serez jamais comme *bien des gens* en aucun genre.

Permettez-moy d'embrasser votre aimable amy qui a remporté le prix de l'eloquence.[1] Votre maison est le temple des Muses. Je n'avois pas besoin du jugement de l'Academie franc*ai*se ou franc*oi*se pour sentir le merite de votre amy. Je l'avois vu, je l'avois entendu, et mon cœur partageoit les obligations qu'il vous â. Je vous prie de luy dire combien je m'interesse à ses succez.

M^r Du Chastellet est arrivé icy. Il se pouroit bien faire que dans un mois Madame Du Chastellet fut obligée d'aller à Cirey, où le teatre de la guerre qu'elle soutient sera probablement transporté pour quelque temps. Je crois qu'il y aura une commission des juges de France pour constater la validité du testament de M. de Trichatau[2]. Jugez quelle joye ce sera pour nous si nous pouvons vous enlever sur la route. Je me fais une idée delicieuse de revoir Cirey avec vous. Mr de Montmirel ne pouroit-il pas etre de la partie?

Adieu, je vous embrasse de tout mon cœur. Il ne manque que vous à la douceur de ma vie.

[*adresse :*][b] À Monsieur / Monsieur Helvetius / fermier general / au département de Champagne / [c]À Charleville[c]

MANUSCRITS

*A. Morgan, MA 1752(19); 3 p.; orig. autogr.; traces de colle rouge; indication manuscrite d'un postier : De Bruxels.

B. BK 186.

IMPRIMÉS

I. *Le Bonheur*, 1776, p. 137–138.
II. *Œuvres*, 1781, p. 202–203.
III. Kehl, LIII, p. 399–400.
IV. *Œuvres*, 1795, XIII, p. 205–207.
V. *Œuvres*, 1818, III, p. 217–218.
VI. Best. D. 2368.
VII. Best. D. 2529.

TEXTE

Ajouté en tête du A : "à M. Helvetius". [a] Ajouté au A : "1741". [b] Adresse omise dans le B et dans tous les imprimés antérieurs au VII. [c] Raturé dans le A, avec la mention "a quitté le Charleville". On a fait suivre la lettre d'abord "à Chalons", puis "à Chaumont".

NOTES EXPLICATIVES

1. Prix remis le 25 août 1741. D'après les *Registres de l'Académie française* (II, p. 490), c'est le prix de *prose* que Mondion de Montmirel avait remporté, pour son discours sur le sujet suivant : *Qu'il est dû aux malheureux une sorte de respect.* Au contraire, selon la page de titre du discours imprimé, il s'agissait d'un "prix d'éloquence".
2. Marc-Antoine Du Châtelet, marquis de Trichateau, mort à Cirey en avril 1740. Il avait légué à son cousin, le marquis Du Châtelet, une petite principauté située en Flandre, et ce legs avait occasionné à ce dernier plusieurs procès et de longs séjours à l'étranger.

REMARQUES

La présente lettre est la dernière à nous être parvenue de cette période de la correspondance entre Voltaire et Helvétius, et la suivante, écrite dix-sept ans plus tard, appartient à l'époque de l'affaire de *L'Esprit.* Nous savons toutefois qu'Helvétius a soupé chez Voltaire à la fin de 1741 (v. Best. D. 2568) et qu'il lui a écrit une fois en 1753 (v. lettre 201). Faut-il croire à la disparition des lettres qu'ils auraient échangées pendant ce long intervalle, ou plutôt, à une rupture? Cette seconde éventualité semble bien ressortir d'un rapport, écrit le 9 avril 1744 à l'intention de la police, par Charles de Fieux, chevalier de Mouhy : "Le Sr Helvetius, fermier general, etoit naguerre un des amis zelés de la m. Du Chatelet, et de Voltaire. Une affaire d'interest les a brouillé durement. M[e] Du Chatelet, pressée par des creanciers, demanda en prest une somme pour eviter d'etre executée. Helvetius sur sa lettre de change la luy pretta à condition qu'elle seroit ex[acte] au payement, luy jurant que l'argent qu'il luy comptoit n'etoit point à luy [et] qu'il n'y avoit point de délai à esperer pour le temps de l'aquit. Ce [te]mps arrivé Mde Du Chatelet s'est trouvé sans un sol comme à son ordin[aire. H]elvetius piqué la fait poursuivre dans toutes les formes. Les meubles de la marquise auroient eté vendus sans un ami qui a pretté la somme pour aquiter la lettre de change. Depuis ce temps on ne se voit plus, et l'amitié s'est changée dans la plus grande inimitié." (MS. *A. Arsenal, 10029, fol. 134; IMPRIMÉS I. F. Ravaisson-Mollien, *Archives de la Bastille...*, 1866–1904, 19 vol., XII, p. 247; II. *R.H.L.F.*, IV (1897), p. 204; III. Best. 2754; IV. Best. D. 2954; V. Best. D. 2954, dans *Studies*, CII, p. 26–27. Voir aussi lettre 43.)

38 . *Helvétius à ?*[1]

Lons-le-Saulnier[2], le 21 juillet [1743]

[Helvétius remercie son correspondant d'une lettre flatteuse.] [...] Je suis de votre avis sur l'oraison du père de Neuville[3]: je n'ai jamais rien lu de si obscurément diffus; c'est pour prouver sans doute que tous chemins mènent à Rome. D'ailleurs, il pense rarement, et plus rarement encore rend-il ses pensées par des mots et des tours propres.

Je ne suis pas tout à fait de votre avis sur le discours de M. de Maupertuis.[4] Je conviens bien qu'il pourrait être mieux écrit, que les idées ne sont pas assez fondues, mais chaque idée en particulier en est fine et bien aperçue. Si ce n'est pas un discours des mieux écrits, c'est à ce qu'il me paraît un des mieux pensés qu'on ait prononcé depuis longtemps à l'Académie. Quant aux deux autres discours, je pense comme vous que lorsqu'on n'a rien à dire il faut se taire. [...]

MANUSCRIT

L'orig. autogr. de 4 pages figurait à la vente Morrison. Voir le I.

IMPRIMÉ

*I. *Catalogue of the Collection of Autograph Letters... Formed... by Alfred Morrison*, éd. A. W. Thibaudeau, Londres, 1883–1892, 6 vol., II, p. 249.

NOTES EXPLICATIVES

1. Le destinataire indiqué entre parenthèses dans le I est l'abbé François-Joachim de Pierres, comte de Bernis. Un tel choix, pour lequel aucune justification ne s'est présentée à nous, semble d'autant plus arbitraire que le nom de Bernis ne figure pas dans cette correspondance avant 1758.
2. Lons-le-Saunier faisait partie de la Franche-Comté où, d'après l'*Almanach royal*, Helvétius a été fermier général de 1741 à 1745.
3. L'*Oraison funèbre du cardinal de Fleury* (1743) du prédicateur jésuite Charles Frey de Neuville (1693–1774).
4. *Discours prononcés dans l'Académie française le jeudi 27 juin 1743, à la réception de MM. Bignon et de Maupertuis.*

39 . *Madame de Graffigny*[1] *à François-Antoine Devaux*[2]

Le vendredi, 14 fevrier 1744

[...] Helvessius est, dit-on, fort aimable. Il fait, dit-on, des vers superieurs à tout l'univers. Ie n'en ai jamais vus et ie l'ai si peu entendu parler que ie n'en saurois juger. Il paroit froid et doux, c'est tout ce que i'en sais. En verité, autant son caractere que ses vers grand bien me fasse. [...]

MANUSCRIT

*A. Yale, G.P., XXVII, pp. 21 et 23; 4 p. ; orig. autogr.; cachet sur cire rouge.

REMARQUES

Cet extrait provient d'une lettre de la vaste correspondance échangée entre Mme de Graffigny et Devaux, dont les originaux sont conservés à l'université Yale. Il y est souvent question d'Helvétius et de sa future épouse, Anne-Catherine de Ligniville, nièce à la mode de Bretagne de Mme de Graffigny. Nous devons beaucoup à English Showalter pour toute l'aide qu'il nous a apportée en nous signalant les allusions faites à Helvétius dans ces lettres, en décodant les nombreux surnoms qu'elles contiennent, en identifiant certains personnages et en expliquant plusieurs références.

C'est probablement vers la fin de 1743 que Mme de Graffigny fait la connaissance d'Helvétius à l'un des soupers de Mlle Quinault.[3] Le 18 janvier 1744, elle le fait inviter par un autre de ses amis : "Cette pauvre Carpe[4] nous donne à souper samedi. [...] Nous aurons à ce souper Elvessius, Gresset, La Chaussée, et Du Clos.[5] C'est pour moi ceux-là." (G.P., XXIV, pp. 73 et 74.) Devaux, qui avait sans doute rencontré le fermier général en Lorraine, demande à Mme de Graffigny ses impressions sur Helvétius : "Je serois bien aise aussi que vous me disiés ce que vous pensés de Mr Helvetius. Quand il est venu en Lorraine, il a beaucoup[a] avec la Petite[6], qu'il trouvoit gentille." (20 janvier 1744, G.P., XXV, p. 43.) Mme de Graffigny les lui avait déjà envoyées la veille : "Elvessius est touiours le meme, ne dit mot, et pense beaucoup sans en avoir l'air." (19 janvier 1744, G.P., XXIV, p. 80.) Le 3 février, elle convie Helvétius, qui décline l'invitation, à souper chez elle : "Mr Elvessius me fit faire ses sottes excuses aussi, dont je fus bien aise pour lui." (G.P., XXIV, p. 117.) Cette dérobade suffit à expliquer l'aigreur qui perce dans la dernière ligne de l'extrait.

TEXTE

[a] L'omission curieuse que Devaux a faite du participe passé qu'il avait en tête laisse le champ libre à la spéculation.

NOTES EXPLICATIVES

1. Françoise d'Issembourg Du Buisson d'Happoncourt, dame de Graffigny (1695–1758) avait quitté sa Lorraine natale en 1738 et, après un court séjour à Cirey chez la marquise Du Châtelet et un autre à Paris chez la duchesse de Richelieu, s'était installée dans le quartier du Luxembourg.
2. Devaux (1712–1796), dit Panpan, ami de Mme de Graffigny depuis 1727, occupait le poste de receveur général des finances à Lunéville. En 1751 il devient lecteur de Stanislas Leszczynski et hérite en 1758 des

Gravure de Mme de Graffigny d'après le portrait par Garand

papiers, lettres et manuscrits de Mme de Graffigny.

3. Jeanne-Françoise Quinault (1699–1783) réunissait, à ses soupers, sous le nom de "Société du Bout-du-Banc", d'Argenson, Caylus, Destouches, Duclos, Marivaux, Moncrif, Piron, Pont de Veyle, Voisenon, etc.
4. Surnom de Louis de Cahusac (1700–1759), auteur de pièces de théâtre, de livrets d'opéra, ainsi que d'un roman.
5. Charles Pinot Duclos (1704–1772), membre de l'Académie des inscriptions (1739), surtout connu comme romancier à cette époque.
6. Surnom de la maîtresse de Devaux, peut-être Mme Dutelot (morte en 1750). Voir le dossier intitulé "Nicolas Liébaut / Nancy, 31 décembre 1716 / Pont-à-Mousson", fol. 17–20, n° 15, que conserve actuellement les descendants de Georges Noël.

40 . *Madame de Graffigny à François-Antoine Devaux*

[...] Dimanche soir [19 avril 1744]

J'arrive des Italiens[1] où Nini[2] m'a trainée bien malgré moi, mais ie l'en ai remerciée en revenant. Ie m'y suis fort bien amusée aux *Jeux de l'Amour et du Hazard*, une piece toute italiene et un feu d'artiffice à se mettre à genoux devent; c'est une chose unique. Tu ne croirois pas que Nini et moi nous t'avons fait faire là une connoissance. C'est Mr Elvessius qui est venu dans notre loge avec Du Clos. Il m'a dit qu'il partoit pour la Lorraine incessament et qu'il m'y regretoit bien. Nini a dit que s'il vouloit, il y trouveroit un autre moi-meme, et tout de suitte a nommé Panpan[3]. Le nom surprend dabort. Bref, nous t'envoyerons une lettre que tu lui rendra et vous voila amis, car tu a la folie. Il ne fait que des vers, point de pr[ose][a]. Il est quelque fois aussi imbecile que toi, [d'un][a] saintage[b] et d'une douceur parfaite. Il te [connoit][a] d'aujourdhuy comme s'il t'avoit nouris et [je][a] lui acheverai ton portrait avant qu'il parte. [Il][a] t'aimera surement, quoi qu'il n'aime pas comme toi, car qui est-ce qui aime les chiens et les chats? Il est aimant de son naturel.

[...]

MANUSCRIT

*A. Yale, G.P., XXIX, p. 78–79; 4 p.; orig. autogr.; cachet sur cire rouge.

REMARQUES

Le 23 avril Devaux répond : "Mais vous et Nini n'y pensés donc pas, chere amie, de me mettre vis-à-vis un de vos fameux beaux esprits. Mon dieu, qu'il va me trouver sot. Tant pis pour vous, mes dames. Si cependant le portrait que vous luy avés fait de moy ne l'en degouste point, cela m'enhardira un peu. *Les Rivaux*[4] ne seroient-ils point de luy? Sa liaison avec la Douceur[5] me le fait soupçonner. À tout hazard je me garderai bien d'en dire du mal. Il loge chés la Petite. Vous ai-je dit qu'elle l'avoit fort amusé? Il passoit presque toutes ses soirées avec elle. Je ne sçais meme si elle ne luy a pas deja parlé de moy. On disoit alors ici que les *Confessions du comte de*[6] etoient de luy. Elle le luy dit. Il repondit que non, mais qu'elles etoient d'un de ses meilleurs amis. Je serai fort aise de le connoitre. Le Voisin[7] doit luy parler de l'affaire de mon cousin[8]. Du moins, en a-t-il assuré la Petite en ne luy cachant pas la part que vous daigniés y prendre. Vous etes bien bonne, chere amie; c'est le mot qu'il faut toujours vous dire." (G.P., XXV, p. 301.)

TEXTE

[a] Déchirures. [b] Lecture fort incertaine.

NOTES EXPLICATIVES

1. Depuis 1716, les comédiens italiens jouaient à l'hôtel de Bourgogne.
2. Surnom de Marie-Maximilienne-Françoise de Longeville, épouse de Sigismond-Frédéric, baron de Preysing, grand veneur de l'empereur Charles VII, maréchal de ses camps et armées et colonel d'un régiment de dragons.
3. Le sobriquet Panpan correspond en Lorraine à François, prénom de Devaux.
4. *Les Trois Rivaux*, comédie de Bernard-Joseph Saurin, en cinq actes et en vers, représentée pour la première fois au Théâtre-Français le 4 février 1743.
5. Surnom de Duclos.
6. De Duclos.
7. Surnom de Jean-François Verdun de Montchiroux, mort en 1782, sous-fermier dans les Trois-Évêchés avant de devenir fermier général en 1757 par la protection du roi Stanislas.
8. S'agit-il de Jean-Baptiste Michel, mort en 1768, avocat à Nancy, ou de son frère Nicolas Michel, tabellion et receveur à Rambervillers, puis à Lunéville? Voir P. Boyé, *Quatre Études inédites*, Nancy, 1933, p. 37.

41. *Madame de Graffigny à François-Antoine Devaux*

Le samedi, 24 [= 25] avril 1744

[...] À propos, je n'ai point encore de reponce du Voisin, mais si tu veux me renvoyer le nom de ton cousin et de quoi il s'agit, c'est-à-dire le nom aussi de celui qui quitte, j'en parlerai à Mr Ellvessius avant qu'il parte. [...]

Dimanche [26 avril 1744], à six heures

[...] J'atens le carosse pour aler chez Nicole[1] entendre lire le poeme du *Bonheur* de Mr Elvessius et souper en beaux esprit. Cela fera encore du grabuge ici, mais que faire, il faut vivre et s'amuser quand on en trouve une si belle occasion. Adieu, je te dirai peutetre un mot demain matin. Ie vais lire ta lettre.

Lundi matin [27 avril 1744]

Bonjour bien vite, car il est dix heures et il faut m'habiller pour le diner et la comedie. Ie me suis si bien amusé hier que les bouderies[2] ne pouront m'en degouter. Le poeme est charmant. J'ai causé de toi ave[c] le Genie. Ie ne l'apellerai plus que comme cela, car il est le seul que je connoisse. Il fera tout ce qu'il poura pour que tu veu[i]lle bien le voir. Il ira chez toi. Enfin toute belle chose. Mais boniour, i'ai trop dormi.

MANUSCRIT

*A. Yale, G.P., XXIX, pp. 29 et 30–31; 3 p.; orig. autogr.; cachet sur cire rouge.

NOTES EXPLICATIVES

1. Surnom de Mlle Quinault.
2. Les bouderies de son locataire Pierre Valleré (v. lettre 128).

REMARQUES

C'est sans doute vers cette époque qu'Helvétius entretient Baculard d'Arnaud de la genèse du *Bonheur* : "Je ne puis guère vous envoyer des vers. Mon épître s'est convertie en poème divisé en quatre chants dont j'ai déjà fait un millier, et je crois n'être pas encore à la moitié de ma besogne." (Fichier Charavay. Référence citée par Robert L. Dawson, *Baculard d'Arnaud : Life and Prose Fiction*, *Studies*, CXLI (1976), p. 42.) C'est également en 1745 que l'abbé Le Blanc fait mention d'un "poème sur le bonheur" dans la 49e de ses *Lettres d'un François*. Enfin, dans sa *Description de la Lorraine* (1778, 3 vol., I, p. 189), Durival signale qu'en 1745, Helvétius "travaillait en Lorraine à son poème du *Bonheur*, où on en voit si peu." La Roche déclare donc à tort que l'auteur avait renoncé à son poème "dès l'âge de vingt-cinq ans", soit en 1740 (*Œuvres*, 1795, XIII, p. 130). En revanche, Saint-Lambert affirme peut-être avec raison qu'à l'époque de son mariage, Helvétius "avait cessé depuis deux ans de travailler à son poème" (*Le Bonheur*, 1772, p. xxxiii). Il donne toutefois lecture de celui-ci le 10 juillet 1751 chez Mme de Graffigny, qui le trouve "plus beau que jamais a bien des corrections pres qui sont faites mais qu'il avoit oublié d'apporter" (G.P., LV, p. 235). Grimm fait mention du *Bonheur* en août 1753 (*Corr. litt.*, II, p. 271), et Marivaux en fait l'éloge dans son *Miroir*, paru dans le *Mercure de France* en janvier 1755 (p. 85–86). Le poème ne paraît qu'en 1772.

42. *Madame de Graffigny à François-Antoine Devaux*

Le mardi, 28 avril 1744

Ça, causon un peu, mon Panpichon[1], mais si ie voulois te dire tout, cela seroit bien long, car il faudroit te raconter le poeme du *Bonheur*, ma soirée d'avant-hier.[...] Le poeme du *Bonheur* n'est qu'en deux chants. Il pouroit y en avoir huit. C'est une gallerie de tableaux, tous fort de dessein et de coloris. C'est la Sagesse qui conduit l'auteur et lui decouvre tout le faux des choses où les hommes mettent ordinairement leur bonheur, en suite le mene où se trouve le veritable. Il faut passer par l'amour sans attachement, par les arts, les belles-lettres, enfin la liberté et la sagesse. Tout cela est fort bien fagotté. On ne se plaint que du peu, car il reste cent idees de bonheur qui sont absentes. Voila ce que j'apelle enfin un genie et des vers, et que ie ne connoissois nule part. Ne t'imagine pas que ce soit les transpositions qui fassent l'armonie de ses vers. Non, il n'y a pas deux phrase renversée. C'est la force de l'expression qui vous frape et vous etonne, et cependant que vous croiez que vous feriez aussi bien que lui. Peutetre tu le veras, ainci j'abrege, mais c'est ce que j'ai jamais entendu qui merite le nom de poesie, et l'auteur le nom de genie. Bien plus fort, plus energique, et plus corecte que Voltaire, mais les rimes plus negligée que celle de Rousseau, ou pour parler congrument moin recherchée.[...]

Notre souper fut tres plaisant, tres gaiye. Le Genie fut benet au moins autant que toi. C'est son role ordinaire et il est charmant. Il n'y avoit que Leger[2], et la Rencune[3], Nini, Nicole et moi. Nous eumes tous de l'esprit et nous fumes tous sot. Leger nous tensa, c'est son fort que les epigrames. Il les lance comme un trait, brillant et juste. [...]

Mercredi [le 29 avril 1744]

[...] Vas, vas, si le Genie te trouve sot, tu [le] lui rendras bien, ie t'en repond. Oh! Que *Les Rivaux* ne sont pas de lui et sont bien au-dessous. [...]

MANUSCRIT

*A. Yale, G.P., XXIX, pp. 33, 38 et 40; 8 p.; orig. autogr.

REMARQUES

Devaux répond le 5 mai : "Et qu'est-ce que le Genie, à qui seul vous accordés ce titre?[4] Vos critiques et vos eloges m'en donnent une bien grande idée. Je souhaite qu'il la remplisse, c'est-à-dire qu'il veuille bien me montrer ce qui fait le sujet de votre admiration. Je vous conjure, chere amie, de l'obtenir de luy. Il me paroit que vous luy en avés deja parlé et je vous en scais tout le gré imaginable. Vous scavés comme je suis fol de ces sortes de choses. Le plan que vous m'en faites peut etre susceptible de beautés fort agréables, mais ce plan ne me frappe pas en neuf. Il me semble l'avoir vu quelque part, du moins en partie. Dans ces sortes d'ouvrages ce sont les details qui font tout. Qu'il doit etre charmant le Genie, si avec tout cela il est aussi benest que vous le dites. Diable, ma Petite n'est pas de mauvais goust Elle etoit fort aise d'en etre cajolée." (G.P., XXV, p. 323.)

NOTES EXPLICATIVES

1. Diminutif de Panpan.
2. Le 31 mars 1744, Mme de Graffigny avait écrit à son sujet : "Il a plus de cinquante-cinq ans. Il a des cataracte sur les yeux qui le rendent presque aveugle." (G.P., XXVII, p. 103.) C'est probablement le surnom d'Alexis Piron, mort en 1773, qui n'avait pourtant à ce moment-là que 54 ans.
3. Autre surnom de Duclos, comme l'indique une lettre ultérieure de Devaux : "La Rancune ne va donc plus en Bretagne. Son *Louïs onze* en avancera-t-il davantage?" (G.P., XXVI, p. 73.)
4. Le titre de poète.

43. *Madame de Graffigny à François-Antoine Devaux*

[...] Mercredi [6 mai 1744]

[...] Non, en verité, tu n'auras point de detail du poeme du *Bonheur*. Tu le veras, tu n'auras qu'à le lui demander. Ce n'est point un mistere, et meme tu me fera plaisir de lui dire que ie t'en ai ecrit avec entousiasme. Il m'a fait tater depuis pour savoir au vray ce que j'en pensois et par toi cela sera bien plus naturel. Ah, mon dieu, ton heros Genie et qu'a-t-il donc créé? C'est assurement le plus bel esprit, et le melieur gout de ce siecle et de bien d'autres, [a]mais tu veras quelle force, quelle vigueur d'ame, de p[l]enitude, de sentiments et d'expression, independantes de la poesie mecanique.[a] Voila ce que j'apelle genie. Au reste, ne t'inquiette pas, ie lui ai bien dit que tu etois aussi sot que lui, et c'est beaucoup dire. Il a un peu melieure contenance que toi. Il ne fait pas la pagode[1], mais sur les propos imbeciles il te le dispute, aussi bien que sur la candeur et la credulité. Ie lui ferois bien a croire à lui que des vessies sont des lenternes. Au reste il meprise beaucoup le Monstre[2]. Apres y avoir eté bien faufilé, c'est avec connoissance de cause.[3] [...]

MANUSCRIT

*A. Yale, G.P., XXIX, pp. 49 et 51; 3 p.; orig. autogr.; cachet sur cire rouge.

TEXTE

[a] Idée incomplètement exprimée, mais que l'on reconstitue sans peine.

NOTES EXPLICATIVES

1. Pagode : Les curieux donnent le nom de *pagode* aux petites idoles de porcelaine qui viennent de la Chine. On dit d'un homme à qui la tête branle qu'il la remue comme une *pagode*. (*Dictionnaire de Trévoux*, 1743.)
2. Surnom de Mme Du Châtelet.
3. Allusion tendant à confimer le rapport de Mouhy sur une rupture entre Helvétius et Mme Du Châtelet (v. les REMARQUES de la lettre 37).

44. *Madame de Graffigny à François-Antoine Devaux*

Le vendredi, 8 may 1744

Je t'ay manti de bonne foy, mon ami, si je t'ai dit que ie n'yrois point au jeudi. On m'envoya hier le carosse. Ie pensai que mes oreilles me sufisoient pour y avoir du plaisir, et que les autres ne perdroient rien au defaut de ma voix. J'y allai donc et nous etions quatorze ou quinze bons amis. Ie fis mettre le Genie aupres de moi par ce que c'etoit celui à qui j'avois le plus d'envie de parler. Nous causames tout le diner. Ie fis une découverte qui ne me plait pas. Il ne peut pas soufrir le Voisin et le meprise. Il a quelques raisons contre lesquelles ie n'en pu donner que de mauvaises. Sur d'autres ie combati ave[c] avantage. Enfin ie fus contante de ma fermetté à le deffendre, mais ie fis reflection que ce n'etoit pas là une trop bonne reccomendation pour ton parent. Ie contai donc son affaire au Genie qui, le plus poliment du monde, en me baisant la main avec transport, me promit de lui donner le bureau que nous demandons. Or, comme le bon Genie ne se souvient pas meme qu'il existe[a], temoin hier où il apela Nicole dix fois du nom de la Rancune, et cent autres betises pareilles, je l'ai prié de trouver bon que tu lui presente un memoire de ma part, afin qu'au moins pour ce moment-là il se souviene de sa promesse. Dieu veuille qu'il ne l'oublie pas. Il part lundi; ainci tu le veras bien tost.

Je lui ai encore parlé de toi et de ta nigauderie qui n'est qu'un diminutif de la siene. Quand il a dit une betise et qu'on rit, il reste comme un terme et avec la mine d'un vray imbecile et demande de quoi on rit. Il m'a dit mille galanterie hier et m'a devoré la main de baiser. Il fait les plus beaux projets du monde de me voir bien souvent à son retour, et peutetre oubliera-t-il mon nom. Ce seroit une de ses moindres disparates! Ie lui ai dit que ie n'avois jamais rien pensé que tu ne le sus, meme les choses que l'on ne s'avouë à sois-meme qu'avec peine. D'abort il a cru qu'il n'y avoit aucune reserve entre nous. Ie lui ai dit que je n'avois jamais pensé que tu fus un homme et que tu n'avois jamais pensé que ie fusses une femme. Il a peine à le croire. Peu s'en est falu qu'il ne me prouve par demonstration qu'il pensoit tres bien le contraire. Du moins il m'en a fort assurée. [...]

MANUSCRIT

*A. Yale, G.P., XXIX, p. 53; 2 p. (demi-feuille); orig. autogr.; cachet sur cire rouge.

TEXTE

[a] Lecture incertaine.

REMARQUES

Devaux répond le 11 mai : "Je suis bien aise que vous me permettiés de parler au Genie de son poeme. Je vais bien luy faire votre cour. Prevenés-le, si vous pouvés, sur mon impatiente curiosité que vous avés allumée au dernier point. Dieu veuille que je profite de tous vos soins pour que nous soyons à notre aise ensemble.[1] [...]

Voila donc le Genie parti d'aujourdhuy pour le paÿs des Topinambous[2]. Je crois que ces corvées ne luy plaisent guerres plus que ma recette[3] à moy, mais nous n'avons pas tous deux les memes consolations. Vous etes bien impertinente de l'avoir si bien desabusé de l'effet de mes charmes. Quand vous l'auriés laissé me faire honneur d'une belle passion, il n'y auroit pas eu grand mal. Nous sommes si loin qu'elle ne peut manquer d'estre honneste. Pardi, je le crois bien qu'il vous mangeoit la main à belles dents comme je l'avalerois moy qui vous parle. Je suis fasché qu'il ne soit pas bien avec le Voisin, mais plus pour vous que pour notre affaire. Vous etes bien bonne, chere amie, de vous en etre souvenuë au milieu des plaisirs." (G.P., XXV, pp. 335 et 339.)

NOTES EXPLICATIVES

1. Dans ce premier paragraphe, Devaux répond surtout à la lettre 43.
2. Indiens du Brésil.
3. Devaux était receveur des finances à Lunéville.

45. *François-Antoine Devaux à Madame de Graffigny*

[...] Jeudi [28 mai 1744]

[...] On dit qu'elle[1] a prodigieusement coquetté avec le Genie et qu'elle n'a pas manqué de se faire friser tant qu'il a eté ici. Il luy a parlé de vous en luy vantant beaucoup votre esprit. Elle luy a parlé de moy. Il luy a demandé si je n'avois pas eté mousquetaire. Cette question comique me fait voir qu'il ne me connoit pas trop.[2] Il luy a pourtant dit qu'il vouloit diner avec moy. Il est parti la veille de mon arrivée,[3] mais il reviendra dans peu et je n'oublierai pas votre commission. Je ne luy ai pas fait parler de l'affaire que vous avés eu la bonté de luy recommander et je ne luy en parlerai point, parce qu'il n'en est plus question.[4] [...]

MANUSCRIT

*A. Yale, G.P., XXV, pp. 373 et 374; 8 p.; orig. autogr.

NOTES EXPLICATIVES

1. Mme Dutelot, dite la Petite (v. lettre 39).
2. Mme de Graffigny répond le 31 mai : "Un homme qui n'a jamais su le lendemain avec qui il avoit soupé la veille, qui oublie son nom, tu veux qu'il t'ai present, toi qu'il n'a jamais vu." (G.P., XXIX, p. 90.)
3. Helvétius, arrivé à Lunéville pendant l'absence de Devaux, en était reparti le 26 mai. Le 30 juin, Devaux ne l'aura toujours pas rencontré : "À propos de finances, je ne scais si le Genie est repassé ici. Je serois desolé que mon absence m'eut privé du plaisir de le voir et de l'entendre. Puisqu'il devoit etre plusieurs mois en Lorraine, je m'imagine qu'il ne vous est pas encor retourné, mais pour peu qu'il tarde à revenir ici, il ne se souviendra peut-etre plus ni de moy ni de vous." (G.P., XXV, p. 437.) En réponse, Mme de Graffigny engage Devaux à aller voir Helvétius à Nancy, proposition qu'il repousse (v. G.P., V, p. 46, et XXVI, p. 19).
4. Le 18 mai, Mme de Graffigny avait écrit : "Il faut demander au Genie s'il veut que ie lui ecrive une belle lettre pour le prier de m'envoyer des empletes adressée à quelques fermiers general et contresignée de sa main; enfin tout comme il voudras pourvu que cela passe. Il faut lui dire que ce n'est pas le faste qui nous engage, Nini et moi, à nous contrebander, mais l'ecconomie que demandent nos affaires." (G.P., XXIX, p. 68.)

46 . *Madame de Graffigny à François-Antoine Devaux*

Le dimanche matin, 13 decembre 1744

Ie vais commencer, mon ami, par où j'ai fini, c'est-à-dire par le beau Genie.[1] Je ne suis plus yvre, mais ie l'ai eté 24 heures, et il me reste encore un calme dans l'ame comme si elle avoit gouté la volupté d'un bain delicieux. Il entra chez moi avec trois ou quatre distractions qui me firent rire. Nous en badinames. Ie ne sais par quel hazard ie m'avisai de nommer la metaphisique. Voila la corde qui fait danser tout le reste. Il parle, il ouvre son ame. Il me fait le resumé d'un livre qu'il va faire imprimer.[2] Ah quel livre! Lok n'est pas son decroteur. Le grand Lok, cet homme que jusqu'ici j'ai seul admiré, sera touiours grand, mais ce sera d'avoir indiqué ce que le Genie devoit dire. Son livre sera à portée de tout le monde par les details et l'adresse dont il est ecrit. Tout ce qu'il m'en a dit me le prouve comme si ie l'avois lu.[3]

Apres cela il me parla de ses distractions et du ton de bete que cela lui donnoit dans le monde. Il l'a plus adopté qu'il ne l'a naturellement, afin de laisser etablir ce ridicule qui lui consilie l'amour-propre de tout le monde et ecarte l'envie et la mechanseté. Il m'a conté plusieurs de ses pretenduë betises qui en sont pour les auditeurs mais qui sont des epigrames pour lui. Pense un peu comme cela le divertit. Il m'a demandé le secret, et m'a juré qu'il n'y avoit que deux amis et moi qui sussent son secret. Il se jouë sous jambe de Nicole et du reste.

Ie n'ai de ma vie entendu tant d'esprit, tant de profondeur, tant de gout, tant de verité, et tous les tant que tu voudras y ajouter. Les Puces[4], les la Rancune en verité ne sont pas à lui comparer. L'esprit de suitte, doux, polis, qui n'etourdit point de sa sufisance, et n'eblouit point de ses eclairs. On est à l'aise avec lui. On l'entent. Il ecoute les autres comme s'il aloit s'instruire. Il repond comme si l'objection etoit bonne. Ie te le repete, depuis que ie suis au monde mon esprit n'a pas eu un plaisir approchant de celui que cette conversation m'a donnée. Ie me fais une grande festes de le voir demain. Il m'a promis de venir apres diner chez Nicole. Nous nous amuserons bien l'un et l'autre de tous les propos qu'on lui tiendra qui font une contradiction perpetuelle avec lui-meme. Il fut ici deux heures et plus. Ie ne les trouvai qu'une minute.

Il faut envoier, car ie ne finirois pas. Mon dieu, que i'ai de regret que tu ne l'ai pas vu, mais tu le veras ici. Quoiqu'il m'ait dit naturellement qu'il ne pouvoit me voir guere souvent, ce sera au moins quelque fois. Outre son travail, il est de tous les plaisirs et meme de tous les libertinage. [...]

MANUSCRIT

*A. Yale, G.P., XXVII, p. 235; 2 p. (demi-feuille); orig. autogr.

NOTES EXPLICATIVES

1. Dans sa lettre précédente à Devaux, en date du 11 décembre, Mme de Graffigny avait ajouté en post-scriptum : "Il est dix heures. Le Genie sort d'ici. J'ai l'ame en extase de tout ce qu'il m'a dit. Ah quel homme! Quel homme! Rien de tout ce que ie connois n'aproche de lui. Ce sont des decroteur à comparaison." (G.P., XXVII, p. 234.)
2. *De l'Esprit*, qui ne paraîtra qu'en 1758.
3. Devaux répond le 17 : "Parlons pourtant de la joye que vous a causée le Genie. Vous m'auriés fort etonné il y a deux jours, si vous m'aviés vanté la metaphisique, mais le St a pris les devans, il m'en parla beaucoup hier. Il est singulier que l'on puisse joindre à un si haut degré deux esprits si diferens; Voltaire et Mallebranche ne se trouvent guerres dans la meme teste. Vous me donnés une grande impatience de voir son livre, mais j'en ai bien autant de ses vers. Est-ce qu'il ne les fera pas imprimer aussi? Il seroit beau d'etaler tout d'un temps ce double phenomene sur le Parnasse. Vous me promettés donc que j'entendrai ce que je n'ai jamais entendu. Dieu m'en fasse la grace. Je le tiendrai pour habile homme, s'il fait ce miracle. Oserois-je le dire, une metaphisique qu'on ose imprimer ne m'a pas la mine de pouvoir etre bien claire. Enfin, nous verrons si l'on peut voir." (G.P., XXVI, p. 427.) Mme de Graffigny fera part de cette critique à Helvétius : "Oh, i'ai fait ton objection au Genie. Mais de la facon dont son livre sera tourné, il peut dire comme ton Idole : 'Ils n'y entendront rien.' Le materialisme est presque demontré mais caché sous tant de fleurs que la vuë des gens ne poura les percer. Son poeme n'est pas pret vraiment. C'est son delassement d'ouvrage plus solides." (23 décembre 1744, G.P., XXVII, p. 249.) "Le St" (v. ligne 5 de la présente note) était le surnom non pas de Saint-Lambert, comme on l'a souvent cru, mais d'Antoine-Honneste de Monteil de Brunier, marquis d'Adhémar (1710–1785), membre du cercle de Devaux et de Mme de Graffigny à Lunéville, capitaine du régiment de cavalerie d'Heudicourt-Lenoncourt, et qui devait 600 livres à Helvétius à la mort de ce dernier. Voir E. Mass, *Le Marquis d'Adhémar, Studies*, CIX (1973), et M.C., LVI, 171, 178 et 364. "Ton Idole" (ligne 12 de cette colonne) est le surnom de Voltaire.
4. Surnom de Maupertuis.

47. *Madame de Graffigny à François-Antoine Devaux*

Le mardi, 29 decembre 1744

En attendant mon beau monde à diner ie vais un peu causer avec toi. Ie fus hier au lundi.[1] Nini non. Il fut assés joli. Le Genie y vint. Ie me diverti beaucoup de son persiflage. Il dit qu'il ecrivoit en prose à present. On le hua et Nicole et Blaise[2] l'assuroient à l'envie qu'il n'etoit que poete, et qu'un homme qui travailloit par talent ne pouvoit jamais faire autres chose. Cela seroit trop long à conter : ses reponces jouoient si parfaitement l'ingenuité, et les autres prenoient de si bonne foy l'air superieur et dogmatique que la scene fut excelente. Il nous confia qu'il avoit brulé trois tragedie.[3] Nicole en a vu une dont elle m'avoit fait une fete il y a quelques tems. Elle a presque pleuré hier de douleur de cette insendie. Mais tu en peut voir quelques chose, car ton Idole, à qui il les a montrées et qui sait qu'elles sont brulées, a rependu par-ci par-là les plus beaux vers qu'il a pu en copier. Son *Brutus* en est plein.[4] [...]

MANUSCRIT

*A. Yale, G.P., XXVII, p. 259; 4 p.; orig. autogr.

NOTES EXPLICATIVES

1. À un des lundis du Bout-du-Banc, chez Mlle Quinault.
2. Surnom d'Anne-Claude-Philippe de Tubières, comte de Caylus (1692–1765), habitué des lundis de Mlle Quinault.
3. Voir lettre 2.
4. Le 9 mai 1742, Mme de Graffigny avait évoqué une autre collaboration entre Voltaire et Helvétius : "Ie n'ai pas vu le poeme de Mr Racine, mais j'en ai vu la critique par Mr Elvetius où ie crois que Voltaire a bonne part." (G.P., III, p. 69.) Aucune critique dont Helvétius soit l'auteur ne nous est parvenue, mais une édition du *Poème de la grâce*, de 1722, contient une "Lettre critique de M. Arroüet de Voltaire". Voir aussi Moland, X, p. 479.

REMARQUES

Devaux répond le 3 janvier 1745 : "Le saint persiflage du Genie a dû vous amuser beaucoup. Est-ce que Blaise et Nicole ne scavent pas qu'il est grand metaphisicien? Le St me l'a dit, tout Paris le scait. D'où vient donc leur etonnement sur sa prose? Je suis fort aise assurement qu'il soit un grand poete, mais je ne voudrois pas qu'il eut quelque chose à reprendre à mon Idole. Je ne croirai point, quoy que vous puissiés dire, qu'il se soit fourni à son magasin pour son *Brutus*. Si le Genie eut fait le *Brutus*, il ne l'eut pas brulée. Je suis prest à pleurer avec Nicole de l'incendie dont elle gemit. Au diable les gens si dificiles. On ne scauroit jamais compter sur quelque chose avec eux. Je tremble que la meme aventure n'arrive au poeme du *Bonheur*." (G.P., XXXI, p. 9–10.) Mme de Graffigny répond le 8 janvier : "Mais, mon dieu, que tu es bete! *Si le Genie eut fait le Brutus, il ne l'eut pas brulé*. Eh qui t'as dit qu'il l'a fait? En te disant que ton Idole a profité des pieces brulées pour enrichir les sienes et que l'on en trouves des lembeaux, cela veut-il dire qu'il a fait la piece? Quand on repond à son bonet, ordinairement on repond de travers. Je crois dalieurs que le Genie est plus digne de foy que l'autre, puis qu'il n'y a qu'un si petit interet et que l'autre est plagiaire né." (G.P., XXVII, p. 276.)

48 . *Anne-Catherine de Ligniville d'Autricourt à Madame de Graffigny*

À Ligny, ce 16 mars 1745

Ma cher mamant,

Pouvée-vous pence[a] que ie ne sente pas le motife qui vous engage à me parlé comme vous voulez bien le fere? Ouï, ma cher mamant, ie cent[b] que vous me parlé pour moi-meme et que six vous n'avié point d'amitié pour moi, ils vous importerois peut quelle seroit mon caractere. J'ay toujours pencé, comme vous me faitte la grace de me le dire, que le merite solide et les qualité de l'ame on bien plus de force pour touche le cœur et ce faire aime que tout autre agrement. Ils ne dependeras pas de moi, ie puis vous [c]la sure[c], ma cher mamant, de plaire de ce quote[d]. Je vais m'etudiez à me forme un caractere et des sentiment digne de merite vos bonté et votre amitié. Je ne suis point six disimulé, ma cher mamant, que vous le pence, et ie ne l'es point aité quend j'ay eut l'honneur de vous dire que je lisois Pufindorffe et que j'avoit renoncé aux lecture amusente, soist par degout [e]danavoire trouve[e] de mauvaisse ou par un peut de honte de n'aitre pas instruite de chose que tout le monde doit savoire. Six ie vous disoit que ie trouvent plus de gout à ses lecture serieusse et instructife que ie ne fait à un jolie livres bien ecrit et qui interesses plus le cœur que l'esprit, ie mentirois parce que la raison me porte à lires les premie et que l'inclinations me porte aux autre. Ce qui fait que ie ne goute pas ces lecture serieusse comme ie le feroit, c'est que tres souvant ie rencontre bien des chose que ie n'entant pas et a pres m'aitre bien apliqué; quend ie veut me rapele deux jours apres ma lecture ie [f]les oubliez[f]. Je n'ais point de memoire dutout.

Ie ne trouvent rien de plus desagreable mais ie revient à la disimulations, car ie vois, ma cher mamant, que vous voulez savoire six je conserve en core ce vilin defaux. Dès que[1] vous voulez du naturelle, ils faut donc vous dire que i'ent tient en core un tent sois peut. Ie risque de vous deplaire par cette aveux, mais, en ne vous le fesent pas, ie meriterois en core davantage votre inimitié. Je ne me trouvent point suseptible de ce de faux avec les personne que j'aime et à qui j'ay confience, car ie ne trouvent point de plaisire plus sencible que de pouvoire ouvrire sont cœur dans le sins d'une amis dont on et[g] sure de l'amitié et de la bonté du caractere. Rien ne seroit plus noire et plus indigne que de disimule avec une personne qui nous aime. Ie sent[b] par moi-meme ce que j'ay l'honneur de vous dire. Six ie trouvoist une personne qui se dise mont amis et [h]donc ient aye des preuvent[h], six ie reconnessoit à la longue que cette personne me menque de sincerité et disimule avec moy, ie la regarderoit avec le dernie mepris et penseroit qune[i] telle personne, etant capable de menque de bonne foy avec une amis, n'est point digne de ce nont. Je vous avout que ie ne vaires[j] plus cette personne qu'avec meprit. Ce petit resonnement, ma cher mamant, qui sandoute vous ennuie et[g] pour vous faire voire que ie cent[b] l'horreur que tout le monde peut avoir pour une telle defaut.

Fette-moy la grace de me faire des questions; demende tout ce que vous pouvé imagine, que je puisse vous repondre; vous vairés autant de sincerité dans mes reponce que vous pouvé en desire. Quend ils m'arivent d'ans menque de sincerité, c'est souvant vis-à-vie de jenge[k] curieux qui aime de penetre dans l'ame de tout le monde. J'avout que j'ay un plaisire extreme à disimule à ces sorte de personne. Je convien que ce la n'est point bien, mais ils faut que ie sois bien sure de la façon de penc[e] d'une personne pour que ie puisse m'i livre.

Ie suis enchanté, ma bonne mamant, de la lettre que vous m'avez ecrit; ie n'es pas encore passés un jours sant la lire deux ou trois foy. Ie fait des reflections surs tout ce [que] vous me marque. Vous ne m'i dite pas un mots qui ne me fasse plus d'inpression que [l]quelle moralle[l] ce puisse aitre. Ie n'es jamais trouvé personne qui fasse sentire les chose comme vous. Que ie seroit heureusse six vous m'ecriviez souvant! Quelle surcroit d'obligations ie vous aurois, ma cher mamant! Ie cent en vous ecrivant un plaisire que ie ne cent vis-à-vie personne et quant ie me trouvent à la fin de ma lettre ie suis afligé. J'aurais encore mille chose à vous dire. Vous ne saurie croire, ma cher mamant, le plaisire que ie recent en vous voyant prendre interoit [m][à ce q]ui me regarde. Sa me prouvent que vous m'aime un peut.

[m][Puisqu]e vous paressés desire que j'aprene le latint, je [m][l'apr]anderais. J'ay fait parle pour ce la à Mr le professeur de filosophis.[2] C'est un homme d'esprit à ce que l'on dit, mais ils veut un peut trops faire paier sont savoire; ils demende [n]ce lement[n] un gros ecut par mois. Comme un homme moins abille peut dememe me donne les premie principe, j'ay fait parle à un chaplin de la paroise[3] qui, ie crois, me monterais[o] pour la moitié. Ie ne sais pas en core sa reponce positivement. Que d'obligations ie vous aye, ma bonne mamant, et combien i'ent suis penetré!

On ne vois jamais les lettre que ie recois, ni celle que j'ecrit. La superieur[4] qui m'eme baucoups veut bien avoirs pour mois cette complesence. Ainsix [m][ecrive-]moy tout ce que vous vouderés et surtout, ma [cher mamant][m], six vous aites un peut touché de l'ennuie que ie soufre, ecrive-moy quend votre senté vous le permetteras. Ie suis bien faché que vous l'ajez toujours six deliquate.

J'ay l'honneur d'aitre, avec l'atachement le plus tendre et le plus respectueux,

ma cher mamant,

Votre tres humble et tres obeissente servante,

Ligniville[5]

[*adresse* :] À Madame / Madame de Grafigny, prés / du Luxembourg, la rue Hiacinte / À Paris

MANUSCRIT

*A. B.N., ms. fr., n. a. 15579, fol. 143–145; 5 p. (une feuille et une demi-feuille); orig. autogr.; fragments de cachet sur cire rouge; indication manuscrite d'un postier : Ligny. Cette lettre est la seule de Mlle de Ligniville à ne pas se trouver à Yale, dans la collection de ses lettres à Mme de Graffigny.

TEXTE

La reproduction textuelle de la présente lettre, et la présence des notes qui suivent, sont conformes aux "Principes de la présente édition" (v. p. xxii). [a] Rappel (v. Principes, p. xxii) : Un e final peut représenter -e, -é, -es, -és, -ée, -ées, -ez, -er, -ers, -ai, -ais, -ait, -aient, etc. [b] sens. [c] l'assurer. [d] côté. [e] d'en avoir trouvé. [f] l'ai oubliée. [g] est. [h] dont j'en aie des preuves. [i] qu'une. [j] verrais. [k] gens. [l] quelque morale que. [m] Déchirure. [n] seulement. [o] montrerait.

NOTES EXPLICATIVES

1. Dès que : puisque.
2. Non identifié. Il professait sans doute au collège de Ligny.
3. Probablement l'abbé Léopold de Rizaucourt, mort en 1784, souvent mentionné dans les lettres ultérieures de Mlle de Ligniville. Nommé chanoine de l'église collégiale de Ligny dès avant 1760.
4. Anne-Françoise Potin, mère directrice du couvent de la Congrégation Notre-Dame-de-Ligny, de 1745 à 1747 et de 1753 à 1754.
5. Cette formule est unique dans les lettres de Mlle de Ligniville à Mme de Graffigny.

49 . *Madame de Graffigny à François-Antoine Devaux*

Le dimanche, 27 [=28] mars 1745

[...] J'ai pensé manquer aussi le beau Genie et j'en serois bien fachée, mais par bonheur ie vis son carosse et ie craiai qu'on le laissa entrer. I'ai encore eu pendant deux heures le plaisir des anges que tu sais bien. Il me parla des subdivision de son livre avec une netteté, un ordre, et une presision si parfaite que, quand il ne seroit ecrit que comme il parle, il seroit admirable. Ie pensai dix fois à toi. J'aurois voulu que tu fus en tier. Et puis ie melois le plaisir que tu aurois dans la suitte à le lire avec celui que ie goutois. Il me sembloit que c'etoit le doubler. Voila, ie te le repete, les seules conversations qui enportent mon ame. Voila ce que j'apelle l'esprit et les occupations utiles. Il va bien tot en Lorraine. Ie lui ai encore parlé de l'envie que tu as de le voir. Il en a grande envie aussi, mais il faudras donc que tu guete le moment où il sera à Luneville, car il n'y reste point.[1] Il compte finir son livre pendant sa tournée, mais il ne peut pas le donner tant que la guerre durera par des raisons de convenances et de politique qui sont tres sensée.[2] Outre ce poeme dont tu sais le nom, il en fait un epique dont il m'a dit quelque traits bien fort.[3] Ma foy, tous les autres ne sont que des sots à coté de lui. Si je te dis en suitte ce qu'il a dit de moi, mes louanges auront l'air interessées. J'ai envie de me taire, mais je m'auterois le p[l]aisir que ie ne puis prendre qu'avec toi. S'il m'etonne, ie l'ai etonné hier. Il est vray que malgré l'embrouillement de ma tete, jamais mes idées n'ont eté si nettes et ie n'ai jamais eu tant de liberté de m'exprimer. C'est ce qui me manque pour l'ordinaire. Aussi m'a-t-il dit qu'il n'y avoit aucune femme qui pensa comme moi dans Paris, et qu'il ne connoissoit que trois hommes qu'il put m'egaler. Ie crois cela outré, mais ie t'avouë que cette louange m'est plus sensible que des millions d'autres que l'on pouvoit me donner sur de sots contes de fées. [...]

MANUSCRIT

*A. Yale, G.P., XV, p. 89; 4 p.; orig. autogr.; cachet sur cire rouge.

NOTES EXPLICATIVES

1. Devaux répond le 1er avril : "Je le verrai ce Genie. J'epierai le moment de son passage." (G.P., XXXI, p. 220.)
2. "Je croyois son livre, écrit Devaux, beaucoup plus avancé que vous ne me le dites aujourd'huy. Vous m'en aviés parlé comme s'il eut eté sous presse. Je ne conçois pas quelles raisons de convenance peuvent l'empescher de le donner pendant la guerre. Quelle liaison la metaphisique peut-elle avoir avec les circonstances?" (G.P., XXXI, p. 219.) Le 18 juillet 1751, Mme de Graffigny mentionne à nouveau *De l'Esprit* : "La metaphisique avance touiours. Il m'en lut un peu dernierement. Ma foy, cela est bien beau." (G.P., LV, p. 245.)
3. Cette nouvelle donne lieu à un échange de remarques. Devaux : "J'ai bien une autre impatience de ses poemes et surtout de l'epique. Est-ce qu'il ne vous en a pas dit le titre?" (G.P., XXXI, p. 219.) Mme de Graffigny : "Ton ami Mercure m'a dit que le poeme du Genie est *Montezume.*" (G.P., V, p. 27.) Devaux : "Le sujet est bien choisi. Il semble en effet que la decouverte de ce nouveau monde interresse tout l'ancien. Il aura comme vous dites un vaste champ pour les sentimens hardis et humains. Cependant ce pourroit bien en etre là l'ecueil. Je doute que son poeme plaise. Si Cortès n'en est pas plus le heros que Montezume meme, il faut que son action soit la transplantation de la religion dans cet autre monde. C'est le seul moyen d'y interresser tout le christianisme." (G.P., XXXI, p. 269.) Mme de Graffigny : "Ie ne crois pas que le Genie s'avise de tourner son plan du coté où tu le dis. L'objet en lui-meme est assés grand pour n'avoir besoin que de philosophie pour ame sans avoir recours à la religion." (27 avril

1745, G.P., V, p. 38.) "Mercure" (ligne 7 de la présente note) est le surnom de Charles-Antoine Leclerc de La Bruère (1714–1754), auteur de la tragédie lyrique *Dardanus* (1739) et directeur du *Mercure* depuis novembre 1744.

REMARQUES

En septembre 1745, Mme de Graffigny demande à Devaux de lui faire parvenir des satins par Helvétius, qu'elle croit logé chez une certaine Mme Barillon ou Billiard, concierge de l'hôtel des Fermes à Nancy, maîtresse d'Helvétius selon Mme de Graffigny, et qui était, d'après Devaux, la femme d'un commis du contrôleur général. Mais Devaux lui annonce le 2 octobre : "Helvetius n'est pas à Nancy. On dit meme qu'il n'y repassera pas." (G.P., XXXII, p. 225.)

50. *François-Antoine Devaux à Madame de Graffigny*

À Luneville, ce vendredi, 9 juillet 1745

[...] Malgré ma belle passion pour les vers, la prose de l'aimable Minette[1] m'a fait plus de plaisir que ceux-là. J'ay veillé cette nuit jusqu'à deux heures pour la lire et, tout sommeillant que j'etois, j'aurois voulu que le pacquet fut plus gros. Jamais Madame de Sevigné ne m'a plus amusé. Ce n'est pas assurement que le stile de l'une soit comparable à celuy de l'autre. Ce n'est pas la meme delicatesse, ni la meme parure, mais c'est le meme naturel et le naturel est toujours charmant, meme dans les personnes auxquelles on ne s'interresse point. Il est très singulier que cette petite fille se soit assés formée elle-meme pour ecrire de ce ton. Il faut qu'elle ait beaucoup plus d'esprit que nous ne luy en avons jamais cru. Vous croyés bien, chere amie, que ce n'est pas cette espece de phenomene qui m'a le plus frappé dans ses lettres. Les sentimens qu'elle vous montre, et la sincerité avec laquelle elle vous les developpe sont beaucoup plus rares que l'esprit. J'ay eté enchanté de l'aveu et de l'histoire qu'elle vous fait de sa passion. Il faut qu'elle vous connoisse beaucoup pour qu'elle ait osé en venir là, et pour qu'elle vous connoisse si bien, il a fallu des reflexions bien sensées et bien profondes sur tout ce qui l'a frappée dans l'enfance qu'elle a passée auprès de vous. En vérité cela est etonnant et je n'en reviens pas. Mais il ne suffisoit pas d'avoir beaucoup d'esprit pour se conduire avec vous comme elle s'y conduit. Le meilleur cœur du monde etoit necessaire. Il perce dans tout ce qu'elle vous dit. Elle doit etre de tout point la plus aimable creature du monde, et je ne puis rien vous conseiller de plus sûr pour votre bonheur que de remplir le plus tost qu'il vous sera possible l'envie qu'elle a de vivre auprès de vous. Vous ne scauriés avoir d'amies qui vous soit plus attachée. Il me paroit que vous trouverés en elle toutes les sortes de consolations dont vous pourrés avoir besoin. Je ne vous blame pourtant pas de diminuer l'eloignement qu'elle temoigne pour suivre Madame de Modene[2]. Elle peut luy faire plus de bien que vous, mais je ne crois pas qu'elle sera à meme de la refuser; du moins il me semble avoir entendu dire que Mr de Ligniville[3] avoit eté jetter ses filles à la teste de cette princesse, et qu'elle n'etoit nullement disposée à en prendre une. Ce qu'elle vous dit de la chanoinesse de Metz est faux. Je la connois beaucoup. C'est cette Madame de Vaugon[4] dont je vous ai parlé autrefois. C'est une vieille fille, la meilleure creature du monde. Il est vrai qu'elle a suivi Madame de Modene qui l'a laissée à Strasbourg mais ç'a eté parce qu'elle n'a pas voulu la suivre plus loin. Elle est très contente d'elle et de la facon dont elles ont vecu ensemble.

Je plains fort la passion de la petite, mais beaucoup moins par les obstacles qu'y opposent les prejugés de la naissance que parce que son cœur a mal choisi. Elle n'est qu'à plaindre à cet egard et non à blamer. Il est tout simple que, dans l'age où le besoin d'aimer est le plus pressant, elle ait saisi le premier objet qui se soit presenté. Elle est meme à louër de n'avoir pas effacé les premieres impressions malgré les reproches qu'elle n'a pu manquer de s'en faire après avoir mieux connu son amant[5]. Cette constance marque de la solidité dans le caractere. Connoissés-vous l'homme dont il est question. Je le connois fort, moy. J'ay etudié et passé une partie de ma vie avec luy. C'est un bon enfant, il faut en convenir, mais sans esprit, et presque sans ame. Il est lourd, maussade, et sa façon de penser repond à ses manieres. Peut-etre est-il changé depuis que je l'ai perdu de vuë. J'en doute pourtant car j'ay vu des gens qui depuis ont vecu avec luy et n'en jugent pas plus favorablement que moy. Sans les circonstances qui l'ont rendu aimable, jamais rien ne m'auroit tant surpris que de le savoir aimé par quelqu'un qui joint l'esprit aux sentimens. Voila un caprice de l'amour bien conditionné. Les marques d'attachement qu'il luy a donnés pendant sa maladie sont les seules preuves de merite reel que je luy connoisse. La petite appuye beaucoup là-dessus et elle a raison. Il me paroit que son goust pour luy s'use un peu.[6] Vous devriés bien luy faire expliquer quel est le trait bas qui l'a mecontentée.[7] Elle fera tres bien de ne pas le recevoir à son retour de Paris.[8] Je ne doute pas que vous ne l'y exhortiés, en louant la resolution qu'elle en a prise. Adieu, chere amie.

MANUSCRIT

*A. Yale, G.P., XXXII, pp. 17 et 18–20; 8 p.; orig. autogr.; cachet sur cire rouge.

REMARQUES

Mme de Graffigny répond le 13 juillet : "L'aprobation que tu donnes à ma Minette me fait un plaisir du cœur bien veritable. Ie craignois que je ne me sois laissé seduire par cette bonté de cœur qui va souvent trop loin. Ie sentois en moi cette foiblesse de grand-mere ou du moins ie regardois comme telle cet attendrissement que me causent les lettres de cette pauvre petite. Ie la plains d'autant plus que l'on soufre à proportion de son esprit. Plus on a d'idée, plus on est à plaindre. Si tu veux avertir Volet[9] ou Durival[10] de ne point ouvrir les paquets qui auront une double enveloppe, ie renvoyerai ses lettres non pas à mesures, mais quand j'en aurai remassé trois ou quatre. I'en ai deia deux qui sont aussi sensées. Dans sa derniere elle me donnes une idée que ie vais suivre. Elle me mende qu'elle croit que c'est la reine de Pologne[11] et non pas M$^{d.}$ de Rouerke[12] qui paye sa pension et qu'elle est amie du pere de Menoux[13], que si je veux elle lui ecrira pour l'engager à prier la reine de permettre qu'elle soit dans un couvent à Paris. Cette idée me plait d'autant plus que ce n'a jamais eté mon intension de l'avoir chez moi mais de la mettre au Precieux-Sang[14] d'où elle peut venir tous les iours passer la journée avec moi en traversant le Luxembourg. Si la reine pouvoit lui païer sa pension, ie t'avouë que ie serois fort aise de l'avoir. Outre que ie serois assurée de ses soins, c'est qu'elle a assés d'esprit pour ne pas m'ennuier et assés peu d'experience pour me donner ce dont tu me parlois un iour qui est d'apprendre aux autres ce qu'ils ignorent. Il me semble qu'il ne seroit pas absolument impossible de la detacher de son amant. Elle m'a conté ce trait bas qui l'est en effet. Il est ici ce vilain m^{r}. Je lui ai mandé de lui envoier mon adresse et de l'engager à venir me voir. Elle n'a pas balancé, mais comme elle croit que ie le verai, elle me previent sur ce qu'il a peu d'esprit. Si elle etoit ici, ie ne doute pas que le changement d'air et de visage ne lui changent le cœur mais ie craindrois une nouvelle passion qui seroit bien terrible ici pour elle et pour moi, car il n'y a que de la friponnerie et du scandal à en esperer. Quoiqu'il en soit, ie te remercie de m'aplaudir dans mon gout pour elle. Cela est si bon d'etre de l'avis de son ami." (G.P., XXXIII, p. 67–68.)

NOTES EXPLICATIVES

1. Sobriquet d'Anne-Catherine de Ligniville. Un paquet de ses lettres adressées à Mme de Graffigny avait été expédié par celle-ci à Devaux.
2. Charlotte-Aglaé d'Orléans (1700–1761), petite-fille de Louis XIV, fille du Régent et de Françoise-Marie de Bourbon, épouse depuis 1720 de François-Marie d'Este (1698–1780), duc de Modène. Quelques semaines plus tard, elle promettra d'attacher Anne-Catherine à son service (v. lettre 56, par. 8).
3. Jean-Jacques, comte de Ligniville et du Saint-Empire (1694–1769), dont la très ancienne maison était l'une des quatre de la grande chevalerie de Lorraine. Il a épousé, en 1715, Élisabeth-Charlotte de Soreau (1700–1762). Chevalier de l'ordre de Saint-Maurice et de Saint-Lazare du roi de Sardaigne, il a servi le duc Léopold de Lorraine comme chambellan, colonel et diplomate.
4. Devaux reparle d'elle le 16 août : "Madame de Vaugon est la chanoinesse de Mde de Modene dont Minette vous a parlé. Elle va à Plombieres." (G.P., XXXII, p. 118.) Peut-être parente de Léon Vaugon, huissier ordinaire du roi en sa chambre des comptes et marguillier en 1699 (v. B.N., Pièces originales 2945).
5. Étienne-Charles Le Febvre (1715–1768), avocat, substitut de son père comme procureur de la chambre des comptes de Lorraine, poste qu'il assume à titre personnel en 1746. Anobli en 1756, il est néanmoins exilé à peine deux ans plus tard à Neufchâteau par le chancelier La Galaizière.
6. Mme de Graffigny retire la même impression d'une lettre de Minette : "J'en recus encore hier une courte

mais bien. Peutetre son m[r] viendra me voir auiourdhuy. Elle me prie de si bonne foy de le bien examiner, apres m'avoir dit qu'il a peu d'esprit, que je me confirme touiours plus dans l'idée qu'il ne faudra pas beaucoup d'effort pour l'en detacher." (16 juillet 1745, G.P., XXXIII, p. 72.)

7. Il s'agit probablement de la querelle entre Le Febvre et le frère de Minette, dont Mme de Graffigny fait état dans la lettre suivante.
8. Elle ne l'a jamais vu qu'à la grille de son couvent (v. lettre 54, par. 5).
9. Peut-être François-Henri Vollée, officier à la gabelle, mort en 1781 (v. A.N., Y 13306).
10. Problement Jean-Baptiste Luton, dit Durival (1725–1810), secrétaire du cabinet du roi Stanislas, qui allait épouser, en 1761, Louise-Élisabeth Dufrène, légataire des papiers de Devaux.
11. Catherine Opalinska (1680–1747), mariée à 15 ans à Stanislas, ancien roi de Pologne.
12. Catherine-Diane de Beauvau-Craon (1671–1752), fille de Louis, marquis de Beauvau-Craon et d'Anne de Ligny, était la protectrice d'Anne-Catherine. Trois fois veuve, elle avait épousé Anne-François-Joseph, marquis de Bassompierre, puis Charles de Stainville, comte de Couvonges, et enfin Eugène, comte de Rouerke, gentilhomme irlandais qui avait été major du régiment des gardes, chambellan et conseiller d'État du duc Léopold de Lorraine. Son nom se rencontre sous d'autre formes, notamment Rouergue et Orouerke. Le frère de Mme de Rouerke, Marc de Beauvau-Craon était l'époux d'Anne-Marguerite de Ligniville, cousine issue de germains du père d'Anne-Catherine.
13. Le père Joseph de Menoux (1695–1766), supérieur des missions royales en Lorraine, membre de l'académie de Nancy, prédicateur ordinaire, confesseur et conseiller de Stanislas, qu'il aidera à écrire son *Incrédulité combattue par le simple bon sens* (1760) et d'autres ouvrages antiphilosophiques.
14. En 1741–1742 Mme de Graffigny avait passé plus d'un an chez les Filles du Précieux-Sang, couvent de bernardines de la rue de Vaugirard. Elles conservaient dans leur chapelle un vase de cristal contenant quelques gouttes miraculeuses de sang qu'elles croyaient sorti d'une hostie percée par le couteau d'un Juif. Le couvent sera fermé à la Révolution et démoli en 1797.

51. *Madame de Graffigny à François-Antoine Devaux*

Le vendredi, 24 [=23] juillet 1745

[...] J'eus hier à diner l'amant de Minette et l'abbé[1] qui vint m'en demander. Ie trouve l'amant point si mal que tu me le disois. Ie pense bien que par raport à nous qu'il est un sot parce qu'il ne sait pas le grec, mais ie le crois aussi bien que ces camarades.[2] Il me paroit fort bon enfant. Cependant ie lui touchai un mot de sa querelle avec le frere de Minette, comme si ie la savois de lui. Il n'attendit pas que j'achevasse. Il me dit : "Ah, ie vais vous conter pourquoi nous sommes brouïllés." Il me conta l'affaire toute differente. Cela ne me rassura pas. Ie lui dis comme l'autre me l'avoit conté. Il fut embarassé. Il balbutia. Cela me deplut. Au demeurant il se garde pour Minette, il attendra les circonstances favorables. Mais tout cela ne me fait rien s'ils s'aiment touiours, et que cela lui fasse une petite fortune, à la bonne heure! S'ils s'oublient, encore à la bonne heures! Ce qui depend du tems ne m'enbarasse guere.

Il me fit pleurer à chaude larmes en me contant les indignes traitemens que ma cousine[3] a fait à cette pauvre enfant. Elle[4] faissoit chez elle[5] les fonctions de servante, aussi nuë[6], et enfin elle[5] ne vouloit pas que Md. de Rouerk la[4] mit en couvent. Au moment de partir elle l'a batuë dans la ruë. La pauvre petite en tomba evanouïe. C'a eté une scene de cordonnier. Quand ie pense combien elle seroit heureuse de se trouver à Paris, i'ai bien de l'impatiance de l'y voir. Du moins ie ferai une heureuse si ie n'ai pu faire un heureux. Le petit bonhomme[7] m'a demandé la permission d'ecrire à M^de^ de Rouerke pour savoir si elle voudroit lui[4] continuer à Paris ce qu'elle lui donne à Ligny. Je le laisserai faire dans quelques tems d'ici. Et voici l'arrangement que ie voudrois prendre – lui[4] louër une chambre au Precieux-Sang, ie crois te l'avoir deja mandé, ne la mettre qu'à demi-pension parce qu'elle viendroit tous les iours diner avec moi. Ie lui donnerois les cinquante ecus que ie tire de ma pension du roi pour son entretient. Ie ferois meme en sorte que le cardinal de Rohan[8] la mist sur sa tete, mais voici ce qui m'arrete à present. C'est premierement que ie ne veux pas que Dissenteuil[9] se doute de mon dessein. Cela le degouteroit de faire quelque choses parce qu'il croiroit que ie n'en serois pas plus à mon aise avec cette charge. En second lieu parce que ie me deffie de moi-meme sur cet article. Ie voudrois etre sûre d'etre assés bien pour qu'en suivant mon gout à donner ie ne me mette pas mal moi-meme. En troisieme lieu ie voudrois qu'un peu de comptant me mette en etat de lui acheter des mœubles, chetif à la verité mais encore faut-il un lit et des chaises et ie ne voudrois plus faire de deptes. Voila, mon ami, ce qui retient l'envie que j'ai de la tirer de son ennüi.[10] Peut-etre tout cela se decidera-t-il bien tot. Ie vais l'exorter à la patiance.

Ie t'envoye sa lettre d'hyer. Je t'avouë ma misere. J'ai eté flatée jusqu'au milieu du cœur qu'elle m'ait deviné au milieu du *Recueil.*[11] Ie ne veux pas que tu croye que les louanges qu'elle me donne y ait la plus grande part. Non, en verité, mon ami, elles ne me deplaisent pas, mais ce qui me fait le plaisir le plus vif, c'est de lui voir assés de gout, assés de dissernement pour juger du stile noble et recconnoitre mes façons de penser, ne m'ayant vu depuis l'age d'onze ans. Elle me paroit digne de parler notre langue, comme nous disons. Ie suis si lasse et si ennuïé de ne la plus parler que par-ci par-là et point à cœur ouvert que ie me fais une idée bien satisfaisante de l'avoir ici. Son amant m'a conté des traits d'elle admirable, jusqu'à se laisser maltraiter et accuser d'avoir fait faire une fausses clef du jardin de son pere plus tot que de demasquer sa sœur[12] qui l'avoit fait faire pour un channoine qu'elle aimoit. Ie trouve cela d'une vertu superieure et dont ie serois tout à fait incapable. J'ai un vray plaisir de causer de tout cela avec toi car tu es seul capable de sentir tout ce qui regarde le cœur.

Ie vais repondre à ta lettre et puis ecrire à la petite qui grille de savoir si j'ai vu son amant. [...]

MANUSCRIT

*A. Yale, G.P., XXXIII, p. 81–82; 5 p. (une feuille et une demi-feuille); orig. autogr.; cachet sur cire rouge.

NOTES EXPLICATIVES

1. L'abbé Gabriel-Louis Calabre Pérau (1700–1767), auteur du *Secret des francs-maçons* (1744).
2. Lors de la dernière visite que Le Febvre rendra à Mme de Graffigny le 4 août, elle le trouvera "mieux qu'à l'ordinaire". "Il ne raisonne pas mal, rapporte-t-elle à Devaux. Tout cela d'apres l'idée que tu en as, car si c'etoit d'apres celle de Du Clos ou de Voltaire, ce seroit un vrai sot." (G.P., XXXIII, p. 110.)
3. La mère d'Anne-Catherine, Élisabeth-Charlotte de Soreau (1700–1762), cousine germaine de Mme de Graffigny, était fille de Georgette-Charlotte d'Issembourg Du Buisson d'Happoncourt et d'Antoine de Soreau, premier maître d'hôtel du duc de Lorraine.
4. Anne-Catherine.
5. Mme de Ligniville.
6. Nu : se dit hyperboliquement de ceux qui sont mal vêtus, qui ont de méchants habits déchirés, ou qui ne sont pas assez bons pour défendre du froid. (*Dictionnaire de Trévoux*, 1743.)
7. Le Febvre.
8. Armand-Gaston-Maximilien, cardinal de Rohan (1674–1749), grand aumônier de France.
9. Surnom d'Henri-Ignace Chaumont, abbé de La Galaizière (1706–1784), frère du chancelier de Lorraine.
10. Le 29 juillet, Mme de Graffigny avancera une quatrième raison : "Ie voudrois qu'elle n'arrivasse que quelque tems apres que tu seras ici, parce que nous aurons bien des choses à nous dire où son petit nez ne doit pas entrer." (G.P., XXXIII, p. 102.)
11. Devaux répond le 26 juillet : "Je ne m'attendois pourtant pas qu'elle vous devinat si juste dans le *Recueil de ces Messieurs.* Je vous avouë que j'en tombe des nuës. L'esprit seul ne scauroit donner ce discernement. Il faut du goust et un goust formé sur la comparaison des diferens stiles. Où l'a-t-elle pu prendre? Je n'en reviens pas." (G.P., XXXII, p. 60.) *Le Recueil de ces Messieurs* (Amsterdam, 1745) est une série de contes et de dialogues composée par les membres de la Société du Bout-du-Banc. Mme de Graffigny était l'auteur d'une *Nouvelle espagnolle : le mauvais exemple produit autant de vertus que de vices* (p. 136–245). Dans une lettre à Devaux du 14 mars 1745, elle avait

révélé l'identité de plusieurs des autres auteurs. (G.P., XV, p. 64.)

12. Élisabeth de Ligniville (née avant 1720, décédée en 1791), sœur ainée d'Anne-Catherine, lui donnait souvent de grands sujets de plainte et finit par devenir folle. Les deux sœurs, toujours en rivalité, avaient passé quelques années ensemble chez Mme de Graffigny pendant leur jeunesse. À cette époque Élisabeth était dame de compagnie à Vienne (v. lettre 112). En 1751 elle épouse le fermier général Nicolas de Delay de La Garde (v. lettre 163), se sépare de lui, et passe une vingtaine d'années séquestrée dans son appartement de la place Vendôme. Voir *Mémoire pour Élisabeth de Ligniville* – B.N., 4° Fm 16971. Le 17 juin 1789, une sentence du Châtelet porte interdiction d'Élisabeth, et le 7 juillet de la même année, elle se marie à Paris avec François-André-Philippe, comte de Polereczki de Polereka, maréchal des camps et armées du roi et gouverneur de Rosheim. À défaut d'indication contraire, toutes les références à la sœur de Minette dans cette correspondance concernent Élisabeth.

52. *Anne-Catherine de Ligniville d'Autricourt à Madame de Graffigny*

Ce 8 aoust [1745][1]

Quoy! ma cher maman, ie n'es point reçue hiere de vos lettre! Ie m'i attandoit cependan par ce que vous aites bonne et que vous m'avez promie de m'ecrire souvent pour adoucire le tent que ie dois en core passe eloigné de vous.

Ne serie-vous point malade? Ie vous cais[a] indisposé; c'est assés pour n'aitre pas tranquille. Ie n'imagine pas comment avec autant d'espris l'on puisse [b]ce mette[b] des manis[c] en taite. Vous vous lessés frape; vous vous attandé amourire. Ils n'ent faut pas daventage en cette etat pour vous faire des revolutions[2] affreusse. Mais, ma cher maman, ie vous croiest l'esprit bien plus fort; ie ne suis plus etonné de vous voires parle de testaman, et de remarque dans vos lettre toujour quelque chose qui me frape. Vous me faitte bien voires, ma cher maman, que les esprit les plus fort et les plus resonnable ne sont point exsent[d] de feblesse. Pardonne-moy le terme, ie vous suplis.

[e]Vous demende pour quoy ie vous parle de Mr Demarais[3]. Ne le pencevous pas, ma cher maman? Ie sais que vous l'avez aimé. Ie connois votre cœur; sa me sufit pour me faire pence que sont procedé doit vous avoire fait soufrire extremement. Vous m'avez fait entendre que les maladie du corps n'etoit pas celle qui vous inquiete le plus. Vous avez cependant eut mille chagrin; dout[f] pouroit-tille venire cj[g] ce n'est de ce vilain homme? Ie me

souvient bien de vous avoires veut verce des larme à sont occasion; ils n'etoit pas toujour de bonne humeur; ils boudoit souvent. Ce n'etoit pas celuy de vos amis que j'aimais le plus; ie voyest bien qu'ils vous donnois souvent du chagrin. Ie vous fait petaitre de la paine, ma cher maman, en vous le rapelan. Mon dieu! dite-le-moi, et jamais ie ne prononcerais sont non!

Ie me souvient des Messieurs de Marcanne. Nesses[h] pas l'ainée qui s'apelle d'Hademart[4] et qui etoit devot? Cet[i] votre amis, c'est ce qui[j] me semble. Vous le dite baux et amoureux, mais ils me semble que c'est le quadet qui est baux et qui est amoureux de Melle La Tulier[5]. Ie me souvient mieux du quadet; ie le vit un jours aux balle[6]; bien baux, ils etoit en domino blan et des ruban couleurs de rose. Ils a les yeux bien baux et bien tendre, à ce [que] ie me souvient, car ie ne l'es pas veut de puis que ie vous aye quitté.

Assa[k], ma cher mama, parlon un instant de Mr Le Fevre. Vous trouve que sa lettre, toutes s[e]che qu'elle et, prouve bien qu'ils m'eme. Ie ne trouvent pas ce la. Moy, ie m'imagine qui[j] ne m'eme plus. Ie trouvent sont setil[l] changé de puis qu'ils est à Paris. Ie crois qu'ils m'a fait quelque infidelité. Quend ie luy ecrit rarement, ils ce plains de ma negligence; est quend ie luy ecrit extament[m], ils est un tant infini à me repondre. Ie n'est point recue de ces lettre de puis celle que ie vous aye envoyéz, et six cependan ie luy avee[n] ecrit un belle lettre en raiponce. Esse[o] de cette façon que l'on aime? Ie cent par moy-meme que non. Vous avez admiré sa constence, ma cher maman. Ils est vrais qu'elle seroit grende six pendant tout ce tant ils m'avoit toujour aimé. Mais qu'ils c'ent faut! Le tant qu'ils ne me voyest pas ils en voyest d'autre; sa ne s'apelle pas aime veritablement, et pour bien aime ils ne faut point de partage. Ie suis un peut jalouse, ma cher maman; c'est là un vilin de faut. Mende-moy six vous l'avez veut; ie suis bien houtre[p] de sa grosierté vis-à-vie vous.

Ie suis heureusse, ma cher maman, malg[r]é tout mes malheurs de puis que j'ay esperence de vous voire. Ie ne passe pas une heur dans la journé cent[q] pence à toutes les obligations que ie vous aye de me tire d'un sejours ausix affr[e]ux que ce luy que ie viet[r]. Pence-vous, ma cher maman, oui, dite-moy, pence-vous en core que ie sois capable de devenire ingrate? Avés-vous en core cette pencé iniuste? Et me soubsonne-vous toujour d'un six vilain caractere? Banices[s] ces idé, ma cher maman! Sa troublerais le bonheur que ie me fait de vivre aux prest de vous. Rende-moy heureusse parfettement. Ie ne la puis aitre que vous ne la soyez vous-meme. Vous ne la serie pas six vous pencie toujour que vos bien fait ne sont recompencé que d'ingratitude.

[*adresse* :] À Madame / Madame de Grafigny / prest du Luxembourg / rue Hiasinte / À Paris

MANUSCRIPT

*A. Yale, G.P., XXXIV, p. 105–110; 5 p. (une feuille et une demi-feuille); orig. autogr.; fragments de cachet sur cire rouge[7]; indication manuscrite d'un postier : Ligny.

TEXTE

[a] sais. [b] se mettre. [c] manies. [d] exempts. [e] Alinéa exceptionnel dans le A. [f] d'où. [g] si. [h] N'est-ce. [i] C'est. [j] qu'il. [k] Ah ça. [l] style. [m] exactement. [n] avais. [o] Est-ce. [p] outrée. [q] sans. [r] vis. [s] Bannissez.

NOTES EXPLICATIVES

1. Il est question dans cette lettre de la visite faite à Paris par Le Febvre en juillet–août 1745 (v. lettre 50).
2. Au sens de "mouvement extraordinaire dans les humeurs, qui altère la santé" (*Dictionnaire de l'Académie*, 1740).
3. Militaire de carrière, Léopold Desmarets (1708–1747) avait été l'amant de Mme de Graffigny, et selon Noël (p. 31), "le premier en date qui soit notoirement connu, le plus tendrement aimé et le plus longtemps". L'ayant accompagnée à Paris en 1739, il a disparu de sa vie après une liaison de 15 ans.
4. Honneste d'Adhémar de Monteil de Brunier, marquis de Marsanne (1670–1758), maître d'hôtel de Stanislas Leszczynski, avait eu quatre fils : Antoine-Honneste, marquis d'Adhémar, qui était l'ami de Mme de Graffigny (v. lettre 46), Alexandre, comte de Marsanne, né en 1714, Louis-Quirin, mort en 1725, et Denis, né en 1722.
5. Anne-Dorothée, comtesse de Bouzey de Thuillière, née en 1710, épouse Alexandre, comte de Marsanne, en 1747.
6. Probablement le bal dont il est question dans la lettre suivante (par. 7).
7. Le cachet des lettres d'Anne-Catherine se trouvant à Yale représente un écusson portant quatre barres diagonales.

53 . *Anne-Catherine de Ligniville d'Autricourt à Madame de Graffigny*

Ce 17 aoust 1745

Vous aites charmante, ma cher maman. Ils faut absolument pleure quend on resoie de vos lettre. Votre facon de pence pour moi m'atandrie aux point danverce[a] des larme. Mais quelle larmee[b], grand dieu, et qu'elle fond sentire de douceur! Fette-m'ent toujour rependre, ma cher maman, et à ce prit ie serois toujour heureusse.

Vos proiet m'enchante, et ie me trouvent dans les sentiment d'un malheureux qui, condanné à passer ces jour dans une sombre prison, ne ce voit toutes à coups que [avec] trois moy d'exil, a pres les quelle ils doit ce retrouvé ave[c] tout ce qu'ils a de plus cher aux monde. Quelle situasion, ma cher maman! Sente-vous comme moy les diverce mouvent[c] que le cœur fait resentire? Ie vous desire un moment à ma plasse; c'est, ie vous assure, ma cher maman, vous desire bien du plaisire. Cent[d] aitre à ma plasse, vous devez bien en goute. Vous me rende heureusse, et vous me faitte connaitre les plaisire les plus sencible de la vie. Quende on pence comme vous, ma cher maman, on trouvent autant de plaisire, maime[e] ie croit plus, à rendre une personne heureusse qu'à laite[f] soi-meme.

[g]Vous aites penetrante, ma cher maman, et vous devine juste. Ie ne pence plus surs le conte de Mr Le Fevre de puis une ans, comme j'ay fait autrefoy. Mille chose m'on refraidie pour luy. Ils a des petitesse dans l'esprit que ie n'ai jamais voulut voire, quoy que l'on me les aye fait sentire. Aux jour dhuie, ie les vois. En verité i'ent suis faché, et de ne pas l'aime comme j'ay fait, car ils a du bon, ils a un cœur excelent. Tent qu'ils m'emera, ie ne pourais me broulié[h] avec luy, j'aurais trops peure de luy faire de la paine. D'alieur, ce la seroit vilin à mois [i]dans agire[i] malle avece un homme qui m'aime. Ie ne le pouroist jamais. Ie souhaite quelque foy qu'ils s'atache à d'autre;[1] ie vouderoit qu'ils aime alieure, et d'autre foy ils me semble que ie seroit aux dessespoire six ils ne m'emoit plus. Ie le reconnois aux parfait à l'istoire des magot[2]; ils fait de ces toure à tout le monde. Ils m'ent a fait à moi-meme pour des canarie qu'ils m'avoit promie. Quand ie trouvoit quelque comodité pour les faire venire, que [j]ient voyest[j] che luy, ils n'avoit jamais le tant ou ils fesoit dire qu'ils n'i etoit pas. Quelque chose de plus fort : ils prira quelqun[k] à dine che luy un telle jour, ils doit donne un grend dine, ils fait mille instance pour que l'on six[l] trouvent. Voila qui est arraité. Ivatont?[m] Ils n'est pas questions de diner; ils n'est ceullement pas en ville, ils est à la compagne! Ils a fait ce tour-la plus d'une foy à mon oncle qui demeure à Oudemons,[3] est à bien d'autre. Est un pareille trais qui m'a en core donné mauvaisse opignon de luy : ils y a une ans ou deux qui[n] me vient voire, ils resta icy trois ou quatre jour, non pas à l'oberge mais che une homme d'afaire[4] de Me de Rouergue qui, tout les jour, luy donnois à mange aux mieux. Ce pauv[r]e homme n'etoit cocupé que d'anvoyez à la chase, de faire cherche de la truite. En fin tout ce qu'ils put faire ils le fit, et ce la par aport à moy. Ie recommende bien à Mr Le Fevre quend ils[5] iroist à Nancy, qu'ils[6] ne le laisse pas de pance sont argant à l'auberge et quils fay donne un lie che luy. Quelque tant avant qu'ils[6] parte pour Paris cette homme[5] fut à Nancy; i'ecrivit un most à Mr Le Fevre pour [le][5] luy recommende. Bont, c'etoit luy dire de ne pas ce trouve che luy. Cette homme[5] i fut plus de 6 foy cent le trouve; en fin ils le rencontra dans la rue. Ils[6] ne put ce dispence de le priez à dinne dans un jardin qu'ils a aux bout de la ville; ils[6] luy dist qu'ils seras à luy dans le moment, qu'ils vast donne ses orde[o]. Ils[5] fut plus de deux heur à l'atandre à la porte du jardin sant qu'ils soit questions de dine. Cette homme repartie apres avoir diné à l'oberge; c'est luy-meme qui me l'a raconté parce que ie luy[p] aye obligé. Voyla ces trais, ma cher maman. Ie suis comme vous pour les magot; ie ne ces[q] quelle

non donne à tout ce la. Ie l'es toujour excusé; j'ay toujour dit que c'etoit par vivasité, mais l'on c'est toujour moqué de moi. Ie suis charmé qui[n] revient en Lauraine; ie ne sais six ie le vaires en passant par ce que ie luy aye defendue.

Mende-moy, ma cher maman, six vous aites debarassés de ma petite sœur[7]. Ie suis indigné contre Joson[8]; son prosedé est infamme, mais quend ie seroist che vous, le mr che qui ils a forcé un comode dira : "Voyla la sœur du voleurs"; sa me feras baucoups d'honneur. Ils a les plus vilaine inclinations du monde; ils c'est fait chache[r] cette iveres du toist[9] où ils fesoit sont seminaire pour ces bassesse. Ils alloit [s]sent ivrer[s] avec des quanaille aux quabarais, et avec ce la on dit qu'il est d'une hauteurs insoutenable. Ille est bien plassé comme vous voyez. Ie croiest qu'ils feroit quelque chose par ce qu'ils ne menque pas d'esprits.

On est bien aplainte[t], ma cher maman, quend on n'a point reçue d'educations; sa me fait toujour plus sentire le bonheur que j'ay eut de tombe entre vos mains. Ils y a des destiné heureusse, ie le vois en core mieux aux jours dhuie que ie doit me retrouve aux prest de vous, apres en avoire eté separé 9 ou 10 ans.[10] Qui m'auroit dit ce la? Ils y a ceullement 1 ans ie ne l'aurais point crus, par ce que ie savoit bien que vous aimie trops votre tranquilité, et point dutout la jaine d'avoires une jeune personne surs la quelle on est obligé de veillé. Vous voyez bien, ma cher maman, qu'ond ne peut evite sa destiné; ie suis faitte pour vivre aux prest de vous; ils faut que vous perfectionnie ce que vous avez commencé. Vous n'aurais pas tant de paine que vous en avez eut; tout me porteras à suivres vos conseille. L'amitié d'abord me feras tout faire, et la raison quelque foy, ma cher maman, car ie ne diroist pas toujour, ils y a des momant qu'elle est six faible que ce la ne s'apelle pas en avoire. Vous n'avee petaitre jamais experimenté ce que ie vous dit là. Ho que six, ma cher maman! Ils n'est pas posible qu'ayant le co[e]ur fait comme vous l'avez, vous n'ayez eprouvé de ces moman-là. Ie revient à mes frere; ils sufit que vous me temoigniés que ce la ne vous fait pas plaisire que ie les voye souvent pour que ie praine ce partie. Ie ne croit pas que le quadet[11] y dusse retourne. Pour l'ainé[12], ie doute aussix que sont chapitre le voulusse; ils est en age de prendre sont partie.

Ie suis bien d'avie, ma cher maman, de ne mande mon depard à mon cher pere qu'aux moman que ie partire, car ie veut evite leurs criaserie. Ie les quonest[u] bien; ils me menderoist mille chose qui ne serviroist qu'à me faire de la paine, aux lieux [que] quend ie serais avec vous ils n'oseroist rien me dire. [Pour] Madame de Rouergue, ie luy ecrire quend vous le jugerais apropos.[13] Ils me semble que 15 jour ou trois semaine avant mon depare sufira par ce que, dès que ie luy aurais fait cette propositions, elle le diras à tout le monde. Mon dieu! que ie parle de ce depare-là avec plaisire; ie reverais donc encore le monde. C'est une belle chose, ma cher maman, mais bien plus baille pour mois qui n'avoit nulle esperence de le voire six tot, ou dumoins de le voire comme ie le desiroist. J'ay aités toutes la nuie dans votre quabinet, est couché comme une raine surs le lit de repos, ie n'ay de ma vie six bien dormie.

Vous parlés aussix de spectacle, ma cher maman; esse[v] que nous irons quelque foy? Amoins que vous ne les aimie, ie n'i veut daiga[w] pas alle. Ie serais la premier à vous empaiche d'avoires des complaisance pour mois; ie ne suis pas abitué à ces sorte de plaisire. J'ay aités une ans che M[ad.] de Rouergue, et ie n'es aités cune[x] ceulle foy aux balle et deux foy aux consaire. Dans une ans, ma cher maman, ie serais che vous toutes à fait. Mon dieu! vous en faitte trops. Pour mon cœur ie crint qu'ils ne puisse pas soutenire toutes la joye donc[y] ils est remplis.

Vous voulez bien qu[i]tté votre maison pour en prendre une où ie puisse avoire une petite chambre.[14] Peut-tont rien ajoute à toutes vos bonté? Non, assurement, ma cher maman, vous ne voulez rien me lesser à desire; c'est rendre trops heureusse à la foy.

Adieu, ma cher maman. Ie baisse vos main un milions de foy.

Votre attancions pour double la provision de confiture m'a baucoups divertie; vous vous souvené que ie l'es aimé! Sa me rapelle d'avoire passé une b[e]lle journé aux lie un jours d'aité pour avoire mie mes cinq dois dans un pot de gelé de groseille, et de n'ent n'avoires jamais voulut convenire!

[*adresse* :] À Madame / Madame de Grafigny / prest du Luxembourg / rue Hiasinte / À Paris

MANUSCRIT

*A. Yale, G.P., XXXIV, p. 213–220; 8 p.; orig. autogr.; fragments de cachet sur cire rouge; indication manuscrite d'un postier : Ligny.

TEXTE

[a] d'en verser. [b] larmes. [c] mouvements. [d] Sans. [e] même. [f] l'être. [g] Alinéa exceptionnel dans le A. [h] brouiller. [i] d'en agir. [j] j'envoyais. [k] quelqu'un. [l] s'y. [m] Y va-t-on. [n] qu'il. [o] ordres. [p] l'y. [q] sais. [r] chasser. [s] s'enivrer. [t] à plaindre. [u] connais. [v] est-ce. [w] déjà. [x] qu'une. [y] dont.

NOTES EXPLICATIVES

1. Il se mariera en effet, d'abord avec Françoise Cueillet, puis avec Françoise Ballet de Bougnion (1726–1807).

2. Le 11 août, Mme de Graffigny avait parlé à Devaux de magots (figurines grotesques provenant de Chine, très populaires au XVIIIe siècle) desquels Le Febvre avait assuré vouloir lui faire don : "Il vit il y a quelque tems des magots sur ma cheminée. En les tortillant, il me dit qu'il en avoit quatre ou cinq qu'il ne vouloit pas porter en Lorraine, que si ie les voulois, il me les apporteroit. [...] Ie parie qu'il n'y aura de magots que lui." (G.P., XXXIII, pp. 121 et 122.) Croyant à une plaisanterie, Devaux avait répondu : "Ils n'ont jamais existé les magots, je le parierois." Mais il doit déchanter : "Il faut que, poussé à bout par la honte, il les ait enfin achetés pour vous les envoyer." (G.P., XXXII, pp. 113 et 134.)

3. Il s'agit probablement de Louis de Soreau, baron de Vandœuvre et d'Houdemont (1706–1736), plutôt que de son frère, François-Antoine (1703–1747), chanoine de Saint-Dié. Ils étaient les fils du grand-père maternel d'Anne-Catherine, Antoine de Soreau, baron d'Houdemont.
4. Il pourroit s'agir du nommé Baltazard, qui a écrit la lettre 83 pour Mme de Rouerke, et qui est peut-être le Baltazar qui habite la maison voisine de la sienne en 1753.
5. L'homme d'affaires.
6. Le Febvre.
7. En mai, Mme de Graffigny avait été chargé de placer Claire-Ursule de Ligniville, née en 1737, future baronne de Lilien, dans la maison royale de Saint-Louis à Saint-Cyr (v. G.P., V, p. 46, XXXI, p. 317, XXXII, p. 26, XXXIII, pp. 75 et 121).
8. Diminutif de Joseph. Il ne s'agit probablement pas d'Antoine-Joseph (1726–1777), chanoine de l'église primatiale de Nancy depuis 1739, qu'elle appelle "Jophie" dans la lettre 90, mais de Mathieu-Joseph (1734–1804), auteur de la seule branche de la maison de Ligniville qui existe de nos jours. Page du roi Stanislas, puis enseigne de vaisseau et capitaine de bombardiers à Brest, il prend part avec Kerguelen à l'expédition de 1773 dans les terres australes et est créé à son retour chevalier de Saint-Louis et capitaine de vaisseau. Il épouse en 1779 Madeleine Comte, née à l'île de Grenade, dont il aura neuf enfants.

   Le 14 janvier 1746, Mme de Graffigny commente ainsi, dans une lettre à Devaux, le vol commis par un des frères d'Anne-Catherine chez le prince d'Elbeuf : "Le frère de Minette a volé chez lui. C'est une pitié que l'inclination de ces malheureux enfants." (G.P., XV, p. 151.)
9. Soit le collège des jésuites de Pont-à-Mousson, où les deux frères aînés avaient reçu leur éducation, soit le collège de Lisieux où Antoine-Joseph s'était rendu en 1740 avec la permission de l'église primatiale de Nancy.
10. Cette indication permet de placer en 1735 ou 1736 la fin du séjour de Mlle de Ligniville chez sa tante. Par contre, la date de sa première arrivée chez Mme de Graffigny reste matière à hypothèse. D'après Noël (p. 38), "le magistère de Mme de Grafigny paraît avoir duré cinq ou six ans entre 1727 et 1733."
11. "Le quadet" désigne sans doute le plus jeune des deux frères entrés dans les ordres, à savoir Antoine-Joseph (v. la note 8).
12. Nicolas-Jean-Jacques de Ligniville (1720–1805), chanoine de l'église primatiale de Nancy depuis 1737. Il était à sa mort abbé commandataire du Tréport.
13. Le 4 août, Devaux avait écrit à Mme de Graffigny: "Elle a fort sagement pensé qu'il ne falloit pas qu'elle ecrivit à Madame de Rouargue avant le depart de son amant. On pourroit en effet soupconner qu'elle auroit envie de se rapprocher de luy. Elle me donne une meilleure idée de cette dame que celle que j'en avois. Je juge avec elle qu'elle a le cœur bon puisqu'elle prend part à l'ennuy de sa situation." (G.P., XXXII, p. 86–87.)
14. Installée en 1745 rue Saint-Hyacinthe, appelée aussi rue des Fossés-Saint-Michel, Mme de Graffigny ne déménagera en fait qu'en juillet 1751, quelques jours avant le mariage d'Anne-Catherine.

54. *Anne-Catherine de Ligniville d'Autricourt à Madame de Graffigny*

Ce 29 aoust 1745

Je vais donc me satisfaire, ma cher maman, dès que vous m'asure avec tant de bonté que mes lettre ne vous ennuie pas. J'ent aye deux à vous; ie n'aye ausse[a] raipondre à la premier que ie ne vois ce que vous me dirie dans votre sequonde. Ie suis bien rasuré de toutes mes crinte; vous m'eime toujour, ma cher mama, et ie n'ais pas eut le malheur de vous daiplaire comme ie le croiest. Ie jouist apresant de la plus grende tranquillité, et ie n'ais jamais aités six heureux que ie me la sant. Ils me semble que ie ne desire plus rien, et ie crois que ie serais aux point du bonheur quend ie serais aux prest de vous. Six ie venoit à pencé diferaman quend g'i cerais, ie crois que ie ne me le pardonnerais pas. Mais non, nesse[b] pas, ma cher maman? L'atachemant que j'aurais pour vous me satisferas aux point d'oubliez toutes autre plaisire.

Vous me connessées, ma cher maman, et aux mieux. En verité, j'ay une de ces ames deliquate et toujour ingenieusse à ce tourmante et point dutout à jouires. Ie ne connois point cette douceur-là; ie ne connois que les paine et les inquietude. La mours et l'amitié ne m'on presque jamais fait sentire d'autre sentiman, et ce pandant l'on ne goute de bonheur parfait qu'end aiman. Ces paine, ces inquietude on des charme; ils faut absoluman que le cœur sois occupé, ma cher maman, pour trouve de [c]la gremant[c] dans la vie. Vous me corigerais donc, ma cher maman, de cette deliquatesse d'ames. Mon dieu! que vous me ferie de bien! Mais travaillerai-vous de meme à maute[d] ce panchan que j'ay à aime? Non, ma cher maman, vous me voulez trops de bien pour maute un panchan six charman.

Vous ne saurie croire, ma cher maman, le plaisire que j'ay quend ie me trouvent quelque chose de commun avec vous, et quend ie vous entant me dire : "Ie pence aussix de cette facon." Ie vouderois avoires tout vos sentiman. En fin i'envie de pence comme vous, car ie n'es jamais veut de femme six emable que vous. Ie me reiouis de vous voires pour prendre votre caractere, votre cœur. Ie veut avoires tout ce que vous avez, ma cher maman; mais ie veut l'avoires naturelleman, et aussix naturelleman que vous, car ie n'aime pas ce qui n'est qu'enpreunté.

Vous pence apeupres comme moy surs la religions. J'aimerais aussix à la folie que vous pence comme moy surs la mours. Sa vous fait rire, ma cher maman, mais ai-ge tant de tort de faire ce souhais?

Ie m'ent vais me fache [e]assette heur[e], ma cher maman, car ie lis l'article de votre lettre ou vous me parle de Mr Le Fevre. Quoy! vous pouvé me demande six ie suis sortie pour le voires! Où serois donc la sagesse; et ne serai-ge pas en manque que de faire une demarche comme celle-là? Cette questions de votre pare m'ofance; vous deverie assés me connaitre pour ne me pas soubsonne de sortire d'un couvan pour voires un homme que j'aime. Ie ne vouderois point le faire pour un homme qui me seroit indiferend, à plus fort raison pour une que j'aime. Ie [f]mest apare[f] ce que le publique pourois pence de moy. Mais dite, ma cher mamant, ques[g] que cette homme qui m'aime pencerois luy-meme? Ne serais-se pas m'expose à me faire meprise, et meme à me faire menque de respect? Non, ma cher maman, ie ne suis point sortie; ie l'es veut à la grile comme ie l'es veut ils y a deux ans qui[h] me vient voires expres, et qu'ils fut trois jour comme ie vous l'ay dit. Ses visite on toujour aités à la grile. Ie ne vous aye point trompé, ma cher maman, en vous disant que ie ne le vairai pas. Ils est sertin que ie n'i contoit pas, parce que ie luy avoist defandue, et d'alieurs, comme ils etoit avec le grend courie[1], ie ne prevoies pas que ie puisse le voire par ce qu'ils arrivent ordinairement à deux heurs du matin et repart toutes suite. Ie ne luy avoit pas temoigné que ce la me ferois plaisire de le voire; aux contraire. Ce pandant j'aurais aités faché six ils m'avoist obeis. Ils a donc fait en sorte d'amener le courie à toutes les porte pour n'arive que tare à Ligny. À 6 heur du matin, la courier me viend dire que le maitre de poste, que ie connois, m'atandois aux parloire. Ie croiest veritablement que c'etoit des lettre qu'ils m'aportoit; ie me levais vite, et ie fut etonné que c'etoit Mr Le Fevre. Ie ne fut pas plus detant[i] avec luy qu'ils en faut pour maitre des chevaux à la chaise. La premier chose que ie fit fut de luy demande de vos nouvelle, et de luy dire que ie ne m'ennuiest plus aux couvant de puis que j'avois esperence d'aitre avec vous. Ie ne puis vous dire pour quoy ils me dit que ce la n'etoit point sûre dutout, et qu'ils ne tenois qu'à luy que ie n'i a[i]lle pas. Ils ne voulut pas m'ant dire davantage. Ie luy dit que i'etoit sûre d'i allé, est que dans toutes vos lettre vous m'ant parlie. Ils me dit que cela etoit vrais, que vous me desirie et que vous m'aimie baucoups, et qu'ils n'avoit jamais veut une personne qui pence aussix bien que vous. Ils me dit mille chose dans ce gout, ma cher maman, mais toujour que ie n'irais pas six ils voulois. Ie luy dit que ie vous le marquerais; ils dit qu'ils le voulois bien. Ie n'es pas encore reçue de ces nouvelle de puis qu'ils et à Nancy. Ils n'a eut garde de me parle de l'histoire des magot, car ie luy aurais dit ce que i'ent pencois. Ie suis sûre qu'ils n'ant avoit point, et ce n'etoit que par vanité qu'ils le disois. Ce que vous me dite dans votre premier lettre est bien vrais, ma cher maman. Ie suis sûre que, six ils etoit sont maitre, ils ne m'epouserais pas. Ie l'es daiga pencé bien des foy; ils n'est pas genereux; tant sanfaux![j] Tout ce que vous me dite est bien vrais; ie le cent mieux à presant que ie n'aye fait en core, par ce que mes sentimans sont rafraidie.

Ie suis contante à present, ma cher maman, et plus inquiete puis que vous avez d'autre couvant aporté de vous. Ie crenie[k] d'ans aitre eloigné. Ne me maités pas dans celuy où son mes dames de Craon[2]; cette aliance me procurerois des visite. Dès qu'ils y en a un autre aux six prest,[3] où ils y a moins de monde, ie le desire, ma cher maman, mais n'alez plus change; dès que vous m'ant donne le chois, ie le choisie. Croiez-vous que g'y passerais l'ivaire? G'y conte, ma cher maman, par ce que vous me l'avez faitte espaire, et que vos affaire seront rengé pour le mois de novembre.

Que de plaisire ie vais avo[i]re! Tout les jour i'ent decouvre. Ie suis enchanté que vous aimie la viel[l]e, car ie l'aime à la folie; c'est tout ce que ie desiroit en venant icy que d'ans savoire jouer. Sa [l]ma museroit[l] dans ma solitude. Ie n'es pas aités ameme de me donne ce plaisire, mais ie l'aurais aux prest de vous.

Commant vast votre santé? Vous ne m'ent parlez pas dans votre dernierre lettre. Votre fluctions et donc passé, ma cher maman? Sa m'a inquieté extremement.

Vous aites mechante? Qui le diroist? Vous proiette de me faire un amoureux pour punire Mr Le Fevre de son mauvais propos. Six ils m'eme toujour, ils est assés punie de mon frois pour luy, mais ie le soubsonne aussix d'aitre un peut changé. Dumoins il me le fait acroire pour me pardonne mon changemant. Un homme qui a sant mille de rente et quelque chose de fort baux, ma cher maman. Emable et de l'espris, ils parois que cela ne lesse rien à souhaite.[4] Est bien, avec ce la petaitre que ie ne l'aimerais pas, est que i'ent aimerois un nautre qui n'aurais rien de tout ce la. Voyla ce que c'est que l'injustice du cœur; ils s'atache souvant à ce qui ne le merite pas. Vous dite que ce mossieur a assés d'espris pour vouloires mourire garcon. C'est donc avoires de l'espris que de ne pas aimer notre sexe? Ie n'eme point cette espris-là. Esse[m] qu'ils a toujour pencé de cette facon, ou esses[m] l'effait d'une pasion malheureus? Souvant sa sufit pour nous faire renonce à toutes engagemant. Ie luy pardonnerois sont indiference six c'ent etoit là la causses. Oui, ie dirois : "Ils a raison de faire sont bonheur luy-meme." Mais six ils n'a jamais gouté le bien d'aime, ie n'es point bonne opinions de luy. Six cette homme pencois bien, ils vairais qu'ils est fait pour rendre une femme heureusse. Six ils a toutes les qualité que vous dite, – car sont bien ceulle ne pouroit satisfaire cune[n] femme qui ne pence pas et qui ne connois d'autre plaisire que celye[o] d'avoires de l'argant, – est bien, ma cher maman, ne seroit-tille pas cent foy plus heureux d'epouser une personne qu'ils aime et à qui ils ferois la fortune? Quelle plus grend bon heur peut-tille esperais que de rendre une personne heureusse? Ils viveroit di mill an avec sont indiferen[c]e et ces grend bien qu'ils n'aurais pas le quare de plaisire qu'ils en gouterois en fesent la fortune d'une femme resonnable. Ie la veut resonnable et reconnesente, point quoquette. Moy, j'aimerais d'avoire du bien pour le partage avec un homme qui n'ent aurais point dutout. Quelle plaisire de rendre heur[e]ux ce que l'on aime! Ils doit aitre bien grend ce plaisire, puisque l'on en sant en fesant du bien aux personne les plus indiferente. Adieu, ma cher maman, ie doute que ce mossieur sois de mon gout; ils ne pence pas à ma fantesi.

J'aurais de vos nouvelle cette semaisne. Dumoin, ma cher maman, dite-mois que ie passerais l'ivaire aux pret de vous. Ie vous empris[p], dite-le-mois pour me donne bien du plaisire. Ie prend demains medecine et puis ie commence le lest de chevre; ils faut de la gaité quend l'on prend des remede. Dite-moy aussix que vous m'aime. Moy, ie vous le dit cent foy, et de tout mon cœur. Six vous vous porte bien, ecrive-moy une grende lettre; ils y a lontante que ie n'ent aye que des petite. Ie vouderois voires celle que vous ecrive à Panpan; mais non, sa me donnerois trops de jalousix, car ie suis sûre que c'est des bible! Ne [le] pence-t-ille pas ausse[q], ce Panpan? Comme ce monsieur a cent mille livrs de rente, ils me semble que oui.

Adieu, ma cher maman; j'ay bien veut que les gant que vous m'avez donné etoit pour faire la mains belle; [r]ausses aigee eut grand sont de les mette[r].

[*adresse* :] À Madame / Madame de Grafigny / prest du Luxembourg / rue Hiasinte / À Paris

MANUSCRIT

*A. Yale, G.P., XXXIV, p. 135–144; 9 p. (deux feuilles et une demi-feuille); orig. autogr.; fragments de cachet sur cire rouge; indication manuscrite d'un postier : Ligny.

TEXTE

[a] osé. [b] n'est-ce. [c] l'agrément. [d] m'ôter. [e] à cette heure. [f] mets à part. [g] qu'est-ce. [h] qu'il. [i] de temps. [j] s'en faut. [k] craignais. [l] m'amuserait. [m] Est-ce. [n] qu'une. [o] celui. [p] en prie. [q] aussi. [r] aussi ai-je eu grand soin de les mettre.

NOTES EXPLICATIVES

1. Les Grands Couriers de Paris desservant Strasbourg passaient par Châlons, Saint-Dizier, Bar-le-Duc, Ligny, Void, Toul, Nancy et Lunéville.
2. Couvent des religieuses de la Visitation, rue du Bac, établi en 1673. Des quelque vingt enfants de Marc de Beauvau, prince de Craon (1679–1754) et de sa femme Anne-Marguerite de Ligniville (née vers 1690, morte en 1772), au moins trois filles étaient visitandines : Anne-Marguerite, née le 28 avril 1707, Henriette-Augustine, née le 28 août 1716, et Élisabeth, née le 29 janvier 1722.
3. D'après Noël (p. 190), Anne-Catherine se serait établie en 1749 pour quelque temps au couvent des chanoinesses du Saint-Sépulcre, rue de Bellechasse, où elle aurait reçu 400 livres de pension du cardinal de Rohan. Armand de Rohan, cardinal de Soubise (1717–1756), qui lui succède à sa mort, aurait refusé de continuer à lui verser cette pension, et Anne-Catherine aurait alors rejoint sa tante. Nous n'avons pourtant relevé aucune confirmation de ce séjour au couvent de Bellechasse dans les lettres que Mme de Graffigny écrivait presque journellement à Devaux; en revanche, il y est souvent question, en 1745, de la mettre au couvent du Pré-

cieux-Sang, et en 1748, d'obtenir une pension du cardinal de Rohan (v. lettres 50, 51 et 136).

4. Tout autant que l'inconnu décrit par Anne-Catherine, Helvétius présentait toutes les qualités qu'elle souhaitait trouver chez un mari, mais il ne faudra pas moins de cinq ans d'efforts à Mme de Graffigny pour marier sa nièce avec lui.

55. *Anne-Catherine de Ligniville d'Autricourt à Madame de Graffigny*

Ce 3 septembre [1745][1]

Quelle soubson, mon emable maman, et peut-tille vous tombé dans l'espris que mon petit silence vienne de ce que ie n'est plus rien à vous dire? Mois plus rien à vous dire! Y pence-vous, ma cher maman? Mais ie ne vous aye pas encore fait connaitre la sentieme partie de ma tandresse. Vous la croiez donc bien faible! Que vous vous connessés peut, ma cher maman, ou que vous me connessés malle. Peut-tont aitre aimé de vous, peut-tont connoitre votre cœur et n'avoires rien à vous dire? Est non, ma cher maman; ie suis trops sencible aux sentiman pour ne pas aitre remplis des votre. Je viverois un siecle avec vous que tout les jour vous me ferié trouve une nouvelle douceurs à vous aime et à vous en donné des assurence.

Votre lettre me charme malgré votre iniustice; g'y vois une bonté et une attancions qui me touche. Vous me montre bien que vous m'ayme, ma cher maman. Ie ne sais six ie vous montre aussix bien mon attacheman. Mon dieu! que ie le vouderois! Ils est donc bien vrais, ma cher maman, que mes lettre ne vous ennuie pas; vous les desire, dite-vous. Et-ille bien posible qu'elle vous fond plaisire? Ie n'aye jamais [a]ausses mant flaté[a] par ce que vous avez baucoups d'espris, et qu'ils est dificile qune[b] chose puisse vous plaire, amoins que l'on ne vous en montre. Ie n'ent aye point d'espris, quoy que votre amitié vous en fasse trouve dans mes lettre, mais yay[c] assés d'atachemant pour pouvoire vous plaire. Vous me le dite dans une de vos lettre, ma cher maman, qu'ils sufit que ie vous aime pour vous parait[r]e emable. Pour cette foy ie pence en core comme vous, car ils sufit que l'on me montre de l'amitié pour que i'ent recente. Quend ce serois les personne les plus desagreable, sa ne lesse pas que de satisfaire. Juge donc, ma cher maman, combien l'amitié de ce qui est emable doit plaire! Je ne sais six c'est le penchan que j'ay pour aime qui me donne ces sentiman, mais ie ne[d] jamais connue cune[b] ceulle personne dans ma vie qui m'aye aimer sant l'aitre encore.[2] Dans des moman ie me le re prochais. Quelle cœur, pence-vous, ma cher maman, et qu'ils est subsetible! C'est un malheur. Ils y en ast cepandant de bien plus grend : paraiemple[e] ils y a des personne qui [f]ce praine[f] d'amitié souvant pour un homme qui est attaché. Quelle folie! Cette homme aime aliheure et ne nous aime point, et malgré ce la [on] l'aime. Voyla ce qui ne m'est pas encore arrivé. Souvant on voye des homme, comme vous me l'avez dit, qui ont assés d'espris pour ne point aime notre sexe. Est bien, ie paris que l'on trouverais des femme assés folle pour aime ces animaux-là. O! pour ce la ce ne serais pas moi, car ils faut que j'ay des preuvent que l'on m'aime pour aime. Ie ne me souvient pas d'avoire jamais aimé aucune homme que ie n'aye remarqué qui[g] maime le premie. Ie voulois encore dire quelque chose à ce suiet, mais ie vient de l'oubliee.

Vous voyla donc debarassés de ma petite vilaine sœur[3]. I'ent suis charmé; elle ne meritoit pas d'aitre aux prest de vous, dès quelque[h] n'a pas temoigné de regret de vous quitte. C'est un enfand, ma cher maman! À cette age l'on aime rien que la nouvauté; elle sufit pour occupe. L'on ne cent rien, l'on ne pence pas. Qui l'a mieux eprouvé que moy? Qu'aux jours dhuie ie regraite mon enfence : c'est le ceulle tant où j'ay aités heureusse, et pour mon malheur ie ne le savois pas. Bien souvant sa nous arrivent : on ne cent le pris des chose que quend on les a perdue.

Ecrivé-moy, ma cher maman, car ie suis malade de puis ma medecine.[4] Ils n'i a que vos lettre qui puisse me raquomode.

[*adresse* :] À Madame / Madame de Graffigny / prest du Luxembourg, rue / Hiasinte / À Paris

MANUSCRIT

*A. Yale, G.P., XXXIV, p. 81–84; 4 p.; orig. autogr.; cachet sur cire rouge; indication manuscrite d'un postier : Ligny.

TEXTE

[a] osé m'en flatter. [b] qu'une. [c] j'ai. [d] n'ai. [e] par exemple. [f] se prennent. [g] qu'il. [h] Inadvertance pour "qu'elle".

NOTES EXPLICATIVES

1. Anne-Catherine revient sur les sujets discutés dans ses lettres du 17 août (sa petite sœur) et 29 août 1745 (la misogynie de certains hommes).
2. Peut-être l'abbé Claude-Léopold Turpin de La Chataigneraye, chanoine de l'église primatiale de Lorraine, qui se rendait souvent à l'hôtel de Ligniville, et selon Anne-Catherine, l'aimait depuis qu'il avait quinze ans (v. lettre 62).
3. Claire-Ursule de Ligniville (v. lettre 53, note 7).
4. Voir la lettre du 29 août 1745, dans laquelle Anne-Catherine mentionne qu'elle va prendre médecine le lendemain.

56. *Anne-Catherine de Ligniville d'Autricourt à Madame de Graffigny*

Ce 10 [septembre 1745][1]

Non, ma cher maman, ie ne puis me reprocher les inquietude que ie vous aye donné; elle m'ont trops fait goute de plaisire pour en avoires regrest. Ie suis enchanté de voires que vous m'aime assés pour vous inquieté. Oui, fesont la paix, ma cher maman, et pardonné-moy malgré le peut de regret que j'ay de vous avoires deplus. Vous sente pour quoy ie n'ent puis avoires; ce motiffe doit me faire obtenire ma grace.

Oui, ma cher maman, la pinture que vous me fette des homme m'aflige. Quoy! ce qui pouroit donné plus de charme dans la vie et iustemant ce qui[a] faut le plus evité, tendit que l'on pouroit aitre six heureusse en ecoutant les sentimans que le cœur inspire. Non, la raison le defand, et en core plus la perfidie des homme. Et-ille posible qu'ils falusse renoncé tout comerce avec eux pour mene un vie tranquile? Mais les animaux sont donc plus heureux et plus sage que nous; ils n'ont que faire de se faire [mal] les un aux autre; ils aimes leurs espaisse; ils ne ce traine pas loin de ce la; ils s'aime; et l'on voye une tendresse entr'eux qui devrois nous faire honte. Ils partage leurs plaisire ensemble, et nous non. Ils faut que nous les[2] maitions en nous-maime, ou en des chose inanime, en fin que nous goutions nos[b] plaisire ceulle. Ils en est de meme de nos paine; on ne trouvent personne qui les partage. Le malhe[u]r des autre ne touche pas comme le [c]sin prope[c]. On ne trouvent presque point d'umanité chez les homme. Éla, ma cher maman, pour quoy la nature nous porte-t-elle à les aimers? C'est tout ce qu'elle fait de plus baux et de plus dengereux. Dans des momant j'ay envie de les hairre, et dans d'autre, où ie n'es pas tant de raison, ie les aime avec leurs defaux.

Ie n'es point fait l'inocente en vous parlans de ce pretendue amans donc[d] vous me parlié. Ie vous aye dit ce que ie pencois, ma cher maman. Vous dite que c'est un homme qui a assés d'espris pour vouloires mourire garcon. Surs ce portrais ie m'imagine que c'est un homme qui pence surs le dange [e]qui lia[e] de s'atache à une femme donc le caractere de quoqueteris et de legereté rend un homme malheureux. Six c'est un homme resonnable, voyla, ie croit, ce qui peut le retenire de [f]sant gage[f] avece un femme qui ne la serois pas.

Vous demende six ie croit qund[g] homme se maris pour aimer sa femme. Vous aites etonné de ma bonne foy, ma cher maman. Vous ne devez pas l'aitre à cette occasion, par ce que j'ay crut que, dès que vous me le souhaitie pour maris, ce devoit aitre un homme donc le cœur et les sentimans vous aitoit connue. Ie n'imagine pas que vous puissie desire de me voires epousé un homme qui penceroit comme tout les autre homme. [h]Esses quabsoulumant[h] l'on n'ent peut trouve qui mette comme moy tout leur bonheur dans la satisfactions du cœur? Mais mon dieu six! ma cher maman; ne me dite donc pas le contrere! Ils s'ent trouvent qui aimes constamans. Souvant c'est la faute d'une femme quend sont maris change pour elle. Ie ne sais six vous trouve comme moy qu'ils y a plus d'inconstance dans notre sexe que dans le leures. Ie moureroit, ma cher maman, six i'epousoit un homme qui vienne à me meprise. Les grand bien qund[g] maris pouroit me donne ne me consolleroit jamais de la perte de sont cœur. Ie mest mon bonheur [à] aisme, et non pas dans les bien. Ils se trouvent des ient[i] qui, dans la plus grendre misaire, jouises de ce bonh[e]urs; ils s'aime. Est bien, ie prefereroit leurs situasions à tout les tresore du monde. Les richese on sependant bien des apas, et nous fond goute des plaisire bien sencible. On peut à chaque instant faire du bien. Ce bonheur-là et ce luy d'aitre aimé ne me lesseroit rien à desire dans le monde; et voyla justemant, ma cher maman, ce donc[d] ie ne jouirais petaitre jamais. Ie prent mon partie, ma cher maman; ne pouvant aitre heureusse comme ie le vouderais, ie tacherais de l'aitre comme vous l'aites. Quoy que ie sois ieune, ie ne doute pas que vous ne me fassie prendre toutes vos façon de pence, par ce que ie cent la verité de tout ce que vous me dite. Ie cent que vos plais[i]re ont leurs charme, apres un petit examene surs le cœur de l'homme. Vos plaisire, quend on les goute, sont grend; ils sont inocent. Ils me semble, ma cher maman, qu'ils seront les miens. Mais pour ce la faire ils faut evite de voires quelque homme qui pouroit m'aime, car tene, ma cher maman, ie me connois; ils sufit que ie voye que l'on m'aime pour sentire les meme sentimans, et puis l'on est occupé de mille idé. L'on vouderois toujour voires les personne que l'on aime; c'est mille cousbas[j] que l'on eprouvent, l'on ne vouderois pas aime. Cepandant le cœur et plus fore que la raison, ils l'enporte. Mais quend ie ne vois rien qui m'aime, ie croit que ie viverois un siecle tranquille; ie m'amuse de mille chose; tout me plais : la viele, la musique, la lecture, les fleure. I'emeroit tout ce que vous aimé, ma cher maman. Actuellemant ie ne desire que de vous plaire. Mon cœur et aussix occupé de vous qu'ils pouvoit l'aitre quend i'aimais le plus Mr Le Fevre. J'ay meme une sorte de plaisire à vous ecrire que ie n'avoit pas avec luy; c'est ce luy de dire tout ce que ie pence. L'on a pas cette agemant[k] avec un amans; ils faut dicimule ses sentimans.

J'ay lut quatre foy votre lettre, et toutes les foy j'ay pleuré à l'endrois où vous me dite que ie fremirais quend vous me raconterais les affreux chagrin que vous avez eut quend vous vivie dans le grend monde. Jamais vous n'aurie peut en avoires de six grend en province. Voyla qui est finie, ma cher maman; ie vais à Paris comme ie pourois alle dans la campagne la plus profonde. G'i vas pour vous, pour jouire de vous-meme, et non pour iouire d'autre plaisire. Ie n'ent veut connaitre aucun que ce luy de vous aime, et de tache par mes sentimans d'eface tout les chagrin que vous avez essuiéz. Vous avez raicon de renon[c]e à la sosieté des homme; ils ne merite pas que vous vivie avec eux. Vous aites bien fette pour faire votre bonheur, ma cher maman; quend l'on pence aussix bien que vous, l'on a une grende resource dans sois-meme.

Vous avez bien raison de croire que les romans m'ont mit un peut de chimere dans l'imaginations. Ie suis faché [l]dans avoires lut assette heur[l], car ie suis sûre que ie n'aurais pas le cœur six tendre que ie l'ais. D'une façon ils est cependant bon à une jeune personne d'ans lire, car d'honneur, ma cher maman, avant d'ans avoires leut, ie croiest qun[g] homme n'etoit pas capable de trompe, et ie me seroit livrés d'aussix bonne foy à un homme qu'à ma meilieure ami. Ce n'est que ces lecture qui m'on un peut eclairé; ie ne croit pas qu'ils y eut jamais de fille plus inocente que moy, mais j'ay fait des lecture qui m'on teriblemans eclairé. J'ay lut baucoups de mauvais livres, et malle ecrit, mais i'ent aye lut un bien mauvais pour la jeunesse. Ie ne sais six jauseroit[m] vous le dire, ma cher maman : c'est les conte de La Fontaine. C'est des sotise qui sont dite d'un setille[n] six naturelle qu'ils ne m'ennuiest pas dutout. Ils n'i a qu'à vous à qui l'on puisse avouez de parielle lecture. Quend ie serais avec vous, ma cher maman, vous me donnerais de baux livres. Ils fauderoit que ie lise toujour du bont, car ie pence assés comme les lecture que ie fait. Ie lisoit encore hier pour m'amuse votre istoires espagnole.[3] Est bien, apres cette lecture j'avoit tout vos sentimans. Mon dieu! que ne les ai-ges toujours pour aitre digne de l'amitié que vous me temoigne! Ie me fait une fette de vous devine dans votre conte des fées.[4] Donne-moy ce plaisire le plus tot que vous pourez, ma cher maman. Ie suis d'une melenquolie affreuse, ie ne sais ce que j'ay; rien ne me plais, est ne me fait plaisire que votre idé. Je ne sais six ce n'est pas Mr Le Fevr qui me mest comme ce la, mais, ma cher maman, que ie vous dise sa conduite.

Ils y a donc trois semene qu'ils est passé, ils m'avoit priéz, comme ie croit vous l'avoires marqué, de luy ecrire et d'anvoyez ma lettre à la poste, qu'ils la prenderois en passant. Ie le fit. Dans le petit momant que ie le vit, ie luy dit de m'ecrire dès qu'ils seroit arrivé; ils me dit qu'ils ne le feroit pas qu'ils n'ay une de mes lettre. Ie luy aye ecrit trois ou quatre jour apres, est point de raiponce. Sa m'inquiete. Ie ne l'aime pou[r]tant pas comme ie l'aye aimé. Faut-tille que ie luy ecrivent pours savoire la raison de ce silence? Ce seroit montre bien de la feblesse. Six ils aitoit malade ils seroit excusable. Ie ne dirais rien, ma cher maman, que vous ne me marquie ce que vous pence.

Encore une autre inquietude : ma cher mere c'est donné la paine de faire reponce à la lettre que ie luy aye ecrit ils y a deux mois. Elle me remercie fredemans[o] des offre de service que ie luy aye fait pour che[p] couche[s],[5] et elle me marque que la raine de Pologne a dit ils y a 8 jour à mon pere qu'elle avoit reçue une lettre de la duchesse de Modaine qui luy promest de me prendre avec elle. Aparamant que ma cher mere a publiéz ce la, car voyla daiga quatre lettre que ie resois de personne qui s'interesse à moy. On me fait complimans de cette nouvelle; ie ne sait que raiponte. On regarde ce la comme un grend bonheur pour moy, et mois rien de plus malheureux, six i'etoit obligé dialé[q]. Ie n'ay que faire de m'atristé, ie n'irais pas, nesse[r] pas, ma cher maman? Vous me le dite, ie suis l'arbitre de mon sort. Est bien donc, c'est aux prest de vous que ie veut aitre heureusse. Ie croit que ie ne pouroit l'aitre aliheure. Oui, ie passerais l'hivere avec vous, ma cher maman. Ie me le dit à tout les momant du jours pour me donne du plaisire.

Vous me demende pour quoy ie vous aye dit que ie n'aimais pas les spectacle. Le moien de les aime! Vous dite qu'ils faut autant [s]six observais cune[s] religieusse dans sont office. Ie n'aye point de gout pour les plaisire qui ex[i]ge de la contrainte. Le moyent de les goute de cette façon! Mais vous dite que [t]vous les aimé[t], ma cher maman. Ils n'ent faut pas davantage pour me mettre au-desus de la contrainte.

Vous fette donc une comedie[6] pour que nous ayons nos entré libres. Ie ne savoit pas que ce la aitoit nesessaire, et en core moins qu'ils en coutoit pour y alle. Ie veut encore la devine, ma cher maman, cette quomedie.

Ils faut vous quitte, ayant encore mille chose à vous dire. Vous porte-vous bien aux jours dhuie, ma cher maman? Mais ils est bien triste que vous soyez obligé de conte par joure. Mon lait me fait baucoups de bien, ie dore à merveille. Ce la est rare pour moy, car ie passe souvant bien des nuie sant dormire. Ne vous figure pas, ie vous empris, que ie suis jolie; ce seroit le moiens de me trouve laide. Vous dite aussix que j'ay de l'espris, ma cher maman. Sa me fache parce que ie cent bien que ie n'ent aye point; ie parle un peut mieux dans mes lettre que ie ne fait en conversations, car ie n'i sais rien dire dutout.

Adieu, ma cher maman. Croiez que ie vous aimes, et que j'ay pour vous les sentimant les plus tendre et les plus respectueux. Oui, ie vous aime de tout mon cœur, ma cher mam[an]t. Croiez ma sincerité, mais, ie vous empris, ne croiez que ce la de moy, car voyla la ceulle chose qui peut vous interesse pour moy, et qui peut m'acorde votre am[i]tié.

[*adresse* :] À Madame / Madame de Grafigny / prest du Luxembourg / rue Hiasinte / À Paris

MANUSCRIT

*A. Yale, G.P., XXXIV, p. 125–134; 10 p. (deux feuilles et une demi-feuille); orig. autogr.; cachet sur cire rouge; indication manuscrite d'un postier : Ligny.

TEXTE

[a] qu'il. [b] Le A : "non". [c] sien propre. [d] dont. [e] qu'il y a. [f] s'engager. [g] qu'un. [h] Est-ce qu'absolument. [i] gens. [j] coups bas. [k] agrément. [l] d'en avoir lu à cette heure. [m] j'oserais. [n] style. [o] froidement. [p] ses. [q] d'y aller. [r] n'est-ce. [s] s'y observer qu'une. [t] Le A : "vous ⟨l⟩ aye les aimé" ["les" dans l'interligne].

NOTES EXPLICATIVES

1. Cette lettre contient plusieurs échos

des sujets discutés dans celles des 29 août et 3 septembre 1745 : les faiblesses des hommes, et surtout de l'inconnu proposé par Mme de Graffigny pour remplacer M. Le Febvre, le remède du lait de chèvre, etc. Voir aussi la note 5 ci-après.
2. Nos propres plaisirs.
3. Voir lettre 51.
4. Allusion à *La Princesse Azerolle, ou l'Excès de la constance*, conte de Mme de Graffigny (v. lettre 81).
5. Sa sœur Madeleine est née le 10 juillet 1745, soit exactement deux mois auparavant. Elle épousera en 1761 Jean-Baptiste-Pierre de Gitton de La Ribellerie.
6. *Clarice*, version primitive de *Cénie*, comédie en cinq actes qui ne sera jouée que le 25 juin 1750.

REMARQUES

Mme de Graffigny reçoit la présente lettre le 12 septembre, jour où deux messieurs fort ennuyeux dînent chez elle : "Ce que ces deux hommes diroient et penseroient en mille ans ne vaut pas cette lettre de Minete." (G.P., XXXIII, p. 180.)

57 . *Anne-Catherine de Ligniville d'Autricourt à Madame de Graffigny*

À Ligny, ce 13 septembre 1745

Je suis bien faché en verité, ma cher maman; votre lettre et daté du 5, et ie la recois le 11.[1] Que de tant sant savoires ce que vous fette! Vous vairés par ma derniere lettre, ma cher maman, que ie me porte bien. Mon inquomodité n'etoit pas bien grende : ce n'etoit autre chose cune[a] grende feblesse produie par l'effet de ma medesine, et par une autre petite inquomodité qui me pris le jours de ma medesine, ce qui m'ocassionnat de grende quolique et un grend abattement. Mais deux ou trois jour apres ils n'ent etoit plus questions.

Ie ne vous mendoit que j'etoit malade que pour un peut vous atandrire. Vous l'avez deviné, ma cher maman, j'aime d'aitre caressés et plains des personne que j'aime. J'ay bien peure d'aitre souvant malade, ma cher mamant, car vous m'avez fait goute un plaisire infinie par vos caresse. Baisés-moy donc en core, ma cher maman. Ie me porte bien. N'inporte, i'ent sentires en core mieux le plaisire et le bien que vous me ferais.

Ie suis enchanté, ma cher maman, de vous entendre me dire que vous ne pouve tout à fait condanné ce que ie vous dit surs l'amitié. Ho! vraimant ie le croit que vous ne le pouvé, car ce seroit condanné vos prope sentimans; ils fauderois, pour cela, fere que ie ne les connesses pas. Mais, ma cher mamant, que ie connest bien votre cœur; et quend vous me fette voirs le denge qu'ils y a d'aime, vous senté que ce sentimans n'est pas à nous. Dans vous-meme vous ne me condanné pas; vous me plaigné, i'ent suis sûrs. Ie suis dememe : ie plains toutes les personne à qui ie remarque ce penchans. Ie ne puis soufrire ces [b]jent hostaire donc[b] la moralle et six saivaire, et quils[c] ne pardonne jamais les faiblesse du cœur à qui ce puissaitre, tandie qu'ils se livres à la leures et qu'ils ce pardonne tout. Ie supose en core que ces sorte de ient aye de ces naturelle insencible ou stupide, en fin qu'ils ne cente rien. Pour quoy condanne dans les hautre ce que l'on n'a pas le bonheur de connaitre? Et le connest-tont? On ne le veut pardonne à personne qu'à soit-meme. On s'epuise en medisence surs le conte des hautre. Ie n'aime pas ce la, ma cher maman. J'aime que l'on plaigne les faiblesses, que l'on y conpatisse, et non point que l'on les condanne. Aites-vous comme moy, ma cher maman? Ie ne puis aimer ces personne qui ne connesse pas la douceurs qui ce trouvent dans l'unions des cœur. Oui, ces personne qui ne cente pas que le vrais bonheur consiste à s'aime, quend ie remarque une sertaine dureté dans leurs caractere, ie n'ent aye pas bonne opignon. Ie dit : "À quoy ces jent sont-tille bont? Quelle plaisire peut-tont goute dans leurs comerce?" Aucun. Sa n'est pas sencible; le cœur ne dit rien. Ils me semble que ces jent-là ne savent pas pence. En fin ie ne les aime pas, sa m'est insipite. Ie n'aime pas de parlé avec eux; ils me semble parle à des sovage.

Adieu, ma cher maman, ie vais vous qu[i]tte, car vous ne me dite cun[d] mots dans votre lettre, et vous me dite pour raison que j'ay eut une six grende lettre que ie n'es pas achevé de lires. Ho, mon dieu! Permette-moy de dire que voyla une vilaine facon de ce debarasser des jent. Mais le tant vous menque; pour ce la ie n'es rien à dire. Oui, vous aites encore trops bonne malgré cela, ma cher maman, de perdre votre tant avec une petite fille comme moy. Mais elle vous aime tant, cette petite fille, que vous ne pouve regretaye le tant que vous passe avec elle. En core un most, ma cher maman; j'oubliest de repondre à ce que vous me dite : que ie ferais le bonheur de ceux qui m'emeront, mais que ie ne serais pas heureusse. Sa est inposible, ma cher maman; dès que vous dite que ie peut rendre heureusse, conte[e] que ce la ceulle me la randera moy-meme. Prené que ie ne puisse l'aitre puisque vous le des[ire][f], i'ent renderais : ce la n'est-tilles pas plus satisfesent que de l'aitre soi-meme?

Adieu. Ie vous baises un milions de foy les mains, et vous recommande de m'aime toujour six vous desire de me voires heureusse.

[*adresse* :] À Madame / Madame de Grafigny / pres du Luxembourg / rue Hiasinte / À Paris

MANUSCRIT

*A. Yale, G.P., XXXIV, p. 121–124; 4 p.; orig. autogr.; cachet sur cire rouge; indication manuscrite d'un postier : Ligny.

TEXTE

[a] qu'une. [b] gens austères dont. [c] qui. [d] qu'un. [e] comptez. [f] Déchirure.

NOTE EXPLICATIVE

1. En 1745, les Grands Courriers quittaient Paris en direction de Ligny les lundis, jeudis et samedis à huit heures, et arrivaient à Nancy le surlendemain au soir. L'expéditeur a sans doute manqué la malle du lundi 6 septembre et la lettre n'a quitté Paris que le jeudi 9, pour arriver à Ligny le 11.

58 . *Anne-Catherine de Ligniville d'Autricourt à Madame de Graffigny*

Ce 16 septembre [1745][1]

Fit donc! ma cher maman; quelle est votre idés? Faire imprime ma lettre? C'est trops ce moque de moy en verité. Ne vous en moque-vous pas aussix en me repetant six souvant que j'ay de l'espris? Voulez-vous que ie vous dise ce que ie pence là-decue? Ie croit que vous ne me dite cela que pours me donne plus d'asurence de vous devolope mes pencé. Six c'est là votre motiffe, ma cher maman, vous i reusicés amerveille, car quend ie vous ecrivoit aux commencement de notre comerce, ie n'ausais jamais le feire sant faire une copie de ce que ie vouloit vous marque. Apresent i'ecrit toutes suite, comme six ils n'i avoit que moy qui dusses voires mes lettre. Mais, ma cher maman, ie vous assure que vous aites la premierre qui me dise tant que j'ay de l'esprit. Ie ne me le suis jamais atandue[a] dire de cette façon. On disoit bien : "Cette jeune personne seroit emable six elle avoit du monde; c'est domage qu'elle a toujours aités aux couvant." On ne poussoit pas plus loins mon eloge. Vous m'etonne par toutes celle que vous ne cessais de faire. Quoy qu'ils en sois, ma cher maman, ie desire avec plus d'ardeur de vous paraites[b] emable qu'à toutes la taire. Vos louenge me flatte plus que six elle venoit du plus grend rois, et du plus emable.

Ie suis enchanté de vous avoires detrompé surs les idés que vous aviez pris de mon enfence. Vous voyez, ma cher maman, que l'age detruis les vice que l'on a eut dans l'enfence. Ils seroit bien extrodinaire six la raison ne servoit de rien; elle est faitte pour nous faire sentire nos defaux, et pour nous les faire quorige. Ie n'es fait nulle effaure pour me corige de cette disimulations que vous m'avez toujours reproché. Ie suis naturelle comme j'ay aités disimulé; sant aucun travaille ie trouvent un grend plaisire à dire ce que ie pence comme auttre foy i'ent trouvoit à le quachet[c]. Ce n'est pas les reflections que j'ay fait surs ce vice qui [d]m'ant a quorige[d]. Ce la m'est ve nue pars gout. Vous voyez, ma cher maman, que ie ne veut pas [e]ma propriez[e] une chose que ie n'es pas taché d'aquerire. Ce n'est pas de moy que vient cette naiveté que vous aimée.

Ie vois bien, ma cher maman, que vous avez entrepris de detruire toutes les idés flateusse que ie m'etoit formé d'un engagemant. Que de chose vous me dite. Ho mon dieu! Avec qui trouve de la douceurs dans la vie? Les homme sont bien fout de ne pas connaitre en quoy quonsiste le vrais bonheur! Mais avec toutes leurs inquonstence, comment peuvent-tilles y trouvé des charme? Ie ne comprant pas ce la. Ils sont donc soure[f] aux sentimans d'honneur et de vertue? Ie ne trouvent pas que ie sois romanexe en desirant de trouve un maris qui m'eme. Un pareille propos dans votre peis[g] ne ce ferois pas plus entendre que du gaulois! Mais tenpire[h], ma cher maman, six tout le monde pence malle, ce n'est pas une raison pour me faire pence malle. Ils faut, dite-vous, me raproche un peut plus des idés et des meurces; ie passeroit pour ridicuele avec le lengage d'une heroine de romans; nous passeront l'un l'autre pour ridicule. Six ie la paroit à ces ient-là, ie vous assure qu'ils me le paresse [i]sent foye plusse[i]. Vous vouderes que ie suivre de six vailaine idés? Non, ma cher maman, ie ne les suiverais jamais! Ie suis etonné que vous, qui pence bien, vous me disie de suivres le vice. Nesses[j] pas le suivres que de me raproche de pareille meurce?

Quoy! Rien ne fait agires les homme que l'instin? Fi donc! ce la est honteux. Et sont-tilles satisfait, voyla qui est finie; comme les baite ils nous quitte. Vous me demende, ma cher maman, six ie croit que l'on m'aime quend l'on me le dit. Six i'etoit aux six fausse et aux six perfite que le sont tout les homme, ie ne le croiroit pas. Mais quend l'on pence comme ie fait, l'on trouvent de la traison et de l'indignité à trompe quelqun, et ils semble par fois meme qu'ils n'est pas posible d'afecté un aire de bonne foy et de sincerité dans un aveut remplis de fausté. Oui, ma cher maman, ie croit que l'on m'aime quend ie croit remarque que c'est un honnaite homme qui me le dit, mais qui me le prouvent plus par son respect que par ces paroles. Voyla mon faible, ma cher maman, j'aime un homme qui a des façon respecteusse pour moy et qui me prouvent par là sont attachemant. Oui, i'aimerais un homme de cette façon, mais de ces petit maitre qui vous dises mille fadeur, ie les deteste et ne peut les suporte. Ie vous assure que ie n'aye rien acrinte[k] avec ceux-là ; ils me degouteroit de la moures, loin de m'ent donne. Pendant que j'aites[l] che Me de Rouergue, la iendarmeris etoit à Nancy. Comme Mr de Ligny, sont petit fit[2], y est gidont[3], sa atiroit tout ces messieux che elle pour y jouer et y menge. Me de Rouergue etant aveugle, ils s'imaginoit qu'ils auroit baux jeut aux pret de moy. Ils se donnoit le mots pour [m]la muser[m4], tandie qu'ils venoit aux pret de moi etalée toutes leurs fattuité. Ils n'i veinre pas deux fois, car i'eut avec eux l'aires dumonde le plus froye et le plus reservé; ie ne l'afecté pas, ie vous assure, leurs façon me l'inspiroit. Les plus sots disoit que i'etoit extremement haute. J'aimais baucoups mieux qu'ils tienne ces propos que d'ans tenire d'autre. Est bien, ma cher maman, tout ces messieux m'ennuiest; dès que ie pouvoit me retire dans ma chambe ie me trouvoit trops heureusse.

Ce n'es pas ces messieur qui me persuaderoit qu'ils m'aime, quente ils me le diroit dimille foy; ie ne suis pas encore six credulle que vous le pence.

Dite-vous vrais, ma cher maman, et n'[y] auroit-tille que les sens de diference entre une veritable amitié et une pasions? Six ce la est, ie vous aimes donc comme un amans. Vous avés bien raison de dire que ie ne veut pas entendre parlé des sans. Mon dieu non! ce n'est pas là mon principe en aimans. Ils faut lesser ce la aux animaux qui ne connesses pas d'autre douceur en s'aiman. Mais qui quonque a des sentimans goutes de bien plus grende plaisire.

[n]Pour quoy, ma cher maman, me dite-vous toujour quelque chose qui me touche aux larme? Vous me dite que vous aites sencible à ce que ie vous dit; que ie seroit trops heureusse six ie pouvoit par mon amitié vous faire oublie tout les chagrint que vous avés esuiéz. "Helas, ma cher fille!" me dite-vous, "nous ne jouiront petaitre guere du plaisire de nous voires." Puige[o] entendre de pareille propos sant resentire les plus grende paine? Pour quoy me voulez-vous aux pre de vous, six vous prevoyez que i'ent seroit bientot separé? C'est donc pour me rendre en core plus malheureusse? Ie qu[i]tte ma lettre pour pleure car[p] de pareille idé.[5] Parlon d'autre chose; ie ne puis plus rien dire sure ce la, ceullement que six vous m'aime que vous m'epargnie de pareille paine. Vous ne pouve aprouve ma repugnence, ma cher maman, pour alle aux prest de M[e] de Modaine. Six vous m'aimie bien, vous l'aprouverie; et six vous saviez bien comm[ent] ie pence, pour quoy vouderie-vous que g'i a[i]lles?[q] Esses[r] dans l'esperence que j'y farais quelque fortune? [s]Quesque cest cune[s] fortune, ma cher maman? Dite-moy, avez-vous jamais remarqué que les plus riche soit les plus heureux? Aux contraire; pour moy, j'ay toujours remarqué [que] les plus riche etoit les plus vicieux. Ie n'es jamais eut de gout pour ce que l'on apelle grend monde. Ie prefere une vie mediocre à tout les apas d'une coure. Ils et tinutille d'i pence, ma cher maman, ni quend ie seroit aux pret de vous de m'ent parle; c'est une chose arraité que ie ne vous quitterais jamais, amoins que vous ne vous lassie de moy, et pours lors ie me retireroit pour toujours dans un couvent et jamais dans une coure.

Vous rier assette[t] heurs de la façon avec la quelle ie vous aye dit que j'avoit lue La Fontaine. Vraimant, ils m'ent a encore couté pour vous le dire. Cela ne doit pas vous etonne; j'ay aités aux pret des ienge[u] qui m'ont fait de six grend crime des lecture les plus simple, que ie n'aurais jamais ausses[v] convenire de celle de La Fondaine. Ie me souvient un jours d'avoires eut un cout horible d'un chandelie que mon paire tenoit, pour m'avoire trouvé à lires une petite istoriete de rien, où ils n'i avoit d'autre malle que le mots d'amoures repeté un peut trops souvent. Ils ne m'auroit pas plus malle traité six ils m'avoit trouvé taite à taite avec un amans. J'ay eut bien des chagrint aussix, ma cher maman, de puis que ie vous aye quitté. Ce seras un grend soulagemant pour moy de vous les raconte.

Ie suis faché, ma cher maman, de la raiponce que ie vous aye fait touchant les spectacle.[6] Vous ne l'aime pas, cette raiponce. Ils et vrais qu'elle n'est pas des plus convenable; ils me semble ce pendant que c'est ce la que j'ay voulut dire. C'est trops cher avoire du plaisire; ils n'i faut pas alle que nous n'ayont les entrés libres.

Ils vous faut, dite-vous, ma cher maman, aux moins deux ans pour faire une comedie, et vous rier de ma [pro]positions de la devine. Command donc saurai-ge six ils faut tant de tant pour une petite comedie? Ie croiest que c'etoit [w]la faire[w] d'un mois ou 6 semaine, et ginore[x] de meme pour quoy ils vous faut plus de tant que pour un romans, amoins que votre comedit soit en vaire[7]; ie croit ce la plus long.

Adieu, ma cher maman. Six vous ne m'avie pas faite pleure, ie vous auroit encore dit bien des chose, mais j'ay le cœur gros. Adieu, aime-moy, ma cher maman, car ie cent pour vous les sentimant dumonde les plus tendre.

Je vais ecrire un mots à Mr Le Fevre; ie suis outré contre luy. Ie suis sûre qu'ils n'est pas malade. Ie cest[y] bien ce que vous me dite, ma cher maman : de toutes les lettre, la premiere et la ceulle coupable. Mais ie ne le savoit pas dans le tant que j'ecrivoit la premier.

Que j'ademire votre complessence, ma cher maman, et combien tout ce que vous fette pour moy vous fait aime. Un lendemins de medecine m'ecrire une gremde lettre vous fatigue; vous en fette trops. Pourai-ge jamais vous en montre ma reconnessence?

[*adresse* :] À Madame / Madame de Grafigny / prest du Luxembourg / rue Hiasinte / À Paris

MANUSCRIT

*A. Yale, G.P., XXXIV, p. 111–120; 10 p. (deux feuilles et une demi-feuille); orig. autogr. ; fragments de cachet sur cire rouge ; indication manuscrite d'un postier : Ligny.

TEXTE

[a] entendu. [b] paraître. [c] cacher. [d] m'en a corrigée. [e] m'approprier. [f] sourds. [g] pays. [h] tant pire [forme populaire de "tant pis"]. [i] cent fois plus. [j] N'est-ce. [k] à craindre. [l] j'étais. [m] l'amuser. [n] Alinéa exceptionnel dans le A. [o] Puis-je. [p] sur? [q] On peut également lire : alla[sse]. [r] Est-ce. [s] Qu'est-ce que c'est qu'une. [t] à cette. [u] gens. [v] osé. [w] l'affaire. [x] j'ignore. [y] sais.

NOTES EXPLICATIVES

1. Année à inférer de la reprise de thèmes contenus dans la lettre 56 (les contes de La Fontaine, l'éventualité qu'Anne-Catherine rejoigne Mme de Modène, l'entrée libre aux spectacles, *Cénie*, etc.).
2. Louise-Lucie, fille aînée de Mme de Rouerke et de son premier mari, Anne-François-Joseph, marquis de Bassompierre, avait épousé en 1713

son cousin François-Emmanuel de Ligny. Leur fils Charles-Adrien, comte de Ligny (1715–1766) était enseigne des gendarmes de Berry.

3. Guidon : drapeau ou étendard d'une compagnie de gendarmes et de plusieurs compagnies de cavalerie; l'officier qui porte le guidon. (*Dictionnaire de Trévoux*, 1743.)
4. Pour occuper Mme de Rouerke.
5. Plusieurs traces, aux pages 7 et 8 du A, évoquent opportunément les larmes qu'auraient versées Anne-Catherine.
6. Voir lettres 53 et 56.
7. *Cénie* est en prose (v. lettre 56).

59 . *Anne-Catherine de Ligniville d'Autricourt à Madame de Graffigny*

Ce 21 septembre 1745

Vous connessés sendoute, ma cher maman, l'*Histoires de M^{de} de Gondez*[1]. On la dit vrais et [e]crite par elle-meme. Six ce la est, que ie suis charmé de pouvo[i]res vous dire qu'ils ce trouvent cependant des homme dans le monde telle que mon imaginations et mon cœur m'ent fait desirer. Croiez-vous qu'ils n'est plus posible de trouver des Disenteuils?[2] Pour quoy me faire une espesse de monstre du caractere de tout les homme? Alle, ma cher maman, le cœur n'est pas fait avec tant d'imperfections. Ils ce peut trouve des homme plus emable par les qualité du cœur et des sentiment que par tout autre aventage. Mon dieu! l'aimable homme, l'homme estimable que ce Disenteuils! Non, six ie connoissoit un par[e]ille homme, ie croit que ie l'aimeroit à la foli. Pouroit-ont condanne une amoures fondé surs tant de vertue? Pour ce la fere ils fauderoit ne pas sentire combien la vertue inspires de chose. Non, rien ne touche plus vivement. J'ay bien reconnue l'infame chevali[e]r de Fanime[3] dans le caractere que vous m'avez depin des homme. L'indigne homme! Que l'on est malheuresse de ce lesser prevenire d'une pasions six dificile à vincre par des homme six trait[r]e. Six ie vouloit vous dire tout ce que ie pence de tout ces personage, sa ne finiroit pas et sa pouroit vous ennuiez. Ie vous diroit seulement que Disenteuil m'a bien fait verser des larmes, et que i'etoit dans une impasience affreusse de le voires aussis heureux qu'ils le merite. Je me suis bien souhaité à la plasse de M^{ade} de Gondaize pour avoires le plaisire de luy faire oubliez tout ces maux.

Mais, ma cher maman, parlon de quelque chose de plus interessent pour moy. Ie n'est point reçue hier de vos nouvelle. Pour quoy donc, ma cher maman? Ie crint toujours pour votre senté. J'ay aités toutes la nuie avec vous, et ie ne croit pas avoires jamais gouté de plaisire plus pure et plus grend. Que le cœur produie de plaisire! Combien ils six[a] en trouvent en aimans! Ie ne croiest pas que l'amitié avoit tant de rapore avec la moures, mais c'est la meme chose, ma cher maman. Vous m'ocupe autant, vous me donne autant d'inquietude. Ie suis reveuse; ie [b]ment tretien[b] avec vous; ie suis de mauvaisses humeurs quend l'on m'interoms; ie ne me trouvent contente que de votre idér. C'est vos lettre que ie relie; c'est les jour de poste que j'atant avec impasience. En fin ie ne pence qu'à vous; ie n'aime personne comme vous. Fette donc, ma cher maman, que ie vous aime toujour uniquement. L'on desire toujour, me dite-vous dans votre dernierre lettre. Et bien moy, non; ie ne desire que votre amitié. J'ay tout lieux de croire que vous m'aime, ma cher maman. Et bien ie viveroit bien tot avec vous; que pourai-ge desire? Rien que d'aitre toujour aimé, et de vous aimer toujour.

J'ay recue une lettre de Mr Le Fevre le meme jours que ie luy aye ecrit. I'etoit bien faché que la poste etoit partie, car j'auroit envoyéz retire la miene. Voyla ce que c'est d'aitre six vife à ce satisfaire. Et bien, ma cher maman, rien ne l'a empaiché de m'ecrire; ils c'est toujours bien porté, et ils aime mieux me lesser sentire sont frois que de findre un inquomodité. Ie croiest l'aimer encore avent d'avoires de ces nouvelle, mais de puis sa lettre ils me paroit bien indiferend. Ie l'es trouvé d'un setils[c] affecté, et le tont petit-maitre qu'ils prent en me prient de luy accorde sa grace m'irite contre luy. Ce tont ne me touche point. Tent sent faux. Ils faut pour me plaire quelque chose qui parte du cœur. Mais quend ie voit du chois dans les terme, et que l'esprit i a plus de pare que le cœur, sa ne m'inspsire point de tendresse en verité. Et bien, ma cher maman, cette homme me mest de mauvaisse humeur en core plus de puis qu'ils m'a ecrit. Ecrive-moy donc pour me remett[r]e trenquils. C'est vos lettre ceulle, ma cher maman, qui satisfond plenemend. Ie suis sûre de la verité de tout ce que vous me dite. Quelle plaisire quend le co[e]ur ceulle a pare à ce que l'on ce dit.

Adieu, ma cher maman. Six ie ne recoit point demin de vos nouvelle ie serais aux larme, car ie pencerais que vous aites malade, ou que vous ne m'aime plus, ou que mes lettre vous paresse sote. Ecrive, ma cher maman, et puis ie ne crinderais plus rien. Mon dieu! que j'ay peure que Penpan n'ay aités plus heureux que moy cette semene passés. C'est petaitre avec luy que vous passés un tant qui deveroit aitre partagé avec moy. Ils et sirtain que Penpan ne peut mieux vous aime que ie le fait, et sentire pour vous des sentiment plus tendre et plus respectueux.

[*adresse* :] À Madame / Madame de Grafigny / pres du Luxembourg / rue Hiasinte / À Paris

MANUSCRIT
*A. Yale, G.P., XXXIV, p. 5–10; 6 p. (une feuille et une demi-feuille); orig. autogr.; fragments de cachet sur cire

rouge; indication manuscrite d'un postier : Ligny.

TEXTE
[a] s'y. [b] m'entretiens. [c] style.

NOTES EXPLICATIVES

1. *Histoire de la comtesse de Gondez, écrite par elle-même*, 1725, 2 vol., par Marguerite de Lussan (1682–1758).
2. Après la mort du vieux comte de Gondez, sa jeune veuve, héroine du roman, épouse le neveu de son mari, le comte de Disenteuil, qui lui avait juré une fidélité sans pareille.
3. Le chevalier Fanime, frère de la comtesse de Venneville, qui est une amie de la comtesse de Gondez, demande à cette dernière la permission de la voir souvent. Pour empêcher leur mariage après la mort du vieux comte de Gondez, le père de la comtesse envoie celle-ci passer un an en Bretagne. Pendant cet éloignement le chevalier se permet de nouvelles conquêtes amoureuses. Blessé dans un duel avec Disenteuil et disgracié, il part pour Malte et meurt dans un combat naval.

60. *Anne-Catherine de Ligniville d'Autricourt à Madame de Graffigny*

Ce 24 septembre 1745

Votre lettre ne pouvoit arrivée plus apropos, ma cher maman, pour me tranquiliser et me donneé un peut de gaité. J'avoit un presentimens que vous aitie inquomodé; heureussement que ce n'est qun[a] torticolis; un peut de chaleurs le feras passer.

[b]Que votre facon de parle et touchente, ma cher maman. Vous ne saurie croire comme tout ce que vous me dite s'imprime dans mon esprit. Oui, ie prevoye que vous n'aurais point de paine de me faire revenire de mon erreure. Ie cent trops le vrais de ce que vous dite; ils n'i a que mon cœur qui n'est pas contant d'aitre daitrompé; l'airreurs dans la quelle ils a toujour aités ne lessoit pas que d'avoires des charme. N'ent parlon plus, car toutes ces reflections on quelque chose de triste.

Ce que vous dite, ma cher maman, des romans et bien vrais; les homme y sont bien depin comme ils deveroit aitre. Pour quoy donc ne [c]tage tont[c] pas d'aquerire des qualité interieurs comme l'on fait des exterieurs? Ils n'i a que du dehors che les homme; on et avide de sesire toutes les facon et tout les talans qui peuvent faire paraitre plus emable. Sa seroit amerveille six ces ient-là nous aitoit indiferend; on s'ent amuseroit comme l'on s'amuses d'une quomedie. Mais quend le cœur et touché, l'on s'atache plus à connaitre l'ames et les sentime[nt]s. Voyla ce lon mois les qualitié qui fond aimer. L'exterieurs et peut de chose. Ils et vrais que quelque foy c'est ce qui parvien[d] et commence l'inclinations, mais elle n'est soutenue que par les qualité de l'ames. C'est elle ceulle qui inspire l'estime et le respect, et qui rend de la constence dans les sentime[nt]s. Pour quoy et-ille six dificile de trouve de la con[s]tence? C'est pars que l'on ne tache pas d'aquerire ce qui pouroit le plus touche. Ils et imposible de ne pas aimer la vertue; l'on trouveroit une satisfactions entiere à aimer, ma cher maman, six les defaux que l'on voye souvent à une personne que l'on aime ne touchais point à l'ames. Quend ie n'es veut à Mr Le Fevre que des defaux qui n'etoit pas essencielle, ie l'es aimée et les aye regardé du memes oyeil que ie regarde les miens. Mais quend ces defaux sont bas et vienne d'un menque de sentimens, ils et imposible que ce la ne fasse impressions. Quend l'on aime bien, ils faut que les defaux soit bien grend pour nous detache.

[b]Ie vais, ma cher maman, vous raconte l'histoire de la lettre de Monsieurs de Bauvaux[1] qui n'i a nulle pare, car ie ne l'es jamais veut que deux ou trois foy che Mde de Rouergue. En core s'etoit pour voires le prince de Bauvaux[2] qui y demeuroit. C'est donc du marqui de Craon que ie vouloit parlé; ils vient d'aitre tuér à cette affaire de Tournai[3] ils y a quelque mois; ils a demeuré aussix quelque tant che Mde de Rouergue. Comme ils ne sortoit point de la maison, et qu'ils preferoit de travaille avece moy surs un metie de tapisseris, tout le monde croiest que ie l'aimais. L'on ce trompois; ie le trouvoit en fend; et le prince de Bauvaux, que ie tro[u]voit bien diferend, m'enpechois de trouve Mr de Craon emable. En fin, ma cher maman, pour revenire à la lettre, ils faut vous dire que ie tombais malade de cette grende maladie donc ie vous aye parlé[4] où Mr Le Fevre ne me quittoit pas. L'abé de La Chatagnerais[5], qui m'est amis, et que j'aime baucoups, etoit à la campagne; il apris que j'etoit à la more; ils ecrivit à mon medesin pour aprendre de mes nouvelle. Ils luy manda que i'etoit tres malle, et qui[e] ne repondoit pas de ma vie. Ils pare toutes suite et arrive à Nancy; ils ne savoit comment faire pour me voires; ils s'informoit tout les jour de ma senté; ils apris que i'etoit baucoups mieux; ils m'ecrivit combien ils etoit touché de me sentire six malle, et ils le fit dans des terme un peut trops tendre pour que cette lettre ne donne point de jalousie à Mr Le Fevre. La personne qui me servoit dit à Mr Le Fevre que j'avoit recue une lettre; ils luy dit de tache de me la prendre en fesent mon lis. Elle la pris et la luy donna. Ils sort de ma chambre et la vat lire; ils rentre la colaire pinte surs le visage. Ie luy fit mille questions sant en pouvoires rien tirer que des parole fort dure. On me remie aux lis; ie cherchais ma lettre; ie ne la trouvais pas; ie ne fut plus empaine de la mauvaisse humeurs de Mr Le Fevre; i'ent voiest la raison; ils entrois, ils sortoit de ma chambre; ils ne savoit à quoy ce determine; ils vint s'asoire aux pres de mon lis. Ie vit qu'end voulent rengé mes orrilie[f] ils remettoit la lettre. Ie luy dit : "L'avez-vous lut cette lettre?" Ils me dit, avec un aire etonné : "Quelle lettre voulez-vous parle?" "Mais cette lettre que j'ay recue ce matin." "De qui donc?" me dit-tille avec presipitasions. "C'est, ie croit, du marqui de Bauvaux ou Craon." C'est le meme chose; on

l'apeloit de ces deux non. Comme ils envoyez tout les jour deux ou trois foy savoire ce que ie fesoit, ie pencois qu'ils ceroires[g] que c'etoit de luy; et comme ils m'etoit plus indiferend que La Chatagnerais, j'avoit moins de paine de dire qu'elle venoit de luy. La fille qui luy avoit donné la lettre luy avoit dit aussix de qui elle venoit. Ils vit que ie le trompois; ils m'aquable de reproche et passa une partie de la nuie à lires cette lettre, et achaque fraces[h] ils s'araitoit et fesoit de grend comentaire [i]de sut[i]. Voyla l'histoire, ma cher maman, est dès qu'ils ce presente quelque occasions ils m'ent parle toujours. Ie croit qu'il me reprocheras cette lettre jusqu'à la mort.[6]

Vous ne pouvé rien me dire, ma cher maman, qui me fasses plus de plaisire que l'asurence que vous me donne de vivres toujour aux pres de vous. Ie ne vois d'autre bonheurs dans le monde que de pouvoires achaque instant vous develope mon cœur. Vous en serais bien satisfaitte, ma cher maman, pour ce qui est de vous, car ie ne croit pas qu'ond puis rien sentire de plus [sincere][j]. Tout parle pour vous. La reconnessence, ma cher maman, qui et un sentiment six dout, combien n'ent sui-ge pas penetré! Quelle plus grend plaisire que ce luy de tenire le bonheur de la vie de la personne que l'on aime et que l'on respecte le plus? Oui, c'est faire mon bonheur que de me mettre aporté de vous voires. Que le derengement de vos affaire ne vous inquiete pas; pour moy ils sufit de l'esperence que vous me donne de vous voires, pour faire evanouire toutes les paine que j'ay soufaire. Vous me faitte oubliez, ma cher maman, que j'ay aités malheureusse; vous me fette oublie par votre amitié toutes les dureté que j'ay essuiéz. Croirés-vous que ie prent le chagrin six fort à co[e]ur que ma grose maladie ne vient que des paine que j'ay eut; ie me suis [k]conerompus le cent[k] par l'huneur sombre et melenquolic que les chagrin m'on donné?

Adieu, ma cher maman; ecrive six vous vous porté bien.

[*adresse* :] À Madame / Madame de Grafigny / pres du Luxembour, rue / Hiasinte / À Paris

MANUSCRIT

*A. Yale, G.P., XXXIV, p. 11–18; 8 p.; orig. autogr.; fragments de cachet sur cire rouge; indication manuscrite d'un postier : Ligny.

TEXTE

[a] qu'un. [b] Alinéa exceptionnel dans le A. [c] tâche-t-on. [d] prévient. [e] qu'il. [f] oreillers. [g] croirait. [h] phrase. [i] dessus. [j] Déchirure. [k] corrompu le sang.

NOTES EXPLICATIVES

1. Alexandre, comte de Beauvau-Craon, né en 1725, cinquième fils de Marc de Beauvau-Craon et d'Anne-Marguerite de Ligniville. Colonel du régiment de Hainaut dès 1744, il avait été tué le 11 mai 1745 à la bataille de Fontenoy.

2. Charles-Just de Beauvau, frère du précédent, prince de Beauvau-Craon, duc de Beauvau (1720–1793), s'était marié le 3 avril 1745 avec Marie-Sophie-Charlotte de La Tour d'Auvergne (1729–1763) et épousera

en 1764 Marie-Sylvie de Rohan-Chabot, née en 1729.

3. Il s'agit de la bataille de Fontenoy.
4. Il nous manque la lettre où Mlle de Ligniville parle de cette "grande maladie", mais Mme de Graffigny l'a certainement envoyée à Devaux (v. la fin de la lettre 50). Le 13 septembre 1747, Mme de Graffigny écrira à Devaux : "C'est le pourpre qu'elle a eu chez M[de] de Rouerke." (G.P., XL, p. 100.)
5. Voir lettre 55.
6. Devaux s'est à la fois diverti et inquiété de cet incident : "J'ay ri plus d'une fois des diferens traits qu'elle vous conte de son amant. Ils sont en verité bouffons. C'est un singulier homme. J'etois fort content d'elle dans quelques-unes de ses lettres où elle en paroissoit detachée. C'est avec regret que j'ay vu dans la dernière [lettre 65] que les excuses de cet animal ait reveillé toute sa passion. C'est en vérité dommage qu'elle aye pour luy la sensibilité d'un cœur si bien formé pour aimer. J'ay vu avec delices la naiveté avec laquelle elle vous parle de son penchant à la tendresse. C'est la nature en chausses et en pourpoint. Il y a des traits dignes d'une scene de l'oracle. Elle traite fort adroitement l'incident de la lettre de l'abbé de La Chastagneraye. Ce qu'elle vous dit de luy et du prince de Beauvau n'est pas bien clair." (28 octobre 1745, G.P., XXXII, p. 286.)

61 . *Anne-Catherine de Ligniville d'Autricourt à Madame de Graffigny*

Ce 1 octobre 1745

Quoy! ma cher maman. Et-ille posible qu'ils n'i a jamais eut de Disintieul?[1] Ie vous avout ma bonne foy; j'ay crut cette histoires vrais, comme l'on me l'avoit dit. Tout les caractere sont fort naturelle, ils n'i a rien d'outré, et malheurreussement le plus parfait n'est qune[a] fixions; ils ne peut pas aitre, pendant qund[b] Fanime pins l'homme aux naturelle. Mais, ma cher maman, puisque ce Disentieule a des qualité bien aux dela de la perfections où la nature peut attindre, les homme ne sont donc pas six blamable puisqu'ille ne depand pas d'eux d'avoires de la bonne foy et de la constence. Six ils sont née avec tant de mauvaisses qualitié, et qu'ils n'es pas à eux de les change, ils faut donc s'ent prendre à la nature.

Voyla qui est finie. Ie ne veut plus aitre faché contre un homme qui, maient[c] aimé quelque tant, vient à me quitte pour s'atache alieurs. Ie dirais à ce la : ils n'etoit pas à luy de m'aime plus lontant. Cette homme n'avoit cune certaine mesure de sentiment; pour quoy vouloirs egixe[d] qu'ils donne ce que la nature luy refuse? Ces reflections-là me consolleron et m'enpecheront de mepriser un homme qui agirais de cette façon. Mr Le Fevre doit daigas vous avoir cette obligations, ma cher maman. J'etoit indigné de sa conduite, et j'avoit resolue de luy ecrire ce que ie pencois un peut vivement. Point dutout; ie luy aye ecrit avec baucoups de moderation contre mon ordinaire, car ie ne peut soutenire qund[b] homme me menque en rien, à plus forte raison un qui paroit m'aitre attaché. Ie luy dit simplement que ie ne suis pas etonné que ces sentiment sois chengé pour moy; que i'aurais plus li[e]ux de l'aitre six ils avoit toujour pencé de meme; qu'ils m'avoit aimés, que ce la etoit tout simple; qu'ils ne m'emoit plus, que ce la etoit tout simple aux six; mais que ie le priest de me parlé naturellement, et que le point d'honneur ne le retienne point; que c'est aitre honnaite homme que de dire sa pencé. Voyla comme ie suis, ma cher maman; ie vouderoit que l'on me dise avec autant de bonne foy que l'on ne m'eme plus que l'on pouroit me dire que l'on m'aime. Ie ne soutien pas que l'on vienne me faire mille protestasions et me dire mille menchonge; sa m'inspire de l'indinations. Les deux lettre que Mr Le Fevre vient de m'ecrire m'irite et m'ent on remplis, par ce que ie vois bien qu'elle ne sont point sincere. Ils [e]ma sure[e], avec une efronteris que ie ne soutien pas, qu'ils m'aime, qu'ils m'adore plus que jamais. Pour moy, qui ne peut pas dire que j'aime quend ce la n'est pas, ie luy marque avec baucoups de sincerité qu'ils a sut diminuer mes sentiment pour luy, mais que six ils veut que ie luy conservent de l'amitié, ils faut qu'ils la merite par la bonne foy; que c'est le ceulle moiens pour m'inspirer toutes l'estime dumonde.

Mais ie vous ennuie, ma cher maman; dite-le-moy donc, car en verité ce la ne ce peut autrement. J'ay lut, ma cher maman, *Les Confessions du conte de*[2] et *Les Egaremant du cœur et de l'espris*[3], mais c'etoit pendant que ie demeures[t] che Me de Rouergue, et la crinte d'aitre surprise en les lisent ne me lessoit pas le tant de reflechire. Ie les est lut comme un peroquet, est ils ne m'ent reste cune[a] faible idée. D'alieurs ie n'es point de memoires. Ie vous aye parlé de Madame de Gondesse[4] parce que ie venoit de la lires, et que tout les caractere m'etoit present. Une autre lecture me feras perdre la presedante. Quend l'on est comme ce la, l'on est toujour sote, car l'on ne peut parlé de rien.

Que ie vous aime, ma cher maman, de me dire que votre cœur est fait comme le miens pour aime. Mon dieu! que ie suis heureusse de trouve en vous ce que j'ay toujour desiré. Vous me permette de vous regarde comme la maman la plus tendre et [f] la mis[f] la plus sincere. Qui m'auroit dit ils y a deux ans que c'etoit vous, ma cher maman, qui devoit me rendre aux six heureusse que ie la suis? Ils y a deux ans que le prince de Bauvaux alla à Paris. Ils me vint voires en passant; ils compatit baucoups à ma situasions; ils me parla de vous, et me demanda où vous deme[u]rie. Ie n'ent savoit rien. Pour lore, ie ne luy put pas dire. Ils me dit : "Mais n'i auroit-tille pas moiens de l'engage à vous reprendre prest d'elle?" "O mon dieu! non," luy dige[g], "ils n'i faut pas pence; premierrement ces affaire ne luy permette pas de ce charge de moy; d'alieure ie la connes : elle n'emeroit pas de ce charge d'une jeune personne." Ils me demanda six ie vouloit qu'ils parle à M[e] la ducheche de Rochoires[5]; ie l'avoit veut che Me de Rouergue; elle m'avoit temoigné de la bonté; elle est dans un couvent à Paris, mais c'est une devote à ce qu'ils me dit, qui me feroit endaivais[h]. Quende elle ne l'auroit point aité, cette situasions n'auroit pas aités plus de mon gout. J'avoit apris chés Me de Rouergue le monheur[i] qu'ils y a de demeure dans la retraite quend l'on n'est pas dans une situasions brilante. Ils me dit donc que, puisse que ie preferoit le couvent, ils faloit en choisire un à Paris; qu'ils ce chargeroit de parle à Me de Rouergue. Ie ne le voulut pas en core. Et pour quoy ce la, ma cher mamant? Ne le pence-vous pas? La crinte de m'eloigne de Mr Le Fevre, que j'aimais pour lore à la folie. Ie m'ent suis repentie bien des foy de puis, et surtout de puis que ie connois vos sentiment pour moy. I'etoit pardonnable pour lors, ma cher maman; i'aimais et ie crenois[j] qu'etant aporté de vous voires, vous ne me facier[k] connoitre combien ma conduite etoit condanable. Entretenire un comerce de lettre avece un amans? Jamais elle ne le soufrira. Luy en faire un mistere? Ie la connois; c'est risque de perdre ces bonté. Voyla ce que ie pencoit, ma cher maman. Ie ne prevoiest pas que mes pencé seroit les votre, vos volonté les mienne, et que ie vous seroit six intimement attaché. Vous me temoigne tant de bonté qu'ils seroit indigne à moy de ne les pas reconnaite par toutes la confience que vous merite que l'on aye avec vous.

Adieu, ma cher maman, voyla une grende lettre. Cependant ie ne contoit pas tant ecrire, car ie suis sotte aux jours [dhuie][l], mais quend ie suis avec vous ie ne puis vous quitte. Esses[m] que Penpan ne parleroit plus de moy? Vous ne m'ent dite plus rien. J'atant demin avec grende impasience, car ie conte resevoire de vos nouvelle.

Le lais me donne de l'embonpoin; sa me fait bien plaisire. C'est une de mes envie de devenire grace[6] comme vous, ma cher maman.

[*adresse* :] À Madame / Madame de Grafigny / pres du Luxembourg / rue Hiasinte / À Paris

MANUSCRIT

*A. Yale, G.P., XXXIV, p. 93–100; 8 p. (une feuille et deux demi-feuilles); orig. autogr.; fragments de cachet sur cire rouge; indication manuscrite d'un postier : Ligny.

TEXTE

[a] qu'une. [b] qu'un. [c] m'ayant. [d] exiger. [e] m'assure. [f] l'amie. [g] dis-je. [h] endêver. [i] bonheur. [j] craignais. [k] fassiez. [l] Omission : Anne-Catherine tournait alors la age. [m] Est-ce.

NOTES EXPLICATIVES

1. Voir lettre 59, notes 1, 2 et 3.
2. Duclos, *Les Confessions du comte de ***, écrites par lui-même à un ami*, Amsterdam, 1741.
3. Crébillon fils, *Les Égarements du cœur et de l'esprit*, 1736.
4. Voir lettre 59.

5. Marie-Anne-Élisabeth de Beauvau, fille aînée de Pierre-Madeleine, marquis Du Rivau, appelé comte de Beauvau, et de Marie-Thérèse de Beauvau. Elle avait épousé en 1730 Paul-Louis de Rochechouart, prince de Tonnay-Charente, duc de Mortemart, pair de France, appelé duc de Rochechouart, qui l'avait laissée veuve en 1731.
6. Mme de Graffigny était surnommée "La Grosse" par ses amis de Lorraine.

62. *Anne-Catherine de Ligniville d'Autricourt à Madame de Graffigny*

Ce 5 octobre 1745

Je sent, ma cher maman, la verité de ce que vous dite touchan les romans. J'aurais bien des chose à dire sure cela, mais nous en avont assés parlé. D'alieure, ma cher maman, ie ne me trouvent disposér qu'à vous parlé de mon cœur. Aux jours dhuie ils et extremement tendre. Les reflections que ie pouroit faire touchant les defaux des homme luy paraiteroit fort extrodinaire. Ils n'est point disposés à les voires aux jours dhuie. Et pour quoy ce la? Ie l'ignore. Ils y a comme ce la des tant où le cœur ne veut rien voires que de baux. Ce seras donc pour un autre jours que nous parleront du faux bon heur d'aimer, du dange qu'ils li a, des malheure que cette pasions entraine. Pour le present, ces reflections-là ne serviroit pas à grand'chose.

Assat[a], ma cher maman, j'ay bien preveut ce que vous pencerie de l'histoire de ma lettre. Ie vous aye laissés voires que l'abé de La Chatagnerais et le prince de Bauvaux ne m'etoit pas indiferend. Et bien, non, ils ne me le sont point dutout! Mais quelle malle y a-t-ille? Aucun. Aux contraire, ie vais vous faire voires qu'ils y en naurais, six ie n'aimais pas La Chateignerais, car ie doit l'aimé. Ie fit sa connessence aux logi où ils venoit souvent, n'i ayent qun[b] pas de sa maison à celle de mon fraire. Ils avoit la complaisence de montrais du desus de violle à ma sœur. Ie le voyest presque tout les jours; ie luy aye remarqué le cœur du monde le mieux plassés, et j'ay sus qu'ils avoit rendue à mon cher frere tout les servise donc ils etoit quapable. Ils a l'ame grende; ils aime à faire du bien. Ie luy aye remarqué aussix baucoupse de sincerité : jamais de detoure, toujours vrais. De pareille qualité ne fond-telle pas aimer, ma cher maman? Ie vouderois bien voires six vous pourie vous vous en defendre. Voyla ce qui m'a plus dans La Chatagnerais, et non point sa figure. Quoy qu'ils soit ford grend et assés bien fait, ils n'est ce pendant pas baux. Mais ils m'aime, ma cher maman, de puis l'age de 15 ans. Ils a aités bien des anné sant m'ant rien dire; ses facon ceulle me le fesoit voires. S'etoit une complesence pour tout ce que ie vouloit. Sa flate, ma cher maman; toutes ces chose m'ont donné baucoups d'amitié pour luy. Quend ils m'a voulut parlé de sa pasions, ie me suis moqué de luy, et luy aye dit que ie ne le regarderoit jamais que comme mon amis. Eftivement[c] ie ne luy ecrit que quend ie veut des livres, et quend ie luy en renvoye, et ie le fait le plus fredement que ie peut par ce que ie sais qu'ils m'eme. Ils m'ent coute un peut, ma cher maman, pour ne vous pas mentire, car sont cœur et sont caractere et ford de mon gout. Mais, ma cher maman, l'amitié que j'ay pour l'abbé de La Chateignerais n'a jamais fait aucun tore aux sentiment que j'ay eut pour Mr Le Fevre puis que dans le tant que ie l'aimais le plus, qui et celuy de ma maladie, ie voyest La Chateignerais, et j'avoit autant d'amitié pour luy que j'ent aye aux jour dhuie. Sette amitié m'a-t-elle fait menque de constence? Non! Sertenement, ma cher maman, vous avés tore de me donné mon prop[r]e exemple pour me faire voires que la constence et une chimere. Ce n'est pas menqué de constence que d'aimer et d'estimé le merite. Donc j'auras baux aimer un homme à la pasions; sa ne me feras jamais faire injustice à ceux qui merite d'aitre estimé.

Ils faut encore vous dire ce que ie pence surs le prince de Bauvaux, et comment ie l'aye aimé. Le voyla : pendant que la gendarmeris etoit annancy[d], le prince de Bauvaux etoit che M^de^ de Rouergue. Ces messieu[r]s, pars leurs facons affecté et leurs tont petit metre, me le fire trouvé emable. Le prince de Bauvaux et fort uni dans ces facon; ie le voyest à tout moman; ils avoit des attancions pour moy. En fin ie ne puit pas trops vous dire, ma cher maman, mais ie ces[e] bien que ie le voyest avec plaisire, et que i'etoit triste et serieusse quend ils fesoit quelque partie de chasse, ou qu'ils alloit menge en ville. Personne ne c'ent est jamais apersue que moy, ie vous assure. Et bien, ma cher maman, apelé-vous ce la des amans? Point dutout! C'est un sentiment tout simple d'aime ce qui est emable. Voyla, ma cher maman, bien des connessence que vous faitte de moy.

Vous aites bien bonne en verité de me desire aux pret de vous apret tout ce la! Mais ie puis vous assure, ma cher maman, que pour tout ce qui dependeras de moy, vous n'aurais ja mais suiet de vous emplainte[f]. Pour quelque petit mouvement du cœur, mon dieu, ils fauderas bien que vous me les passie. Le bonheur que ie me fait de vivres aporté de vous, ma cher maman, et troublé par la crinte que j'ay de vous inquomode. Ie voye bien que vos affaire ne sont point rengé, et que ie vais vous occasionne de la depence. Ces reflections m'atriste et m'enpeiche de me livrer aux plaisire de vous voires. M[de] de Rouergue me donne 200 livres de pencions et 50 ecus pour mon entretien, voyla toute; ce la fait 300 sinquente livres argent de Lauraine.[1] Sa sufira-t-ille pour ma pencions, ma cher maman? Ont dit qu'elle sont chaire à Paris. Mon dieu! que tout y est chere! Mais, ma cher maman, ie n'es pas besoint d'avoires du feux l'ivaires dans ma chambre; ie ne suis pas deliquate, et ie suis abitué de me trouve dans toutes sorte de situasions. Quend i'etoit aux logie donc [g]apaïne avaige[g] une couverture; ie ne menget que du pin bis. Ie me suis trouvé apres ce la dans [h]la bondence[h] che M[de] de Rouergue. Me voyla icy fort malle, et c'est pour tent ce couvent que ie prefere aux comodité et à la gre ment de l'hautelle de Rouergue[2]. Ne vous inquomode donc pas, ma cher maman! Mende-moy six cette argent sufira pour ma pencion; six ils ne sufit pas, attandont que vous puissie y suplier[i] sant vous maitre dans l'enbaras. Pour ce qui est de mon entretien, j'ay pencé une chose pour qui[j] vous en coute moins : ils fauderas me mettre en brun. Sa[k] toujours eté mon envie, mais M[de] de Rouergue, qui n'aime pas cette couleurs, ne l'a jamais voulut. Avec deux robe, une d'eté et une d'ivaire, on est abilier[l] honetement pour deux ou trois ans. Ie pencois bien, ma cher maman, que l'on ne pouroit rien gagne aux prest du roi de Pologne[3]. Ils mest une partie de sont argent en batiment, tantot pour luy et tentot pour les jesuite. Six les roy vouloit, qu'ils renderoit de jent heureux, et qu'ils le seroit heumeme[m].

Adieu donc, ma cher maman. Ne vous inquiete pas de moy; vous m'avez rendue plus heureusse que ie n'es jamais aités. Lessés-moy plutot encore quelque tant icy que de vous derenge. L'esperence que j'ay de vous voires me feras attandre ce momant avec pasience. Ie vous aime trops, ma cher maman, pour pouvoires sentire trenquillement que vous vous retranchie quelque chose pour moi.

[*adresse* :] À Madame / Madame de Grafigny / pres du Luxembourg / rue Hiasinte / À Paris

MANUSCRIT

*A. Yale, G.P., XXXIV, p. 85–92; 8 p.; orig. autogr.; cachet sur cire rouge; indication manuscrite d'un postier : Ligny.

TEXTE

[a] Ah ça. [b] qu'un. [c] Effectivement. [d] à Nancy. [e] sais. [f] en plaindre. [g] à peine avais-je. [h] l'abondance. [i] suppléer. [j] qu'il. [k] Ça a. [l] habillée. [m] eux-mêmes.

NOTES EXPLICATIVES

1. 350 livres de Lorraine équivalaient à environ 270 livres de France.
2. L'hôtel de Rouerke, situé place de la Romaine avait remplacé en 1726 celui de Rousselot où Louis XIII avait séjourné après son entrée à Nancy en 1633; Stanislas en achètera une partie en 1753 pour son hôtel de ville. En 1738, Mme de Rouerke n'employait pas moins de neuf domestiques.
3. Stanislas Leszczynski (1677–1766), souverain des duchés de Bar et de Lorraine, avait perdu le trône de Pologne en 1704 tout en conservant son titre de roi.

63 . *Anne-Catherine de Ligniville d'Autricourt à Madame de Graffigny*

Ce 10 octobere 1745

Ils est imposible, ma cher maman, de ne pas s'inquiete quend vous menque à donne de vos nouvelle. Ie vous suis trops attaché pour ne pas aitre tourmenté de mille crinte quend ie n'ent reçois point. Vous aites d'une senté six deliquate, ma cher maman, que ie vous croit toujours malade quend vous ne me dite rien.

Vous dite que ie suis reconsiliér avec les homme, ma cher maman, mais ils faut bien. Tene, on a baux dire, on a baux voires leurs defaux, ils y a quelque chose en nous qui nous empaiche de les haire, et qui nous porte à les aimer; c'est notre naturelle, ma cher maman, comme c'est celuy des homme d'aitre perfide. Ils y a comme cela des chose ridicule, et que l'on ne peut vincre. À qui s'ent prendre? Nesse[a] pas à la nature? Pour moy ie le croit. J'aime baucoups votre comparaison; ils ne faut pas eftivement[b] savoires plus mauvais [gré] aux homme d'aitre perfide qu'à un chardon de nous pique par ce que c'est sont naturelle. Mais l'on s'ent eloigne de ce charderon sendoute, ma cher maman; ce la et naturelle. Mais dite-moy, [c]et-ille aux six naturelle de ce loigne[c] des homme? Ho, mon dieu! La belle diference! Six ces homme comme ces charderont, n'avoit d'autre qualité que la perfidie, ils ce pouroit trouve quelque femme qui les fuiroit, car ie ne dit pas toute, mais ils ont bien des agremant qui nous retienne quend nous ne le vouderions pas.

Ie suis bien affligé, ma cher maman, de ce que le prince de Bauvaux ne revient pas cette hivere pour finire ce proces qui empaiche que vous ne soyez payée.[1] Mais ecrivé-luy, et luy ecrira pour tache qu'ond le finice. Esse[d] que ce la ne ce peut faire? Ie croit ce pendant qu'ils iras à Paris cette hiver. M[de] de Bauvaux[2], sont epouse, [e]ni ételle[e] pas etablie? Six ce la est, ils rev[i]enderas surement pour la voires. On m'a fait bien rire à sont occasions; on dit qu'elle et six petite que le prince de Bauvaux, pour la bien voires, et obligé de la mettre surs une table ou surs une cheminée. C'est une plaisente facon de regardé sa femme. Ie vouderoit bien qu'ille revienne, ils engageroit surement M[de] de Rochoire à me faire une petite pencions, mais ils seras toujours tent quend ils revienderas. Six en attandant celle de M[de] de Rouergue pouvoit sufire, ie seroit bien charmé. Quoy qu'ils en soit, ma cher maman, ne vous inquomode pas. Attandont plutot. Ie suis prete à faire toute ce que vous vouderais.

Ie suis d'une colaire affreuse contre Penpan. Quoy! Ils est maitre de vous allé voires et la paresses ceulle le retient? Pour ce la sa n'est pas pardonnable! Ie vous assure que six s'etoit moy, ie croit que ie me facheroit de tout de bon.

Ie suis on ne peut plus flaté, ma cher maman, de ce que vous voulez bien vous entretenire un peut de moi, mais ie n'imagine pas ce que vous en pouvé dire avec Mr Du May[3]. Permette-moy de luy faire mes compliment, ma cher maman. Ie n'es nulle idée en verité de luy avoires ecrit; ie ne puit me le remettre. Le contenue de cette lettre m'a fait rire : "Ie vous aime, Mr Du May!" C'etoit de bonheur, ma cher maman, que i'avoit du gout pour dire que j'aimaist; i'ay bien autant de naturelle aux jours dhuie. Sa n'est plus pardonnable, malheureussement, et quend l'on aime ils en faut faire un mistaire, et l'on ne peut ceullement avoires le plaisire de devolope ces sentiment. Que toutes ces chose-là sont dure!

Adieu, ma cher maman. Vous ne saurie croire combien ie cent de plaisire de ce que vous m'aime. J'ay toujours crint de n'aitre pas de votre gout. Dieu ve[u]ille que vous ne chamgie pas quend vous me vairais; c'est tout ce que ie crint à cette heuer.

[*adresse* :] À Madame / Madame de Grafigny / pres du Luxembourg / rue Hiasinte / À Paris

MANUSCRIT

*A. Yale, G.P., XXXIV, p. 77–80; 4 p.; orig. autogr.; cachet sur cire rouge.

TEXTE

[a] N'est-ce. [b] effectivement. [c] est-il aussi naturel de s'éloigner. [d] Est-ce. [e] n'y est-elle.

NOTES EXPLICATIVES

1. Mlle de Ligniville mentionne souvent une "affaire" non encore reglée intéressant sa tante. Mme de Graffigny, dont la situation financière avait toujours été précaire, cherchait partout des protecteurs.
2. Voir lettre 60.
3. Armand-Charles Du May, page du roi en 1711, lieutenant dans le régiment de Bouzols en 1718 et capitaine du régiment de Vienne-Cavalerie en 1745. Craignant de perdre la vue, il quittera le service en 1751, et grâce à l'intervention du prince de Pons, recevra une pension de 600 livres. Il est souvent mentionné dans la correspondance de Mme de Graffigny.

64. *Catherine-Diane de Beauvau-Craon, dame de Rouerke, à Anne-Catherine de Ligniville d'Autricourt*

À Nancy, ce 11e 8bre [1745][1]

Je seray toujours charmée, Mademoiselle, de contribuer à ce qui pourra adoucir vôtre scituation. Je consens très volontiers à vous payer à Paris les 350[lt] tant de vôtre pension que ce que j'avois reglé p[r] vôtre entretient. Mais vous sentez bien que vous ne dependez de moy que p[r] vous avoir mis dans un couvent à Ligny, et que je n'ay pas droit de vous mettre ailleurs sans la permission de M[r] vôtre pere et de Mad. vôtre mere. Comme vous connoissez mieux que moy la façon dont on peut s'y prendre avec eux p[r] obtenir la permission d'aller à Paris, c'est à vous à me conduire sur cela p[r] que, si vous le jugez à propos, je leurs en fasse faire la proposition. Je feray sur cela tout ce que vous me manderés, mais je crois qu'il seroit mieux que ce fut Mad. de Grafigny qui leurs en fit la proposition. C'est à vous à concerter avec elle. Comme elle est fort bien avec Mr de Richelieu[2], elle pourroit peutetre, par son moyen, vous obtenir quelque chose sur ce que le Roy donne sur sa cassette aux personnes qui ont besoin de ce secours, ou obtenir quelque chose de M[r] le duc d'Orleans[3]. Paris a des ressources qui ne se trouvent point ailleurs. Comme Mad. de Grafigny a de l'esprit, elle pourra peutetre trouver quelque occasion par des amis de vous mettre plus à vôtre aise. Je me serois estimée bien heureuse, Mademoiselle, si j'avois pu y contribuer, m'jnteressant plus que je ne puis vous le dire à ce qui vous regarde.

Il faudroit tacher d'arranger vôtre voïage de Paris avant la fin de cette année; Mad. de Ligny[4] devant revenir en ce pays-cy entre Noël et le Nouvel An, vous profiteriez de la voiture de retour p[r] epargner le voyage.

MANUSCRIT

*A. Yale, G.P., XXXIV, p. 287–288; 2 p. (demi-feuille); orig. écrit par un secrétaire.

NOTES EXPLICATIVES

1. Anne-Catherine joint cette lettre à celle qu'elle envoie à Mme de Graffigny le 15 octobre 1745 où elle constate : "Voyla la reponse qu'elle m'a fait...".
2. Louis-François-Armand de Vignerot du Plessis, duc de Richelieu (1696–1788).
3. Louis, duc d'Orléans et de Montpensier (1703–1752), fils unique du Régent et de Françoise-Marie de Bourbon.
4. Voir lettre 58.

65. *Anne-Catherine de Ligniville d'Autricourt à Madame de Graffigny*

Ce 15 octobre 1745

La facon naturelle avec la quelle vous voulez bien me parlé, ma cher maman, me prouvent bien que vous m'aimés. Mon dieu! que ne puige[a] vous faire connaitre combien toutes vos bonté m'in[s]pire de chose. Sentévous, ma cher maman, comme vous me rende heureusse, non ceullement par tout ce que vous faitte pour me raproche de vous, mais en core plus par les sentiment d'amitié que vous me montre? Non, rien dans le monde ne peut satisfaire comme le plaisire d'aitre aimér.

Ie ne cais, ma cher maman, tout ce que j'ay pencé surs la reusite de cette affaire qui vous feras reste à Paris, ou en province six elle vient à menque. L'un ou l'autre ont des charme pour moy puisque ie serais aux pret de vous, mais la province m'a plus parce que ie demereroit avec vous. Paris est fort amusent sendoute, mais tout les lieux ne le sont-tille pas quend l'on vit aux prest de vous? I'etablis mon bonheur, ma cher maman, toutes en vous, et ie n'apelle plaisire que tout ce qui nous lesses cette liberté d'espris. Ie ne puit l'avoires qu'aux prest de vous. C'est aux pret de vous qu'ond peut vivres simplement et vr[a]iment. On n'a que faire de findre pour vous plaire : le naturelle ceulle vous plais. Et bien, ma cher maman, nesses[b] pas là toutes la douceur de la vie? Croier-vous que l'on puisse la trouve aux prest d'autre que vous-meme? Combien de denge n'i a-t-ille pas de dire ce que l'on pence! J'ent aye daiga fait l'experience, et c'est ce qui m'a rendue comme ie suis : c'est-à-dire presque muette, car ie ne parle que pour repondre.

Ie suis afligé, ma cher maman, de ce que l'argent de M^de^ de Rouergue[1] ne sufiras pas de moitié pour ma pencions. Mon dieu! comment faire? Ie luy aye ecrit dernierrement, et ie luy proposais d'allé dans un couvent aux pret de vous. Voyla la reponce qu'elle m'a fait.[2] Ie la priest de n'ent point parle parce que ie ne savoit pas six mes pere et mere le trouveroit bon. Ils [c]faut deras[c], ma cher maman, que vous me disie comment ils fauderas faire, car mes religieusse ne me lesseront pas sortire qu'elle n'es une lettre de M^de^ de Rouergue ou de mon paire.

Six votre affaire reucit, ma cher maman, et que j'a[i]lle à Paris, ils faut y faire allé Panpan absolument, et nous ferions le voyage ensemble, car ie n'aime pas la propositions de M^de^ de Rouergue et ne pouroit me resoudre à allé seulle.[3]

Rien ne me fait de plaisire actuellement, ma cher maman, que l'idée de vous voires, et l'asurence que vous me faitte de ne vivres nulle pare cent moy. Ie partagerais votre fortune. Oui, ma cher maman, sa et pour moy preferable à tout ce qu'ils y a de plus grend dans le monde, et ie cent bien que ie ne puis aitre heureusses nulle pare sant vous.

Vous ne me dite rien de M^r^ Le Fevre. N'inporte, ils faut que ie vous dise que ie l'aime. Ils m'a ecrit une lettre qui m'a parut dicté par le cœur; ils ne m'ent faut pas daventage pour me faire sentire et me raplai toutes la tendresses que j'ay eut pour luy et pour oubliez sont tore.

Adieu, ma cher maman. Dite-moy que vous m'aime et que ie vous vairais bien tot; et moy ie vous dirais qu'ils n'est pas posible de vous aitre plus attaché que ie vous la suis, et de vous aimee avec plus de sincerité.

Ie n'es pas encore repondue à cette lettre[2], ma cher maman, par ce qu'ils faut que vous me disie qui feras la propositions à mes parant.

[*adresse* :] À Madame / Madame de Grafigny / pret du Luxembour, rue / Hiasinte / À Paris

MANUSCRIT

*A. Yale, G.P., XXXIV, p. 101–104; 4 p.; orig. autogr.; cachet sur cire rouge; indication manuscrite d'un postier : Ligny.

TEXTE

[a] puis-je. [b] n'est-ce. [c] faudra [Mot coupé en deux en fin de page].

NOTES EXPLICATIVES

1. Voir lettre 62.
2. Lettre précédente.
3. Le 24 octobre, Mme de Graffigny transmet à Devaux la proposition d'Anne-Catherine : "Si tu avois encore envi[e] de venir, il y auras une belle occasion vers [la] fin de decembre, comme tu as pu le voir par la derniere lettre de Minette. Md. de Ligny va en Lorraine. On renvoye son carosse à vuide. Md. de Rouerke le fait proposer à Minette pour venir." (G.P., XXVII, p. 341.)

66 . *Anne-Catherine de Ligniville d'Autricourt à Madame de Graffigny*

Vous aites mecontente, ma cher maman, et moy faché. J'ay bien sentie que ie ne devoit pas ecrire à Mde de Rouergue,[1] puis que nous etions convenue que ie ne le feroit que quend vous me le menderie,[2] et c'est par complaisence que ie l'ais fait. Voycye comment. Comme vous m'avie marqué qu'avent qu'ils soit peut [a]gy roit[a] aux pret de vous, ie le dit à la superieure[3], qui connois la façon de pence de mes paire et maire par les lettre qu'ils luy ont ecrit à mon suiet. Elle me dit d'ecrire à Mde de Rouergue. Ie luy dit qu'ils n'etoit pas tent, et que ie ne le feroit cune quinsaine avent. Elle me dit à ce la mille raison, et qu'elle ne me lesseroit pas sortire qu'elle n'es une lettre de Mde de Rouergue et meme de mon paire, parce qu'ils auroit lieu d'aitre faché contre elle six elle ne luy en fesoit pas paree[b], et qu'elle n'aye une ordre de luy. Et comme nous etions surs ce cuiet[c], l'homme d'afaire de Mde de Rouergue,[4] qui alloit à Couvonge[5], me de menda de sa pare, et me dit qu'ille repasseroit deux jours apret, et qu'ils prenderoit mes commissions. La superieure me pressas de luy[6] communique ce proiet, et pour m'i engage elle me dit que cont[d] consentement sufiroit, comme c'etoit elle qui m'avoit mit entre leurs mins. Cent faire d'autre reflections, ma cher maman, ie luy ecrivit. Ma lettre ne fut pas donné que ie centit ma faute. Ie n'ent aurait pas parlé à la superieure six ie n'i avoit pas été engagé, mais comme c'est elle qui a soint de me faire ma provisions de bois et de chendelle, quend elle me vint parlé pour ce la, ils falut que ie luy dise que ie ne contoit pas passer l'iveres cher elle. Ie suis aux dessespoire de cette empressement de ma pare, car ie vois bien que vous aites mecontente. Sa ne m'ariverat plus, ma cher maman, pardonne-le-moy, et dite-moi, ie vous empris, six ce trais a refraidie votre amitié pour mois.

Votre lettre m'a glacés [e]tout les cent[e], quoy que vous me facie sentire mon tore de la melieur façons du monde. Mais ie vous aimes trops, ma cher maman, pour ne pas sentire de la paine aux moind[r]e mecontentement que ie puis vous donne. Ie n'es pas repondue à la petite lettre que vous avez bien vo[u]lut m'ecrire parce que i'etoit malade; ie la suis en core de deux ou trois acces de fievres que j'ay eut. Mais, ma cher maman, ie ne puis vous dire combien ie suis touché de vos bonté. Vous vous donneé trops de mouvement. Ie ne meriteres jamais toutes les paine que vous preneé.

Mr Le Fevre vous a donc ecrit. I'etoit faché qu'ils ne vous aye pas demendé permissions de le fere, et j'ay pencés bien des foy qu'ils ne m'emoit guere, puisses qu'ils ne cultivoit pas vos bonté. Nous ne somme pas bien ensemble, car j'ay deux de ces lettre et ie n'es pas eut le tent de luy repondre. C'est de quoy nous broulie.

Adieu, ma cher maman. Ecrive-moy une lettre, ie vous empris, où vous ne pareissie pas [f]me contente[f]. Ie suis d'une tristesses affreusses de celle que vous m'avez ecrit.

Ce 22 [octobre 1745]

[*adresse* :] À Madame / Madame de Grafigny / pret du Luxembourg / rue Hiasinte / À Paris

MANUSCRIT

*A. Yale, G.P., XXXIV, p. 341–344; 4 p.; orig. autogr.; cachet sur cire rouge ; indication manuscrite d'un postier : Ligny.

TEXTE

[a] j'irais. [b] part. [c] sujet. [d] son. [e] tout le sang. Ou : tous les sangs. [f] mécontente.

NOTES EXPLICATIVES

1. Référence à la lettre, aujourd'hui disparue, à laquelle Mme de Rouergue avait répondu le 11 octobre 1745 (lettre 64).
2. Le 17 août 1745 (lettre 53), Mlle de Ligniville avait écrit à sa tante : "[Pour] Madame de Rouergue, je luy ecrire quend vous le jugerais apropos."
3. Anne-Françoise Potin (v. lettre 48).
4. Voir lettre 53, note 4.
5. Château du second mari de Mme de Rouerke, Charles de Stainville, comte de Couvonges (mort en 1706), situé à 10 km de Bar-le-Duc.
6. À Mme de Rouerke.

67. *Anne-Catherine de Ligniville d'Autricourt à Madame de Graffigny*

Avec quelle inquietude j'ay attandue votre lettre, ma cher maman. Vous aurie paine à croire tout ce que j'ay soufaire.[1] Pendans l'espasses de ce tant ie n'es pas gouté un moman de tranquilité. Sa et six vrais que toutes les personne qui sont avec moy s'ent sont apersue. J'ai eut baux tache d'afecte un aire de gaité; ie n'es peut y parvenire. Ils et imposible, ma cher maman, que le trouble du cœur ne paresses. Ils n'a jamais aités à moy comme ie vois quentité de jenges qui, étant remplis de paine et d'inquietude, ont un exterieurs de contentement parfait. Moy non, ie n'es pas ce talans, et ce seroit un martire pour moi. Quend yai[a] quelque trouble, quelque inquietude, quelque chose qui m'ocupe, ils faut que ie milivres[b]. Ie me trouveroits dans la yoies[c], dans les plaisire, toujour avec la meme melenquolie. Ie ne peut parait[r]e que ce lon que mon co[e]ur est ; aussix et-ille fort aisés de voires ce qui se passes en mois. Ils et dengereux nesses[d] pas, ma cher maman, de ne pouvoires contrinte[e] sont aires? Ils ce trouvent des occasions où sa l'est : parai[f] exemple quend un homme vous dit qu'ils vous aime, ils faut parait[r]e s'ent offence. Pour moi ie ne ces[g] pas ce la. Six c'est un homme qui me plais, la connessences de ces sentiment ne peuvent me fache, et ne l'etant pas, ie ne peut l'afecté,[2] est[h] surs tout ie suis comme ce la.

Mon dieu! ma cher maman, que vous m'avez fait sentire de paine! Ie n'ausais presque relires votre lettre, tent i'ent trouvois le [i]setils frois[i]. Ie me suis trouvé tout d'un coups remplis de crinte, et pour la premierre foye vous m'avez fait sentire que ie vous craignet. Mais cette crinte ne vient que de mon attachement pour vous, ma cher maman, car surement l'on ne crint pas ce qui nous est indiferend. Ie pousses ma sencibilité trops loins, dite-vous, ma cher maman. Croié-vous que l'on peut en avoires trops quend l'on aime veritablement? Ie seroit faché moy de n'ent point trouvé baucoups dans une personne que j'emeroit, car ie trouvent, ou pour mieux dire ie cent par moy-meme que, quend l'on aime baucoups, l'on est sencible aux choses les plus legere. Mon tore avec vous, ma chere maman, ne l'etoit point; ie vous menque de parolle. Navaiges[j] pas lieux de crinte[k] ce que vous pouvié pence de mon caractere; netesses[l] pas une raison pour vous empaiche de conte une autre foy surs moy? Tené, toutes ces reflections-là m'on attristé jusqu'aux jours dhuie, mais, ma cher maman, que ie vous aye reconnue dans votre dernierre lettre; que de bonté vous me montre! Ils me faloit ce la pour m'asurer que vous n'aviez pas resentie un sertint froy de mon prosedé. Vous m'aimez dont tout jours, ma cher maman, et moy vous me fette sentire tout le bonheur que j'ay de vous aimer. En crenent[m] que votre amitié ne soies un peut rafredie pour moi, ma cher maman, ce n'est point que ie vous croie legere. Ce n'est point l'aitre que de sentire un sertint mouvement quend une personne à qui nous nous interesson agi malle avec nous. Ce n'est que ce petit mouvement de frois, ma cher maman, que ie crenois[n] de vous avoires fait resentire. Quend vous conneterie l'espris humains, et que vous sachie bien qu'ils et imposible qu'ils n'i aye toujour des faute, sa n'ent paiche pas, ma cher maman, que ces meme faute ne frape toujours. Vous avee bien raison de vous attendre à trouve en mois bien des defaux. Ie ferais des petite sotises. Oui, ma cher maman, ie n'ent ferais que trops, mais ie serois ameme de vous les faire oubliez par tout ce que ie pourais vous dire. Ie vous vaires[o], et ie pourais observe à votre rire l'impression que ce la vous feras. Eloigné comme me voyla, quelle consolation puiges[p] avoires de vous avoires deplue? Ie n'es que l'insertitude de savoires ce que vous pence.

Le reproche que vous me faitte, ma cher maman, a bien des charme pour moy; vous vous apersevez que mes lettre sont plus courte et plus rare. Ie vous dires à ce la que ie crint de tombe dans les respetions[q] ennuieusses pour vous, car pour moy ie vous ecriroit tout les jours pour avoires le plaisire de vous temoigne mon attachement. N'avoires que ce la à vous dire, ma cher maman, sa vous ennuirest. Ie vous aye fait pare d'une partie de la vie que j'ay mené de puist que j'ay eut le malheur de vous quitte. Sure quoy pour vous amuser pouraige[r] vous parlé? Dite, ma cher maman! Je ferais tout ce que vous vouderais. Ie vous assure que, sent savoires six vous avez baucoups d'afaire, ie vous tient un compte infinie de la complescence que vous avez de m'ecrire souvent. Oui, ma cher maman, ie vous ent aye une reconnessence infinie.

Vous ne dite rien de votre senté; elle et donc melieurs? Pour moy, j'ay eut plus de peure que de malle : la petite verolle et à Ligny. Ie ne l'es pas eut, et ie la crint baucoups. Quelque acces de fievre me fire croire que j'alois [s]la voires[s]; sa et passés heureussement, et votre lettre vient de me raquomode toutes affait.

Adieu, ma cher maman. Croiez, ie vous conjures, que six mon amitié pouvoit ogemente, elle l'aurais surement été de la facon avec la quelle vous m'asure de n'aitre plus faché.

Ie suis charmé que vous aye ecrit à Mr Le Fevre. Ils vient de m'ecrire un mots : ils et dans le chagrin; une de ces sœur[3] qu'ils aime baucoups vient de recevoirs lextremoions[t]. Elle et à la more d'une fausses couche et d'une jaunisses.

Ce 28 octobre 1745

[*adresse* :] À Madame / Madame de Grafigny / pres du Luxembourg, rue / Hiasinte / À Paris

MANUSCRIT

*A. Yale, G.P., XXXIV, pp. 347–350 et 305–306; 6 p. (une feuille et une demi-feuille); orig. autogr.; cachet sur cire rouge; indication manuscrite d'un postier : Ligny.

TEXTE

[a] j'ai. [b] m'y livre. [c] joie. [d] n'est-ce. [e] contraindre. [f] par. [g] sais. [h] et. Le A : "est de surs". [i] style froid. [j] N'avais-je. [k] craindre. [l] n'était-ce. [m] craignant. [n] craignais. [o] verrai. [p] puis-je. [q] répétitions. [r] pourrais-je. [s] l'avoir. [t] l'extrême-onction.

NOTES EXPLICATIVES

1. Souffrance causée par la lettre qu'Anne-Catherine avait reçue de sa tante le 22 octobre, dans laquelle celle-ci la réprimandait d'avoir écrit à Mme de Rouerke.
2. Sens : n'étant pas fâchée, je ne peux affecter de l'être.
3. Françoise Le Febvre, qui avait épousé en 1737 Jean-Pierre Fourier, était morte le jour même de la rédaction de cette lettre, à l'âge d'environ vingt-sept ans.

68 . *Anne-Catherine de Ligniville d'Autricourt à Madame de Graffigny*

Ce 2 novembre 1745

Je n'i peut plus tenire, ma chere maman. Quoy, hiere point en core de lettre! Mais, mon dieu, vous aites donc malade, car jamais vous n'avez passés tent de tent sent m'ecrire. Je n'es pas fermér l'œil cette nuis; ie vous aye toujours eut dans l'esprit. Ie me suis imaginé mille chose triste. Dabore ie vous croit malade; cette idée et celle qui m'inquiete le plus. Croire que votre amitié soit rafredie, c'est vous fere injustice, car quend vous aurie trouvé en moy quelque chose qui vous deplaise, ie ne puit pence que ce la vous rafrediroit aux point de ne pas ecrire. Ie croit, ma chere maman, que vous devez bien vous atendre à me trouve bien des defaux, mais six vous vous souvene d'avoires ecrit dans Done Alphonse[1] que les defaux de nos amis doivent ce regarde du meme œil que les notre, j'ay tout lieux d'espere de votre amitié. La derniere chose que j'ay pencé sure votre silence et que vous crenie de m'aprendre que l'on n'a rien peus gagne sure la prinssesse d'Espinois[2]. Et bien, ma chere maman, six c'est là le motiffe de votre silence, vous me fette plus soufrire en me le tesent que vous ne leferie[a] en m'aprenent dabore à quoy ie doit m'ent tenire. Cette princesse ne vous auroit-telle pas procuré en core quelque chagrin? Dite-le-moy, ma chere maman, ie vous en suplis. Ne vous lessés pas accabler pars des qualommenie[3]. Plaigné ceullement ces jenges qui sont asse aveugle pour en faire sure vous. En fin, ma chere maman, [b]de quelle façon ce lapuisaitre[b] ecrivee-moy et dite-moy que vous m'emer toujours; cette esperence d'aitre aimér de vous et ceulle quapable de me faire suporte tout ce qui peut arrivee dans ma situasions. Adieu, ma chere maman, ie vous baisse les mains un millions de foy.

[*adresse* :] À Madame / Madame de Grafigny / pres du Luxembourg / rue Hiasinte / À Paris

MANUSCRIT

*A. Yale, G.P., XXXIV, p. 351–354; 2 p.; orig. autogr.; cachet sur cire rouge; indication manuscrite d'un postier : Ligny.

TEXTE

[a] le feriez. [b] de quelque façon que cela puisse être.

NOTES EXPLICATIVES

1. Alphonse, roi de Castille, personnage de la *Nouvelle espagnole* de Mme de Graffigny (v. lettre 51). Selon Elvire, héroïne de cette nouvelle : "L'on doit voir les défauts de ce que l'on aime du même œil que les siens propres." (p. 161.)
2. Élisabeth-Thérèse (1664–1748), fille d'Anne de Lorraine et de François-Jules-Marie de Lorraine, comte de Lillebonne et duc d'Elbeuf. Elle avait épousé, en 1691, Louis de Melun, prince d'Épinay, marquis de Roubaix et sénéchal de Flandre. Devenue veuve dès 1704, elle se rendait fréquemment en visite à la cour de Lorraine.
3. C'est sans doute en connaissance de cause qu'Anne-Catherine mettait sa tante en garde contre des réactions négatives de la part de la princesse d'Épinay à qui Mme de Graffigny se proposait de demander une pension pour sa nièce. Le 10 décembre, Mme de Graffigny écrira à Devaux : "Il faut que l'hotel de Mayenc soit devenus le temple de la calomnie. J'eus hier une plaisante reponce pour la pension de ma pauvre Minette. La tres radoteuse princesse a dit qu'elle s'en etoit informée, qu'elle n'etoit point des veritables Lignevilles, que c'etoit un nom d'avanturier que son pere avoit pris, qu'elle, Minette, avoit une tres mauvaise conduite, qu'elle avoit emprunté mille ecus au nom d'une tante [Mme de Rouerke] chez qui elle demeuroit, qu'elle l'avoit volé, enfin un tas de pauvretés aussi vraysembables que celles-là. Les bras m'en tombent, car le dernier grimault de Lorraine est en etat de repondre à tout cela. Où diable prent-elle ses memoire? Ie viens d'en faire un, dicté par la verité." (G.P., XXVII, p. 400.) Dans les lettres 80 et 84, Anne-Catherine essayera de se justifier de cette accusation de vol, qui n'etait pas tout à fait sans fondement.

69. *Anne-Catherine de Ligniville d'Autricourt à Madame de Graffigny*

Ce 6 novembre 1745

Vous m'inquieté, ma chere maman. Votre senté n'est pas bonne, mais vous me fette voires que c'est moy qui la derenge par le travaille d'espris que ie vous donne. Pour quoy donc vous agité aux point d'altere votre senté? [a]Esses la me donne[a] une marque d'amitié, ma cher maman? Non sertainement, car vous devez sentire que votre senté m'est plus utille que tout ce que vous desirer faire pour moy. [b]Quesque ie deviendéroit[b] six vous venie à tombe malade? Ie moureroit de chagrin, car ie vous suis attaché plus que ie ne puis vous dire.

Ie l'es encore sentie mieux que jamais pendant ce petit acces de fievre, et cette idée que ie m'etoit formé d'avoires la petite verolle. Les ceulle reflections que ie fesoit ne regardoit que vous. Ie pençoit bien que six ie l'avoit i'ent moureroit, car ils n'i a pas un medesin icy, et tout les jours ie voit entere des enfend qui en meure; mes fenait[r]e donnent sure le simtaire[c] de la paroisse.[1] Ie n'es que vous, ma cher maman, qui me ferié regreté la vie. Ayent toujours eté malheureusse, rien ne[d] pouroit me donné de regret de la quitte que vous, ma cher maman. Mais ce seroit pour moy un suplisse affreux que de mourire cent vous avoires veut, et cent vous avoires convinque[e] des sentiment tendre et reconnessent que j'ay pour vous. Vous voulez que ie vous dises tout ce que ie pence; voyla une partie de mes pencé à cette occasions.

Vous me fette un plaisire parfait, ma chere maman, en me disent que vous m'atendé pour prendre des eaux. Vous me croiez donc qualpape[f] de vous disipe un peut. Mon dieu! que ie le vouderois! Mais, ma chere maman, que de chose ils me menque, et que ie crint que vous ne prenie d'autres idé de moy quend vous me vaires. Pour veut que ie vous soit bonne à quelque chose, ie seroit trops heureusse. Oui, ie vous lires les matin, et ie meterais tout en usage pour vous faire passes les matiné avec un peut de diss[i]pations. Oui, le tent vienderas, ma chere maman, où ie vous vaires, et puis ce serais pour toujours que ie ne vous quitterais jamais. Ne vous fatigue donc pas, ie vous le demende en grace, ma chere maman, pour avence le tent qui doit m'aproche de vous. Croiez malgré l'inpasience que i'ent aye, que ie suis prete à atendre tent que vos affaire vous le permetteront.

Vous demende quelle amis j'ay eut en femme.[2] Pas baucoups de puis que j'ay assés de raison ou de connessence de notre sexe. Avent ce tent j'ay eut toujours des religieusses que j'afectionnois dans tout les couvent où [j']aye aités.[3] De retoure aux logie, ie ne voyest gaire que ma sœur. N'ayent pas assés d'esperience pour connaitre sont caractere, ie ne m'ent mefioit pas; aussix m'a-t-elle fait les toures les plus noires. Ie l'aimais baucoups avent de la connaitre, et ie ne [g]ma persevoit[g] pas qu'elle ne pouvent[h] me soufrire, etent d'une jalousie affreusse de mois. De là ie fut che Me de Rouergue.[4] Toutes les dames que g'i voyest etoit trops dans la grendeurs pour que jausses[i] les regarde comme mes amis. Mais quend j'aurais aussés les regarde de cette façon, ie ne croit pas que ie l'aurais fait. Une femme qui venoit tout les jours gagne l'argent de Me de Rouergue m'a encore rendue la dupe de sont caractere. Ie luy[j] croiest bont et sa situasions malheureusses me touchais; six j'avoit eut toutes chose aux monde, ie luy auroit donné plus par conpasions que par inclinations. Vous la connessés surement, c'est la baronne de Baufaure.[5] Ho, quelle quaractere! Pendant que ie luy rendoit tout le service donc i'etoit quapable, elle tachoit par mille propos à mon desaventage d'angage Me de Rouergue de me mettre aux couvent, et ce la parce qu'elle etoit jalouses des bonté qu'elle avoit pour mois, et qu'elle pencois que six ie n'i etoit pas, elle tacheroit par ses discoure flateure et insinuente de ce les atire. Ces sentiment ne sont pas d'une grende ames, comme vous voyez, ma chere mamant, mais Me de Rouergue a reconnue sont caractere pendant ma maladie, et elle luy a interdie sa maison. Elle fut indignée des propos que la baronne tenoit surs mon quonte; pendant que ie n'avoit que deux robes, qui etoit tout ce que ie posedoit, ie [les] luy avoit preté pour les maitre en gage pour trois ou quatre loüis qu'elle me dit qu'ils luy faloit sure le moment, ou qu'elle etoit perdue six elle ne trouvoit pas cette somme. Cette femme etoit comme aux dessespoire, elle pleuroit. Ils n'ent faloit pas tent pour me touché. Elle envoyez cherche mes robes avec tout le secret posible; elle doit me les rendre dans 8 jours. Point dutout! Elle agisoit avec mois comme six elle n'avoit pas mes robe, et tout les jours j'avoit l'enbaras de ne savoires que repondre à Me de Rouergue quend elle me demendoit pour quoy ie ne m'abilloit pas. Elle les auroit surement encore, six la femme de Me de Rouergue, qui le savoit, ne [le] luy avoit dit pendant ma maladie.

Ie ne vous parle plus de ma musique, ma cher maman, mais ce n'est pas une raison pour croire que le gout vife que i'ent avoit et passés. Ie l'aimes plus que jamais, et c'est tout mon plaisire. Ie m'i aplique le plus que ie peut. J'ay un maitre[6] qui et à tout moment malade, et extremement devots. Ces deux [k]exsirce ment paiche[k] de l'avoires tout les jours. Vous m'efreé en disent qu'ils faut un louis par mois à un maitre à Paris. Ie vais avence le plus qui[l] me seras posible, ma cher maman, pour en avoires beso[i]nt le moins que ie pourais. Ie ne lis pas boucoups de puis que j'aprent la musique. Ie croit vous avoires dit que ie n'etoit ceulle que de puis 8 heur jusqu'à 10 heur. Toutes la journé ma porte et ouverte. J'aurais bien la soiré, mais l'on ce laivent matien[m], et j'aime à dormire.

Vous pence à tout, ma cher maman. Ie ne ces[n] pas trops ce que vous pourie donne à la superieurre. Tout ce qui leurs fait plaisire et du tabas ou du cucre; ie luy en donne toujours à sa fette.

Adieu, ma chere maman. Ie vous baisse un milions de foy les mains.

[*adresse* :] À Madame / Madame de Grafigny / pres du Luxembourg, rue / Hiasinte / À Paris

MANUSCRIT

*A. Yale, G.P., XXXIV, p. 323–328; 6 p. (une feuille et une demi-feuille); orig. autogr.; fragments de cachet sur cire rouge; indication manuscrite d'un postier : Ligny.

TEXTE

[a] Est-ce là me donner. [b] Qu'est-ce que je deviendrais. [c] cimetière. [d] Le A : "rien de pouroit". [e] convaincue. [f] capable. [g] m'apercevais. [h] pouvait. [i] j'ose. [j] = le? [k] exercices m'empêchent. [l] qu'il. [m] matin. [n] sais.

NOTES EXPLICATIVES

1. Ce détail nous a permis d'identifier le couvent où Mlle de Ligniville a passé plusieurs années. Parmi les nombreux établissements religieux et charitables que possédait alors Ligny, seul le couvent de la Congrégation Notre-Dame ou des chanoinesses de Saint-Augustin donnait sur le cimetière paroissial. Après la fondation du couvent, en 1639, les religieuses avaient acquis la plupart des maisons qui sont encore situées entre l'église paroissiale, l'ancien cimetière, et l'actuelle rue du maréchal de Luxembourg (ancienne rue du Pierge).
2. En fait de femmes.
3. En dehors de cette remarque, nous ignorons tout de la vie conventuelle de Mlle de Ligniville avant son arrivée à Ligny.
4. Anne-Catherine n'a pas lieu de mentionner ici son séjour chez Mme de Graffigny, qui est évidemment antérieur à celui qu'elle a fait chez Mme de Rouerke.
5. Peut-être Marie-Florence de Coupigny, qui avait épousé en 1722 François-Joseph de Beaufort.
6. Non identifié. Peut-être le professeur de musique du collège de Ligny.

70 . *Anne-Catherine de Ligniville d'Autricourt à Madame de Graffigny*

Ce 12 novembre 1745

Plus ie vous voit prendre de pare à ma senté, ma chere maman, et plus ie crint la petite verolle. Six ie vous sentoit indiferente, ie la seroit baucoups plus pour moy-même aussix. Mais vous me donné trops de ma[rques][a] d'amitié, ma chere maman, pour ne me pas faire desirer la vie ardamant; ie perderoit trops aux jours dhuie et ils m'ent couteroit infiniment. Vous me fette pence bien diferamant que ie ne fesoit ils y a quelque annés, car ie me suis trouvé dans des sircontence six cruelle que ie regardoit la mort avec en vie, et ie me suis trouvé souvent attaqué de cette maladie que l'on attribue aux Englais : c'est un degout affreux pour la vie; [b]ils et etonnent[b] à mon age, mais ils ne l'est pas quend l'on et malheureusse. Quelque petit engagement de cœur m'on fait sentire qu'ils etoit baux de vivres; et vous, ma chere maman, vous me le fette connaitre plus que jamais.

Vous avez la bonté, ma chere maman, de vouloires que ie vous ecrivent souvent et en lon. Mais vous ne me connessés pas en core, ie le voit bien. Imaginé-vous que ie ne ces[c] rien dire ceulle. [Vous][a] ecrivé, ils est vrais, et ce la me sufit pour [a][m'ô]té les inquietude que j'aurais de votre senté. Convené aussix, ma chere maman, que vos lettre sont six courte qu'elle ne peuvent pas baucoups me fournire d'idée. Ils faut m'ent fournire à moy pour que ie puisse dire quelque chose, car ie n'est point d'esprit dutout; amoins que l'on ne me fasses parle, ie ne ces[c] rien dire. Le cœur me dit assés de chose pour vous, ce ne seroit pas l'enbaras de vous dire bien des choses tendre.

Mais, ma chere maman, ie vous aye tent dit que ie vous aitoit attaché et que ie vous aymest plus que toutes chose aux monde que ma sincerité doit vous en assurer. Ie ne me lasseroit pas de vous le repaite; on cent toujours du plaisire à de pareille repet[it]ions et ce la paroit toujours nouvaux. Sa ne le seroit petaitre pas pour vous, ma chere maman, sa vous en nuiroit surement. Tout ce que vous me dite dans vos lettre, ma chere maman, ne m'inspire que de la tendres et de la reconnessence; ie vouderoit toujours vous le dire et ie crint toujour de vous lasser.

Adieu, ma chere maman, ie vais vous quitté, mais ie vous ecrire a pres de mins qui et jours de poste et ie vous menderais que ie vous aime toujours plus, six ils et posible de pouvoirs plus aimers. En fin, ma chere maman, ie vous dires tout ce que j'ay le plus d'inclinations à vous dire.

Ecrive aussix, ma chere maman, et partage un peut votre tent avec moy quend vos affaire vous le permettre, car quend vous me dite que c'est quelque amis qui vous en empaiche ie suis baucoups plus faché.

[*adresse* :] À Madame / Madame de Grafigny / pres du Luxembourge / rue Hiasinte / À Paris

MANUSCRIT

*A. Yale, G.P., XXXIV, p. 319–322; 3 p.; orig. autogr.; indication manuscrite d'un postier : Ligny.

TEXTE

[a] Trou à l'endroit du cachet. [b] il est étonnant. [c] sais.

71 . *Anne-Catherine de Ligniville d'Autricourt à Madame de Graffigny*

Ce 16 novembre 1745

Vous aites bien dure, ma chere maman. Vous ne m'avez ecrit que douze ligne de puis huite jours. Ie contoit que vous repare[r]ié ce la en me donnent semmedie de vos nouvelle. Mais non, vous ne me dite rien. Vous avez des affaire et des amis qui vous menge une partie de votre tent. Sa en paiche-t-ille que vous me disie que vous m'aimés et que vous pencé toujour à moy? Mon dieu! c'est bien tot fait, ma chere maman, et ils ne vous en couteroit gaire pour me faire goute du plaisire.

Ie suis à present dans la devotions : voyla le jubilé.[1] Ils faut faire des confessions generalle; ie suis à ecrire la mienne. Ils faut jeune en core, dises mes religieusse; c'est ce qui me couteras le plus. On entent plus parle dans cette maison que de mortifications et de penitence; on fait lęs plus baux proiet de devotions. Six jaussais[a] dire que ce la [b]ment nuie[b] ie le diroit mais ie n'ent aye garde.

J'atant demins avec inpasienc[e]; ie conte recevoirs une de vos lettre. Pencé donc, ma chere maman, que c'est l'unique plaisire que ie recent et quend ce la me menque ie [c]ment nui amourirs[c] et suis d'une melenquolie affreusse.

Adieu, ma chere maman. Six vous m'aimer dite-le-mois et lessés-moy vous baisser un milions de foy les mains.

[*adresse* :] À Madame / Madame de Grafigny / prest du Luxembourge / rue Hiasinte / À Paris

MANUSCRIT

*A. Yale, G.P., XXXIV, p. 315–318; 2 p.; orig. autogr.; cachet sur cire rouge; indication manuscrite d'un postier : Ligny.

TEXTE

[a] j'osais. [b] m'ennuie. [c] m'ennuie à mourir.

NOTE EXPLICATIVE

1. En 1745, Scipion-Jérôme Bégon (1681–1753), évêque de Toul depuis 1721, avait signalé à ses diocésains les bienfaits que comporterait un jubilé universel, et avait envoyé un mandement en vue de sa publication, mais s'était ravisé deux jours plus tard (v. lettre 76). Le jubilé ne sera annoncé que le 20 février 1746, et aura pour objet d'obtenir du ciel la cessation des fléaux qui désolaient le pays.

72. *Anne-Catherine de Ligniville d'Autricourt à Madame de Graffigny*

Ce 17 novembre 1745

Que d'obligations ie vous aye, ma chere maman, de m'avoires ecrit aux jours dhuie. Vous ne saurie croires le besoins que j'avoit de votre lettre. Ie suis de puis vos deux derniere dans un etat dificile à xprimer. C'est vous, ma chere maman, oui c'est votre amitié qui peut me faire suporté toutes les octacle[a] qui s'opose à mon bonheur. Mon dieu! qu'ils est rude d'aitre malheureux. Et pour quoy sufit-tille d'aitre heureux pour regarde les malheureux avec mepris? Que ie hais une façon de pence six basse! C'est l'argent ceulle qui ce fait adorer et respecté et la vertue n'est [b]qune ombre qua pene connest tont.[b] Croirie-vous, ma chere maman, qu'ils est des momans où tout le jenre humains m'est insuportable et ie trouvent que plus ie fait de connessence du cœur, [plus] j'ay un plaisire d'aitre avec mois-meme et de n'aitre pas obligé de vivre avec tout ces jent-là?

Ie ne sais six c'est le penchans que j'ay pour les homme qui me fait croire qu'ils y a che eux plus de resource que dans notre sexe. Ie ne sais mais ie leurs croit le cœur melieurs que nous autre; ils me semble qu'ils pence mieux et qu'ils ont plus de bonne foy. Par exemple ie ne les croit pas porté à la colommenie comme ces devote donc nous avont des exemple; ie croit pour moy qun[c] homme ne peut calomminie av[e]c autent d'impudenc[e] qune[d] femme.

Les propos de cette princes[1] surs mon quonte, ma chere maman, ne me fond de paine que par la crinte que j'ay que ces idés qu'elle a ne refraidise sa charité pour moy et par là ne m'eloigne toujours plus de vous. Ie puis vous assu[r]er avec sincerité que six le bien qu'elle veut bien me faire ne contribuest pas à m'aproche de vous, ie la remerciroit d'un bien qu'elle voude-roit me faire de six mauvaisse grace. Ils me semble que l'on ne goute pas une sertaine satisfactions que l'on deveroit sentire quend l'on ce voit dans une situasions plus heureusse, quend l'on fait reflections à quelle pris l'on l'a acheté. Vous ne saurie croire, ma chere maman, les vœux ardant que ie form[e] pour que Dieu touche le cœur de cette princesse. Ie tremble apresent quend ie resoit de vos lettre; ie croit toujours que c'est en core quelque malheurs que ie vais aprendre. Ce seras le comble six notre princesse et fort dans ces preiugé. Mende-moy, ma chere maman, la reusite de toutes les paine que vous prene pour ce la et dite-moy, ma chere maman, comme vous me le dite que vous m'aimés. Rien dans le monde ne me flate plus que votre amitié et ie n'es de veritable plaisire qu'à vous faire connoitre toutes la reconnessence et toutes la tendresse que j'ay pour vous.

Adieu, ma chere maman. Ie vous baisse les mains un milions de foy.

[*adresse* :] À Madame / Madame de Grafigny / pres du Luxembourg / rue Hiasinte / À Paris

MANUSCRIT

*A. Yale, G.P., XXXIV, p. 311–314; 3 p.; orig. autogr.; fragments de cachet sur cire rouge; indication manuscrite d'un postier : Ligny.

TEXTE

[a] obstacles. [b] qu'une ombre qu'à peine connaît-on. [c] qu'un. [d] qu'une.

NOTE EXPLICATIVE

1. La princesse d'Épinay (v. lettre 68).

73 . *Anne-Catherine de Ligniville d'Autricourt à Madame de Graffigny*

Ce 19 [novembre 1745][1]

Oui, ma chere maman, ils sufit de s'interessers pour moy pour s'atire du chagrin. Ie vous avous que ie suis penetré de ce luy que ie vient de vous procurer. Et-ille possible qune[a] femme qui a du [b]bont cent[b] puisses tenire des propos aussix impertinent sure une personne de votre quaractere? Elle et donc folle cette princesses, ou bien mechente. Ie la remercie, ma chere maman, de sa pencions puisqu'elle ne veut me l'acorde qu'eloigné de vous. Ie n'ent aye que faire; ie suis assés malheureusse cent[c] qu'elle me la rende par ces bien fait; ce n'est pas là la fasons de faire du bien. Ie ne pouroit jamais luy en avoires obligations; ainssix ie n'ent veux point par ce que ie n'aime point d'aitre ingrate.

Vous voulez en core luy faire parlé, ma chere maman; sa me prouvent bien votre amitié. Mais le prince de Pont[2] qui vous est amis ne pouroit-tille pas faire entendre à cette princesse la fausté de ces ideé et luy dire que la pencions qu'elle concent de me donne ne peut me rendre heureusse eloigné de vous; que tout mon bonheur ne conssiste qu'à [d]ma proche[d] de vous; que vous m'avez ellevéz et que ie vous suis attaché aux point de refuser tout les bien que l'on pouroit me faire elloigné de vous? Six cette princesse est neé avec un cœur sencible et six elle trouve de la satisfactions à rendre heureusse, elle en trouveras une parfette en m'aprochent de vous, car ie ne voit rien qui puisses me flate aux point de vivres aux prest de vous. Oui, ma chere maman, six cette prinsssesse a jamais connue le bonheur qu'ils y a d'aimers, elle ne peut cent[c] une dureté affreusse refuser ce qu'ond luy demende. Vous ne luy avee petaitre pas fait dire combien ie vous aimes; et elle pence petaitre qu'ils me seras egale d'aitre dans un couvent de province. Six les princesse avoit le cœur fait comme nous autre, i'espereroit de la touche en luy ecrivent et en luy fesent un portrais touchent de mon amitié pour vous. Mais ie croit que ces personne-là ne pence pas comme nous, car elle ignore de ce satisfaire elle-meme en rendans les autre heureux. Pour quoi en fesent du bien i maitre des quondisions qui en paiche de le goute et de leurs en avoires obligations? Enfin, ma chere maman, ie vous le demende en grace : n'accepter pas cette pencions amoins que ce ne sois comme nous le souhaitont. Vous sente bien qu'autrement ie moureroit de chagrint.

Ie vais ecrire à Me de Rouergue et à M[r] Le Febvre. Ie n'espaire cependant pas que Me de Rouergue goute ces propositions, car elle dit toujours qu'elle a des enfend[3] et que sa concience ne luy permet pas de donne de sont bien à d'autre. Mais comme vous dite, ma chere maman, ils ne coute rien de le tente. Ie desire bien ardamans que ce la puisses ce faire; ie vous en dirais des nouvelle la semaine prochaine. J'aurais le soint de leurs recommende le secrait.

Je suis inquiete de vous sentire tourmenté de paine d'esprit. Vous qui en avez tent, ma chere maman, de l'esprit, comment ne [e]saire tille[e] pas à vous maitre au-desus de tout ce qui se trouvent tout les jours dans le monde? Vous le connessés ce monde; vous connessés le cœur humains. À quoy servent toutes ces connessence? Nesses[f] pas à nous prepare et à nous atendre à tout? Quend ce la et comme cela, doit-tont se tourmente, ce derenge la senté pour une chose où ils n'i a point de remaide? Mais rien n'est plus sot, ma chere maman, que de se tourmente pour les defaux des autre. Six j'avoit autent d'esprit que vous ie vouderoit me formé une façon de pence qui me renderoit plus heureusse que tout le monde en sembl.

Vous me trouverais impertinente, ma chere maman, de vouloire vous donné des avis. Ie trouvent que ie la suis eftivement[g]. Mais pour quoy vous fette-vous malade et pour quoy m'avez-vous donné la permissions de vous dire ce que ie pence? C'est petaitre en mesuser. Mais non, ma chere maman, ie vous aime trops pour oubliez tout ce que ie vous doit.

Adieu. Ie vous baisses mille foy les mains et vous suis attaché pour toutes ma vie.

[*adresse* :] À Madame / Madame de Grafigny / pres du Luxembourg / rue Hiasinte / À Paris

MANUSCRIT

*A. Yale, G.P., XXXIV, p. 359-364; 5 p. (une feuille et une demi-feuille); orig. autogr.; fragments de cachet sur cire rouge; indication manuscrite d'un postier : Ligny.

TEXTE

[a] qu'une. [b] bon sens. [c] sans. [d] m'approcher. [e] sert-il. [f] N'est-ce. [g] effectivement.

NOTES EXPLICATIVES

1. Cette lettre est la troisième d'une série de neuf lettres où il est question d'une pension demandée à la princesse d'Épinay.
2. Charles-Louis de Lorraine, prince de Pons (1696–1755), lieutenant général, était un cousin issu de germains de la princesse d'Épinay.
3. Mme de Rouerke avait trois enfants de son premier mariage avec le marquis de Bassompierre : Anne-François-Joseph, mort en 1734, Louise-Lucie (v. lettre 58) et Françoise-Louise, morte en 1758, laquelle avait épousé en 1717 François-Joseph de Choiseul, marquis de Stainville.

74. *Anne-Catherine de Ligniville d'Autricourt à Madame de Graffigny*

Ce 22 novembre 1745

Je m'atendois presque à la desisions de la v[i]eille prinssesse : ie suis née trops malheureusse pour espairer le succest de ce que l'on entreprens pour moy. Ie croit, ma chere maman, que larait[a] et prononcés aux cielle que ie ne vous vaires jamais. J'ay tout lieux de croire que ie suis destinée pour aitre la personne la plus infortuneé; ils faut prendre pasience. Ce remede et rude et qu'ils en coute pour le prendre.

Ie vient d'ecrire à M[e] de Rouergue; ie luy marque ce que vous me dite; ie la suplis de me justifier aux prest de cette prinssesse. Ie ne ces[b] six elle le feras. Ie l'y en gage avec toutes les instence du monde; ie croit qu'ils faut[c] mieux s'adresser directemens à elle. Mr Le Febvr n'est pas à Nancy, et puis ce la ne seroit petaitre pas encore de sont gout.

Je suis amoitié morte de puis votre dernierre lettre, ma chere maman. Figurés-vous la paine que ie doit resentire. Ils y a aux moins six mois que ie me fait un plaisire d'allé vivres aux prest de vous. Dans le tent que ie m'ent croit le plus prais c'est ce luy ou i'ent suis le plus eloigné. Qu'ils et dure à suporte des coups comme ceux-là! Six ie n'avoit pas eut l'esperence de vous voires de six tot, ce coups ne me ferois pas tent souffrire. Ie ne croit pas, ma chere maman, qu'ils puisse appresen m'arive rien de plus malheureusse. Ie doit aitre aux comble du malheure. Ne croiez pas, ma chere maman, que les conceille que vous me donne soit jamais quapable de m'ent gage à vous quache mes faiblesse. Non, ie vous les dires toujours puis que ie suis sûre que cette connessence ne diminune[d] pas votre amitié pour moy. Ie cent le vrais de ce [que] vous me dite, ma chere maman; ie vois comme vous les malheureusse[e] que ie me prepare six ie ne travaille surs mon cœur. Mais ie suis comme vous me croiés : d'une paresse, d'une indolence affreusse. Ie ne sais me faire aucune violence; ie me livres à mon inclinations; ie m'aveugle surs tout ce qui me flate. Que ie suis aplainte[f], ma chere maman; et que ie vouderois avoires autent de fermeté d'ames que vous en avee! Tout ce que vous me dite, ma chere maman, ne m'aute poins la confience que j'ay en vous. Six c'etoit une autre qui m'ent dise le quare, ils me semble que mon cœur luy seroit fermér pour toujours. Mais en vous le ferment, ma chere maman, ce seroit m'aveugle moy-meme, car quend l'on ne me fait pas centire mes faiblesse, ie m'i livres daventage par ce que ie m'etourdie deçue.

[g]Fette-moy toujours connoitre tout ce que vous pence de moy, ma chere mamans. Personne aux monde n'est plus quapable que vous d'inspi[r]er de la vertue. Oui, vos conceille me changeron, ma chere maman; ie le cent bien mais ce n'est pas l'afaire d'un jours.

Adieu, mon aimable maman. Ie vous aime et vous respecte toujours plus.

Mende-moy comme vous vous porte. Pour moy ils y a quinze jours que mes seignemens de nes m'on repris. Ils y a un ans que ie ne me suis fait saigne du pies. Croier-vous, ma cher maman, que ie ferois bien de m'ent faire faire une petite?

[*adresse* :] À Madame / Madame de Grafigny / pres du Luxembourg / rue Hiasinte / À Paris

MANUSCRIT

*A. Yale, G.P., XXXIV, p. 307–310; 4 p.; orig. autogr.; cachet sur cire rouge; indication manuscrite d'un postier : Ligny.

TEXTE

[a] l'arrêt. [b] sais. [c] vaut. [d] diminue. [e] malheurs. [f] à plaindre. [g] Alinéa exceptionnel dans le A.

75 . *Anne-Catherine de Ligniville d'Autricourt à Madame de Graffigny*

Ce 24 novembre 1745

Le chagrien que ie recent de ne pas vous voires, ma chere maman, aussix tot que ie le contoit et bien adousie par [a]la surence[a] que vous me faitte de le partage avec moy. Six vous dite vrais, ma cher maman, et six ce n'est pas simplement pour me consolle que vous dite resentire ma paine, ie ne me regarde plus six malheureusse. Vous ne saurie croire le plaisire que vous me faitte, ma chere maman, en me plaignan, en m'apelent votre pauve Minette, votre chere enfan. Est bien, ma chere maman, tout ce la me ravie et me consolle et me fait oubliez pour des moment que ie suis en core dans mon triste couvent. Ils fauderoit resevoires de vos lettre tout les jours pour ne faire que de belle reflections. Mais mon dieu! que de tent j'ay pour n'ent faire que de sinistre; que de crinte j'ay de ne vous pas voire.

Vous avee baux vous donne des soins et des mouvement pour me raproche de vous, ma chere maman. Ie suis née avec trops de malheure pour pouvoirs esperer la reusite de la seulle chose qui peut me rendre la vie agreable. Elle ne la seras jamais pour moy, ma chere maman, amois[b] que ie ne la passes aux prest de vous. Oui, ie cent tout les jours plus le bonheur que j'aurais six ie vous voiest. On m'ofriroit apresent la fortune la plus briliente que je la refuseroit amoins que ie n'ent puisse jouires aux prest de vous.

On vient de m'interompe, ma chere maman; c'est le pere Entoine[1]. Ils est gardien icy; ie l'es prit pour mon confesseure et comme c'est demains une grende faite[2] ie vient de me confesser. Ie luy aye parlé de vous; ils m'a chargé de vous presente ses respect, de vous dires qu'ils auroit l'honneur de vous voire quend ils iras en France ils ne s[ait][c] quend.

Ma chere maman, quesque[d] dit Panpan? N'et-ille pas aussix touché de mon retare? Six ils m'ayme comme vous me l'avez dit, ce la doit luy faire de la paine pour moy.

Ie n'es pas en core de reponce de M[e] de Rouergue; ie conte demin en avoire[3] et ie vous en ferais pare toutes suite.

Adieu, ma chere maman. Ie n'auses pas vous dire à mon naise comme ie vous aime; ie crint de vous ennuiue de mes repet[it]ions.

[*adresse* :] À Madame / Madame de Grafigny / prest du Luxembourg / rue Hiasinte / À Paris

MANUSCRIT

*A. Yale, G.P., XXXIV, p. 301–304; 3 p.; orig. autogr.; traces de cachet sur cire rouge; timbre de la poste : LIGNY; indication manuscrite d'un postier : Ligny.

TEXTE

[a] l'assurance. [b] à moins. [c] Trou à l'endroit du sceau. [d] qu'est-ce que.

NOTES EXPLICATIVES

1. Le père Antoine est alors "gardien", c'est-à-dire supérieur, des Capucins de Ligny. En juillet 1746, il deviendra "provincial", autrement dit chargé de toutes les maisons de son ordre dans la province.
2. Jeudi 25 novembre 1745 : fête de Sainte-Catherine.
3. La réponse attendue ne lui parviendra que le 11 janvier 1746.

76. *Anne-Catherine de Ligniville d'Autricourt à Madame de Graffigny*

Ce 26 novembre 1745

Je le sais, ma chere maman, rien aux monde ne consolle comme d'aitre sûres qu'une amis partage nos paine. Mais serai-ge assés heureusse de dimunier celle que ie vous aye procuré, ma chere maman, en la partagent avec vous? M'aimés-vous assés, ma chere maman, pour sentire du plaisire en voyent vos paine devenire les mienne? Ils me semble que non. Pardonne-moy ce soubsont; ce n'est pas vous qui me le fette naitre, c'est moy, ma chere maman; c'est la connessence que j'ay de moy-meme qui me fest crinte[a] de ne pas avoires tout ce qu'ils fauderoit pour merite votre amitié aux point que ie le desireroit.

Mes conseils sont bont, dite-vous, ma chere maman, mais non point pratiquable. Les deux raison que vous m'ent donne sont bonne; malgré ce la j'aurais en core bien des chose à dire. La preniere et que pour aitre insencible aux calomenie ils fauderoit l'aitre à sa reputations. Ie ne trouvent pas que c'est aitre insencible à se reputations que de l'aitre à des fausté. Qui est insencible à sa reputasions se livres sent reservent à toutes ces passions, ne menage rien et n'a egare à rien. Mais moy, à qui ma reputations et fort cher, ie me conduirais comme vous fette, ma chere maman. Et bien, quelle tore fond des qualomnie à ma reputasions? Aucune. Le tore que ce la fest ne peut pas touche ou dunoins feblement par ce que l'on n'i a pas donné lieux. Ne vaux-tille pas bien mieux avoires une conduite sage pour soit-meme que pour les autre? Six l'on dit de mois dans le monde que ie suis sage et vertueusse, que ma conduite et admirable, en fin que j'ay etablie ma reputasions par mille fausté pour eblouire le plublique, n'importe, ils me croit sage. Croier-vous que ce la satisfasse baucoups interieurement? Non, ie croit que l'on ne vie pas trenquille; l'on et toujours occupé du soint de ce quasche aux autre et à soit-meme, car l'on ce feroit horreure six l'on s'aprofondissoit. Insix pour sont propre bonh[e]ure ils faut ce conduire comme [six] l'on pence aitre pour soit-meme tout ce que nous vouderions que l'on pence de nous. Six cette vois ne persuade pas le publique de ce que nous somme, tempire. Mais nous avont une grende consolations qui et notre cœur qui ne nous reproche rien. Ce n'est pas le monde qui nous rend hurreux, c'est nous-meme. Ie l'es experimenté bien des foy : quend le cœur n'est pas trenquille, l'on ne jouit d'aucunt plaisire. En voyla assés sure cette article, ma chere maman. Petaitre que ces resonnement-là ne sont pas de votre gout.

[b]Oui, ma chere maman, mon premier mouvement m'a porté à croire que la vie[i]lle princesses ce lesseroit touche par mon amitié pour vous. Ie n'avoit pas fait la reflections que vous me fette faire. J'ay le plus mauvais principe du monde, qui et de juge d'abore des autre par moy-meme. Ce que ie feroit, ils me semble que les autre doivent le faire.

Ils me semble qu'ils sufit d'aitre homme pour aitre sencible et resentire de la compasions. Ie suis toujours etonné quend ie trouvent de l'inumanité parmi nous. Ie savoit bien que les devote le sont plus que toutes autre peuple mais j'avoit oubliéz que cette princesse l'etoit. J'ay aités assés lontent avec ma chere mere pour un peut connaitre la façon de pence des devote.

Si j'avoit affecté de la dureté pour tout le jenrumin[c], l'on m'aurais petaitre aimés autent que ma sœur qui, avec un penchent extreme pour plaire, a le co[e]ur le plus incencible que j'ay jamais connue.

Ie tremble, ma chere maman, que cette princesse ne voulusse rien accorde. Ie croit qu'ils faloit d'abore la detrompe de ces preventions et luy faire connaitre la regularité de votre conduite. Six elle et persuadé qu'elle et bonne, elle accordera indiferament que ie sois dans un couvent aporté de vous.

J'atent demins de vos nouvelle, mais ie crint la reponce de cette princesse! La peure de me voires dans une coure feras petaitre quelque chose. Six ce la ne fait rien, ma chere maman, quelle resource auront-noux?

Ne trouvé-vous pas M[r] Le Fevre charman? Apres luy avoire montré tout l'empressement imaginable de savoires la reponce de M[e] de Rouergue, ils ne m'a pas fait encore de reponce. Ils et de ces gent comme vous dite [d]qui li a[d] dans le monde qui ne cont[e] bon à rien et qui ce rafredisse dès qu'ond leurs demende un service. Ie ne luy en aye jamais demendé que ie n'ay fait cette remarque. Ils m'ecrit ordinerement toutes les poste, mais dès que je le prit de [me rendre] quelque servise ils est un mois sent m'ecrire.

Apres saites[f] bien preparé aux jubilé on n'ent nauras point, à ce que l'on dit. M[r] de Toul[1] avee envoyéz le mendemend pour le plubliez et deux jours apres ils a ecrit que l'on ne le plublies pas. On ignore pour quoy ce changement; i'ent suis faché en mon particulie.

Adieu, ma chere maman. Quend ie vous diroit que ie vous aime toujours plus, ie mentiroit car mes sentiment sont trops tend[r]e pour qu'ils puisse y avoires en core quelque chose de plus. Ie vous dires donc que ie vous aime et que ie cent tout les jours que c'est aux prest de vous que ie doit jouires du plus parfait bonheures.

[*adresse* :] À Madame / Madame de Grafigny / pres du Luxembourg / rue Hiasinte / À Paris

MANUSCRIT

*A. Yale, G.P., XXXIV, p. 293–300; 6 p.; orig. autogr.; cachet sur cire rouge; indication manuscrite d'un postier : Ligny.

TEXTE

[a] craindre. [b] Alinéa exceptionnel dans le A. [c] genre humain. [d] qu'il y a. [e] sont. [f] s'être.

NOTE EXPLICATIVE

1. Voir lettre 71, note 1.

77. *Anne-Catherine de Ligniville d'Autricourt à Madame de Graffigny*

Ce 28 [novembre 1745]

Voyla la reponce de Mr Le Febvr,[1] ma chere maman; et ils m'a renvoyéz la lettre que ie luy avet envoyéz pour M[e] de Rouergue. Comment trouvé-vous qu'ils a prit la chose? I'ent suis tres mequontente, ie vous assure. Goute-vous sont quonceil et que voulez-vous que ie fasse, ma chere maman? Ce Monsieur Baudoins[2] à qui Mr Le Febvre me dit de m'adresser et amis eftivement[a] à Me de Rouergue, mais six ie m'adressoit à luy, ie crint que Me de Rouergue ne le trouvent mauvais. Pour quoy, pouroit-telle dire, ne me le dit-telle pas elle-meme, et à quelle propos ecrire à Mr Baudoin? Six ce la venoit de Mr Le Febvre, ce la seroit plus simple. Ie ferais en cela tout ce que vous me dirés, et j'atant votre reponce pour ecrire à Mr Le Febvre. Ne me renvoyez pas sa lettre; sa et inutille.

Ie contoit en recevoires une de vous hiers, ma chere maman, et ie m'ent etoit fait un plaisire. Mais non, ie n'est rien reçue. Mon dieu! j'ay bien peure que vous n'avez point de bonne nouvelle à m'aprendre, et cette princesse ne veut rien me donne six ce n'est en province. Que ie vais aitre malheureusse, ma chere maman, six à la premierre lettre que ie receverais de vous, vous m'alez marque cela! Oui, ma chere maman, ie mourerais de chagrin six on ne peut obtenire cette pencions aux prest de vous. Pour quoy faut-tille que cette princesse soit devote? Six elle ne l'etoit pas, ils y auroit mille resource; elle auroit un cœur sencible et l'on pouroit la touche. Mais n'ent ayent point, quelle chemin prendre? Ie n'ent connoit point.

[b]Adieu, ma chere maman. Ie ne veut plus rien vous dire; ie vous ennuiroit surement car ie suis aux jours dhuie plus melenquolique que jamais; ie ne puis que faire mille reflections triste. Mais ecrive-moy, ma chere maman. Votre amitié peut ceulle m'ent fournire d'agreable car vous aites dans le monde tout ce que j'ay de plus chere.

[*adresse* :] À Madame / Madame de Grafigny / pres du Luxembourg / rue Hiasinte / À Paris

MANUSCRIT

*A. Yale, G.P., XXXIV, p. 289–292; 3 p.; orig. autogr.; fragments de cachet sur cire rouge; indication manuscrite d'un postier : Ligny.

TEXTE

[a] effectivement. [b]Alinéa exceptionnel dans le A.

NOTES EXPLICATIVES

1. Lettre relative à la demande de pension adressée à la princesse d'Épinay. Elle ne nous est pas parvenue.
2. Charles-Joseph Beaudoin, conseiller à la chambre des comptes de Lorraine.

REMARQUES
Bien que les lettres ultérieures ne soient espacées que de deux ou trois jours, la lettre suivante est datée d'une dizaine de jours après celle-ci. Il se peut que, dans l'entretemps, une ou deux lettres, non encore retrouvées, aient été expédiées.

78 . *Anne-Catherine de Ligniville d'Autricourt à Madame de Graffigny*

Ce 7 desembre 1745

Je suis en colaire contre moy. Ie vous assure, ma chere maman, que vous m'avez bien fait soufrire de puis 15 jours et tout ce la heureussement pour rien. Vous n'avez pas aités malade, vous m'aimé toujours, et vous me fette toujours esperer que ie serais bien tot aux pret de vous. Voyla les trois chose que ie crainai[a] par votre silence. Reparé donc ce tent, ma chere maman, et ecrive-moy le plus que vous pouvais, car ie [b]ment nuie[b] horriblement de voires que ie ne suis pas en core aux prest de vous.

Assas![c] dite-moy une chose : six la princesse consent de me paier la pencions à Paris, ne me dirés-vous pas toutes suite de partire? Oui, ma chere maman, dite-le-moy, ie vous empris. Quelle difiqullté y aurait-tille en core? Ie n'ent voye point. Du jours au lendemins vous me ferais faire un petit lies[d] dans le couveent où vous voulez me mettre et puis ils fauderois que ce la soit conclue. Ie ne quonte pas passer l'iveres icy, ma chere maman, car vous m'avez toujours dit que ie ne l'i passeroit pas.

Penpan quonte-t-ille toujours vous voires? Vous m'avez dit que ce seroit veres le nouvellent[e] qu'ille iroit à Paris. Ie seroit bien affligé six ils fesoit ce voiage sent moy.

Vous pence que ie suis insurportable, mais pence aux six que ie vous aime et que ie [b]ment nuie[b] à mourires. J'aurais bien voulut aitre avec vous pour voires les emplaite que vous avez fait à M[e] la prinssesse; sa m'auroit bien amusér de courire Paris.

Ie vais ecrire à M[r] Le Fevre ce que vous me marque. Ils et vrais qu'ils ne paroit pas goute mon voiage; ie ne sais pour quoy, car ie vous assure qu'ils ne m'aime pas daventage qu'ils fesoit etent à Paris; dumoins ie ne le remarque pas dans ces lettre. Ie trouvent sont stils frois. Ils m'avoit demendé ils y a 15 jours la permiscions de venire me voires; ie luy aye marqué que cela me paroisoit inutille; ils c'ent est tenue là et ne m'a pas marqué plus d'enpressement.

[f]Ne soyez pas faché, ma chere maman, de l'empressement que ie vous fait parait[r]e. Vous sente bien que ie me conformerais toujour à tout ce que vous souhaiterais, mais ils et bien naturelle de desirer d'aitre heureusse et ie

ne la serairs plainement, ma chere maman, que quend ie me vaires prest de vous. Tout mes proiet de satisfactions ne conserne que vous; quend ie serais aporté de vous voires, ie serais contente. Six vous ne m'aviez pas montré tent d'amitié, ma chere maman, vous me trouverie plus de pasience; mais vous me montre dans toutes vos lettre des sentiment qui me fond vous aimer plus que ie ne puis vous dire.

Ils y a un ans, ma chere maman, que j'ay le bonheur d'aitre en relations avec vous.[1] Ils n'ent faut pas tent pour connaitre votre cœur et pour faire naitre l'envie de vivres avec vous. Ie vous dires, ma chere maman, que ie ne fait presque plus rien que d'etudie ma musique; elle m'a procuré une connessence qui quomence à ne plus m'aitre indiferente : c'est un chanoine d'ici qui et fort emable. Vous connessés le non : c'est l'abbé de Risocoure.[2] Ils vient chente avec moy toutes les semaine. Ils i a plus de deux mois que ie m'apersoie que ie [b]ment nuie[b] et que ie suis de mauvaisse humeurs les jours qu'ils ne vient pas. Ie fut hieres deux heures avec luy, ie ne [g]ment nuiest[g] pas et ie ne pencois jamais qu'à vous.

Adieu, ma chere maman. Aime-moy, ie vous conjures, et dite-le-moy avec autent de plaisir que i'ent aye à vous assure des sentiment tendre et respectueux.

[*adresse* :] À Madame / Madame de Grafigny / pres du Luxembourg / rue Hiasinte / À Paris

MANUSCRIT

*A. Yale, G.P., XXXIV, p. 355–358; 4 p.; orig. autogr.; cachet sur cire rouge; indication manuscrite d'un postier : Ligny.

TEXTE

[a] craignais. [b] m'ennuie. [c] Ah ça! [d] lit. [e] Nouvel An. [f] Alinéa exceptionnel dans le A. [g] m'ennuyais.

NOTES EXPLICATIVES

1. Soit décembre 1744; mais la première lettre de cette correspondance à nous être parvenue est datée du 16 mars 1745 et la deuxième du 8 août 1745.
2. Voir lettre 48, note 3.

79 . *Anne-Catherine de Ligniville d'Autricourt à Madame de Graffigny*

Ce 11 desembre 1745

Je reçois dans ce moment vos deux lettre. Qu'elle sont aquablante, ma chere maman, et que ie m'atandoit gaire à tant de malheurs! Loins de ce la ie me croiest à la fin de tout ceux que j'ay soufaire jusqu'à cette heurs, et toutes les lettre que j'atendoit de vous, ie ne les croiest propre qu'à me confirme dans cette idée. Mais non, toute et renvercé et ie ne vous vaires petaitre pas. Tent que ie ne serais pas aupres de vous, ma chere maman, j'aurais toujours peure. Toutes les paine que ie me suis fait pendans ce tent que ie ne recevoit point de vos nouvelle, dite-moy, ne croiez-vous pas comme moy, ma chere maman, que c'etoit des presentimens de ce qui m'arivent aux jours dhuie? Imaginé-vous que de puis ce tent ie ne me trouvent propre à rien. Ie ne pouroit pas trops vous definire comme ie suis. Represente-vous une personne qui vient de perdre tout ce qu'elle a de chere aux monde; elle et occupé de sont malheurs et rien ne peut l'en tirer. Voyla comme ie suis; j'ay un fond de tristesse que rien ne peut disipe. Quend ie prend un livrs, ie ne ces[a] ce que ie lis, ie l'autre[1]; ie prend ma musique, ie ne puis chante. J'ay l'espris occupé mais six confusement que ie ne peut dire ce que c'est. Vos lettre m'ouvers[b] les yeux, ma chere maman; c'est mon cœur qui m'avertisoit que ie ne vous vaires pas; ils a prevenue la chagrien que vous m'aprenee.

Vous aviez besoins de la proctections de Mr le controleurs generalle, dite-vous, ma chere maman, et s'etoit sure luy que vos edifice etoit fondé. Mais ils y a plus d'une ans que j'ay entendue parlé de sa chute;[2] vous l'avez surement sue; comment ne prevenie-vous pas ce malheurs? Comment pouvez-vous me defendre deux foy, ma chere maman, de ne point[3] parlé de ce que vous me dite à ce suiet? C'est me faire injustice que de doute de ma discretions.

Et-tille posible, ma chere maman, que Penpan fesoit ses paquet et que i'etoit aux moman de vous voires? Quelle coups, ma chere maman, et que ie suis malheureusse! Mais, ma chere maman, six la princesse ne donne pas une pencions sufisente, j'aurais toujours celle de Me de Rouergue tent qu'elle viveras. Quend bien meme ie luy diroit que la princesse d'Epinois fait quelque chose pour moy, ie suis bien sûre qu'elle continurais toujours à me donné ma pencions. Six elle venoit à mourires vous parlerié aux prince de Bauvaux; d'icy à ce tent ils seras de retoures.

Vous m'efreé orriblement, ma chere maman, en me disent d'aprendre le [c]la tint[c] aux pres de l'abbé de Risocours. Sa veut donc dire que ie serais en core bien du tent icy; vous ne me proposerie pas ce la six ie n'avoit plus que quelque mois à y reste. Mon dieu! six i'etoit aporté de vous voires, ils m'ariveroit les plus grend malheures que ie les suporteroit pasiaman[d] parce que ie vous aurais et que ie pouroit vous ouvrier mon cœur à tout les moman du jours. Ie reseveroit de la consolations et ie n'ent aye aucune icy. Ie ne puis pence, ma chere maman, qu'ils faut que ie passe encore l'ivers eloigné de vous et meme plus lontent, car, ie le vois bien, ils et sertin que six, comme vous le dite, mon voiage n'etoit retardé que de quelque mois, vous me lesserie partire aux jours dhuie. Mais ie vois bien, ma chere maman, que vous ne savez pas vous-meme six quelque mois sufiront pour change vos affaire. Six vous en netie sûre, quelque moy de plus ou de moi[n]s n'est pas une affaire et vous me dirie : "Partez". Mais vous ne pouvé me le dire, ma chere maman, et petaitre ne me le dirés-vous jamais.

Vous ne me plaigne pas tent, dite-vous, ma chere maman, puisse que j'ay une compagnie qui m'amuse. Aux contraire vous deverie me plaindre daventage car ie n'aime jamais sent[e] aitre plus malheureusse; rien aux monde ne me fait tent soufrire que d'aime, et rien ne peut m'ent enpaiche. Ie cent que ie goute mille tranquilité quend ie n'es pas quelque obiet qui m'ocupe; ie m'amuse moy-meme; ie fait mon plaisire. Et quend i'aime, rien ne peut m'amuser que la personne meme. Vous voyez par là que ie passe bien des mauvais momen. Autre chose qui me jaine[f] : et-ont avec la personne que l'on aime, ils faut toujours findre ces sentimens et affecté une indiference que l'on n'a pas. Tout ce la me deplais et me mais[g] de mauvais humeurs. J'aimerais que rien ne s'opose à mes desire et qu'ils n'i aye point de raison à suivres. Mais ie ne veut plus rien vous dire, ma chere mamans, car vous m'alez gronde d'une pareille façon de pence.

Vous me fette rire en me disent que six l'on aimais tout les homme avec les quelle l'on vie l'on seroit de jolie perconne. Mais mon dieu! ie n'aime pas tout ceux que ie vois; c'est ceullement ceux qui m'eme, et ie ne suis pas metresse d'aitre autremens. Ce n'est pas cette abbé de Risocour[4] que vous avee veut page aux prince de Lixin[5]; c'est un de ces cousin; ils et chanoine icy. Ils y a plus de deux ans que ie le connois, mais ie ne le voyest presque pas par ce qu'ils n'aime pas le parloire, et qu'ils sont six sombre que l'on a de la paine à ce voires. Quend ils a sut que j'aprenois la musique ils m'est venue voires assidumens par[ce] que c'est à une grile qui s'ouvres et que dumoins l'on peut ce voires. La superieures m'a dit avant-hierre qu'elle ne vouloit plus qu'ils i vienne par ce que c'est dans une petite chapelle et que l'on n'i doit pas tenire de conversations mondaine. Ie suis fort faché de ce la; ie ne ces[a] ce qu'ils en seras.

Adieu, ma chere maman. Ecrive-moy, ie vous empris, dès que vous aurés reçue cette lettre, car ie meure [h]dans nuie[h] quend vous ne dite rien.

Monsieur Le Febvr ne m'a pas ecrit de puis la lettere que ie vous aye envoyéz;[6] ils ne m'eme plus et moy ie ne pence presque plus à luy. Quend l'on me neglige, mes sentimens s'afaiblisse extremement.

[*adresse* :] À Madame / Madame de Grafigny / pres du Luxembourg, rue / Hiasinte / À Paris

MANUSCRIT

*A. Yale, G.P., XXXIV, p. 335–340; 6 p. (une feuille et une demi-feuille); orig. autogr.; fragments de cachet sur cire rouge; indication manuscrite d'un postier: Ligny.

TEXTE

[a] sais. [b] m'ouvrent. [c] latin. [d] patiemment. [e] sans. [f] gêne. [g] met. [h] d'ennui.

NOTES EXPLICATIVES

1. Lire : "je l'ôte" : je l'éloigne de moi.

2. Philibert Orry, comte de Vignory (1689–1747), devenu contrôleur général des finances en 1730. Il conserve son poste pendant près de deux ans après la mort de son protecteur, le cardinal de Fleury, mais disgracié par Mme de Pompadour, il est remplacé le 4 décembre 1745 par Jean-Baptiste de Machault d'Arnouville.
3. Négation inadvertante.
4. Voir lettre 48.
5. Jacques-Henri de Lorraine, prince de Lixin, dit chevalier de Lorraine (1698–1734), épouse en 1721 Anne-Marguerite-Gabrielle de Beauvau-Craon, âgée de 14 ans, fille de Marc de Beauvau-Craon et d'Anne-Marguerite de Ligniville. D'un caractère fantasque, il blesse en duel un frère de sa belle-mère, puis, se croyant humilié par le mariage en 1734 de sa cousine Élisabeth-Sophie de Lorraine avec le duc de Richelieu, il insulte ce dernier qui le tue en duel.
6. Anne-Catherine avait commencé sa lettre du 28 novembre précédent adressée à sa tante par : "Voyla la reponce de Mr Le Febvre."

80 . *Anne-Catherine de Ligniville d'Autricourt à Madame de Graffigny*

Ce 28 desembre 1745

Personne, ma chere maman, ne ce lesses abatre comme moy. Ie la suis à lexet[a]. Quend j'ay du chagrien, [b]rien sure[b] le moment ne me fait entendre raison; ie suis aux dessespoire. Ils ne se fait sentire qu'interieurement; c'est un sesisement par tout mon corp, donc ie ne suis pas metresse. Mais aux six, six mes paine sont violente elle ne dure pas lontent. Le premie moment passés, ie prent mon partie; ie me dit tout ce qui peut me rendre ma tranquellité et dans l'espasses de deux jours, six mes paine ne sont pas toutes affait diminuéz, elle sont du moins bien asmorties et ils ne m'ent reste qund[c] fond de lengeure qui ne ce disipe pas six aisement. Ne soufré donc pas, ma chere mamen, de mon chagrien; ils me sufit de vous aimer et de reflech[i]re sure vos bonté pour me console. Puis que j'ay toujours l'esperence de vous voires, et que vous voulez toujours travaille à me raproche de vous, ie ne suis pas encore six malheureusse. Non, ma chere maman, ie ne la suis pas encore mais petaitre que ie la seroit bien tot, est, dès que ie n'aurois plus d'esperence, ie me regarderais comme la plus infortuné. J'ay trops envie, ma chere maman, de pence comme vous et d'avoires vos sentime[nt]s pour neglige d'i parvenire en vous cachant les mouvement de mon cœur. Vous les sauré toujours touse, ma chere maman, et aux naturelle.

Croirie-vous que tout ce que vous m'avez dit sur l'inclinations que ie sentoit pour l'abbé de Risocoure m'a mit tout ie ne sais comment? Quend ils me vient voires ie suis embarassés et ie ne sais plus que luy dire; ie n'etoit pas comme cela avent. J'ay honte apresent de luy avoire temoigné du plaisire et de l'en pressement à le voires [d]est ces[d] vous qui en aites quause. Personne ne suis avec tent de vivasité et moin de reflections tout ce qui plais aux premie moment que moy. Six mon cœur me porte à une chose, g'y consent toutes juste et ie ne sais ce que c'est que de luy resisté, mais aussix ie le paie bien par les conbat que j'eprouvent aprest. Ie cent bien, ma chere maman, qu'ils et horible d'aimer le premie venue comme vous le dite, mais convene qu'ils ne l'es pas de s'atache à un ceulle homme. On nest metresse de ne pas s'atache aux premie venue, mais on ne l'es pas souvant dans[e] aimer un uniquement. Mon caractere n'est pas dans[e] aimer plusieur à la foy. Quend i'emais M[r] Le Fevre ie n'emoit que luy; toutes autre ne me plaisoit pas. Quand j'ay aimér l'abbé de La Chatagnerais ie n'emoit Mr Le Fevre que comme un amis. Apresent Mr Le Fevre me neglige; ils ne m'ecrit presque plus. I'ent fait de meme; ie ne pence à luy que comme à un homme qui m'a aimér. J'ay donc le cœur libre; c'est une chose ennuiente pour moy. Cette abbé de Risocour c'est presenté, ils l'a remplis non pas pour lontend car vous ne le voulez pas. Est bien, apresent ie voit tout ces jenge-là qui pouroit me plaire et ie n'ent aime auqun veritablement.

Ie trouvent que rient n'est plus desagreable que d'aitre quoquette par ce [f]quend faint[f] une quoquette ce trouvent toujours sent rien aimer. Je sais bi[e]n que, pour moy, six j'ay ce quaractere aux jours dhuie, c'est malgré moy, car ie n'est point de plaisire d'aitre aimér amoins que ie n'aime aussix. Votre chason[1] et charmante, ma chere maman, mais en verité, comme ie vous le dit, ce n'est pas ma faute six ie suis qu[o]quete. Six ie trouvoit quelqun qui merite d'aitre aimér veritablement, ie seroit bien contente car ils n'i a rien dans le monde que j'aime tent.

Tené, ma chere maman, fette-moy trouve en homme ce que vous aites en femme; vous vairés, quoy que vous ne le voulussie pas, qu'ils ce trouveroit a lieurs que dans les romens et dans les nis de tourterelle des modelle de constence. Vous avee des qualité qui vous fond adore, ma chere maman, et quend ie serais aux prest de vous ie suis persuadé que ie n'emairas plus les homme et que vous m'ocuperais le cœur comme un amans emable pouroit me l'ocupe. J'aime la vertue; j'aime les grand sentiment; tout ce la me charme.

[g]Je me doutoit bien que vous ne passerie pas les 8 sent livres.[2] Voyla le vrais, ma chere maman. Six mois avent que Me de Rouergue aye envie de me mettre aux couvent, elle me dit qu'elle ne vouloit plus [h]ce mailer[h] de mon entretien, et qu'ils faloit que ie [i]ma coutume[i] à rengé toutes mes petite affaire; en fin qu'elle me donneroit 10 louis pars ans pour tout generallement. Moy, qui n'avoit jamais eut un sols, ie fut enchanté de cette somme; ie n'etoit occupé qu'à des proiet d'ajustement. Le lendemains qu'elle mut[j] dit ce la ie fit venire une marchante de galanterie; ie prit mille petit

quolifichet que Me de Rouergue ne me donnoit pas. Elle me donnoit bien des robe mais rien pour asortire avec ce la. Ie prit le tout à craidie, m'atandant le premie jours à avoires ma pencions. Point dutout! M[e] de Rouergue dit ce proiet à une de ses femme de chambre, qui l'ent detourna; elle ecoute tout ce qu'ond luy dit, M[e] de Rouer[g]ue, et ie nut[k] point de pencions. Deux mois a pres elle prit le partie de me maitre aux couvent; ie tombais malade.[3] La marchante aporta le memoires à M[e] de Rouergue qui fut furieuse contre moy. Six ils montoit à trois louis c'etoit le tout. Voyla, ma chere maman, le vrais. Ie n'ausais pas vous le dire, mais, puis que vous voulez le savoire, le voyla.

Adieu. Ie vous baisse les mains un milions de foy. Ecrivee-moy, ie vous empris, [l]cent quoit[l] ie mourerais.

[*adresse* :] À Madame / Madame de Grafigny / pres du Luxembourg / rue Hiasinte / À Paris

MANUSCRIT

*A. Yale, G.P., XXXIV, p. 329–334; 6 p. (une feuille et une demi-feuille); orig. autogr.; fragments de cachet sur cire rouge; timbre de la poste : LIGNY.

TEXTE

[a] l'excès. [b] Le A : "rien de sure". Anne-Catherine a pu d'abord avoir l'intention de faire suivre "rien de" d'un adjectif. [c] qu'un. [d] et c'est. [e] d'en. [f] qu'enfin. [g] Alinéa exceptionnel dans le A. [h] se mêler. [i] m'accoutume. [j] m'eut. [k] n'eus. [l] sans quoi.

NOTES EXPLICATIVES

1. Chanson. S'agit-il de vers dont Mme de Graffigny aurait agrémenté sa dernière lettre, ou de chansons, c'est-à-dire, "toutes sortes de vains propos, de raisons frivoles, des propositions qui n'ont point d'effet" (*Dictionnaire de Trévoux*, 1743)?
2. Anne-Catherine essaie d'expliquer comment la princesse d'Épinay avait pu l'accuser d'avoir volé de l'argent à Mme de Rouergue. Voir lettre 68, et pour la suite de cette explication, la lettre 84. Le 31 décembre, Mme de Graffigny commentera ainsi le récit de sa nièce : "Ie crois que la calomnie n'est point si calomnie. Elle avoüe une partie de la depte. Ie crains fort qu'elle ne sache [me cache?] le reste. Cela fait encore une petite consolation de ne point l'avoir. Ie crains qu'elle n'ait un peu les inclinations de sa chere famille. Que d'épines sous les roses!" (G.P., XV, p. 131.)
3. C'est la "grande maladie" dont il a été question dans la lettre 60.

81 . *Anne-Catherine de Ligniville d'Autricourt à Madame de Graffigny*

Ce 1 jenvie 1746

Oui, ma chere maman, vos lettre me consolle et elle ceulle me soutienne dans tout mes maux. Ils n'es pas posible d'atendre l'arivée de la poste avec plus d'empressement. Rien, ma chere maman, ne me fait sentire de veritable plaisire que vous. Ie n'aime plus que vous. Apresent mon cœur n'est occupé que de vous.

Voyla qui est finie : M^r Le Febvr m'a aimér trops longtent; ils ne m'eme plus dutout. Ie n'est eut cune[a] lettre de luy de puis celle que vous avez veut. Sa me fait de la paine ce pendant, car j'aime d'aitre aimér. Vos conseille sont admirable, ma chere maman, mais vous dirai-ge que vous ne m'ent donné plus apresent que ie ne tremble? Vous ne pence surement pas pour quoy. Le voyla : c'est qu'ils me semble que six ie devoit vous voires dans quelque mois, vous ne m'exorterie pas tent à profite de ma solitude; ce ne seroit pas dans l'espasse de quelque mois qu'ond pouroit faire provisions de grend chose. Et puis en core quesque[b] vous me dite en me souhaitant une bonne année? C'est-à-dire, dite-vous, ma chere maman, de ne la pas passer sant nous rejointe. Mon dieu! ie conte bien vous voires aprest l'ivers. Pour le coups ie mourerais six ie ne suis pas l'aité aux prest de vous. Tené, ma chere mama; ils et deux foy plus affreux d'aitre aux couvent l'aité que l'ivers; quend ils faut voirs de baux jours et que l'ont n'ent peut jouire, autent aitre morte. Six vous savie combien ie suis malheureusse l'aité, ma chere maman, vous en serie touché.

Ie ne vous parle plus de mes lecture, ma chere maman, ils et vrais, mais c'est que ie ne lis presque plus de puis que j'aprend la musique. Voyla comme ie suis : des cune[a] chose me plais, ie m'i livres et ie neglige tout le reste.

Apropos, ie vouloit vous demende, ma chere maman, six vous voulez que je chante des parolle. Mon maitre me dit tout les jours que ie suis en etat de ce la. Ie n'ent aye pas trops en vie par ce qu'ils n'aime pas le tendre, et qu'ils ne veut dire que des motes[c]. Ce pendant six vous me lessés en core un siecle icy, ma chere maman, ils fauderas bien en chante. J'ay epuisér tout ses livres à solfier. Six vous en avie à me prete, ma chere maman, ie vous serais bien obligé. Ceux que vous avee eut la bonté de m'envoyez sont fort aisér. Ils me fauderoit quelque chose de plus dificile pour chante aux prest de mon maitre.

Ie contoit me faire saigne ce soire; ie n'ent ferais donc rien, et ie ferais ce que vous me marque car ie suis tres bien raiglé.

Et bien, ma chere maman, soyez sûre que ie ne suis gaire sent rien faire. Ie travaille une partie de la journe liare[d] à chanté; ie [lis][1] un peut le matin; le reste de la journé ils y a toujours du monde dans ma chambre. Ie lirois bien malgré ce la six ie voulois, car ie ne sais ce que c'est de me jaine[e], mais quend l'ong entant parlé, ce la interon et l'on ne sais ce que l'on lis. Quend ie lis j'aime d'aitre tranquille, et ie ne vouderoit pas entendre le moindre bruie.

Ie suis bien faché : Me de Rouergue ne me fait point de raiponce. Sa et bien malle en verité. Aparamant qu'elle ne veut pas ce donne la paine de faire ecrire à M[e] d'Epinois. J'ay en core en vie de luy ecrire. Ils faut toujours que ie le fasse pour luy souhaite la bonne anné.

Ie vous renouvelle mes sentiment tendre et respectueux, ma chere maman, et vous assure que tout mes veux ne sont que de vivres bien tot aux prest de vous, et de merite votre amitié. Voyla ce que ie souhaite; voyla tout mes desire et les ceulle chose qui peuvent me rendre parfettement heureusse.

[f]I'atant votre livres[2] avec impasience car j'ay un plaisire extreme à voires vos façon de pence. Pour quoy m'envoyez en core de l'argan, ma chere maman? Ie n'ent aye que faire et vous en avez bien plus besoin que moy.

[*adresse* :] À Madame / Madame de Grafigny / pres du Luxembourg / rue Hiasinte / À Paris

MANUSCRIT

*A. Yale, G.P., XXXIV, p. 369–372; 4 p.; orig. autogr.; cachet sur cire rouge; timbre de la poste : LIGNY.

TEXTE

[a] qu'une. [b] qu'est-ce que. [c] motets. [d] Faut-il lire "l'air" ou "les airs" ou "à lire"? [e] gêner. [f] Alinéa exceptionnel dans le A.

NOTES EXPLICATIVES

1. Adjonction conjecturale.
2. Il ressort des lettres 86 et 87 qu'il s'agit sans doute de l'ouvrage intitulé *Cinq Contes de fées, dont trois n'ont point encore paru & deux sont à la troisième édition* (1745), et généralement attribué au comte de Caylus. Ces contes sont *Le Prince des cœurs et la princesse Grenadine*, *La Princesse Azerolle, ou l'Excès de la confidence*, *Fleurette & Abricot*, *Le Loup galleux* et *Bellinette, ou la Jeune Vieille*. Les deux derniers avaient déjà paru sous le titre *Le Loup galleux, et la Jeune Vieille, contes, par Madame de V**** (Leide, 1744). Il est certain que *La Princesse Azerolle* est de Mme de Graffigny (v. lettre 87). D'ailleurs, dans ses lettres à Devaux de janvier 1745, Mme de Graffigny dit avoir "froté d'onguent" et "brossé" ce *Loup galeux* (v. G.P., XXVII, pp. 275 et 287).

82. *Anne-Catherine de Ligniville d'Autricourt à Madame de Graffigny*

À Ligny, ce 6 jenvier [1746][1]

Pouvé-vous, ma chere maman, me lessers six longtent dans l'inquietude; douté-vous que je puisse avoirs un moment de tranquillité de puis votre derniere lettre? Je vous aime trops, ma chere maman, pour ne pas sentire une viefe paine quend ie vous aye donné lieux de vous plainte de moy. Je vous demendoits en grace par ma derniere lettre de me dire que vous me pardonnie, et que vous oubliez les terme donc ie m'etoit servie. Vous ne me reponde pas, ma chere maman, et voyla plus de huite jours que ie ne ces[a] ce que vous fette. C'est trops me punire, ma chere maman, d'une fauté[b] involontaire. Oubliez sa donc, ie vous en conjure; dite-le-moy, ma chere maman, et rende-moy cette satisfactions et cette trenquilité donc ie n'es pas jouis de puis que ie vous sent indisposér contre moy.

N'ete-vous pas malade aussix, ma chere maman? Pour quoy me lessés faire toutes ces triste reflections; ne sui-ge pas assés malheureusse d'aitre eloigné de vous sent l'aitre encore de votre silence? Je pence de façon apresent, ma chere maman, que rien ne me fait de plaisire que tout ce qui a raport à vous. Toutes autre chose ne m'est pas sencible aux point que ie la suis pour vous. Aurie-vous trouvé quelque chose dans mes derniere lettre qui vous aye [c]de plus[c]? Dite-le-moy, ma chere maman, et ne reste pas comme ce la sant me rien dire, car en verité ie n'i puit tenire. Je suis tourmenté de toute les idée que votre silence me fait naitre. Ils me semble, ma chere maman, qu'ils y a un siecle que vous ne m'avez dit que vous m'aime. Mon dieu! ne m'emerie-vous plus? Rasuré-moy donc, ma chere maman; aprene-moy ce que vous fette et ce que vous pence. Moy ie sent que ie vous aimeroit et que ie vous respecteroit toujours plus, six ce la pouvoit aitre posible, mais mes sentiment sont de façon à ne pouvoirs ogemente.

Adieu, ma chere maman. Je vais attandre l'arivé de la poste avec bien de l'impasience, mais ie vous empris que ce ne soit pas en vains.

[*adresse* :] À Madame / Madame de Grafigny / pres le Luxembourg / rue Hiasinte / À Paris

MANUSCRIT

*A. Yale, G.P., XXXIV, p. 243–246; 3 p.; orig. autogr.; cachet sur cire rouge; timbre de la poste : LIGNY.

TEXTE

[a] sais. [b] fausseté? [c] déplu.

NOTE EXPLICATIVE

1. Anne-Catherine fait preuve dans cette lettre d'une impatience similaire à celle qu'elle manifestait dans sa lettre du 1er janvier 1746 et c'est en termes semblables qu'elle exprime dans l'une et l'autre son amour pour sa tante et son malheur d'être éloignée d'elle. En outre, elle s'inquiète de la santé de Mme de Graffigny dans la présente lettre ("N'ete-vous pas malade aussix?"), comme dans celle datée du 7 janvier 1746 ("Vous m'aprene votre retablissement avec votre inquomodité.").

83 . *Catherine-Diane de Beauvau-Craon, dame de Rouerke, à Anne-Catherine de Ligniville d'Autricourt*

À Nancy, ce 6e de l'an [1746][1]

J'ay reçu, ma chere demoiselle, vos deux lettres, à aucune desquelles je n'ay repondu, Baltazard[2] n'etant pas icy.

Je vous plains très fort des mauvaises tracasseries que l'on vous a faites auprès de Made d'Epinois, à qui j'ay ecris dans le moment pr la dissuader, et vous ay rendüe toute la justice que vous meritez, l'engageant de mon mieux à vous continuer la bonne volonté qu'elle avoit marquée, et à detruire les mauvaises opinions que l'on avoit mis sur vôtre compte. J'ay même fait ecrire Mad. d'Aigre[3] à vôtre sujet, comme etant très bien ensemble, et je ne doute nullement que cela ne fasse un bon effet.

Je vous embrasse, Mademoiselle, en vous souhaitant plus de satisfactions dans l'année où nous sommes, que dans la passée.[4]

MANUSCRIT

*A. Yale, G.P., XXXIV, p. 345–346 ; 1 p. (demi-feuille); orig.

NOTES EXPLICATIVES

1. Mlle de Ligniville joindra cette lettre à celle envoyée à sa tante le 14 janvier 1746.
2. Cette réponse n'est pas de la main qui a écrit la lettre 64. Balthazar était l'homme d'affaires de Mme de Rouerke. Un Baltazar habitera la maison voisine de l'hôtel de Rouerke en 1753, et un greffier du nom de Joseph Balthazard sera nommé à la Cour souveraine en 1755.
3. Françoise-Gillette Locquet de Grandville, fille de Charles-Antoine Locquet, seigneur de Grandville, seconde femme (1740) de Louis-Gabriel Des Acres, comte de L'Aigle (1705–1774). Elle mourra vers le début d'avril 1746.
4. Ajouté en bas de page par le secrétaire : "Je vous demande bien des pardons, Mademoiselle, d'avoir passé 4 fois devant la porte de vôtre hostel sans avoir eu l'honneur de prendre vos commissions, mais il etoit heur jndüe."

84 . *Anne-Catherine de Ligniville d'Autricourt à Madame de Graffigny*

Ce 7 jenvier 1746

Non, ma chere maman, ie ne suis pas inquiete apresent de votre senté puis que vous m'aprene votre retablissement avec votre inquomodité. Mais, ma chere maman, puis-ge vous aimer et aitre trenquille dans la suite?

Ie vais vous croire malade à chaque instent. La pencé de vous perdre, ma chere maman, et pour moy quelque chose d'afreux. Fette donc en sorte que ie sois bien tot aporté de vous voirs tout les jours. Six l'on vivois toujours, l'on pensienterois[a], par ce que l'on seroit sûres d'ariver un jours à ses desire. Mais la vie est six insertaine, ma chere maman, que j'ay toutes à crinte[b] eloigné de vous. Prene-vous assés d'exercise? J'ay peure que non. Le chagrin, les paine, tout ce la epaisix le seng. Ie cent par moy-meme ce que ie vous dit là. La vie melanquolique que ie maine de puis que j'ay de la raison m'a rendue le seng auxis epais que six j'avois quatreving ans; et malgre ce la ie l'ais echaufé. Fette donc votre posible, ma chere maman, pour vous disipe, car vous en avee surement besoins.

Pour quoy dite-vous, ma chere maman, que votre livres[1] ne m'amuseras gaire? Esse[c] que tout ce qui vient de vous ne me procure pas du plaisire? Ie n'aime pas non plus que vous m'envoyez de l'argent. Six ie devois vous voires dans quelque moy vous ne m'ent donnerie point. Tene, ma chere maman; tout ce la n'est pas de bonne hogure[d].

Dite-moy donc, quelle sont vos proiet dapraisant[e]. Esse[c] que vous esperer en core de la prinssesse d'Epinois?

Vous voulez un detaille de la pure verité, ma chere maman; ie vais vous en faire un, car ie me reprocherois de vous trompe.[2] Soyez d'abore sûre que ie n'ais jamais vendue de robe. Six j'avoit aités metresse de faire ce que j'aurais voulut de mes robe, j'auroit bien put en donne mais non en vendre, car quend i'allois aux logis avec de belle robe et que ie voiest ma chere mere amoitié nue, sa me persoit le cœur comme de pauvere petit enfan que ie voiest. Comme des pau[v]re ie leurs auroit donné volontie, mais ie n'ausais. Ils et vrais que tentot ie donnois une quoifure à l'une, un rubans à l'autre, une pere de gand, et bien des petite chose comme cela, et qu'end fesent ma malle pour venire aux couvent Me de Rouergue m'ent demenda raison. Ie luy dit naturellement que ie les avoit donné aux logis; elle me gronda baucoups, et elle ne voulut jamais que ma chere mere [f]ma maine[f] aux couvent, en partie dans la crinte que ie ne luy donne quelque chose de mes nipe. De puis que ie suis aux couvent ie sais que M[e] de Rouergue a dit à tout le monde que i'avais [donné][g] tout ce qu'elle m'avoit donné, et que je luy avoit fait des daite pour trois ou quatre sent livres. Le prince de Bauvaux me le dit quend ils me vient voires. Ils n'est pas etonnent que de puis trois ans la somme soit monté à 8 sent livres. Avent que i'entre che Me de Rouergue j'avoit pris acredie[h] un mentelet et une coifure che une marchante de la connessence de ma sœur, à qui elle devoit. Tout le tent que ie fut che Me de Rouergue ie n'avoit point d'argent pour la paier; quend ie voulut partire pour le couvente mon paire me dit qu'ils n'etoit pas en etat de paier cette femme, et qu'ils luy diroit de ce faire paier de Me de Rouergue. Ma sœur me dit qu'elle luy devoit quelque petite chose, six ie vouloit bien qu'elle le fasse mettre sure mon memoire, et que Me de Rouergue ne gronderoit pas plus, et que ie luy ferois grend plaisire. Elle devoit pour ce servise me donne des boucle qu'elle avoit et que j'aimais baucoups. Elle et [i]a core[i] à me les donne, ie consentie à ce qu'elle voulut et le memoires fut donné. Dès que ie fut partie Me de Rouergue m'ecrivit pour me gronde et me reproche mon peut de conduite, et qu'ils etoit honteux qu'etant dans ma situasions ie ne soit occupé que de me pare. Ie luy ecrivit une lettre remplis de pardon et ie luy marque qu'ils etoit juste qu'elle pris de l'argent de la raine[3] pour paier ces daite. Elle me marqua que rien n'etoit plus juste, mais elle m'a assurér bien des fois de puis qu'elle avoit oubliéz tout ce la en faveure du repentire que ie luy marquais que i'ent avoit, et qu'ils faloit bien pardonne quelque chose à la jeunesse. Malgré ces assurence, ce la ne l'a pas empaiché de le dire à tout le monde, et de racquonte les chose non pas dans la pure verité. Voyla, ma chere maman, toutes l'histoires, et ie vous assure aux vrais. Mais vous voulez tout savoires; l'on ne peut rien vous cache. Que tout ce la ne vous donne pas de crinte de vous charge de mois! Ie ne pencois pas ils y a trois ou quatre ans comme ie fait aux jours dhuie. J'ay toujours crains, ma chere maman, que vous ne chacsie[j] toutes ces chose [de] peure que cela ne vous donne mauvaisse opinions de moi, et vous savez que quend une foy l'on est prevenue qu'ils et bien dificile d'ans revenire.

Adieu, ma chere maman. Mende-moy ce que vous pence de moy. Je n'est toujours poins de raiponce de Me de Rouergue. Ie luy aye ecrit pour le nouvellent[k]. Ecrive-moy, ma chere maman; mende-moy comme vous vous porte, car rien dans le monde ne m'est six chere que vous.

[*adresse* :] À Madame / Madame de Grafigny / prest le Luxembourg / rue Hiasinte / À Paris

MANUSCRIT

*A. Yale, G.P., XXXIV, p. 373–378; 5 p. (une feuille et une demi-feuille); orig. autogr.; fragments de cachet sur cire rouge; timbre de la poste : LIGNY.

TEXTE

[a] patienterait. [b] craindre. [c] Est-ce. [d] augure. [e] d'à présent. [f] m'amène. [g] Le A : ⟨ie donnois⟩. [h] à crédit. [i] d'accord. [j] sachiez. [k] Nouvel An.

NOTES EXPLICATIVES

1. Voir lettre 81, note 2.
2. Mme de Graffigny ayant insisté pour "tout savoir", Anne-Catherine va ajouter une série de détails à sa justification du 28 décembre.
3. Voir lettre 56.

85. *Anne-Catherine de Ligniville d'Autricourt à Madame de Graffigny*

Ce 11 jenvier 1746

Vous aites bien emable, ma chere maman, de m'avoirs ecrit aux jours dhuie. Votre dernier lettre m'avoit donné de l'inquietude. Vous vous porte donc mieux, ma chere maman, que vous ne me dite rien de votre senté. Six ie savoit que vous me cache ce que vous faitte, ie seroit deux foy plus inquiete.

Ne trouve-vous pas bien naturelle, ma chere maman, les crainte que ie recent? Oui, ce dailais de tent m'est d'un mauvais ogure. Ie crins l'avenire autent que ie la desire. J'ay tore de vouloirs que vous m'asurie le tent que vous croier que ie pourais vous voirs; c'est petaitre m'exposer à un nouvaux chagrin. Cependant, quend l'on a esperence et que le tent parois fixé, on voit ecoule les jours, les mois, avec un sertin plaisire. Souvent, comme ie vient de l'eprouve, ce n'est que pour en soufrire daventage, mais, n'importe, avent que le malheure arrivent on goute toujours de baux jours.

Vous dite, ma chere maman, que dans quatre ou sinque mois l'on peut lires bien des chose. Oui, i'ent convien, mais ce n'est pas quend l'on a l'esprit aux six peut tranquille que ie l'es que l'on profite de ces lecture. Sinq mois, ma chere maman; et-ille posible? Mais le plus baux de l'année seras presque passér. Malgré cela, ie serois trops heureusse six la chose etoit bien sûre. J'ay pencé une chose : Penpan ne peut petaitre allé à Paris que l'hivers, et petaitre, ma chere maman, serie-vous bien aise que nous facions le voiage en semble? I'ent seroit fort charmé aussix, mais non point pour ce tent, car ils et sûre que ie serais morte pour ce tent, six ie ne suis pas aux prest de vous.

Imagine-vous, ma chere maman, que ie n'es que vous en taite; jours et nuis ie suis avec vous; ie ne peut plus suporte l'idé de passer en core lontant dans mon couvent. Avent que vous m'emie ie me plaisois bien plus dans ma solitude; ie m'i trouvoit heureusse en comparaison des situasions où ie m'etoit trouvé. C'est vous, ma chere maman, qui m'avez autés ma tranquilité; ils n'i a que vous qui puisse me la rente[a].

Vous demende quelle ouvrage ie fait. Ie ne puit pas trops vous le dire, mais n'alle pas grondé, ma chere maman; ie ne suis cependant pas toutes affait paraiseusse. J'aime quelque foy l'ouvrage; c'est qu'apresent ie n'es cœur à rien; ie ne sais comme ie suis. C'est moy, par exemple, qui me fait tout mon leinge, et qui me fait bien des petite chose qu'ils fauderois que j'achete. On ne me fait chose au monde que mes robe et mes soulie; c'est mois qui me fait tout le reste. J'ay fillé les premierre anné que j'aite icy 10 livres de lins que Madame de Rouergue m'avoit donné pour[b] des chemise.

J'ay brodé bien des petite chose à mes religieusse. Vous voyez, ma chere maman, que voyla de l'ouvrage.

Je suis dans une impasien[c]e etonnente de recevoirs la boite que vous avee la bonté de m'envoyez; j'ay atendue la poste de hieres avent de vous ecrire, mais rien n'est venue. Ie vous en remercy toujours, ma chere maman.

Vous vous moque de moy aparamans en disent que vous aites honteusse de m'envoyez six peut d'argent. J'aimerois bien mieux, ma chere maman, que vous ne m'ent envoy[ie]z point, et que vous me disie que ce n'est pas la paine. Vous m'ent envairais encore avec de la musique; ce seras donc pour m'aide à faire mon voiage. J'ay envie de faire une chose : j'ay trois mois d'ecoulé de ma pencions; ie ne veut rien depence dutout, et, pour le faire plus aisement, ie ne me les ferais paier qu'avec le quartie qui coure. Sa me feras la moitié de ma pencions, c'est-à-dire 25 ecus. Voyla de quoy faire mon voiage de Paris, comme vous voyez. Et bien, ie me maiterais dans le coche, et, sant rien dire à personne, j'arivent aux prest de vous. Commant trouvez-vous ce proiet, ma chere maman? Quend ie serais arrivé vous travaillerais egalement. Pour moy, ie ne me mont[r]erais à personne; ie resterais toutes la journé dans votre qabinest en attandant que vous me facie avoirs une pencions. Ie ne vous ferais pas plus de depence que six ie n'i etoit pas.

Adieu, ma chere maman. Oui, ie trouvent un plaisire extreme d'aitre aimér, mais de l'aitre de vous, ma chere maman, c'est un bonheur parfait.

[c]Dès que ie n'es plus que trois moy d'exile, ma chere maman, ie ne ferais toujours que solfier; ie demenderais de la musique d'eglise.

[*adresse* :] À Madame / Madame de Grafigny / pres le Luxembourg, rue / Hiasinte / À Paris

MANUSCRIT

*A. Yale, G.P., XXXIV, p. 379–382; 4 p.; orig. autogr.; cachet sur cire rouge; timbre de la poste : LIGNY.

TEXTE

[a] rendre. [b] Le A : "donné pour moy des". [c] Alinéa exceptionnel dans le A.

86 . *Anne-Catherine de Ligniville d'Autricourt à Madame de Graffigny*

Ce 14 ienvier 1746

J'ay hiere gouté deux grend plaisire, ma chere maman. J'ay reçue la boite tent desirér que vous m'envoyez, et j'ay passés la journé entiere aux prest d'une table à etalle toutes ces belle chose, donc ie vous fait mille remercimen. Ils y a lontant que ie n'ay eut de six belle etraine. Et vous dite encore, ma chere maman, que vous aites honteusse de m'envoyez six peut d'argant. Mais, vraimans, tout ce que vous m'envoyez me fait plus de plaisire et m'amuse mieux que ne ferais le double d'argant que vous pourie me donne.

Assa[a], ma chere maman, la journé de hiere a aité emploié en colifiche, et celle d'aux jours dhuie à vous cherche : ie n'es encore lut que le premie conte.[1]

Ils faut vous parle de mon sequond plaisire; c'est cette lettre de Me de Rouergue.[2] J'aitoit outré de ce qu'elle ne me fesoit point de reponce, et ie crenoit bien fort qu'elle ne voulusse pas ce donne la paine de faire ecrire à M[e] d'Epinois. Vous voyez qu'elle l'a fait; ainsix ie suix parfettement contente. Six les temoignage que M[e] de Rouergue luy donne de ma conduite ne l'engage pas à me faire une pencions, dumoins j'espaire que cela detruira les impressions que l'on luy a donné de mois. Ie vouderoit bien que ce la la determine à me faire du bien. Ie partiroit toutes suite, nesse[b] pas, ma chere maman, six elle vouloit faire quelque chose? Ie vouderoit que vous engagie cette dames[3] qui a eut la bonté de luy parlé, d'alle che elle pour savoires comme elle pence de puis la lettre de M[e] de Rouergue.

Mon dieu! ma chere maman. Vous ne saurie croire le plaisire que ie resent d'avoire une petite lueure d'esperence de vous voires bientot. Six cette prinscesse ce lesse touche ie serais trops heureusse, et ie luy pardonnerais de tout mon cœur les calomnie qu'elle a fait sure vous et sure moy, et ie me sent disposé à l'aimer. Ie luy auroit trops d'obligations pour ne pas en naitre reconnescente, car me maitre en aitat de vivres aux prest de vous, ma chere maman, c'est me comblais de tout les bien.

Adieu. Ie vous baise mille foye les mains.

[*adresse* :] À Madame / Madame de Grafigny / pres le Luxembourg / rue Hiasinte / À Paris

MANUSCRIT

*A. Yale, G.P., XXXIV, p. 383–386; 2 p.; orig. autogr.; cachet sur cire rouge; timbre de la poste : LIGNY.

TEXTE

[a] Ah ça. [b] n'est-ce.

NOTES EXPLICATIVES

1. *Le Prince des cœurs et la princesse Grenadine* (v. lettre 81).
2. La lettre de Mme de Rouergue, en date du 6 janvier, n'est arrivée que le 13.
3. Sans doute la comtesse de L'Aigle (v. lettre 83, note 3).

87 . *Anne-Catherine de Ligniville d'Autricourt à Madame de Graffigny*

Ce 18 [= 16][1] jenvier 1746

Non, on ne peut goute un moment de plaisire dans cette vie. Votre dernierre lettre, ma chere maman, detruie celuy que m'avoit donné la lettre de Me de Rouergue. I'esperoit que sa lettre detruisent les preventions de M^e^ d'Epinois : rien ne pouvoit la retenire de me faire du bien. Que ie me suis trompé et combien ie soufre de voires que tout s'opose à mon bonheur! Ie l'aimais daiga, cette vilaine princesse, sure l'ideé ceulle que ie m'etoit formé qu'elle alloit contribuer à m'aproche de vous, ma chere maman. Mais non, ie ne l'aime plus ; elle ne le merite pas puisqu'elle ne sais ce que c'est que le plaisire d'aitre secourable aux malheur[e]ux.

Ma chere maman, quesque[a] ie devienderais donc? Pencé-vous combien ie suis aplainte[b]. Le prince d'Elbœuf[2] ne pouroit-tille pas me donne cette pencions que ie desire tent? Dès que vous le connessés, ma chere maman, ne le feroit-tille pas pour vous?

Ie suis six surprise de voirs que n'ayent jamais pareut cune[c] ans dans le monde, ie soit connus de tout ces grand-là, que ie n'ent revient pas. Ie vouderoit bien n'avoirs pas demeurér che Me de Rouergue, car ie seroit ignoré de tout le monde et ie ne m'aur[o]it pas attyré des ridicule. On et bien aplainte[b] quend l'on est livrés à soit-meme. Dans un age où l'on ne pence pas, on suis toutes ces idé sent en sentire les suite. Je suis charmé de toutes les façon que l'on m'a mi aux couvente, car ie suis sûre [que], avec le penchan que j'ay pour la coquetteris, ie me seroit perdue entierement de reputasions sent le savoires et sant en avoires jamais fait la reflections. Ie ne ces[d] un peut pence que de puis que ie suis dans la retraite. Six ie ne vous avoit pas quitté, ma chere maman, ie seroit bien diferente, car vos sentimens, vos conseille, sont six naturelle et six honnete qu'ils inspire la vertue et le respect.

Ie suis enchanté, ma chere maman, de vous voires persuadé que vous obtierderés[e] de moy tout ce que vous vouderais. Oui, ma chere maman, l'envie de vous plaire et de merite votre amitié en me rendans digne de vous me feras tout faire et toutes en treprendre pour me corige de mes defaux.

J'ay lut, ma chere maman, *La Princesse Azerolle ou l'Exces de la constance*[3]. Mon cœur ne se tromperas jamais, ma chere maman, et ie vous reconneteres toujours; votre façon d'ecrire et six noble, vos sentime[n]s tendre et grend ne peuvent vous faire meconnait[r]e. Ie suis faché en verité, ma chere maman, que vous ecrivie six peut, car ie ne trouvent point de lecture qui me plaise tant que la votre. J'aimeroit ausix que vous ecrivie du serieux et du tendre. Vous m'avez dit que vous aviez commencé une comedie;[4] pour quoy pas une tragedie? Ie ne sais pour quoy ie desire de vous voires ecrire du serieux; ils me semble que c'est par ce que ie croit que les sentimen s'exprime mieux et que ie vouderoit voires tout les votre.

Adieu, ma chere maman. Ecrive-moy, et aimé-moy; c'est les ceulle plaisire veritable que ie resent.

J'oubliest de vous demende qui esse[f] qui a fait le conte de *La Jeune Vie[i]lle*[5] ; ils et fort jolie et ils y a de tres bonne moralle à en tire.

[*adresse* :] À Madame / Madame de Grafigny / pres du Luxembourg, rue / Hiasinte / À Paris

MANUSCRIT

*A. Yale, G.P., XXXIV, p. 387–390; 3 p.; orig. autogr.; fragments de cachet sur cire rouge; timbre de la poste : LIGNY.[6]

TEXTE

[a] qu'est-ce que. [b] à plaindre. [c] qu'un. [d] sais. [e] obtiendrez. [f] est-ce.

NOTES EXPLICATIVES

1. Lettre déjà reçue le 18 (v. note 3) et donc expédiée vers le 16.
2. Emmanuel-Maurice (1677–1763), fils de Charles III de Lorraine et d'Élisabeth de La Tour de Bouillon, prendra le titre de duc d'Elbeuf à la mort de son frère aîné en 1748 (v. lettre 89). Mme de Graffigny l'avait reçu le 14 janvier : "Tu ne devinerois jamais qui sort d'ici qui m'a fait une grande, longue, et polie visite. C'est le prince d'Œlbeuf. Depuis trois ans que nous demeurons dans le meme quartier nous ne nous etions rencontrés qu'une fois à la messe aux Jacobins où il me fit tant de ha ha, tant de politesse qu'en se scandalisant toute l'eglise me prit au moins pour la sœur de la reine. J'alai chez lui un des iours derniers que j'ai diné chez Nicole pour le prevenir sur les propos de la vielle d'Epinois. I'ai oublié de te le mander. Ie le trouvai tout prevenus car il me parla le premier de toutes ces vilain dits et redits. [...] Enfin il est venu me rendre ma visite auiourdhuy. Il m'a dit que cette vielle ne feroit rien, mais que lui lui assureroit quelque chose dès que son frere seroit mort. Il mourra bientot ou il est eternel. Ainci je serai à meme de le prier de tenir parolle." (G.P., XV, p. 151; v. aussi XLIV, p. 183.)
3. Deuxième des *Cinq Contes de fées* (v. lettre 81). Le 18 janvier Mme de Graffigny écrit à Devaux : "Minette m'a encore deviné dans *Azerolle*, mais il est moins etonnant cette fois-ci que l'autre." (G.P., XV, p. 163.)
4. Voir lettres 56 et 58.
5. *Bellinette, ou la Jeune Vieille*, dernier des *Cinq Contes de fées*.
6. Le timbre étant usé et presque illisible, le postier a affranchi la lettre deux fois. Il emploie un autre timbre à partir de la lettre suivante.

88 . *Anne-Catherine de Ligniville d'Autricourt à Madame de Graffigny*

Vous ne vous trompé pas, ma chere maman, ie suis telle que vous le pence : extremement vife dans mes desire et generallement dans tout ce qui me passe par la tette. Mais aussix, quend ce n'est pas dans le meme moment que ie me satisfait, et que j'ay le tent de la reflections, mes desire s'afaiblisse par le ridicule que g'y remarque, et puis ils n'est plus questions de rien, ie n'i pence plus du tout. Ie convien que ie seroit fort aplainte[a], et que ie feroit bien des follie six j'etoit ma maitres et six j'etoit ameme de pouvoirs m'acorde toutes mes fentesix dans l'instant qu'elle me tombe dans l'esprit. I'auroit etés capable de vous allé trouvé à Paris, ma chere maman, comme ie vous l'ay dit, mais l'espasse du tant que g'i metoit etoit un sûre garand que ie n'ent feroit rien.

Ie me repant de vous avoirs dit cette idée, puisque ce la vous affait prendre votre here[b] serieux; ils m'efrais autant qu'jlle fesoit quend ie n'avoit que dix ans, et ie croit meme plus. Votre reponce et bien severe, ma chere maman. Jamais vous ne vouderie me voirs, six j'avoit fait une pareille equipée? Ho! ie ne vous reconnoies pas! Jamais me voire? Et bien, ie suis donc melieure que vous. Ie me mest à votre plasse, et ie vous mest à la mienne. Ie cent donc comme vous, ma chere maman, tout ce qu'ils y a d'indesent dans ce proiet. I'ent vois toutes les suite, mais ie me diroit : "Cette jeune personne n'a pas sentie la consequen[c]e de ce qu'elle fesoit; d'alieurs, c'est l'amitié qu'elle a pour moy quils[c] l'a emporté." Rien que le motiffe de la sotisse me la feroit pardonne à une personne qui me seroit indiferente. Et vous, ma chere maman, vous ne le pardonnerie jamais à une personne que vous aimer, et vous aurié la dureté de ne la jamais voirs? Mon cœur n'est pas fait comme ce la. Ie sais pardonne et oubliez les faute qui ne parte pas d'un mauvais fond, et i'ent examine toujours la source. Quend ie n'i trouvent rien qui attaque[1] un mauvais cœur, un vilain caractere, j'oublis et ie pardonne toutes les autre faute. Ie trouvent que rien n'est six bas que de ne pas pordonne. Ils y a de la grandeur à oublie le malle que l'on nous affait et, quend l'on na un bon cœur, ce sentiment et naturelle. Et vous, ma chere maman, vous me condanne à ne jamais vous voires? Ie ne puis imagine que vous soye capable de six peut de generosité; vous aurie le cœur teriblement ferme[d]. Pour moy, non; ie l'aurais toujours tendre et sencible, et les plus vilains procedé ne me l'endurciroit pas aux point de ne pas oubliez et pardonné.

Six vous me voyez avoirs peure de vous perdre, ma chere maman, avent que ie sois aux prest de vous, esses[e] l'interoit qui me donne cette crinte? La reponce que vous me fette fait entendre que vous avee cette vilaine pencé de moy. Que vous me connessés malle, six vous ne sente pas que mon attachement pour vous borne tout mes desire, et que ie sacrifiroit tout les bien du monde pour vous, et pour vivre aux pret de vous dans l'estat le plus mediocre!

Voyla qui et finie, ma chere maman. Ie me taire sure l'empressement que j'ay de vous voires, puisque ce la vous deplais. Dussie-vous me lesser un an, comme vous le dite, ie ne diroit mot; ils m'ent couteras, car j'aime de dire ce que ie pence. Adieux, ma chere maman. Dite-moy comme vous vous porte.

Ce 18 jenvier [1746][2]

[*adresse* :] À Madame / Madame de Grafigny / pres le Luxembourg / rue Hiasinte / À Paris

MANUSCRIT

*A. Yale, G.P., XXXIV, p. 273–276; 4 p.; orig. autogr.; traces de cachet sur cire rouge; timbre de la poste : LIGNY.

TEXTE

[a] à plaindre. [b] air. [c] qui. [d] Peut-être faut-il lire : "fermé". [e] est-ce.

NOTES EXPLICATIVES

1. Sens probable : *atteste* ou *marque*. Peut-être un amalgame inconscient de ces deux mots.
2. Dans sa lettre du 11 janvier, Anne-Catherine avait évoqué une arrivée à Paris par le coche "sant rien dire à personne". Le 30 janvier, elle s'excuse encore d'avoir mécontenté sa tante.

89. *Anne-Catherine de Ligniville d'Autricourt à Madame de Graffigny*

À Ligny, ce 25 jenvier 1746

Six vous m'aimé, ma chere maman, quend ie parle raison, ie vous adore quend vous n'aite pas sever[e]. Mais quend vous preneé votre aire serieux, et que vous parle de ne jamais pardonne et de ne jamais voire une fille tendre et respectueusse qui a etablis tout sont bonheur en vous, ie vous avout que mon cœur murmure, et qu'ils trouve quelque chose de trops dure dans ce discoure-là. Lessont-le là dans la crinte de vous rapelais une chose qui vous a deplus, et qui y a donné lieux.

Ie ne croiest pas, ma chere maman, que vous m'oublirie aux prest du prince d'Elbœuf[1]. Ie ces[a] bien que vous sesisés toutes les occasions où vous croiez qu'ils y a quelque chose à espere pour moy. Ie suis bien touché de la generosité du prince, mais, ma chere maman, j'ay ouït dire qu'ils prometoit tent qu'ond vouloit, et qu'ils et aux jours dhuie d'un sentimens et demains dans un autre. Ie n'ent sais rien, mais voyla comme i'ent aye entendue parle. Six ils tien parolle, ma chere maman, ie serais trops heureusse, quoy que sont frere[2], tout vieux qu'ils et, peut ford bien vivre en core trois ou quatre ans. Ie vous aye toutes les obligations du monde, ma chere maman, d'avoires retablis ma reputasions dans sont espris. Ie soufre infiniment quend l'on a de vilaine idé de mois.

[b]J'ay toujour oublié de vous dire, ma chere maman, que ma chere mere m'a ecrit ils y a quelque semene; elle m'a donné votre adresse et m'engage à vous ecrire. Ie ne sais pour quoy elle c'est avisés de cela; voyla la premier foy de sa vie qu'elle mest[c] dit de vous ecrire. Ie luy aye fait reponce que j'avoit cette honneur, et que vous me fesie la grace de me donnée de vos nouvelle de tant en tant; nous en somme resté là.

En verité, ma chere maman, vous me fache en repetant que vous aites honteusse de ce que vous m'avez envoyéz. Sa me prouvent que vous ne me regarde pas comme votre enfand. Six j'etoit votre fille – mon dieu! pour quoy faut-tille que ie ne la soit pas? – et bien, six ie l'etoit veritablement, ma chere maman, et que vous ne me donnie cune[d] epingle, me dirie-vous que vous aites honteusse? Pour quoy donc, ma chere maman, me donne le desagreman de pence combien ie suis aplinte[e], et malheureusse de ne vous devoires pas la vie? Vous m'emerie daventage; ie ne vous auroit pas quitté. Ne me fette plus sa[n]tire, ma chere mama, que ie n'es pas ce bonheur, car ce la me chagrine quend ils faut que ie me trouvent l'enfan d'une autre.

Vous avez raison, ma chere maman; Turlupins[3] m'a deplus, mais ils faloit bien qu'ils six[f] trouvent et qu'ils parle sottement. Ils auroit etés deplassés six ils avoist eut des sentimens. C'est que ie n'aime pas quend vous vous ecarte de vous-meme; ie vouderoit toujours vous trouvé. Voyla ce qui me fait souhaite de vous voire ecrire du serieux. Ie ne me suis point douté qu[e] Mio[4] etoit le portrais de votre chat; ie vous croiest de l'eloignement pour ces baitte-là; ie ne vous aye jamais veut que des chi[e]ns. Ie suis charmé que vous les aimier, car ie les aime baucoups de puis que ie suis aux couvent et i'ent avoit un donc i'etoit folle. Mes religieusse ont eut la mechansté de me l'auter par ce qu'ils gattest un vilins petit partaire qui donne de sous mes fenaitre où mon chat ce divertisoit. C'etoit tout mon plaisire que ce petit animalle; ils etoit aprivoisés avec quatre gros moino; ils menges ensemble et y jouest toutes la journé; c'est ce qui ce voit rarement. Vous me voyez toujours le meme gout pour les moino; ie les aime autant que ie fesoit quend j'etoit che vous. Vous souvené-vous, ma chere maman, de votre complessence à m'ent lesses deux ou trois courire dans votre chambre?[5] Et bien, j'ay un plaisire infini à me rapelais tout ce que ie fesoit et tout ce que vous me disie quend i'etoit aux pret de vous. Tout ce qui me rapelle vos bonté, ma chere maman, m'ocupe et me touche. Ie regrette mon enfance comme le tant le plus heureux de ma vie.

Aimé-vous toujours M[elle] de Granville[6]? I'ent etoit bien jalouse; ie l'es veut à Nancy quelque tant avent mon depare; ie ne la reconnessoit pas, ou dumo[i]ns feblemens. La voyla bien riche. On m'a dit dernierrement que Mr sont frere[7] etoit mort de la petite verolle. J'ay veut aussix M[e] de Granville[8] che M[e] de Rouergue; elle me comblas d'amitié.

Adieu, ma chere maman. Vous ne saurie croire combien ie vous aime; ie vouderoit toujours causer avec vous, et j'ay toujours peure de vous ennuie. Pardonne, ma chere maman, six ie vous ecrit sure trois demis feuille de papie; c'est que la poste vas partire et ie n'ent aye que cela.

[*adresse* :] À Madame / Madame de Grafigny / prest le Luxembourg / rue Hiasinte / À Paris

MANUSCRIT

*A. Yale, G.P., XXXIV, p. 233–238; 5 p. (trois demi-feuilles); orig. autogr.; cachet sur cire rouge; timbre de la poste : LIGNY.

TEXTE

[a] sais. [b] Alinéa exceptionnel dans le A. [c] m'ait. [d] qu'une. [e] à plaindre. [f] s'y.

NOTES EXPLICATIVES

1. Voir lettre 87, note 2.
2. Henri de Lorraine, duc d'Elbeuf (1661–1748), fils de Charles III de Lorraine et d'Élisabeth de La Tour d'Auvergne de Bouillon, chef de la maison de Lorraine en France, pair de France et lieutenant général des armées du roi. Marié en 1677 à Charlotte de Rochechouart, il en avait eu trois enfants qui moururent sans postérité.
3. Personnage de *La Princesse Azerolle.*
4. Zumio : le chat dans *La Princesse Azerolle.*
5. L'affection d'Anne-Catherine pour les animaux augmentera après la mort de son mari en 1771. Sa maison d'Auteuil sera le refuge d'animaux de toute espèce, et surtout de chats.
6. Emmanuel-Marguerite (1732–1775), la seule à avoir dépassé le bas âge parmi les cinq filles de Charlotte-Élisabeth-Léopoldine Royer (v. infra note 8) et d'Étienne-Julien Locquet de Grandville, comte, puis marquis de Marainville, maréchal de camp, chevalier de Saint-Louis et chambellan du duc Léopold de Lorraine. En 1750 elle épouse Charles-Joseph de Rutant (mort en 1779), chambellan du roi Stanislas, brigadier des armées du roi et chevalier de Saint-Louis. Elle paraît souvent dans la correspondance de Mme de Graffigny sous le surnom de Mignonnette.
7. Léopold, né le 4 avril 1719. Le 26 décembre 1745, Devaux avait annoncé qu'il venait de mourir de la petite vérole. (G.P., XXXII, p. 410.)
8. Charlotte - Élisabeth - Léopoldine, fille unique de Marie Boudet et de Charles-Antoine Royer, comte de Marainville, chevalier de l'Empire et premier maître d'hôtel du duc Léopold de Lorraine. Mariée à Étienne-Julien Locquet de Grandville (v. supra note 6).

90. *Anne-Catherine de Ligniville d'Autricourt à Madame de Graffigny*

Ce 30 jenvier 1746

Je croiest six peut, ma chere maman, m'aitre servie de terme à vous fache que ie m'atandoit à vous voires lire mon grand discour sur la genorisité,[1] tant j'etoit contente de moy et eloigné de croires qu'ils pouvoit vous offence. Je ne me pardonne pas, ma chere maman, de l'avoirs fait; ie me mest à vos jenous pour vous en demende pardon. Accorde-le-moy, ma chere maman, ie vous en suplis, et oublie que ie vous aye deplus. Tené, sa me traquace de vous sentire mecontente; ie vouderois pour toutes chose aux monde n'i avoirs pas donneé lieux; ie suis faché contre moy-meme plus que ie ne sauroit vous dire. Ie me seroit bien passér de vous dire la follie qui m'etoit passér par la tette; ie ne vous auroit pas faché par mes sentime[n]s romanesque. Voyla comme vous les apelle, ma chere maman, car pour moy ie les aye toujours trouvé fort baux, et ie me les aye crut naturelle. Quoy qu'ils en soit, ma chere maman, ie me corigeres de tout ceux que vous n'aprouvrais pas. Ie ne repond pas à tout ce que vous me dite touchan ma façon de pence; ie crint que mes obxestions[a] ne vous plaise pas; incix j'aime mieux me taire sure cette article.

Toutes votre lettre, ma chere maman, me chagrine et, six vous ne m'aviez pas dit quelque mots d'amitié à la fin, ie seroit desolé et ie croirest que vous ne m'aimé plus. Mais j'aime que vous disié, ma chere maman, que les chose que vous condanne en moy vous pouve ne me les point pardonne et m'aimer toujours de meme. Ho, six ce la et comme cela ie ne suis pas six aplinte[b] que ie croiest. Ils me semble, cependant, que les defaux d'un quelqun rafredie[c] un peut l'amitié : sa rafredie bien l'amours.

[d]Ie sais bon gré à Mr Le Fevre de vous avoirs ecrit, ma chere maman, mais ie ne suis point contente à luy. Ie n'es reçue cune[e] lettre de puis celle que vous avez veut[2]; ie n'aime pas qu'ils soit six tranquille.

Savez-vous, ma chere mamon, que Jophie[3] vient d'obtenire une pencions de 1 000lt du roy sure une abbÿe[4]? On en fait espere autant à mon frere ainée[5] à la premier occasions.

Bonjours, ma chere maman. Pardonnée-moy et aimer-moy toujours. Donne-moy de vos nouvelle dès que vous aurais ma lettre. Ie meure d'impasience de vous entendre me dire que vous me pardonne mon etourderis. Quoy que vous ne voulussie pas que l'on la soit en core à vingt ans, ie vous assure que ie la suis baucoups.

[*adresse* :] À Madame / Madame de Grafigny / prest le Luxembourg / rue Hiasinte / À Paris

MANUSCRIT

*A. Yale, G.P., XXXIV, p. 229–232 ; 3 p. ; orig. autogr.; cachet sur cire rouge ; timbre de la poste : LIGNY.

TEXTE

[a] Le A : ⟨obiestions⟩. [b] à plaindre. [c] refroidissent. [d] Alinéa exceptionnel dans le A. [e] qu'une.

NOTES EXPLICATIVES

1. Voir lettre 88 : "Ie ne puis imagine que vous soye capable de six peut de generosité."
2. Anne-Catherine avait joint la lettre en question à la lettre 77.
3. Antoine-Joseph de Ligniville.
4. Vraisemblablement l'abbaye de Toul. Il sera grand vicaire du diocèse de Sens en 1770 et grand archidiacre en 1775.
5. Nicolas-Jean-Jacques de Ligniville.

91. *Anne-Catherine de Ligniville d'Autricourt à Madame de Graffigny*

Ce 11 feverier 1746

J'ay celement hierre reçue votre lettre du quatre. Juge, ma chere mamon, combien j'ay soufaire de ce lon silence, que ie regardoit comme une punitions de vous avoirs deplus. Ce qui me tourmentoit encore daventage etoit cette pencé. Mais non, ma chere maman; vous pardonné toujours quend l'on et sincerement faché de ces faute. Ie reconnois votre bon cœur. Pour quoy faut-tille que j'ay toujours peure de perdre votre amitié apres que j'ay tant de preuvent de vos bonté pour mois? L'on n'est pas metresse de ces crinte, ma chere maman, et quend l'on aime baucoups ie croit qu'ils et imposible d'aitre autrement.

Vous dite, ma chere maman, que vous ne vous porte pas en core bien. Vous avez donc etés malade. Pour quoy ne me l'avez-vous pas dit? Voyla dont[a] le suiet qui vous a empaiché de m'ecrire plutot. Vous avez donc étés bien malle, ma chere maman, puisque vous n'avez peut m'ecrire un most. Que ie soufre de vous sentire à tout momens malade.

Quelle plaisire, ma chere maman, six comme vous le dite nous commencions à passer quelque tant à la campagne ensemble. Vous avee bien raison de croire que ce la ne me deplairais pas. Non, sertenement, ce la ne me deplairais pas, ma chere maman, et ie ne vois rien qui soit plus de mon gout. Mais ie vouderoit que nous soyont ceulle emsemble, et ie vouderoit que cette campagne soit à vous. Quelle plaisire pour moy de ne pas entre d'abore dans un couvent et de vivre en liberté avec vous, dumoins pendant quelque tant. Outre le gout que j'ay pour la campagne, ma chere maman, c'est qu'ils y auroit bien de l'aventage pour moy de m'i voirs avec vous. Le plaisire ceroit encore bien plus grend, ma chere maman, six c'etoit cette été. Mon dieu! que la campagne et belle. Quend ce ne seroit meme qu'end autonne, ie luy trouveroit encore bien des charme, mais ie ne conte pas vous voires six tot, ma chere maman, et ie prevoit que ie soufrire en core bien avent ce tent-là.

[b]Ie trouvent plaisent, ma chere maman, que vous disie que l'on pousse la jeunesse fort loins en province. Mais, vraiment, à vingt ans j'ay crut que l'on pouvoit aitre jeune dans tout les pais du monde, et ie ne me seroit jamais avisér de me regarde comme un grave personnage. Paris et fort plaisan, comme ie vois : ne plus metre de fleure dans mes cheveux, et dans trois ou quatre ans renoncer aux couleurs de rose, ie trouve ce la fou. Pour quelle raisont veut-tont que l'on soit v[i]eille de six bonheur dans votre Paris, ma chere maman? L'on est bien plus resonable icy.

Vous aimer toujours Melle de Grenville[1], ma chere maman. Vous ecrit-telle? J'ay ouï dire qu'elle avoit baucoups d'espris. Ie seroit fort aise aussix qu'elle soit mariér à Paris. Ils avoit aités questions de la marier avec mon oncle[2] avent la mort de M^r^ sont frere[3].

Vous croiez donc, ma chere maman, que ce n'est pas bon signe de ce que ie ne vous parle plus de l'abbé de Risocœurs. Aux contrere, car pour moy quend j'ay le cœur bien occupé j'aime d'ans parle; mais ie croit vous avoirs dit que la superieure ne vouloit plus qu'ils vienne chante avec moy. Cette de fence fait que ie ne le vois plus qu'aux parloire. Ils ne l'aime pas, et n'i vient que tres rarement; c'est-à-dire tout les 15 jours. Ie le vois avec plaisire, mais non pas tent que i'ent avoit ils y a deux ou trois mois : mes sentimen sont fort rafrede. Je ne sais pas trops pour quoy; ie croit cependant que ce que vous m'ent avez dit y a contribuéz, car de puis ce tent ie ne me suis pas trouvé tant de liberté à luy parle. Quoy qu'ils en sest, ils ne m'ocupe gaire. Ils y a trois semene qu'ille n'est pas en ville et ie ne m'ent suis pas plus ennuiéz.

Permette-moy, ma chere maman, de vous demende aussix pour quoy vous ne me reponde rien aux plainte que je vous fet de M^r^ Le Febvr. Vous ne me dite pas un seulle petit mots.

[b]Ie suis bien aise que vous avez toujours la belle Lise.[4] Ie seres bien aise de la voirs et de la caresser. La pauvre baitte : i'ay aités causses qu'elle a aités foité[c] bien des foi pendant qu'elle étoit inocente; et vous souvenez-vous, ma chere maman, quend elle emportoit le soupe qui venoit d'aitre servie? C'etoit mois qui luy fesoit prendre, et quend elle ne vouloit pas, ie luy donnoit, et puis j'alloit avec elle en menge ma pare. Ie me souvient de luy avoirs arraché les morcaux de la geulle bien des foy pour les menge.

Adieu, ma chere maman. Ecrivez-moy; ie suis inquiete de votre senté. Donne-m'ent des nouvelle, ie vous empris. Ie vient de recevoirs une lettre de Me de Rouergue : elle me mende que ni elle ni M[e] d'Agle[5] n'on point reçue de reponce de M[e] d'Epinois.

[*adresse* :] À Madame / Madame de Grafigny / pres le Luxembourg / rue Hiasinte / À Paris

MANUSCRIT

*A. Yale, G.P., XXXIV, p. 247–252; 6 p. (une feuille et une demi-feuille); cachet sur cire rouge; timbre de la poste : LIGNY.

TEXTE

[a] donc. [b] Alinéa exceptionnel dans le A. [c] fouettée.

NOTES EXPLICATIVES

1. Voir lettre 89, note 6.
2. Il ne peut guère s'agir de ses deux oncles maternels (v. lettre 53, note 3). Elle n'avait qu'un oncle paternel : Jacques, comte de Ligniville, né en 1703, colonel au service de France et grand veneur de Lorraine.
3. Léopold de Grandville (v. lettre 89, note 7).
4. Petite chienne de Mme de Graffigny.
5. Voir lettre 83, note 3.

92. *Anne-Catherine de Ligniville d'Autricourt à Madame de Graffigny*

Ce 20 feverie 1746

Vous voulez donc me faire mourire, ma chere maman, de chagrin et d'inquietude. Et-ille posible que ie vient en core de passer cette semene sant savoirs ce que vous fette? Ils faut que vous ne m'aimie plus et que ie vous ennuie. Pardonne-moy ce soubson, ma chere maman, mais dite-moy, quesque[a] ie peut pencé? Vous, ma chere maman, qui avee eut la complessence de m'ecrire avec tant d'exatitude, voyla la fin du mois et ie n'es cune[b] lettre que j'ay attandue plus de 8 jours. Six ie savoit dumoins la raison de votre silence, ie seroit plus tranquille, mais vous ne me dite pas le most. Vous n'aites donc plus sencible, ma chere maman, aux inquietude et à l'ennuie que ie resent. Six ce la est, vous ne m'aime plus. Six vous aitié malade, vous serier donc bien malle, ma chere maman. Mon dieu! que ie crint que vous ne la soyez. Six ils vous reste encore un peut d'amitié pour moy, ma chere maman, donne-moy de vos nouvelle car, en verité, ie suis dans un etat affreux. Six vous aites malade, dite-le-moy. Vous m'inquiete plus par votre silence que ie ne la seroit en chasan[c] ce que vous avee.

Adieu, ma chere maman. Soyez un peut touché de la paine que vous me fette resentire, est metés-vous à la plasse d'une personne qui vous est attaché avec tout le respec et toutes la tendresse imaginable.

[*adresse* :] À Madame / Madame de Grafigny / pres le Luxembourg / rue Hiasinte / À Paris

MANUSCRIT
*A. Yale, G.P., XXXIV, p. 257–260; 2 p.; orig. autogr.; cachet sur cire rouge; timbre de la poste : LIGNY.

TEXTE
[a] qu'est-ce que. [b] qu'une. [c] sachant.

93. *Anne-Catherine de Ligniville d'Autricourt à Madame de Graffigny*

Ce 22 feverier [1746]

Enfin! voyla donc une de vos lettre, ma chere maman. Aprest m'aitre bien tourmenté avec mes chimere ordinaire, ie vous retrouvent toujours aussix bonne et aux six remplis d'amitié pour moy. Ie vous croiest aussix malade à la mort, et vous ne l'aites que laigerement. Vous le dite, ma chere maman, mais c'est petaitre pour ne pas m'inquiete, car vous n'aites pas six lontant sent m'ecrire quend vous vous porte bien. Je vouderoit aitre aux prest de vous, ma chere maman, quend vous aites malade; ie m'imagine que mon attachement et mes caresces vous distrerois des moment.

Que ne somme-nous à la campagne ensemble, ma chere maman? Oui, surement, vous vous y porterie mieux. Que ie vous aime, ma chere maman, de me dire que vous n'i trouveriers ni votre senté ny votre plaisirs amoins que ie ne soit avec vous. Rien ne me prouvent mieux votre amitié que ce que vous dite là, ma chere maman. Vous me comble de joye care, en verité, ie n'ent connoit plus de veritable que celle qui vient de vous. Cette campagne ne seras pas à vous, ma chere maman; vous n'aites pas assés heureusse pour en posede une. Vous regarderie donc comme un bonheur d'ans avoirs une; et bien, est mois aussix, ma chere maman.

Ie vais vous dire ce que ie desiroit avent que j'espere de vivres aux pret de vous, et avent que vous m'avie fait connaitre qu'ils est imposible de trouve dans un maris les qualité que ie vous aye dit que ie vouderoit qu'ils et. En fin, ma chere maman, ie desiroit d'aitre mariér avec une homme emable, non pas à un jeune homme; ie le vouloit de quarante ou sinquente ans, par ce qu'ils me semble qu'à cette age l'on et plus capable d'un sincere attachement et puits l'on et revenue de la bagatelle. Ie vouloit aimers et estimer et trouve che luy les maime sentiment. Ie desiroit d'aitre aimér passionnement. Voyle le principalle et le plus grend de mon bonheurs. Avec cela, ils faloit que ce maris aye dix mille livres de rente et une campagne charmente. Ma sosieté n'etoit composés que de trois ou quatre personne emable, de qui ie seret sûre du cœur et du caractere, et que ie vairais quend ie vouderoit sent me jaine[a]. Voyla, ma chere maman, apeupres ce que ie souhaitoit. Apresent ie ne souhaite plus de vivrs dans cette campagne qu'avec vous. Ie vous aime veritablement, et ie croit que vous pouve ceulle me rendre heureusse. Oui, ma chere maman, j'aime mieux vivre aux pret de vous dans un etat mediocre qualieux[b] dans l'abondence. C'est du cœur que depent le bonheurs, ma chere maman, et sa trenquellité vaus mieux que tout les bien dumonde.

Hé la oui, ma chere maman, Mr Le Febvr et un homme comme tout les hautre. Six vous n'avez pas eté contente de sa lettre, ie ne l'es pas plus eté de sa derniere. Les plesenterie qu'ils me fait sure le retare de mon bonheure m'on faché. J'aime qu'ond partage mes paine, et surtout une personne que j'aime les diminue bien par la par[t] qu'elle i prent. Mon frere ené[1], qui et aux seminere de puis 15 jours, vient de m'ecrire; ils me mende que dès que Mr Le Febvr fut de retour de Paris qu'ils avoit dit hautement qu'etan un jours dans une maison à Paris ils vous avoit veut, et, qu'ayent sut qui qu'ils etoit, vous luy aviez dit : "C'est donc vous M^r qui [c]avee dhonnore[c] Melle de Ligniville, c'est Mr sont frere qui me l'a dit?" Dite-moy, ma chere maman, six ce propos n'est pas bien impertinent; c'est l'envie de dire qu'ils vous connoit qui le fait parlé six sottement. Ie ne puit m'enpaiche de luy ecrire pour luy dire combien ce propos me revolte; ils vas me dire que ce la est faux, car ils ne veut jamais rien avoue.

Adieu, ma chere maman. Ne vous ennuiez pas de mes lettre car en voyla trois que ie vous ecrit toute suite. Mais, ma chere maman, voyla le ceulle plaisi[r]e que ie peut avoirs eloigné de vous. Permette-le-moy, et de vous temoigne à chaque instant mon tendre attachement.

[*adresse* :] À Madame / Madame de Grafigny / pres le Luxembourg / rue Hiasinte / À Paris

MANUSCRIT

*A. Yale, G.P., XXXIV, p. 277–282; 5 p. (une feuille et une demi-feuille); orig. autogr.; cachet sur cire rouge; timbre de la poste : LIGNY.

TEXTE

[a] gêner. [b] qu'ailleurs. [c] avait [ou "avez"] honoré. Le A : "qui a avee dhonnore". Arrivée en bas de page, Anne-Catherine a écrit le "a" que nous avons supprimé, et a omis de le barrer.

NOTE EXPLICATIVE

1. Nicolas-Jean-Jacques de Ligniville.

94. *Anne-Catherine de Ligniville d'Autricourt à Madame de Graffigny*

Ce 9 mars 1746

Votre lettre dihaire m'a attristé, ma chere maman. J'ay maime pleurér toutes les foy que ie l'es lu. Je voit bien que le tent que ie doit vous voirs est encore bien eloigné. Mon dieu! que cette incertitude et affreusse, et que la vie m'est acharge. Pour quoy faut-tille que ie sois malheureusse de toutes les fascon?

Pour ce qui est de ma chere mere, ils et sûre, ma chere maman, que six Me de Rouergue ne veut pas me donne ma pencions che elle que ie resteres aux couvent; et quend g'irais aux logis ie n'i resteroit que jusqu'à tant que l'on trouveroit à me plasse aux prest de quelque princesse. Mon chere pere me mende toutes les foy qu'ils m'ecrit qu'ils fait tout aux monde pour y reucire, et qu'ils entretien une personne à Versaille pour savoirs quend Me de Modaine retourneras dans ces etat. Ie ne suis pas inquiete de ce quoté, car ie croit qu'elle ne peut retourne qu'a pres la pais,[1] mais ils pouroit reusire dans quelque cour etrangere; ie seroit la personne la plus aplainte[a] six ce la arrivoit. Vous juge bien, ma chere maman, que six ma chere mere me disiroit aux prest d'elle pour luy aitre utille et la soulage que ie sacrifiroit mon bonheure pour luy rendre service. Sa situasions me touche trops pour ne pas l'adoucsir en tout ce qui dependeroit de mois. Mais ie sais trops que ma presence etoit pour elle insuportable quend elle etoit malade; j'etoit obligé de m'eloigne et elle ne vouloit aucun service de mois. Quelle paine, ma chere maman, j'ay soufaire, et combien de larme j'ay vercé. Ie n'ausais parait[r]e de vant elle et j'aitoit des tant infini dans une cuisine sent[b] auser en sortire. J'oublie toutes ces dur[e]té par ce que dans sa situasions ils et dificile de ne pas soufrire baucoups. J'eymais mieux que sa mauvaisse humeurs tombe sure moy que sure mon chere pere, qui et le melieurs homme dumonde. Ie croit bien qu'actuellement que ma sœur n'i est pas ie seroit moins aplinte[a]. Mais vous voyez bien, ma chere maman, que ce n'est pas pour aitre nesaisere à ma chere mere que l'on me veut, puisque l'on m'eloigneras à la premierre occasions. Ie n'es point eu de nouvelle; ie ne sais ce qu'ils en deviendera. Quend bien meme ie seroit aux logie, ma chere maman, sa ne m'enpecherais pas d'alle avec vous quend vous le pourais, puis que l'on m'eloigneras toujours. Ie suis plus embarassente aux logie qutille[c], et s'est rendre service à mes paire et maire que de leurs en debarasser. Ie suis meme persuadé, ma chere maman, qu'ils seront charmé que vous me voulussié prendre six ils ne trouve pas à me plasser dans une coure.

Ie ne vous vaires donc, ma chere maman, que quend le prince d'Elbœuf me feras une pencions. Vous m'aviez mendé que vous aviez encore une autre corde à votre arque; vous ne m'ent dite plus rien : sa seroit-telle menqué? Donne-moy un peut de consolations, ma chere maman, car en verité ie suis bien aplinte[a].

J'ay reçue hiere votre lettre du 2 feverie que vous croiez perdue; i'ent auroit aités aux des[es]poire car elle et remplis d'amitié. Mais, ma chere maman, ie voit que vous avee etés malade et que vous dite que c'est petait[r]e de chagrin. Quoy! toujours du chagrin. Quoy! retiré de tout le monde comme vous l'aite, n'ayent ni famille ni maris ni aucun attachement de cœur et avoirs continuellement du chagrin; c'est donc de vos amis.

Moy ie vient de resevoirs du chagrin d'une jeune religieusse que j'avoit affectionnés. Ie luy cro[i]est du bon : elle ne m'a fait voirs que de l'ingratitude et de l'indiscretions. Les premiere anné que j'aitoit icye j'aitoit folle de Mr Le Febvr; ie mouroit de ne pouvoirs m'ent entretenire. Ju[d] occasion de luy em parle; ie la trouvais de mon sentiment; elle flatoit mon penchan. Sa me donna de la liberté et de l'amitié pour elle; j'aitoit enchanté de pouvoirs parle de luy et de dire ce que ie pensoit. J'ay apris que cette religieusse me traisoit[e], disent tout ce que ie luy disoit. Sa m'a fait de la paine parce que ie l'aimais. Vous, ma chere maman, vous n'avez pas de ces sorte de chagrin. L'envie de develope votre cœur ne vous fait pas faire des indiscretions.

Ie suiveres votre conseille, ma chere maman; ie n'ecrires plus à Mr Le Febvr. Aussix en avai-ge bien envie, car ils ne merite pas mon amitié.

J'entendoit parfettement ce que vous me disie l'aité dernie de mon frere[2], et ils sufiroit que vous me disie que vous ne southaitie pas que ie le voies pour y consentire. Ie ces[f] bien qu'ils c'est conduie fort malle, mais j'atriburoit ce la à un menque d'educations et d'esprit, car ils n'ent a point. Ie l'aime malgré ce la par ce qu'ils m'a donné des marque d'un bon cœur. Quend i'avoit besoint de quelque chose aux logie ils me le donnoit, et ils prevenoit mes petit b[e]soin. Ils me consolloit quend ma chere mere m'avoit maltreté; ce n'etoit que luy qui me temoigné de l'amitié. Ils me fesoit voirs aussix Mr Le Febvr; quend ils le pouvoit ils me fesoit des petite commissions de sa pare. Toutes ces chose m'on fait avoirs de l'amitié pour luy. Ie n'es garde, ma chere maman, de luy dire ce que vous pence de luy; ie crint trops de faire des traquaserie.

Adieu donc, ma chere maman. Six ils n'etoit pas six tare ie finiroit de remplire ma lettre, car ie vous aime aux de las de tout ce que ie peut vous dire et c'est un plaisire parfait pour moy que de m'ent tretenire avec vous. Ecrive-moy, ma chere maman, dès que vous aurés ma lettre; dite que ie vous vaires bien tot, ie vous empris, car cent[b] ce la ie ne sais ce que ie [de]vienderais. Ie me porte mieux, ma chere, et malheuressement la parolle m'es revenue.

[*adresse* :] À Madame / Madame de Grafigny / pres le Luxembourg / rue Hiasinte / À Paris

MANUSCRIT

*A. Yale, G.P., XXXIV, p. 261–268; 6 p.; orig. autogr.; cachet sur cire rouge; timbre de la poste : LIGNY.

TEXTE

[a] à plaindre. [b] sans. [c] qu'utile. [d] J'eus. [e] trahissait. [f] sais.

NOTES EXPLICATIVES

1. La guerre de la Succession d'Autriche ne s'achèvera qu'en 1748 et la ville de Modène sera occupée par les Autrichiens jusqu'en 1749.
2. Mathieu-Joseph de Ligniville (v. lettre 53).

95. *Anne-Catherine de Ligniville d'Autricourt à Madame de Graffigny*

Ce 13 mars 1746

Ie me porte assés bien, ma chere maman, mais ie croit que six j'etoit bien malade, l'interoit que vous prene à ma senté sufiroit pour me la rendre parfette.

Votre lettre, ma chere maman, et remplis d'amitié; vous ne saurie croire combien g'y suis sencible. Ie vous aime ausix avec la derniere tendresse; ie ne vois plus de bonheurs aux monde que ce luy d'aitre amaime[a] de vous le temoigne à tout les moment du jours, tant par mon respec que par la soumisions la plus parfette.

Ie ne vous aye pas ecrit, ma chere maman, parce que j'ay aités occupé de ma consience : nous avon le jubillé.[1] I'ay fait le miens aux jours dhuie, et j'ay bien demendé à dieu d'arenge vos affaire de fascon que j'a[i]lle bien tot vivres aux prest de vous.

J'ay recue une lettre de ma chere mere; elle me marque un peut d'amitié et pas daventage.

Adieu, ma chere maman. J'atant demains une grende lettre de vous et bien de la consolations, car ie m'ennuie teriblement.

[*adresse* :] À Madame / Madame de Grafigny / pres le Luxembourg, rue / Hiasinte / À Paris

MANUSCRIT

*A. Yale, G.P., XXXIV, p. 283–286; 1 p.; orig. autogr.; cachet sur cire noire[2]; timbre de la poste : LIGNY.

TEXTE

[a] à même.

NOTES EXPLICATIVES

1. Voir lettre 71.
2. Le recours à une cire noire pour cacheter cette lettre et les deux suivantes s'explique sans doute par la mort de deux religieuses survenue au couvent de Ligny (v. lettre 97).

96. *Anne-Catherine de Ligniville d'Autricourt à Madame de Graffigny*

Ce 18 mars 1746

Votre lettre est trops grende, ma chere maman, et pour la premier foy ie m'ent plainderais. Vous avee une grose fluctions surs l'œil et vous vous inquomodé pour m'ecrire. Ils sufiroit de me mendé ce que vous avez et voyla tout, mais vous aites six bonne, ma chere maman, que vous voulez toujours me consolle. Ils et vrais, ma chere maman, cune[a] de vos parolle me remest; elle sont trops remplis d'amitié pour ne me pas faires sentire à chaque instant combien ie vous suis attaché.

Cette reflections que vous m'aimé adoucie extremement le chagrin que ie resent de ne savoirs pas le tent que ie viverais aux prest de vous. Oui, c'est un chagrin veritable pour moy, ma chere mama, et ie ne croit pas en avoirs jamais eut de plus sensible. Ils m'est bien dificile, ma chere maman, de pence qu'ils vous en coute plus qu'à moy de ce retare. Quelle diference, ma chere maman; pour ce la faire ils fauderoit que vous m'aime autant que ie vous aime, est ce la est-tille croiable? Non, ie n'es rien pour merite votre amitié que mon attachement pour vous et la compasions qu'inspire le malheur. Quend on a le cœur fait comme vous l'avez, ma chere maman, on en est touché. Voyla donc tout ce qui parle pour moi, ma chere maman. Quelle diference de mes sentimens, et combien j'ay de suiet de vous aimer! J'ay reçue de vous l'educations et le peut de bon que j'ay. C'est vous qui voulez faire mon bonheur en m'aprochan de vous. Vous vous inquomode et vous tourmente, ma chere maman, pour me rendre heureusse. Sant tout ces suiet de reconnessence, combien ne m'inspire-vous pas d'amitié et de respect par vos sentimens et votre façon de pence! Que toutes ses chose fond aimer, ma chere maman, et combien en core que l'on cent mieux, que l'on ne peut les dire!

Seroit-tille possible, ma chere maman, que vous m'aimie assés pour vous chagrine du retare de vos affaire et des mienne jusqu'à vous faire malade? Sa peut [b]i avors[b] un peut de pare par ce que ma situasions vous fait pitié; mais, ma chere mama, vous en avez d'autre que ceux-là. Avee-vous quelqund[c] qui sois un sequond vous-meme, avec qui vous puissie vous entretenire de vos pencé et de vos chagrin? Quend ie serois aux prest de vous, ma chere maman, et que vous me conneterais, i'espere que ie la serois et que ie meriteres votre amitié autent que votre confience.

Adieu donc, ma chere maman. Mendé-moy, quend votre fluctions vous le permetteras, ce que vous faitte et ce que vous pence. Pour moy, ie vous baise mille foy les mains, ma bonne maman, et vous aime plus que moymeme et plus que tout le monde.

[*adresse* :] À Madame / Madame de Grafigny / pres le Luxembourg / rue Hiasinte / À Paris

MANUSCRIT
*A. Yale, G.P., XXXIV, p. 269–272; 3 p.; orig. autogr.; cachet sur cire noire; timbre de la poste : LIGNY.

TEXTE
[a] qu'une. [b] y avoir. [c] quelqu'un.

97. *Anne-Catherine de Ligniville d'Autricourt à Madame de Graffigny*

À Ligny, ce 27 mars 1745 [=1746][1]

J'ay bien vos sentimens, ma chere maman. Oui, sendoute j'aime mieux soufrire et aitre malheureusse que d'aitre insencible. La vie n'a point de charme quend l'on ne connoit pas ce sentiment; c'est luy qui dans les plus grend malheures nous lesses sentire du plaisire, et dans tout les venement[a] est toutes les situasions de la vie. Etont[b] meme heureux sur le trone? Pouroit-tont y trouve des charme six l'on n'a pas ce cœur tendre est sencible qui est l'ame de la vie et des plaisire? Personne ne plains plus que moy ces cœur dure et inumains; ce n'est pas vivres ni aitre homme. Ie m'estime plus heureusse, et ie la suis surement plus dans ma pauvre petite situasions avec de la sencibilité, que les heureux ne le sont six ils n'on pas ce sentimens.

Mais vous aites toujours malade, ma chere maman! Sa me chagrine. Quoy qune[c] fluctions ne soit pas dangereusse, vous souffre et ie soufre avec vous.

Six vous savie, ma chere maman, combien j'ay l'ame triste. De puis cette semene ie n'es eut que des obiet triste devent les yeux. Deux de mes pauvre religieusse sont morte, etent la veille en parfette senté. Ie n'es jamais veu de morte; sa m'a touché extremement. Ie n'entent parle que de mort de tout quoté. Ce n'est que des enterement; soit ceux de la paroisse, qui donne sous mes fenaite, et ceux de la maison.[2] Ie n'es jamais tent veut mourire.

Bonsoire, ma chere maman; ie m'ent vais me couche pour ne pas dormire, car j'ay toujours peure des esprit. Quelle faiblesse pence-vous, ma chere maman! Ils est vrais, mais ie suis aussix peureusse, et je croit meme plus, que ie ne l'etoit quend i'etoit che vous.

J'atant de vos nouvelle, ma chere maman; un peut en long, ie vous suplis, six votre fluctions et guerie et six vous vous porte bien.

[*adresse* :] À Madame / Madame de Grafigny / pres le Luxembourg, rue / Hiasinte / À Paris

MANUSCRIT

*A. Yale, G.P., XXXIV, p. 239–242; 2 p.; orig. autogr.; cachet sur cire noire; timbre de la poste : LIGNY.

TEXTE

[a] événements. [b] Est-on. [c] qu'une.

NOTES EXPLICATIVES

1. Inadvertance d'Anne-Catherine. Comme les deux précédentes, cette lettre a été cachetée à la cire noire en raison de la mort de deux religieuses, qui y est mentionnée. Ces trois lettres ont des dimensions et un filigrane identiques, et elles traitent du même sujet : la fluxion à l'œil de Mme de Graffigny.
2. La crypte funéraire, construite sous la chapelle du couvent, sert aujourd'hui de cave à une pharmacie, mais le décor d'origine a été conservé.

98. *Anne-Catherine de Ligniville d'Autricourt à Madame de Graffigny*

Ce 1 avreille [1746][1]

Je vous sais malade, ma chere maman, est vous me lessés 10 jours sent me donné de vos nouvelle : c'est vouloirs me tourmente bien cruelement. Rien ne fait tent soufrire que l'incertitude. Ecrive-moy donc, ma chere maman; quend ce ne seroit cune[a] ligne aprene-moy ce que vous faitte.

Ils me semble, ma chere maman, que vous ne m'aime pas tent que vous fesie aux commencement de notre comerce; vos lettre sont bien plus rare et bien plus courte. Ie me desolleroit en verité, ma chere maman, six ie pencoit veritablement ce que ie vous dit là.

C'est en core demin jours de poste. Ie me consolle de jours en jours est puis, le jours arrive-t-ille, ie n'es rien, est ie tombe dans une melenquolie affreusse. Pouvé-vous m'i sentire, ma chere maman, et ne pas m'ent tirer?

Ie ne veut plus rien vous dire. Ie vous baise mille foy ces belle mains qu'ils y a six lontent que ie n'es baisér. Quend le moment vienderas-t-ille, ma chere maman, que ie les baiserais raiellement?

Ie vous diroit en core bien des belle chose, ma chere maman, mais vous ne me dite rien et ie ne cais pas pallé[b] ceulle.

[*adresse* :] À Madame / Madame de Grafigny / pres le Luxembourg / rue Hiasinte / À Paris

MANUSCRIT

*A. Yale, G.P., XXXIV, p. 225–228; 1 p.; orig. autogr.; fragments de cachet sur cire rouge; timbre de la poste : LIGNY.

TEXTE

[a] qu'une. [b] parler.

NOTE EXPLICATIVE

1. Dans sa lettre suivante, du 4 avril, Anne-Catherine écrit : "Ie me plaignais avant-hiere de ne point recevoirs de vos nouvelle." Or, elle n'a pu envoyer une lettre le 2, qui n'était

pas jour de poste, malgré ce qu'elle écrit ici. C'est donc probablement à la présente lettre, écrite trois jours auparavant, qu'Anne-Catherine se réfère dans celle du 4, en employant inexactement le terme "avant-hier".

99. *Anne-Catherine de Ligniville d'Autricourt à Madame de Graffigny*

Ce 4 avrille 1746

Héla, ma chere maman. Quend ie me plaignais avant-hiere de ne point recevoirs de vos nouvelle ie ne pencois pas que i'ent auroit de six triste aux jours dhuie. Ie n'ent desiroit avec empressement que dans l'esperence de vous entendre me dire que votre fluctions etoit guerie. Cette longueurs m'inquiete; ordinerement sa ne dure pas six longtent. Que ie vous plains, ma chere maman. Ie ne trouvent point d'inquomodité plus grendre que celle des jeux[a], parce que l'on ne peut s'amuser sent s'inquomode en core daventage.

Que ie suis flaté, ma chere maman, de vous voirs me desirer pour vous aites[b] utille. L'esperence de vous l'aites quend j'aurais le bonheur d'aitre aux prest de vous me satisfait plus que tout le reste. Mais quend ce tent vienderas-t-ille, ma chere maman? Ie tremble quend i'envisage sa longeurs; ie ne croit plus que mon voiage n'a aités retardé que de quelque mois : en voyla quatre ecoulé de puis ce tent, et ie n'es pas plus d'esperence. Ie ne vous dit pas cela pour vous faire de la paine, ma chere maman. Ie sais bien que six vous pouvie ie seroit aux prest de vous. Ie ne m'ent prent donc qu'à ma malheureusse etoille, et c'est à vous que ie m'ent plains, ma chere maman.

J'ay aités bien inquiete, ma chere maman, ces deux jours; mon fraire[1] m'ayent ecrit que l'on venoit de luy aprendre la mort de M[e] de Rouergue, et qune[c] personne de Nency qui avoit veut passers sont enterment luy avoit dit qu'insix ils vienderoit la semaine prochaine me cherche pour retourne à Nency. Quelle coups, ma chere maman, [d]saurai tetee[d] pour moy. Ie preparoit donc toutes mes petites affaire quend, ce matin, j'ay reçue une lettre de M[e] de Rouergue. Elle me dit qu'elle qontoit de jours en jours recevoirs une reponce de M[e] d'Epinois, mais qu'elle ne luy en a point fait; que ce pendant, afforce de luy faire ecrire par M[e] d'Aigre[2], elle luy avoit mendé qu'elle n'aitoit pas en etat de rien faire pour moy; que M[e] d'Aigre vient de mourire; qu'incy ils n'i a plus rien affaire. Ils y a lontent que ie n'i quonte plus, et voyla l'enterement que l'on a pris pour ce luy de Me de Rouergue et qui m'a tent boulvercé.

Ne m'ecrive pas, ma chere maman, tent que votre œil seras malade.

J'espere que ce la ne peut plus durer bien lontente. Vous avez assés de chose donc vous ne pouvé vous dispencé d'ecrire sent vous fatigue pour moy. Mais aussix, ma chere maman, ie veut en aitre dedomagé quend vous aurais vos deux baux yeux.

Adieu, ma chere maman. Ie ne sauroit vous dire assés combien ie vous suis attaché. Vous voulez bien, ie pence, que ie vous ecrive en core cette semaine une foy. Vos bonté pour moy, ma chere maman, me fond croire que ce la ne vous fatigueras pas.

[*adresse* :] À Madame / Madame de Grafigny / pres le Luxembourg, rue / Hiasinte / À Paris

MANUSCRIT

*A. Yale, G.P., XXXIV, p. 253–256; 3 p.; orig. autogr.; fragments de cachet sur cire rouge; timbre de la poste : LIGNY.

TEXTE

[a] yeux. [b] être. [c] qu'une. [d] ç'aurait été.

NOTES EXPLICATIVES

1. Probablement le frère aîné, Nicolas-Jean-Jacques de Ligniville.
2. Voir lettre 83, note 3.

100 . *Anne-Catherine de Ligniville d'Autricourt à Madame de Graffigny*

Ce 10 avril 1746

Que de jours triste ie passe, ma chere maman, de puis que vous aites imcomodé. Quend donc vous racomoderais-vous? Vous avez toujours votre fluctions, ma chere maman, car ie n'ais point reçue de vos nouvelle cette cemaine. Ie vous aye prieé de ne pas m'ecrire, crinte de vous imcomode; ie n'ause pas vous dire que j'ay regret de vous l'avoirs fait. Ie doit assurement, ma chere maman, vous preferais à ma satisfactions; ie me gronde de pence six malle, et de desirer un plaisire que vous ne pouvé [a]ma cordé[a] qu'end vous fesent soufrire. Non, ne me l'acorde pas, ma chere maman; ne m'ecrivé que quend votre œyle seras guerie.

Je vous dirais, ma chere maman, que ie suis tourmenté de l'idé de Mr Lefebvr. Comment! ils ne m'ecrit pas. Quoy! apres m'avoirs aimérs six lontent ils me quitte de la façon dumonde la plus grosiere; ils ne fait point de raiponce aux lettre que ie luy aye ecrit. Qu'ils ne m'aime plus giconcent[b], puis que ces sentiment sont epuisér pour moy; mais ils me semble que les sentimens qu'ils m'a toujours connue pour luy meritoit aux moins une facon polie en me quittent. Ie ne croiest pas que ce la me feroit tent de paine; ils me semblois que ie ne l'aimais plus, mais, de puis qu'ils ne m'ecrit plus ie ne fait qu'i pence. J'ay à tout momen envie de luy ecrire, et quend ie veut le faire, ie cent quelque chose qui m'ent empaiche et qui me revolte contre luy. Puis qu'ils m'oublie ie vouderoit ravoirs mes lettre : faut-ille luy demende, ma chere maman? Vous me dirais ce la quend vous pourais m'aicrire.

Adieu, ma chaire maman. Pence à moy, ie vous suplis; pence que personne ne vous aye[c] plus ataché et ne vous aime avec plus de tendresse et de respect.

[*adresse* :] À Madame / Madame de Grafigny / pres le Luxembourg / rue Hiasinte / À Paris

MANUSCRIT
*A. Yale, G.P., XXXIV, p. 221–224; 2 p.; orig. autogr.; cachet sur cire rouge; timbre de la poste : LIGNY.

TEXTE
[a] m'accorder. [b] j'y consens. [c] est.

101. *Anne-Catherine de Ligniville d'Autricourt à Madame de Graffigny*

Ce 15 avrille 1746

Que j'ay eut de plaisire, ma chere maman, en voyend une de vos lettre; ie pencois toutes suite que vous aitie racomodé. Et point dutout, ma chere maman, vous n'aite que plus malle. Ie soufre autent que vous, en verité, et ils n'i a pas un instent dans la journé que ie ne me rapelle tout vos maux. Encore une fluctions surs les dens; mais, ma chere maman, c'est sure tout ce que vous avez de plus baux. Que vous soufrais! Ie vouderoit avoirs toutes ces douleurs et vous sentire trenquille. Vous avez bien raison, ma chere maman, et vous l'avé dûe voirs pars ma derniere lettre : ie suis bien plus inquiete quend ie ne reçois point de vos nouvelle; ie vous avoit demendé une chose qui ne m'auroit pas aités posible de suporte. Vous me connessés mieux que ie ne me connois, ma chere maman : vous prié de cesser de m'ecrire c'etoit pour moy toutes privations de tranquilité.

Esse[a] que Mr Gendron[1] et encore malade? Vous ne faite donc rien à votre œille qu'ils[b] est toujours plus malle.

Adieu, ma chere maman. Ie ne veut gaire vous ecrire pendant que vous aites malade; ie ne veut pas vous fatigue. Mais, ma chere maman, ie veut vous aimers avec les sentiment du monde les plus tendre; ie ne veut cessais de vous en assure et de vous en convincre quend ie serois assés heureusse d'ans aitre ameme.

[*adresse* :] À Madame / Madame de Grafigny / pres le Luxembourg / rue Hiacinte / À Paris

MANUSCRIT
*A. Yale, G.P., XXXIV, p. 73–76; 2 p.; orig. autogr.; cachet sur cire rouge; timbre de la poste : LIGNY.

TEXTE
[a] Est-ce. [b] qui.

NOTE EXPLICATIVE
1. Louis-Florent Deshaies Gendron (neveu de Claude Deshaies Gendron, mort en 1750 à l'âge de 87 ans), médecin du duc d'Orléans et auteur du *Traité des maladies des yeux* (1770).

102 . *Anne-Catherine de Ligniville d'Autricourt à Madame de Graffigny*

Ce 22 avrille 1746

Vos petit billet, ma chere maman, me fond plaisire et me tourmente en meme tent. Vous me mendé que vous aites toujours plus malle. Quend me dirais-vous donc, ma chere maman, que vous aites mieux et que vous vous racomodé? Ie ne desire plus vos lettre que pour cette raison, car toutes celle que ie reçois cent[a] cela m'acable aux larme. Pui-ge vous sentire six inquomodé et me represente votre situasions cent[a] centire à quelle point ie vous aime? C'est quend ils arrive quelque chose, ma chere maman, à la personne que l'on aime que l'on cent plus vivement la force de sont attachement. Ie ne cais[b] six tout le monde ou dumoins toutes les personne qui aimes sont comme moy, mais jamais mon amitié n'est six forte ni six tendre que quend les personne que j'aime sont dans le chagrin ou dans la maladie. Ie veut donc vous dire, ma chere maman, que ie croit vous aimer encore daventage de puis que vous soufre. C'est le trouble de mon cœur, ma chere maman, qui me le fait croire; c'est le peut de trenquilité donc ie jouis qui me persuade que ie vous aime daventage.

Adieu, ma chere maman. Ie ne me lasserois jamais de vous pindre mes sentimen pour vous. Dite-moy quelque chose des votre, ma chere maman, car c'est d'eux que depend actuellement le repos et le bonheur de ma vie.

[*adresse* :] À Madame / Madame de Grafigny / pres le Luxembourg / rue Hiasinte / À Paris

MANUSCRIT
*A. Yale, G.P., XXXIV, p. 69–72; 2 p.; orig. autogr.; cachet sur cire rouge; timbre de la poste : LIGNY.

TEXTE
[a] sans. [b] sais.

103. *Anne-Catherine de Ligniville d'Autricourt à Madame de Graffigny*

Ce 24 avril 1746

Je croiest trouvé quelque chose de consollent dans votre lettre, ma chere maman; l'espesseurs du papie me le fesoit croire. G'i trouve eftivement[a] votre retablissement qui ceroit un plaisire parfait pour moy six ie vous voyet un peut de gaité. Bien loin de cela, vous me dite que vous avez un noirs dans l'ame qui vous rend en core plus malade. [b]Esses la[b] le moiens, ma chere maman, de distraire l'ennuie et la menlanquolie dans la quelle ie vie que de vous sentire dans la tristesse? C'est ogeumente toutes mes paine, ma chere maman; c'est me maite[c] ameme de faire mille reflections triste et de me faire naitre mille pencé sinistre. Mon dieu! j'ent fait assés, ma chere maman. Faites-m'ent donc faire de moins affreusse. Ce noire que vous avez, ma chere maman, c'est emparé de tout mon corps; g'y avoit daijas de la dispositions. Ils y a prest de 8 jours que ie ne me porte pas bien; ie vouderoit toujours dormire; c'est une pesenteure et une faiblesse par tout mon corps. Ie ne monte pas une escalie cent[d] aitre fatigué; j'ay malle à la tette et ie suis comme etourdie; j'ay peure de mourire d'apoplexis. Ie suis cependant bien raiglé et en grende abondence; sa n'enpaiche pas que ie ne saigne toujours aux nes. De puis Paque[1] ie n'es discontinué; ie mest ce pendant mes [e]pie dans laux[e] trois ou quatre foy la semene.

Apropos, ma chere maman, on vien de me montre une lettre de Nency où l'on marque que Mr Lefebvr le paire[2] vien de mourire d'apoplexis. Sa me fait de la paine accauses de celle que Mr Lefebvr vas resentire, car ils etoit fort attaché à sont paire. J'avoit envie de luy ecrire pour luy temoigne la pare que g'i prent, mais ie ne le feroit pas. Ce que vous me dite dans votre lettre m'ent empaiche; ils pouroit croire que ie saisix cette occasion pour le rapailai, et que, comme ils et sont maitre actuellement, quelque veut[f] d'interoit me fait agire. J'aime mieux ne luy rien dire. Vous croiez donc, ma chere maman, que ie ne l'aime plus et que ce n'et que l'amoure-prope qui me le fait regre[ter][g]. Ie n'ent sais rien, mais ils me semble quelque foy que ie l'aime toujours. Par exemp[l]e ie l'aime actuellement, que ie le sais dans le chagrin; et six i'etoit sûre qu'ils m'aime en core, ils n'i auroit rien que ie ne fit pour l'en distraire. Ie ne veut donc pas tache de le ramene, puisque s'ils revenoit ce ne ceroit qu'end aparence et par une pitié qui et surement bien umiliante. Vous avee raison, ma chere maman. Ie cent le vrais de ce que vous me dite.

M[e] d'Epinois, ma chere maman, ce borne à faire le bonheur d'une personne. Moy, ie trouveroit plus de satisfactions à faire du bien à vingt malheureux; elle non, elle penc[e] diferamant. Nous n'i saurions que faire.

Adieu, ma chere maman. Aimés-moy. Ie prefere votre amitié et vos bonté aux deux cent mille livrs de Me d'Epinois. Vos sentimens me renderont plus heureusse que tout sont argent ne me le renderoit cent[d] vous. Ecrive-moy, ma chere maman, puisque vous aites mieux. Mais de grace, disipe ce noire que vous avez dans l'ame six vous voulez que ie sois tranquille.

Ma chere mere vien de m'ecrire une lettre d'un setils froi à glacé. Sa me fait de la paine, mais ie me concolle, dès que ie pence que c'est vous que ie doit regarde comme une mere tendre, et que c'est aux prest de vous, ma chere maman, que ie trouverais ces sentimans que la nature inspire aux animaux meme les plus ferosse.

[*adresse* :] À Madame / Madame de Grafigny / pres le Luxembourg / rue Hiasinte / À Paris

MANUSCRIT

*A. Yale, G.P., XXXIV, p. 65–68; 4 p.; orig. autogr.; cachet sur cire rouge; timbre de la poste : LIGNY.

TEXTE

[a] effectivement. [b] Est-ce là. [c] mettre. [d] sans. [e] pieds dans l'eau. [f] vue? [g] Tache de cire.

NOTES EXPLICATIVES

1. Date du dimanche de Pâques 1746 : le 10 avril.
2. Charles-François-Xavier Le Febvre, procureur général de la chambre des comptes de Lorraine, était mort à Nancy le 20 avril 1746 à l'âge de 57 ans. À son sujet Devaux avait écrit cette appréciation à Mme de Graffigny le 8 août 1745 : "[Il] a toujours eté un bœuf maussade dont on n'attendoit rien. À present c'est le meilleur magistrat de la province. Il est vray qu'à tout autre egard il est resté ce qu'il etoit, mais enfin il fait son metier avec distinction." (G.P., XXXII, p. 97.)

104. *Anne-Catherine de Ligniville d'Autricourt à Madame de Graffigny*

Ce premie mais 1746

Je suis charmé, ma chere maman, de vous entendre me dire que j'ay taure de ne point ecrire à Mr Lefebvr. Ce que vous me disie dans votre lettre presedente etoit ce qui me determinoit à ne le pas faire, car j'avoit fort en vie de luy temoigne le pare que ie prend à sont chagrin.[1] Ie vais donc le faire, ma chere maman, de la façon que vous me le dite.

[a]Je n'es jamais peut soufrire de m'entendre dire que j'ai des vapeure; ie ne sais trops pour quoy, mais ie n'aime pas cela. Ie ne cais six c'est en avoirs,

ma chere maman, que de s'aitre insuportable à soi-meme; de baille et de soupirer toutes la journsné; de ne pas parlé est de pence sent[b] savoirs ce que l'on pence; de ne pouvoirs fixe sont esprit à rien; faible ou paresseusse à ne pouvoirs marche. Voyla cependant, ma chere maman, comme mes jours [c]ce coule[c]. Ils y a quelque foy du plus ou dumoins et voyla tout. Et avec cette vie mourente vous ne croiez pas, ma chere maman, que mon cang[d] est epaiss? Pour moy, ie le croit comme du mortie. Ils n'est pas posible qu'ils aye de la vivasité et que mon corps soit six paisan[e].

J'ay bue presque tout l'ivaire de l'au-de-vie comme vous avez eut daiga la bonté de me le marque. Ils n'i a point de chose rafrechicente que ie ne boive : sa me fait quelque chose un peut de tent et puis ie saigne tout de nouvaux. Ie ne bois jamais de vin. Vous devais vous souvenire, ma chere maman, que vous ne voulie pas que i'ent boive quend j'aitoit enfende. Ie me suis abitué à ce la, et ie n'ent peut pas boire. Ils n'ent est pas de meme des liceur : j'ay concervé baucoups de gout pour elle, mais ie n'es garde d'ans boire car [f]quend sa ma rive ie ne daure pas[f] et ie saigne aux nes toutes la nuie. Ils en et de maime du cafaie à l'aux et de tout ce qui echaufe. De toutes les chause que j'ay fait, ie trouve que c'est les bain qui me fond plus de bien; dès qui[g] feras un peut chau ie les prenderais pendant 20 uo[h] 30 jours de suite, est puis ie ne seignerais pas le reste de l'aité.

Mais vous, ma chere maman, vous aites bien plus inquomodé. C'est à chaque instant de nouvaux maux. Que ie vous plains, ma chere maman, car c'est une chose insoutenable que toutes ces fluctions que vous avez tout l'hiver.

Vous me desolle en disen que loin d'arenge vos affaire, on vous les dairenge. Vous ne reusisés en rien, ma chere maman. Mon dieu! ce seras petaite[i] toujours comme cela. Vous deverie bien plutot revenire en Lauraine; on n'i vie pas six cherement qu'à Parie. Vous aurie autent de plaisire en province puis que c'est vous-meme, ma chere maman, qui fait tout votre plaisire. Puis que vous save aitre heureusse ceulle, que vous importe où vous vivie? Vous ne jouissés presque d'auqund plaisire de Parie six ce n'est quelque foy les spectacle que vous aime. Est en core combien aites-vous de tent sant[b] y allé? Vous aimé la promenade, ils n'i en a pas petetre[i] de six belle en province, mais vous en trouverais daxsix[j] solitaire. Ie vouderoit bien, ma chere maman, que vous prenie le partie d'i revenire; ie me vairais bien tot avec vous, aux lieux que ie prevois encore bien des chagrin pour moy avend d'allé à Parie. Est petaitre[i] ne vous vairai-ge jamais six vous y reste. Ils n'i a point de jours que ie ne le pence, et que ie n'ent aye quelque presentiment.

Qu'a donc ma chere mere, dite-vous, ma chere maman, avec sont froy? Elle et presque toujours de cette façon avec moy; et avec ce la, dès que ie suis un peut de tent sent[b] luy ecrire elle ce plains que ie ne l'aime pas et que ie n'es point d'atencions pour elle. Est six ie luy marque de l'amitié elle ne m'i repond pas. J'aime baucoups mieux ne luy pas ecrire que de me faire soufrire par ces raiponce. Ie ne suis pas maitresse de la paine que ce la me fait; ce pendant ie n'es jamais eut pour elle cette tendresse et cette attachement que ie cent pour vous, ma chere maman. Elle ne m'a jamais inspsiré les sentiment que j'ay pour vous. Vous vous faitte aimer. Vous, ma chere maman, tout m'attache à vous pour la vie. Les assurence que vous me donne de votre amitié pour moy, ma chere maman, me comble de joye, me rende heureusse. Mais avec tout ce la ie ne vous voye pas, est c'est ce la ceulle qui me le renderas veritablement.

Adieu, ma chere maman. Ie vous baises les mains mille foy de tout mon cœur.

[*adresse* :] À Madame / Madame de Grafigny / prest le Luxembourg / rue Hiasinte / À Paris

MANUSCRIT

*A. Yale, G.P., XXXIV, p. 59–64; 5 p. (une feuille et une demi-feuille); orig. autogr.; cachet sur cire rouge; timbre de la poste marqué deux fois : LIGNY [k].

TEXTE

[a] Alinéa exceptionnel dans le A. [b] sans. [c] s'écoulent. [d] sang. [e] pesant. [f] quand ça m'arrive, je ne dors pas. [g] qu'il. [h] Le u du mot "ou" a été rayé, puis remis devant le o. [i] peut-être. [j] d'aussi. [k] Timbres de taille différente.

NOTE EXPLICATIVE

1. Il s'agit de la mort de son père (v. lettre précédente).

105. *Anne-Catherine de Ligniville d'Autricourt à Madame de Graffigny*

Ce 8 mais 1746

Je vous crois en core malade, ma chere maman, car ie n'es point reçue hiere de vos nouvelle. [a]Sa ma triste[a] extrodinairement. Voyla le plus baux tent dumonde; ils est affreux d'aitre malade et de vivre aux couvent dans une six belle saison. De tout les maux de la vie, ma chere maman, ceux-là me paresse les plus sencible. Quend donc cesserai-vous de soufrire, ma chere maman, et moy d'aitre malheureusse? Que j'atant ce momant avec vivasité.

Je ne[b] pas en core reçue de reponce de Mr Le Febvr; petaitre ne m'ent feras-t-ille point.[1] Dite-moy quelque chose, ma chere maman, car dès que vous ne dite rien, ie suis six sotte que ie ne sais rien dire. Mais ie sais vous aaimer avec tout le respait et la tendresse posible. Ils me semble que mon attachement oguemente tout les jours; c'est une hereure[c] car cela n'est pas posible.

Le paire Entoine[2] m'a praité un poëme sure la religions par Mr Racine[3] qui me paroit bien baux. Les istoiriette[4] m'ennuie assetteur[d] amoins qu'elle ne soit bien ecrit. L'abbé de La Chateigneray m'ent avoit envoyéz; ie n'es pas eut la pasience de les lires. J'avoit commencé les *Confessions de la contesse de*[5]. Ie me les figurois dans le gout de celle du Conte de[6], mais quelle diference; ie les aye trouvé malle ecrite. J'ay demendé des voiage[7] comme vous me l'avez dit ils y a quelque tent, ma chere maman.

Adieu, je vous bais mille foy les mains.

[*adresse* :] À Madame / Madame de Grafigny / pres le Luxembourg, rue / Hiasinte / À Paris

MANUSCRIT

*A. Yale, G.P., XXXIV, p. 55–58; 2 p.; orig. autogr.; cachet sur cire rouge; timbre de la poste: LIGNY.

TEXTE

[a] Ça m'attriste. [b] n'ai. [c] erreur. [d] à cette heure.

NOTES EXPLICATIVES

1. Le 3 mai, Mme de Graffigny avait écrit à Devaux : "Ie crois que le fils ne songe pas plus à la pauvre Minette que le pere. Il y a lontems qu'il ne lui ecrit plus. Cependant il m'en demande des nouvelle dans la reponce à mon compliment que ie viens de recevoir." (G.P., XXXVI, p. 12.)
2. Voir lettre 75, note 1.
3. *La Religion* (1746), poème de Louis Racine.
4. Il ne peut s'agir des *Historiettes* de Tallemant des Réaux qui ne seront publiées qu'en 1834. Anne-Catherine fait sans doute allusion à de petits récits d'aventures plaisantes ou galantes.
5. *Les Confessions de Mme la comtesse de ***, écrites par elle-même,* Londres, 1744, 2 vol.
6. Roman de Duclos (v. lettre 61).
7. Les premiers volumes de l'*Histoire générale des voyages* de l'abbé Prévost, 1746–1759, 15 vol.

106. *Anne-Catherine de Ligniville d'Autricourt à Madame de Graffigny*

Ce 10 mai 1746

Je vien aussix, ma chere maman, de recevoirs la reponce de Mr Lefebvre.[1] C'est moy qui aye tore, à ce qu'ils dit; ma façon d'agire et extrodinaire; ils est etonné qu'a prest l'avoirs oubliéz six lontant ie daigne aux jours dhuie m'interesser à sont sort. Voyla [a]apeuprest sont setille[a]. Ce pendant ils me propose, d'une haire qui me deplais, à reprendre notre comerce quend ils me plairas, mais [b]cent eclerssicement[b], que ce la est inutille. Pour moy ie ne le trouve pas, et ie ne puis me raquomode ni rendre mon amitié à un quelqund qui ne veut pas sentire ni convenire de sont tore. Vous aurie veut sa lettre, ma chere maman, mais comme ie m'imagine qu'ils m'ecrira, je veut luy dire ce que ie pence de sa lettre.

[c]Vos lettre, ma chere maman, me consolle et me fond toujours plus de plaisire; elle ceulle me fond naitre quelque reflections gracieusse. Ie vois que vous m'aime et qund[d] jours surement ie jouires du bonheur de vivre aux [prest de] vous. Le tent ceulle m'alarme. Ma vie est six affreuse, ma chere maman, qu'ils faut bien me pardonne de ne pas avoirs cette pasjence que vous me recommende tant. Peut-ont tant en avoirs, et croiez-vous que l'on n'i sucombe pas quend l'on voit que rien n'avence et que les chose ne reucises en rien. Mon dieu! ma chere maman; que l'on est empressés de ce voirs heureusce; que ce la a de charme à qui quonque ne l'a jamais aité. C'est vous, ma chere maman, qui me la renderais par votre amitié. Oui, souvent ie me figure que ie ne vous vairais jamais; ie pence que ie ne suis pas neé heureusce. Cela me fait croire que ie ne doit pas vous voirs puis que ce ceroit allé contre ma destiné. Ie me tue par tout ce que ie me mest en taite.[2]

Des raison vous empaiche donc de retourne en province, ma chere maman. N'i vene donc pas, mais [attendez] la réucite, ma chere maman, de ce quelque chose qui vous renderoit trenquille, car pour moy ils ne me faut qu'aitre avec vous pour l'aitre. Est bien, ma chere maman, six ce la traine en core plusieur anneé, croiëz-vous que ie ne mourerai pas? Pour moy ie le pence. Vous aites trops bonne, ma chere maman, de me dire que toutes ces raicon on rapord à moi. Ie ne meriterais jamais toutes les paine que vous prené. Vous ne trouverais en moy, ma chere maman, qund[d] attachement tendre et sincere, baucoups de reconnessence, et voila ceulle. Ce qui m'aquiteras du bonheur de mes jours, vous le ferais, ma chere maman. Que pouvé-vous faire de plus satisfesant pour vous et pour moy, ma chere maman? Rien assurement, six vous n'aioutie pas à tout mes chagrin ce luy de vous sentire toujours malade. Vous l'aites donc toujours, ma chere maman. J'esperoit que le baux tant vous raquomoderoit toutes affait et vous feroit oubliez toutes vos fluctions.

J'ay commencé mes bains. G'y reste deux heure ordinerement et ie les prent, comme vous le dite, le plus froi que ie le peut soutenire, car quend ils m'est arrivé de les prendre un peut chau ie saignai plus que jamais.

Adieu, ma chere maman. Ie vous quitte toujours avec regret. Ecrive-moy le plutot que vous pourai, ie vous empris. Ie vous assure, ma chere maman, que quend le jours de poste que j'atant de vos lettre ce passe cent[e] en avoirs, mes vapeure sont deux foy et plus forte et plus insoutenable.

[*adresse* :] À Madame / Madame de Grafigny / pres le Luxembourg / rue Hiasinte / À Paris

MANUSCRIT

*A. Yale, G.P., XXXIV, p. 43-46; 4 p.; orig. autogr.; cachet sur cire rouge; timbre de la poste : LIGNY.

TEXTE

[a] à peu près son style. [b] sans éclaircissement. [c] Alinéa exceptionnel dans le A. [d] qu'un. [e] sans.

NOTES EXPLICATIVES

1. Voir lettres 103 et 104.

2. Écrivant à Devaux le 12, Mme de Graffigny commente la présente lettre en ces termes : "Que veux-tu que je te dise de Minette? Elle se desespere touiours de n'etre point ici, et moi ie m'inpatiante de ses desesperades parce que ie ne saurois y remedier. Mon dieu! que i'ai mal fait de mettre encore fiché ce poignard. Helas! je croiois dans ce tems-là en faire un joli jouet." (G.P., XXXVI, p. 29.)

107. *Anne-Catherine de Ligniville d'Autricourt à Madame de Graffigny*

À Ligny, ce 20 mais 1746

Vous demende, ma chere maman, pourquoi ie ne veut plus entretenire comerce avec Mr Le Febevr, et six ie ne peut rester ami sant[a] autre explications. Si fait, ie le peut, les sentimans que j'ay pour luy me ferond passer surs la chose dumonde qui me deplais le plus. Quend ils n'auroit plus d'amours, ne doit-tont pas de meme à la mitié la satisfactions d'avouer ses tore? Qu'i a-t-ille de plus satisfesant pour l'un et pour l'aut[r]e que de sentire que l'on n'a auqund mauvais prosedé à ce reproche? Pour peut que i'ayme une personne, ie ne peut aitre trenquille quend ie suis dans quelque tore avec elle; ils faut que ie le repare. Et bien, ma chere maman, qu'i a-t-ille dans ce la qui coute? Rien que du plaisire. Et-ille besoin d'avoirs de la mours pour sentire ce plaisire? Non, ie le cent visavie toutes les personne que j'aime. Ie ne consoie pas que c'est ce rendre inquomodé que de demende des expliquations. Moy, ie seroit charmé que l'on m'ent demende, et ie n'emeroit pas qu'ond ce taise quend j'ay faché quelqund. En fin, Mr Le Febvr et tout les homme ne merite gaire d'aitre aimér. Ie vouderoit bien aitre aux six indiferente pour eux qu'ils le merite, mais ils n'est pas en core à moy de pence de cette façon. Ie continurai, ma chere maman, à luy ecrire puisque vous me le conseille, et ie ne luy palrerai[b] de rien.

L'abbe de La Chateigneray vien de m'envoyer l'*Histoire des revolutions d'Espagne* en quatre tome.[1] Quend ie les aurais lut, ie luy demenderais les traductions de Ciceront.[2]

Non, ma chere maman, ie n'est point de memoire, ou dumoins, six i'ent aye, ie ne m'ent apercoit pas dutout. Sa ne m'enpaiche pas de m'aplique autant que mon esprit inquiet et indolend me le permet. Ie vous assure, ma chere maman, que ie ne suis pas toujours maitresse de vincre cette paresse qui vous deplaie tant. La vie affreusse que ie mene m'abat entierement. Ie n'ais pour tout plaisire dans ma solitude que ce luy que vous me procure par votre amitié, et par la compasions que toutes les personne qui connesse ma situasions on[t] de moy.

J'alais hiere aux parloire voirs un homme de 60 ans. Ils et de la Champagne, à ce qu'ils m'a dit, et s'apelle de Vadenai[3]. Ils venoit de Luneville et, ayent ouï parlé de la vie sedentaire que ie menoit, la curiosité m'a attirai sa visite. J'ant aye aités tres contente. Ils m'a baucoups plains. Ils ne m'ent faloit pas davantage pour le trouve de mon gout.

Ie vous promest, ma chere maman, que ie ne suis pas degouté de ma musique. Ie convient que ie n'es pas cette vivacité que la nouvauté inspire, mais ie ne passeroit pas un jours cent[a] m'ent amuser. Vous croie que ie ne sais rien. Moy, comme vous le dite tres bien, ma chere maman, ie croit en savoirs un peut, mois[c] non pas assés. Mon maitre me dit continuellement que ie sais aussix bien solfier que luy; que c'est perdre mon tant de ne point dire de parolle. Mes[d] je commence à en dire dans les motetes de M[r] de Lalande[4]. C'est une ford b[e]lle musique. Ie ne veut pas dire de parolle francois; ils ne les aime pas, et moy, ie trouve qu'ils les dit malle.

Adieu, ma chere maman. Vous me recommende d'avoirs un peut de courage, et vous dite que le terme pour nous voirs n'est pas de la longeur que ie me l'imagine. Ha mon dieu! ma chere maman; six ie le pencoit veritablemant qu'ils sora[e] de cette longeur, ie croit que la tete me tournerais. Ie me flatte toujours, c'est-à-dire le plus que ie peut, pour un peut me consolle; incy ie me dit quelque foy que ie vous vaires cette été. Vous me l'avez fait esperai; ie me repose donc sure votre amitié, ma chere maman, et sure votre compasions pour une pauvre malheureusse.

Avee-vous ouï dire que le prince de Bauvaux etoit dengereussement blessés?[5] Ie seroit bien touché six cela etoit.

Mende-moy, ma chere maman, quend vous n'aurais plus de fluctions, et quend vous irés dans votre petit jardin solitere. Que vous aite heureusse de pouvoirs vous promene. Ce plaisire m'est encore defendue pour toutes cette été; mes religieusse batisse;[6] ils y a une breche dans leurs petit vilain jardin et l'on n'ause i alle. Ie suis donc obligé de passer de belle soiré dans ma chamb[r]e. Pour m'ent consolle ie m'enferme ceulle, et ce la fait que ie ne [f]ment nuie[f] pas tant. La demoiselle que ie vous aye dit[7] qui demeuroit avec moy et partie; sa feras que j'aurais plus de tant à moy. Ie ne consoie pas, ma chere maman, que, m'ennuiant comme ie fait, ie trouve touiours les journé trops courte; ie ne me couche gaire qu'avece regrai. J'ay encore dans ma chamb[r]e pour m'amuser une grende quaise[g] de fleure que j'ay fait et planté moy-meme. J'ay dumoins le plaisire de les voire naitre. J'ay des

[h]moigno afforce[h] et un baux canarie. Ie vouderoit bien savoirs joue de quelque instruman. Ie deveroit assetheur[i] savoirs [jouer] de votre vielle. Vous en amusés-vous toujours, ma chere maman? Quend esses[j] que ie serais ameme de m'ent amuser aussix?

Assa![k] Ie vous ennuie. Ie ne croiest pas tant ecrire. Aimer-moy toujours, ma bonne maman; c'est par là ceulle que vous me ferais oubliez tout mes malheure. Ie vous baise mille et mille foy les mains.

[*adresse* :] À Madame / Madame de Grafigny / prest le Luxembourg / rue Hiasinte / À Paris

MANUSCRIT

*A. Yale, G.P., XXXIV, p. 145–150; 5 p. (une feuille et une demi-feuille); orig. autogr.; cachet sur cire rouge; timbre de la poste : LIGNY.

TEXTE

[a] sans. [b] parlerai. [c] mais. [d] Mais. [e] sera[it?]. [f] m'ennuie. [g] caisse. [h] moineaux à force [= force moineaux]. [i] à cette heure. [j] est-ce. [k] Ah ça!

NOTES EXPLICATIVES

1. Sans doute l'*Histoire des révolutions d'Espagne* de L. E. Dupin, mais les bibliographies n'en signalent aucune édition en quatre volumes.
2. Le 10 juillet suivant, Anne-Catherine écrit : "J'avoit demendé les traditions [= traductions] de Ciceron à La Chateigneray, et ils m'envois les *Lettre de Ciceront* [*à*] *Atticus.*"
3. Probablement Jean-Baptiste-André Godet, vicomte de Vadenay, capitaine au régiment de Navarre et commissaire de la noblesse en Champagne. Il avait sept fils, tous chevaliers de Saint-Louis.
4. Michel-Richard Delalande (1657–1726), compositeur, organiste et claveciniste, sous-intendant de la musique du roi. Sa collection de quarante-deux motets composés pour la chapelle de Versailles était parue en 1729 aux frais du roi.
5. Le prince de Beauvau, colonel du régiment des gardes lorraines, avait reçu un coup de fusil dans le côté pendant la campagne d'Italie. "Ce n'est qu'une egratignure," écrit Mme de Graffigny à Devaux le 12 mai 1746 (G.P., XXXVI, p. 29).
6. En septembre 1746, les religieuses de la Congrégation Notre-Dame avaient acquis une petite maison qui leur offrait la possibilité de percer une porte pour aller au cimetière paroissial.
7. Peut-être "la jeune religieuse" dont Anne-Catherine s'est plainte dans la lettre 94.

108 . *Anne-Catherine de Ligniville d'Autricourt à Madame de Graffigny*

Ce 27 mais 1746

J'ay envie de vous gronde, ma chere maman, ou de croire que vous ne m'aime plus du tout. Comment! ils y a plus de quinze jour que g'inore ce que vous fette. Ie ne puis croire que vous soyez malade. Quesqui[a] vous empaiche donc, ma chere maman, de [b]ma corde[b] un plaisire qui fait tout mon bonheure? Vous le savé, ma chere maman, voyla le ceulle que j'ay, et quend bien maime j'ent aurois d'autre, ne savez-vous pas que ce luy d'aitre aimé de vous et d'ans recevoirs des assurence surpasseroit non les plaisire mais la fortune la plus briliante.

Rendé-moy donc heureusse, ma cher maman. C'est de vous ceulle que ie l'attant par votre amitié et vos bonté pour moy. Ie baise mille foy vos belle mains.

[*adresse* :] À Madame / Madame de Grafigny / pret le Luxembourg / rue Hiasinte / À Paris

MANUSCRIT

*A. Yale, G.P., XXXIV, p. 151–154; 1 p.; orig. autogr.; cachet sur cire rouge; timbre de la poste : LIGNY.

TEXTE

[a] Qu'est-ce qui. [b] m'accorder.

109. *Anne-Catherine de Ligniville d'Autricourt à Madame de Graffigny*

Ce 30 mais 1746

Je ne sais, ma chere maman; vous ne m'ecrive plus gaire souvent, et ce pendant j'ay lieux de croire que vous vous porte bien. De puis le 13 ie n'avoit point reçue de vos nouvelle; c'est le moiens de me faire passer bien des mauvait moment. Ie ne sais pas six vous le pence, ma chere maman; six cela est, fette-moy donc goute du plaisire et adoucice plus souvent mes paine. Elle de vienne tout les jours plus grende, ma chere maman, par l'empréscement que j'ay de vivre aux prest de vous. Ils faut donc m'aute de l'esprit, ma chere maman, que ie puisse jamais trouve des unions d'amours ou d'amitié. Six cela et, où est donc le monheurs[a] que l'on goute dans la vie? Ie n'ent vois plus, et n'en trouve plus à rien, amoins de le faire consiste en soit-maime et d'aitre indiferent pour tout le jenrumains[b]. Sa me paroit imposible. Cette indiference, ils fauderoit pour [c]la voirs[c] aitre separai absolument des homme, et vivre dans une retraite assés profonde pour ne voirs et n'entendre parle d'aucune creature, sent quoy on est toujours sencible et l'on ce flatte toujours de trouve des sentimans conforme aux sien. Esse[d] que ie seroit l'unique qui mette sont bonheur dans les sentimans? C'est d'aprest les livrs, dite-vous, ma chere maman, que ie m'ent suis forgée l'idée de cette unions. Est bien, ces personne qui les ont ecrit ne

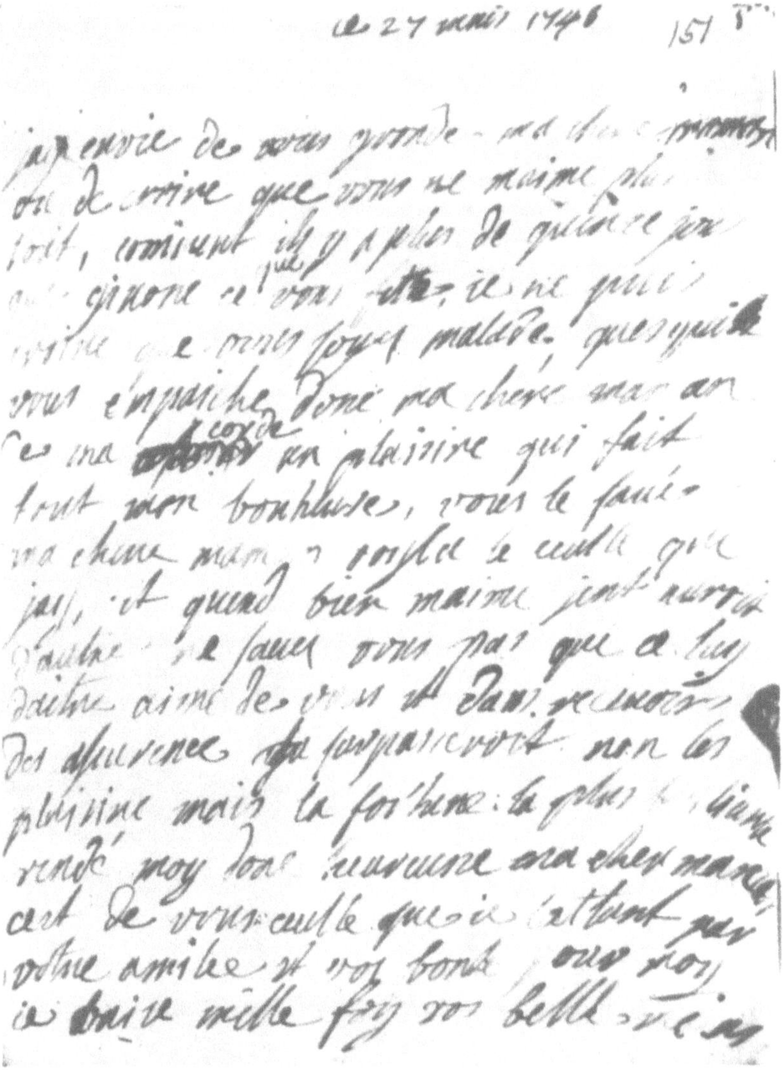

Lettre d'Anne-Catherine de Ligniville à Mme de Graffigny (a)

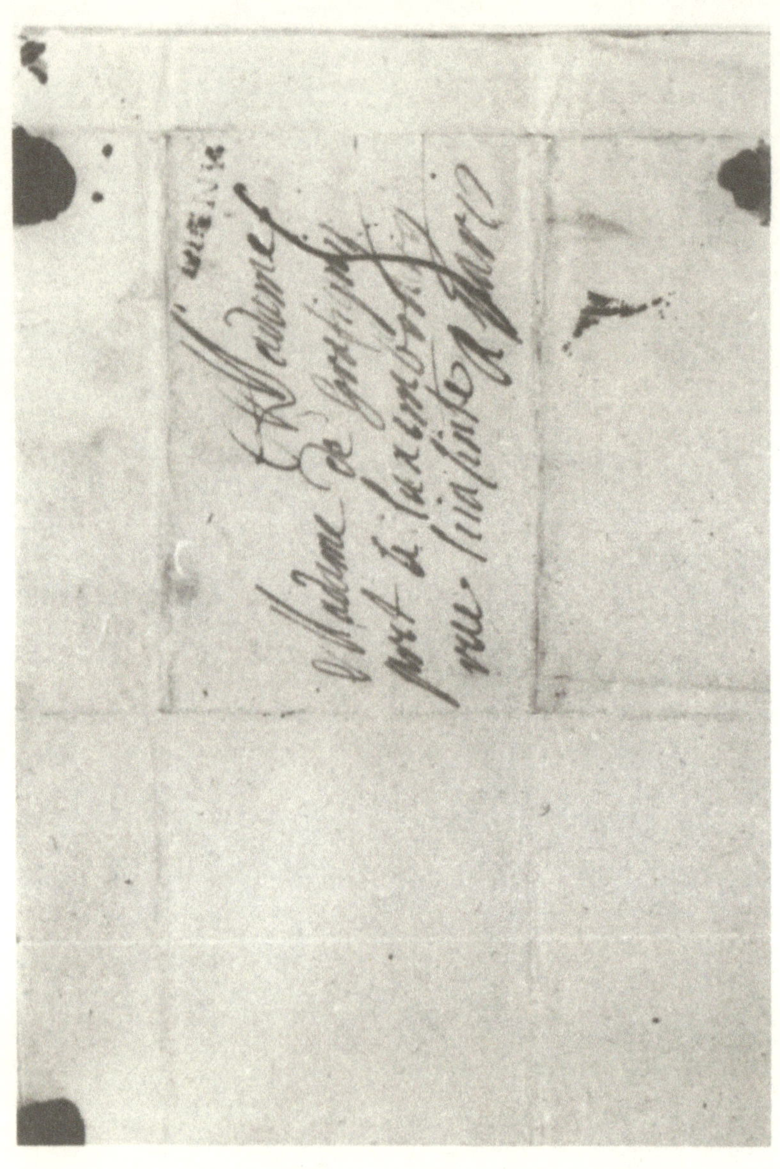

Lettre d'Anne-Catherine de Ligniville à Mme de Graffigny (b)

pencoit-tille pas comme ie fait, est ne sentoit-tille pas le monheure[a] qu'ils y auroit six le cœur etoit fait de cette façon? Ils faut bien que ces [e]gence la[e] aye les sentimant qu'ils ont [f]de paint[f]. Pour moy, ie ne pouroit ecrire une fable qui s'eloigneroit de ma façon de pence. Est bien, dès qu'ils ont sentie ce bonheurs, comme moy, ils ne leur faloit que trouve des sentimant conforme aux leure pour goute les charme de la moure ou de la mitié. Mais non, sa et introuvable, dite-vous, ma chere maman. Pour quoy serai-ge ceulle aux monde avec cette chimere; croie-vous qu'ils n'i a pas bien d'autre personne que moy qui l'ais? Six ce la est, on peut ce rencontrai. Quelle folie ie dit là. Non, ma chere maman, ie suis tenté de n'aimer rien que vous et moy. Est bien pourtant, ma chere maman, ie trouve che vous tout ce que ie desire dans une amis. Voyla pourtant qui n'est pas introvable. En verité, vous me donne une mefience affreuse pour toutes les creature, et tout ce que vous en dite me fait trouve du plaisire d'ans aitre eloigné. N'aurie-vous jamais trouvée d'amie aussix parfait que vous l'aite, ma chere maman, et de cœur fait comme vous l'avée? Six vous n'ent avee point trouvé, voyla qui est finie; ie ne chercherais plus rien aux monde que vous, et mon cœur ce bornera à vous ceulle, ma chere maman, et ma chimere serais non ceullement abatue mais detruite; pour toutes ma vie ie ferais tout pour ce la.

Ha! que Monsieur Le Febvr me confirme bien dans ce que vous dite, et que le cœur humains et incon[s]tant. Vous m'aviez conceillé, ma chere maman, de continue à luy ecrire; j'aitoit portai à le faire; ie contoit qu'ils ne refuseroit pas de me reste amie; sa lettre me le fesoit croire; ie contoit qu'ils me recriroit comme ils me le proposoit. J'ay repondue à sa lettre ils y a 15 jours. Ils et en core à me repondre. Voyla qui et finie de mon quoté; ie ne doit plus luy ecrire, nesse[g] pas, ma chere maman? Ie suis sûre que six ils avoit put ce dispence de repondre à mon compliment sure la mort de monsieur sont paire, ils l'auroit encore fait. Ie vais tache de l'oublie et de me dire sant foy qu'ils ne merite pas que ie l'aime.

Vous trouve la visite[1] que j'ay eut singulierre, ma chere maman. Moy, ie l'ais regardé comme une simple curiosité. Ce bon homme a pasés deux jours à Ligny, à ce que l'on m'a dit, che le doient des chanoine[2]. Ils a baucoups pa[r]lé de moy, et dit qu'ils seroit charmé que ie soit etablie dans sont paie; qu'ils y avoit des personne tres riche, et qu'ils feroit sont posible pour ce la. Pour luy, ils est marié, et a une femme à peut prest de sont age. Voyla ce que j'ay out[h] dire. Pour ce qu'ils m'a dit, ie ne me le remest pas[3] trops. Ie sais bien qu'ils ademirai la force d'esprit avec la quelle ie soutenoist une retraite aussix profonde; ils dit que ce la etoit surprenent à mon [a]ge. Ie ne luy aye pas dit combien ie m'ennuioit; aux contraire, j'ay dit qu'ils m'ent coutoit moins qu'à d'autre parce que j'aimoit naturellement la vie solitaire; que la lecture et l'ouvrage me disipoit.

Eftivement[i], ma chere maman, j'aime naturellement d'aitre ceulle. Ie croit vous l'avoirs dit souvent : six j'avoit quelque agremant dans mon couvent, ie ne m'ennuiroit pas six fort. Vous vairais quend ie serais dans un couvent aux prest de vous six ie m'ennuie. Non, surement; et cependant le tent que ie serais sant vous voirs ie serais toujours ceulle dans ma chamb[r]e.

Vous dite que ie suis plus heureusse que ie ne croit, ma chere maman, d'avoirs une bascour dans ma chamb[r]e; sa vous fait croire que ie ne suis gaire prop[r]e. Mais ma chambre n'est prop[r]e qu'à en faire une des bascourp; elle et orrib[l]e, et ie suis sure que votre cuisine et plus belle. En deux most, ie vais vous la fere voire : c'est un grand galata[j] toutes à jours, où on meure de froi laivaire[k] aux point que j'ay eut les pie, les mains, et le nais gelai de puis que g'i suis; l'aité on meure de chau. J'ay pour tout meuble deux chaiche[l] de bois, une table, et un ma[u]vais lie; et pour planche, des brique. Ils me semble qu'avec cela on peut en faire sant façon une jolie bascour.

Ie vous quitte, ma chere maman, car ie ne sais plus ce que ie dit; ie meure de someille. Ecrive-moy, ma chere maman. Dite-moy un peut quelque chose de consolant; que ie vous vairais bientost, et que vous m'aime bien. Voyla ce que ie demende et ce que ie desire avec la dernierre vivasité. Ie vous baise mille foy les mains de tout mon cœur.

[*adresse* :] À Madame / Madame de Grafigny / prest le Luxembourg / rue Hiasinte / À Paris

MANUSCRIT

*A. Yale, G.P., XXXIV, p. 47–54; 7 p. (une feuille et deux demi-feuilles); orig. autogr.; cachet sur cire rouge; timbre de la poste : LIGNY.

TEXTE

[a] bonheur. [b] genre humain. [c] l'avoir. [d] Est-ce. [e] gens-là. [f] dépeints. [g] n'est-ce. [h] ouï. [i] Effectivement. [j] galetas. [k] l'hiver. [l] chaises.

NOTES EXPLICATIVES

1. Celle de M. de Vadenay (v. lettre 107).
2. François - Alexandre - Jeannin Dumesnil (1674–1749), doyen du chapitre collégial de Ligny.
3. C'est-à-dire, je ne me le rappelle pas.

110. *Anne-Catherine de Ligniville d'Autricourt à Madame de Graffigny*

4 ieuin [1746][1]

Vous avez bien raison, ma chere maman, de me toujours recommende la pacience. Grace à dieu vous m'ent voulez une terible. Quoy! vous ne m'ecrive ceullement pas. Ie me fesoit une faite ce matin de recevoirs une de vos lettre, et toujours rien. Mais quend vous aitié malade aux moins avai-ge un petit billie : vous criegnie de m'inquiete. Apresent que vous vous porte bien, pence-vous que ie soit sant inquietude sure votre quonde[a]? Non, ma chere maman, ie vous aime trops pour vivre tranquille eloigné de vous; ie crint que vous ne m'aimie plus et que ie vous ennuie.

J'ay haire[b] veut l'abbé de La Chateignerai; ils m'a amusér; ie l'ais toujours trouvé emable. Ils et allé aux environt de Vitrie[c]; ie le revairai dans huite ou dixe jours. Ils m'a dit qu'ils devoit allé à Paris le mois qui vient ou plus tare. Ce seras de l'argant qu'ils attant qui desideras de ce la. Voulez-vous le voires? Ie luy donnerais votre adresse. Ie luy aye parlé de vous, ma chere maman; ils m'a dit avoirs eut l'honneure de vous voirs che le prince de Lixins. Que tout ces jens-là sont heureux d'alle à Paris, et encore plus heureux de pouvoirs vous voirs! Quend mon toure vienderas-t-ille, ma chere maman? En verité, ma pacience meriteroit bien d'aitre recompencé, car ie le croit aux point que vous me la recommende.

Adieu donc, ma chere maman. Ie vous aimerais et vous respecterais toutes ma vie.

[*adresse* :] À Madame / Madame de Grafigny / pres le Luxembourg / rue Hiasinte / À Paris

MANUSCRIT

*A. Yale, G.P., XXXIV, p. 165–168; 3 p.; orig. autogr.; cachet sur cire rouge; timbre de la poste : LIGNY.

TEXTE

[a] compte. [b] hier. [c] Vitry[-le-François].

NOTE EXPLICATIVE

1. Le 21 juin 1746, Anne-Catherine écrira à sa tante : "L'abbé de La Chateignerai n'est point repassés comme ils me l'avoit promie."

111. *Anne-Catherine de Ligniville d'Autricourt à Madame de Graffigny*

Ce 10 ieuin [1746][1]

Oui, ma chere maman, ils me falloit votre experience pour me deside à ne rien aimer. Tout ce que vous m'avez dit jusqu'à cette heure ne sufisoit pas. Ils me la faloit, ma chere maman, pour me faire revenires d'une hereure[a] qui flatoit tant mon cœur. Vous n'avez jamais trouvé une parfette amitiéz, ma chere maman; et moy, i'ent vouderoit trouve. Non, voyla qui est finie; cette article de votre lettre a aités le suiet de mes reflections de puis lundie que ie l'ais reçue; j'ay pencé bien des chose, mais, entr'aut[r]e, j'aime ce detachement que vous dite qu'ils faut avoirs pour vivres heureusse. On peut donc aitre heureusse, ma chere maman? Oui, ie le cent et ie l'es pencé souvent. Malgré mes entousiasme pour les sentimans, ie vous dirais veritablement, ma chere maman, dans le tant meme que j'aimais le plus Mr Le Febvr, ie sentoit un trouble et mille inquietude qui m'ont fait desirer sant[b] foi cette age où l'on aime rien et où tout plais et toutes amuses. Ie croiest cependant que le plaisire d'aitre aimér et de ce l'entandre dire etoit preferable à tout ce [c]qui li a[c] de plus grand dans le monde; rien dans ce tant ne m'auroit peut faire croire [d]lin constence[d] et la perfidie des homme. Malgré ces preventions, ie regretoit l'age où ie n'aimais rien, parce que j'avoit le cœur et l'esprit tranquille, [e]aux leux[e] que j'etoit tourmenté par ce ie ne sais quoy qui ce fait sentire quend l'on ce cent coupable. Mon dieu! ma chere maman, que ie vouderoit avoirs ce detachement que vous avez; rien n'est plus de mon gout. Oui, ne rien aimer que ce qui depand de nous; ne vivre que pour le momant qui existe; gouter meme le plaisire de santire que l'on vie et que l'on pence; voyla les ceulles moiens de vivres et de mourire tranquille. Que ie cent cela, ma chere maman, et que le cœur des creature fait trouve de charme à cette indiference. Avent que j'ai lue et que j'ai quelle[f] idé du cœur, j'aimais bien plus facilement; ils ne me faloit que remarque quelque dehore de baux sentimans, ie les croioit sincere et cela me touchais. Mais actuellement ie develope un peut plus le vrais d'avec le faux. Aux jours dhuie, en pensant à l'indigne procedé de Mr Le Febvr, ils m'a tombé sous la mains une de ces lettre de l'année 1743. Que de protestations! Que de sermant! Ils ne devoit cessais de m'aime qu'à la mort. Ie n'es pas eut la pasience de lires cette lettre tout le long; j'ay sentie une sirtaine indignations qui m'a fait sentire plus que jamais la faute que j'ai fait, non pas tant de l'aimer mais de luy avoirs ecrit et de [g]la voirs[g] fait aussix naturellement. C'ent est fait; c'est une leçone pour moy. J'ay prit toutes ces lettre; ie les aye brulé, car tant que ie les vairais ie penceroit à luy, et ie n'i veut plus pence dutout, amoins que ce ne sois pour [h]ment paiche[h] d'aimer six jamais, malgré la resolutions que ie prant, mon cœur avoit encore la faiblesse de ce lesser touche.

C'est votre experience, ma chere maman, qui me determine; c'est vous qui me faitte sentire le bonheure de l'indiference. Puisque vous n'av[e]z jamais trouvé de parfaitte amitié, ce n'est pas pour moy en trouve.[2] Ditemoy, ma chere maman; croiez-vous que ce la serais indiferente pour moy? Ie l'assureroit bien plus fortement six i'etoit apporté de vous, par ce que vous m'afirmerie dans ces sentimant qui sont bien faible quend rien ne les soutien; personne ne ce mefix plus d'elle-meme que moy; ie suis faible et ils me faut quelqund pour me le faire sentire par ce que souvant ie l'oublie.

[i]Je suis sencible, ma chere maman, de vous voirs touché de la d[e]scr[i]ptions de ma prison : elle et telle que ie vous l'ais dit, et c'est toujours ce qui m'a aités dure, car j'aimerais d'avoirs une belle petite chambre, meublé

dans la plus grande simplicité, mais prop[r]e et quomode. Ils et sertin que six j'avoit prev[u]e y aitre six lontant, ie l'aurais aiusté de puis que j'ay un peut d'argant. Mais, ma chere maman, j'espaire que votre amitié et votre compasions fera que i'ent sortirais bien tot, ou ie croit qu'ille ne dependerais pas de vous.

Que ie suis faché de l'accidant de la belle Lise[3], ma chere maman; dite-luy de ma pare. Mais ie suis bien plus inquiete de la revolutions que cela vous a occasionné; mende-moy six cela n'a point dessuite et six vous vous porte mieux. Commant! ma chere maman, vous garde une cuisinaire[4] qui et assés mechante pour donne un cout de coutau? Sa et affreux; defaitte-vous-ant! Pour moy, ie ne seroit pas tranquille six de pareille creature etoit dans ma maison.

Que ie vous aye d'obligations, ma chere maman, de votre longue lettre; ie sent votre complesence et i'ent suis toujours plus penetré de reconnessence. Continue-moy vos bonté, ma chere maman, et croie que personne aux monde ne les merite plus que moy par mon tendre et respectueux attachemant. Ie ne croit pas qu'ils soit posible de sentire des sentimans plus tendre et plus reconnessent.

[*adresse* :] À Madame / Madame de Grafigny / prest le Luxembourg / rue Hiasinte / À Paris

MANUSCRIT

*A. Yale, G.P., XXXIV, p. 159–164; 6 p. (une feuille et une demi-feuille); orig. autogr.; cachet sur cire rouge; timbre de la poste : LIGNY.

TEXTE

[a] erreur. [b] cent. [c] qu'il y a. [d] l'inconstance. [e] au lieu. [f] Le A : ⟨quelque⟩. [g] l'avoir. [h] m'empêcher. [i] Alinéa exceptionnel dans le A.

NOTES EXPLICATIVES

1. Les thèmes de l'indifférence et de la "prison" sont communs à cette lettre et à celle du 30 mai 1746, à laquelle Mme de Graffigny a sans doute répondu. Celui des fortunes de Lise sera repris dans celle du 21 juin 1746.
2. Sens : "Si vous n'avez jamais trouvé de parfaite amitié, ce n'est sûrement pas moi qui vais la trouver."
3. Petite chienne de Mme de Graffigny.
4. Non identifiée. Grosse d'un garçon boucher, elle sera congédiée en août (v. G.P., XXVIII, pp. 133 et 180).

112. *Anne-Catherine de Ligniville d'Autricourt à Madame de Graffigny*

Ce 21 iuin 1746

Comman! ma chere maman, vous avez toujours malle à l'oil. Ie vous croiest guerie ils y a lontant. Vous ne vous menage donc pas, car ils n'est pas posible cune[a] fluctions dure six lontant. Ie ne savoit que pence, ma chere maman, de ne point reçevoirs de vos nouvelle; ie ne vous croiest pas inquomodé, et ie crint toujours quend ie ne reçois pas toutes suite de vos lettre que vous ne soyez pas quontante des mienne. Ie pence que petaitre ma façon de pence n'est pas de votre gout, et que ie resonne malle. Et point dutout, ma chere maman, vous voulez toujours bien vous contante de ce que ie dit, et vous le trouve toujours bien. Je suis donc bien quontente à moy puisque ie puit vous plaire, et [b]quend vous disent[b] simplemant mes pence ie puisse i reucire.

Que ie seroit heureusse, ma chere maman, six ie peut pars ma sincerité me conserve toujours votre amitié, mais mon dieu! ma chere maman, croirie-vous que ie crins que vous ne vous degoutie de moy. Ie ne sais ce que ie devinderoit[c], car ie ne vois plus de bonh[e]ur sant vous et sant votre amitié.

Enfin, ma chere maman, vous dite que j'aimerais en core par ce que j'ay un cœur. Oui, ie ne le croit que trop. Mais six j'etoit apporté, ma chere maman, de vous entandre me reproche ma faibles et de me pindre achaque instant l'inconstente et la fou[r]berie des homme, croié-vous que j'aimerais? Ie suis sertaine que non. J'ay daigas fait l'experience de vos conseille. Vous souvené-vous de la dispositions que ie vous dit que j'avoit d'aimer l'abbé de Risocours?[1] Et bien, ma chere maman; dès que vous m'avez eut dit deux mots à ce suiet ie me suis trouvé toutes diferente, six bien que ie le vois comme un autre et je n'i pence pas plus. Ie suis extremement vife dans mes inclinations, mais ie ne la suis pas moins à entendre raison. Ils faut pars exsemble, ma chere maman, qu'elle soit montrai pars vous, est sa determine, quend meme l'on auroit aucune dispositions à l'entandre. Ie suis sûre que six j'avoit etés aux prest de vous de puis l'age de 14 ans, ie n'auroit pas encore aimés, et mon cœur auroit cette fermeté que vous voulez m'i[n]spirer.

Oui, ma chere maman, croiez que ie regarde comme le plus grand bien que vous puissie jamais me faire que de [d]maprante a vive[d] tranquille, et à viv[r]e pour moy-meme. Vous ne pouve mieux me laprante[e], ma chere maman, qu'end me fesant connaitre le cœur humains; c'est par là que vous m'enpaicherais de soufrire et d'aitre malheureusse. Que pouriée-vous me faire, ma chere maman, qui me rendre[f] plus heureusse? Rien, car le bonheur celon moy ne consiste pas dans le bien mais dans les sentimans sage et vertueux. C'est pour quoy, ma chere maman, j'ay tant d'ampressement de vivre avec vous; c'est pour aprante[g] tout ce que g'inore et les ceulle chose que ie desire de savoirs. Ils faut donc, ma chere maman, que notre cœur aye toujours de la nouriture et soit attaché à quelque chose. Vous dite que ie m'ent aimerais danvantage. Ie croit ce pandant que l'on ne peut gaire s'aimer davantage que ie fait; ie croiest qu'ils n'etoit pas baux de s'aimer, et qu'ils ne faloit pas meme le dire. Vous ne pouvé rien me dire, ma chere maman, qui cest[h] plus de mon gout car i'aime baucoups de m'aimer. Ils est sertin, ma chere maman, que le plus grand plaisire de l'amours et de l'amitié et de croire que cet ami ou cette amans et à nous. Rien ne flacte[i] plus que de pence que c'est un bien qui nous appartien. Puisque cela n'et pas, et que c'est un bien qui et partagé avec bien des gens et qui n'est à personne, ie n'ent veut point, et ie veut tourne mon plaisire sure des obiet qui seront veritablemans à moy et donc[j] ie jouires quend ils me plairerai.

J'ay actuellemont mon petit serin sure ma plume qui badinne avec. Ie l'aime deux foy plus de puis que j'ay prit la resolutions de faire mon bonheur de chose inocente. Six vous le voyez, ma chere maman, mon baux canarie, vous l'aimerie. Ils et siterons[k] est ils a un caulie[l] noire. On m'a preté une turlutene[2]; [m]ie luy aprant une haire[m].

Ie suis bien contante de la politesse de Lise[3]; elle est trops belle pour ne pas s'interesse pour elle. Vous avez bien fait, ma chere maman, de la mett[r]e empencions. Ie suis comme vous : ie ne peut voirs soufrire aucune bette.

Vous m'aflige, ma chere maman, en me disant que vous n'avez jamais aités six miserable et que vous n'avez pas lesoll. Les paine passés s'oublie aisemant, ma chere maman, et les nouvelle paresses toujours les plus grande. Ie me souvient ce pandant de vous avoirs veut souvant dans ce qua, et que la Dubois[4] venes[n] vous dire qu'ils n'y avoit rien pour le soupé. Vous en rie, et puis ce la alloit comme cela pouvoit. Ils faut faire dememe apresent, ma chere maman, est ne point vous en chagrine. Ie vouderoit bien ceullemant en avoirs à vous prete pour renvoyez votre mechante cuisiniere; elle vous donne du chagrin, et ie n'aime pas de la santire che vous. Ie vouderoit bien avoirs les 50 ecus[5] que j'ay depencé cette anné; ie vous les donnerais. Pour quoy aussix m'ent avez-vous envoyéz et avez-vous fait de la depence pour moy, tandie que vous en avez besoint? Ie me seroit bien passés de bien des petite chose. Et vous, ma chere maman, ils vous en faux pour des chose escancielle.

L'abbé de La Chateignerai n'est point repassés comme ils me l'avoit promie. Ie vouloit en aitre faché de tout de bont et m'ant inquiete, mais ils ne m'a falut qund[o] momant de reflections pour me faire voirs que ie vouloit encore aitre faible. Ils m'a sufit de le voirs pour n'ent plus sentire et pour me moque de moy-meme. Six ils vas à Paris comme ils m'a dit qu'ils le contoit, ie luy donnerais votre adresse, ma chere maman, puisque vous le voulez bien. Ce seras un plaisire pour moy de pence que vous en parle. Ie desire souvant de pouvoirs parle de vous, ma chere mama, et ie ne puit avoirs ce plaisire. Ils faut me contante [p]dans baucoups pene[p], de vous aimer sant pouvoirs dire combien ils est heureux de vous aites[q] attaché.

Ie vous comfirme, ma chere maman, ce que ma chere mere dit de mon fraire[6] : l'abbé de La Chatigneray m'a dit que l'on aites[r] tres contant de luy à Toul[7], et qu'ils ne doutoit pas qu'ils n'es des ordre pour le moy de septembre pour le cadet[8], qui a plus d'esprit [mais] ce conduie pitoiablement.

Apropo ie savoit bien que j'avoit encore quelque chose à vous dire. Me de Gournay[9] et venue à Ligny ils y a 15 jours pour faire faire professions à une de ces parante[10] qui et icy. Mon chere pere dit qu'elle luy est parante;[11] ils l'a fort engagé à demande de mes nouvelle à la superieur pour savoirs six ie me conduie bien. La superieur c'est baucoups loüé de moy et luy a dit que ie devoit alle à Paris aux prest d'une de mes parante; que ie seroit partie ils y avoit six moy six mon voiage n'avoit etés retardé. Me de Gourne me demanda et me fit bien des amitié; elle ne me fit aucune questions là-decue. Ie ne pencois gaire que ces religieusse luy avet aités parlé de cela, mais ie vient de recevoirs une lettre de mon chere pere qui me le fait voirs. Ils me marque qu'ils vouderoit bien que ce qu'ond a dit à Me de Gournai de mon voiage de Paris avec une de mes parante fut vrais, par ce que Me de Rouergue devenoit bien vie[i]lle; et que Me la duchese de Modaine[12], avec la quelle ils avoit toujour conté me plasser, pouroit bien preferai Versaille à l'Italie; qu'ils l'avoit ouï dire, et que ma sœur [le] luy avoit marqué de Vienne.[13] Ils faut six vous plais, ma chere maman, que vous aye la bonté de me mende quelle reponce ie ferais à cela, car ie n'ent sais rien.

Adieu, ma chere maman. Ie vous baisse mille foy les main avec toutes la tendresse donc[j] ie suis capable, et vous aime avec tout le respect posible. On m'a preté les lettre de Me du Noiez[14]; ie ne sais ce que c'est et six cela est bien ecrit. Ie lis des ouvrages de Mr Pope[15] que ie trouve fort baux.

[*adresse* :] À Madame / Madame de Grafigny / pres le Luxembourg / rue Hiasinte / À Paris

MANUSCRIT

*A. Yale, G.P., XXXIV, p. 169–178; 9 p. (deux feuilles et une demi-feuille); orig. autogr.; cachet sur cire rouge; timbre de la poste marqué deux fois : LIGNY[s].

TEXTE

[a] qu'une. [b] qu'en vous disant. [c] deviendrais. [d] m'apprendre à vivre. [e] l'apprendre. [f] rendrait. [g] apprendre. [h] soit. [i] flatte. [j] dont. [k] citron. [l] collier. [m] je lui apprends un air. [n] venait. [o] qu'un. [p] d'en beaucoup penser. [q] être. [r] "est" ou "était". [s] L'un des timbres n'est guère visible.

NOTES EXPLICATIVES

1. Voir lettre 48.
2. Turlutaine ou serinette : petit orgue mécanique pour apprendre à chanter aux oiseaux.
3. Petite chienne de Mme de Graffigny.
4. Domestique de Mme de Graffigny, qui avait accompagné cette dernière à Paris mais qui était rentrée en Lorraine servir dans la maison de Mme de Grandville.
5. Somme annuelle reçue de Mme de Rouerke pour l'entretien d'Anne-Catherine.

6. Antoine-Joseph de Ligniville (v. lettres 53 et 90).
7. Rappelons que les trois principautés de Metz, Toul et Verdun étaient tenues par des évêques.
8. François-Xavier de Ligniville, né en 1733, qui sera grand archidiacre de Caen et mourra à Bayeux en 1773.
9. Gabrielle-Charlotte de Lenoncourt, fille de Charles-Louis-Henri, marquis de Blainville, premier gentilhomme de la chambre du duc Léopold, et de Thérèse-Angélique de Ligniville, dame d'honneur de la duchesse douairière de Lorraine. Épouse de Joseph, marquis de Raigecourt de Gournay, chambellan et aide de camp du prince Charles de Lorraine, elle mourra en 1748.
10. Non identifiée. Parmi les nombreuses sœurs et tantes de M. de Gournay plusieurs étaient des religieuses.
11. Thérèse-Angélique de Ligniville (1693–1770) était la sœur cadette d'Anne-Marguerite de Ligniville, cousine éloignée d'Anne-Catherine.
12. Charlotte-Aglaé d'Orléans (v. lettre 50).
13. Élisabeth, sœur aînée d'Anne-Catherine, alors à Vienne, est dame de compagnie d'Anne-Victoire de Savoie, dite Mlle de Soissons (1683–1763), qui avait épousé en 1738 Joseph - Frédéric - Guillaume - Hollandinus, prince de Saxe-Hildbourghausen.
14. Anne-Marguerite Petit, dame Du Noyer (1663–1720), auteur des *Lettres historiques et galantes*, Cologne, 1704, 7 vol.
15. Le 1er juillet, Anne-Catherine écrit : "C'est sont *Essais sure l'homme* donc ie vous parle."

113. *Anne-Catherine de Ligniville d'Autricourt à Madame de Graffigny*

Ce 27 [juin][1] 1746

Non, vous m'avez mit d'une humeur affreusse toutes aux jours dhuie, ma chere maman. Ils faut vous raipete ce que ie vous aye daiga dit cent foy, ou que j'ay pencé; ie trouve que vous ne m'aime plus tant, car vous m'ecrivie plus souvent autrefoy. Apresent ie suis qui[n]ze jours sant[a] a voirs de vos lettre, aux lieux que ie ne passoit aucune semene sant[a] en recevoirs dans le tant que vous m'aimie. Mon dieu! que ce la est dure, ma chere maman, et combien vous redouble l'ennuie que ie recent.

Aurie-vous toujours malle à l'oiel, ie n'auroit rien adire; aux contraire. Mais non, vous deveé vous bien porte, ma chere maman, et c'est que vous ne m'aime plus. En vous dicent ce la, ie cent que ie suis injuste; quoy donc pence?

Que ie suis lasse de ne vous pas voirs, ma chere maman. Dite-moy donc quelque chose de consollant six vous pouve. Tout les jours ie desire de voirs les mois [b]a vence[b], ie conte les jours avec plaisire. Ie ne sais pour quoy, car ce la n'avence pas mon bonheur. Ie n'es nulle esperence. Vous ne me parle presque plus de vivre avec vous. Esse[c] que vos affaire sont toujours dememe? Esse que nous attanderont ou esse que j'atanderais la mort du vieux duc[2] donc[d] vous m'avez parlé pour sortire d'exille? Sa seroit desolant.

Ma chere maman, ie suis aux jours dhuie malade comme un chi[e]n; j'ay eut la fievre toute la nuie; ie suis d'une abbatemant affreux.

Adieu. J'atant mecredie de vos nouvelle, qui et apredemain. Elle ceulle, ma chere maman, me donne du plaisire et adoucice toutes mes paine; sant[a] elle ie ne sais ce que ie devi[e]nderoit.

[*adresse* :] À Madame / Madame de Grafigny / pres le Luxembourg / rue Hiasinte / À Paris

MANUSCRIT

*A. Yale, G.P., XXXIV, p. 155–158; 2 p.; orig. autogr.; cachet sur cire rouge; timbre de la poste : LIGNY.

TEXTE

[a] sans. [b] avancer. [c] Est-ce. [d] dont.

NOTES EXPLICATIVES

1. Cette lettre a été écrite le 27, un lundi ("mecredie ... qui et apredemain") de 1746 (la fluxion à l'œil de Mme de Graffigny est mentionnée le 21 juin et la fièvre d'Anne-Catherine le 1er juillet 1746). En 1746 ce n'est qu'au mois de juin que le 27 tombe un lundi.

2. Le duc d'Elbeuf (v. lettre 89).

114. *Anne-Catherine de Ligniville d'Autricourt à Madame de Graffigny*

Ce 1 ieuillet 1746

Je reçois vos deux lettre, ma chere maman, ceullement dans ce moma[n]t. Juge six ie n'est pas eut tout le tant de m'inquiete. Ie ne pencoit gaire que vous l'aitie aussix à mon occasions, car ie vous aye rendue reponce bien ex[ac]temans. Vous me punice, ma chere mamant, de vous avoirs inquieté un instant, tandit que ie deveroit aitre recompencé de l'inquietude que vous m'avez donné de puis trois cemaine. Gronde un peut votre domestique, qui ne mest pas vos lettre ex[ac]temant à la poste.

Votre presentimans, ma chere maman, ie trouve vrais aux jours duie, car, de puit la derniere lettre que ie vous aye ecrit, la fievre ne m'a pas quitté. Ie centoit cela à la mauvaise humeur et à la melanquolie donc[a] i'etoit accablé. J'ay avec cela un grand malle de gorge, et ie l'es fort emflamé. Sa ne vient que d'aitre echaufai. J'ay prit hiere deux lavemans qui m'ont fait du bien.

Quend ie n'aurais plus de fievre, ie prenderais un sirot que le paire gardien[1] m'a ensaige[b] pour calme et rafrechire mon sang quit[c] et un peut trops boullians; c'est du siros de nenufare. Comme vous connesse mon temperamans, ma chere maman, aux six bien que le paire gardien, dite-moy six ce sirot me convient; ie crint qu'ils ne me rafrechisse trops l'estomas. Ils fait dormire, à ce qu'ils dit, et ie dore tres peut.

Ie vient d'ecrire à mon chere pere, ma chere maman. Ie luy marque ce que vous me dite, et pours excuse de n'avoirs pas repondue toutes suite à sa lettre ie luy dit que ie suis malade.

Vous dit, ma chere maman, que ie devienderais belle esprit par ce que ie lit Mr Pope. Et moy, c'est en le lisent que ie [d]ma percois[d] que ie ne suis cune[e] sotte, car ils y a quentité de terme que ie n'antant pas. Ie le lirais encore une foy. C'est sont *Essais sure l'Homme* donc[a] ie vous parle, et le premie tome, car ie n'es pas encore lue le cequond. Ie le trouve fort baux et ie prent plaisire à le lire par ce que l'on sant la verité de tout ce qu'ils dit, de dieu, de la nature et de l'homme. L'epitre quatrieme "De la nature de l'homme par rappors aux bonheux" et celle que j'ay le plus gouté; aparamant que c'est par ce que ie l'es mjeux entendue. Ie vous dirais que ce livrs m'a montrai et m'a fait santire ce que j'ay pencé cant foy : que la vertue peut ceulle nous rendre heureux; cent[f] elle, on ne peut jouire de ce repos d'ames qui procure ceulle les plus grans plaisire; [c']est elle qui, sant les bien de la fortune, sais nous rendre contente dans notre etat, et qui meme nous empaiche de les desirer, dans la crinte de la perte. Et bien, ma chere maman, ont peut aitre heureusse et ont peut ce la rante[g] soi-meme. Comme vous me l'avez dit souvent, Mr Pope le dit comme vous; et ie le cent comme vous deux. Ils ne faut que du bon sang[h] dans l'esprit et de la droiture dans le cœur. Ils fauderoit avec ce la qu'ils n'i aye point de malheureux, ou que l'on aye de quoy leurs aitre necaicere, car convenais, ma chere maman, que le plaisire de faire du bien e[s]t tout ce qu'ils y a de plus sencible dans la vie; ils fauderoit encore cela pour rente[g] le bonheur parfait.

Mais adieu, ma chere maman. J'ay une migraine affreusse qui m'enpaiche de vous en dire daventage. Quend j'aurais lue le cequond tome qui [i]et en vere[i], ie vous dires ce que i'ent pence six ie peut, car ie cent mieux les chose que ie ne les develope. Ie ne sais six ie vous aye dit que ie venoist de lire le *Dialogue des Mort* par Mr de Fenelon que j'ay baucoups gouté. C'est le paire Entoine[1] qui me praite ces bont livres-là. Adieu. Ie vous aime, ma chere maman, avec la derniere tendresse. Ie crint que vous ne fucie pas contente de ma derniere lettre. Six ce la et, pencé, ma chere maman, que j'aitoit daiga un peut malade, et vous me pardonnerais.

[*adresse* :] À Madame / Madame de Grafigny / prest le Luxembourg / rue Hiasinte / À Paris

MANUSCRIT

*A. Yale, G.P., XXXIV, p. 179–184; 5 p. (une feuille et une demi-feuille); orig. autogr.; cachet sur cire rouge; timbre de la poste : LIGNY.

TEXTE

[a] dont. [b] enseigné. [c] Anne-Catherine écrit souvent "quil" pour "qui", mais cette fois elle barre la lettre l. [d] m'aperçois. [e] qu'une. [f] sans. [g] rendre. [h] sens. [i] est en vers.

NOTE EXPLICATIVE

1. Le père Antoine (v. lettre 75).

115. *Anne-Catherine de Ligniville d'Autricourt à Madame de Graffigny*

Ce 10 ieuillet 1746

Ai-ge raison de me plainte[a] aux jours dhuie, ma chere maman, de votre silence? Ie vous ecrit deux lettre; ie vous y marque que j'ay la fi[e]vre, non pour vous inquiete mais pour vous entendre me plainte[a] et me dire que vous en aitre[b] faché. Et non, vous me refucer cette satisfa[c]tions qui est la plus grande des malheureux. Que faite-vous donc, ma chere maman, pour ne pas sentire ma situacions? Elle est toujours triste, mais elle l'es doublemans quend l'on ne reçois point de concolations de la ceulle personne qui peut nous en donne.

J'ay lue les quatre epitre de l'*Essai surs l'Homme*[1] en vaire. Ie les aye trouvé admirable et baucoups pluis intelligible qu'end prose. Ie les trouve six belle que six j'avoit de la memoire ie les appranderoit par cœur pour ne les pas efface de mon esprit.

Adieu, ma chere maman. Ie vous ecriroit plus aux long, quoy que ie sois toujours malade, six ie pencoit que cela dusse vous faire le care[c] du plaisire que ie recent. Ie ne peut plus m'ent flate, et votre silence ne m'est pas d'un bons ogure.

J'avoit demendé les traditions[d] de Ciceron à La Chateigneray, et ils m'envois les *Lettre de Ciceront* [*à*] *Atticus* par l'abbé de Mongault en 5 tomes.[2] Ie croit que ce n'est pas cela, ma chere maman, que vous avez voulue dire.

[*adresse* :] À Madame / Madame de Grafigny / pres le Luxembourg / rue Hiasinte / À Paris

MANUSCRIT

*A. Yale, G.P., XXXIV, p. 185–188; 2 p.[e]; orig. autogr.; cachet sur cire rouge; timbre de la poste illisible.

TEXTE

[a] plaindre. [b] êtes. [c] quart. [d] traductions. [e] Le quart inférieur du deuxième feuillet a été découpé.

NOTES EXPLICATIVES

1. La traduction en vers de l'*Essai sur l'homme* de Du Resnel date de 1737, et la traduction en prose de Silhouette, de 1736.

2. Nicolas-Hubert Mongault, *Lettres de Cicéron à Atticus*, 1714, 6 vol. Anne-Catherine n'a pas dû recevoir le sixième volume.

116. *Anne-Catherine de Ligniville d'Autricourt à Madame de Graffigny*

Ce 17 ieuillet [1746][1]

Non, je ne crois pas, ma chere maman, qu'ond puisaitre plus inquiete que ie l'ais aités, et plus en colaire à la receptions de votre petit billet du 10 que j'ay reçue mecredie dernie. Commant! disai-ge en moy-meme, de puis le 26 de jeuin ie n'es point eut de nouvelle, et l'on ne m'ecrit qund[a] mots. On ne repont pas à mes deux lettre, est la raison et que les visite se donne rende-vous les jours de poste. On n'a pas le tant d'ecrire. Ho! ma chere maman; ie me suis repentie de vous aimer. L'aurie-vous jamais crue? Quelle indiference, dirai-ge. Ie suis malade et l'on ne m'ant dit pas davantage. L'on ne me plains pas et à paine en fait-tont mantions dans ce petit billet. Voila dans un instant ce qui m'es passés dans l'esprit. Les larme me vinre aux jeux; ie jetoit ce billet dans ma cuacette[b] sant le relire une sequonde foy, et je prans la resolutions ne[c] ne plus ecrire que ie ne recoive une autre lettre. Bont, un cardheure[d] aprest ie retournais à votre billet et ie le leut trois ou quatre foy. Ie vouloit ecrire pour vous faire des reproc[h]e de votre indiference, et puis ie changai de sentimans et ie pencoie que, puis que vous ne prenie point d'interoit à ce qui me regardoit, ma lettre seroit inutille. Quelle diferenc[e] aux joursdhuie, ma chere maman, et que j'auroit de regraie de ne vous pas aimer. En fin ie reçoie votre lettre du 3 et celle du 13. Pencé aprest toutes ces idés sinistre donc[e] ie m'etoit remplie l'imaginations combien j'ay eut de plaisire de vous retrouve toujours aux six bonne et aux six compaticente pour moy.

Vous avez, dite-vous, ma chere maman, ecris aux prince d'Œlbeuf. Et pour quoy, puis qu'ils dit qu'ils ne peut rien faire qu'aprest la mort de sont frere? Esperaie-vous, ma chere maman, qu'ils fasse quelquechose avans, et meme qu'ils me donne une pencsions aprest sa mort? Moy non, on le dit de sentimans six inegale que ie n'ent espaire rien. D'alieur sont frere peut vivre autant que luy; on dit qu'ils n'a que quatre ans plus que luy.[2] C'est l'abbé de La Chateigneray qui me le dit dernierement en parlant du prince d'Œlbœuf. Ie luy demendais six ils avoit quelque connessence à Paris; ils me dit que non, mais qu'ils quontoit alle che le prince d'Œlbouf; qu'ils luy avoit [été] fort r[e]commandé. Ils me dit qu'ils pouroit bien i alle pour l'autonne. Ie n'ens sais rien; ie le souhaiteroi pour que vous parlie de mois emsemble.

Ie vais, ma chere maman, luy renvoyez les *Lettre de Ciceron*, car ie ne suis pas assés aux fette de l'histoire romene pour entendre cette lecture, et, celon la preface, ils en est baucoups questions. Vous m'avie dit de demende les traditions[f] de Ciceron. Ils me dit qu'elle ne seroit pas à Nancy ou que ie les auroit. Aparaman qu'ils ne les a pas trouvé. Ie demenderais sont traité *Des vrais bien et des vrais maux* et sont traité *De la nature des dieux*, car, pour ces *Tusculanes*, ces *Offices*, ie n'ent entant ceulemant pas le non. Ie n'aime pas de demende à l'abé [de La] Chatagneray des livres qu'ils n'a pas, par ce qu'ils en fait la depence pour moy. Ils pouroit les imprunte et ils ne veut pas. Ils dit à ce la que les livrs que ie demande sont d'un six bont gout qu'ils est bien aises de les avoirs aussix pour luy. Ils m'a donné un catalaugue de ces livrs : ils a les tragedie de Corneille; ie ne sais pour quoy ie n'es pas desirai les lire, j'ay toujours imaginé qu'elle ne devoit pas aitre belle. J'ent aye lue de Racine qui etoit bien de mon gout. J'ay lue Moliere. On m'a perdue ces jous passés deux livrs de Voltaire : sont *Enriade* et des tragedie. I'ent suis aux des[es]poire; ils [g]ma partenois em prope[g]. Ie les avoit troqué avec ma sœur contre quel que quolifichet. Qu'ils et desagreable de perdre de pareille livres. Que *Zaire* est belle, ma chere maman. Non, ie suis folle de cette piece-là; ils y a des sentimans admirable.

Le paire Entoine quitte Ligny à la fin de ce mois, ou aux commencemant de l'autre. J'ent suis tres faché car g'y pere[h] infinimans. Ils vas faire le voiage de Rome pour aitre provincialle. Incie, ma chere maman, ie n'aurais plus de baux livres. Ils n'est pas posible non plus de trouve quelqund qui me donne une idé de latin. Mes religieusse ne le vouderont jamais que mon[i] l'eveque[3] ne le permette. J'avoit proposé à mon maitre de musique de me le montrai sant que les religieusse le chase[j]. Ils me dit qu'ils le feroit volontie six l'eveque le permettoit, mais qu'ils ne le pouvois cent[k] cela par ce qu'ils etoit defandue aux pret[r]e de montrai le latint aux femme.

Quend j'aurais une grand-mere[l], ma chere maman, ie n'i entenderois rien toute ceulle. Vous avez raison de croire que ie parle aux six malle que j'ecrit, car c'est toutes la meme chose. Ie ne sais pas parlé, aux six je ne parle[m] gaire.

Ie suis bien tranquille, ma chere maman, de sentire que vous vous porte mieux. Pour moy, ma petite fievre m'a quitté. Comme elle ne venois que de chaleure, j'ay commancé à me baigne, sant quoy ie moureroit de la chaleure qu'ils fait. Ie fait mett[r]e mon aux[n] aux soleille et ie me beigne le soire.

Pour prendre ce petite lais comme vous le dite, ma chere maman, ie ne le peut pas. Sa feroit un embaras à ces religieuse, et elle n'aime pas tout cela.

Esse[o] du lais que l'on fait tourne, ou bien du petit lais de desous les fromage? Esse que vous ne serie pas d'avie, ma chere maman, que ie praine le lais de chevre comme ie fit l'anné passé? Ie m'ent suis fort bien trouvé; ie n'avoit pas le sang six agité et ie dormais bien. D'alieure sa m'avoit autés toutes mes echofure et mon tint etoit bien diferend. Ie devien laide; sa m'atriste. J'ay le tins extremement echaufé. L'on m'a dit de me lavee avec de l'aux de ninufare[p] parce que cela et ford froie. Mon dieu! ie le ferais, car ie serais bien faché d'aitre laide quend g'irais à Paris. Vous me dite, ma chere maman, de ne point mange de crudité; que vous croie que c'est ce qui me rend malade. Ils faut donc me dire de cesser de vivre, car ie ne peut rien menge que des fruie et un peut de soupe les jours qu'elle n'est pas aux lare. Et ques[q] que ie mengerais? Du pains donc, car pour de la viande elle et six desgoutente que de puis trois ans edemies[r] ie ne croit pas en avoirs mangé 3 livrs. Ie ne touche jamais à la portions que l'on m'aporte. Ils faut qu'elle soit bien mauvaisse, car personne n'est moins dificile que moy. Ie fait maigre une partie de l'aneé, et c'est ce qui contribue à m'echaufe.

Vous aites charmante , ma chere maman, de me dire de ne pas m'alarme de la bataille d'Italie.[4] On venoit ceullement de me dire que c'ent etoit donné une, et l'on m'avoit nomé plusieure blessés que ie connois de non. Ie tramblais pour le prince de Bauvaux.

J'aimerais mieux, ma chere maman, aitre toujours miserable que de centire que vous vous [aite][s] refusér tout pour moy. Ne le faite donc [point][s] ie vous suplie. J'atanderaie, ma chere maman, que le sort decide quelque chose. Votre amitié me soutienderas, et l'esperence de vous voirs un jours me feras suporte mon exsille avec plus de passience. Mon bonheur ne seroit jamais parfait, ma chere maman, six ils faloit qu'ils vous en coute. Ils ne me faut que de la patiance et de la raison; c'est à quoy ie m'etudie tout les jours.

Adieu, ma chere maman. Donnée-moy de vos nouvelle ex[ac]tamant; c'est le ceulle remaide à toute mes paine, et celuy de pence que ie posaide votre amitié. Ie vous baise un milions de foy les mains. Apropos vous avee raison de dire, ma chere maman, que l'*Essais sure la critique* de Pope ne me plairera pas tans que sont *Esses surs l'homme*; ie ne la voulois pas lire, mais ie la lirais dès que vous le dite.

[*adresse* :] À Madame / Madame de Grafigny / pres le Luxembourg / rue Hiasinte / À Paris

MANUSCRIT

*A. Yale, G.P., XXXIV, p. 199–206; 7 p.; orig. autogr.; traces de cachet sur cire rouge; timbre de la poste : LIGNY.

TEXTE

[a] qu'un. [b] cassette. [c] de. [d] quart d'heure. [e] dont. [f] traductions. [g] m'appartenaient en propre. [h] perds. [i] Mon[seigneur]. [j] sachent. [k] sans. [l] grammaire. [m] Le A :

"parle le gaire". [n] eau. [o] Est-ce. [p] nénuphar. [q] qu'est-ce. [r] et demi. [s] Trou à l'endroit du cachet.

NOTES EXPLICATIVES

1. 1746 est l'année où Anne-Catherine s'initie aux belles-lettres.
2. En fait, le prince d'Elbeuf était né en 1677, et le duc d'Elbeuf, en 1661. Ce dernier mourra en 1748, et son frère en 1763.
3. Scipion-Jérôme Bégon, évêque de Toul.
4. La campagne d'Italie a fini, en avril 1746, par les sièges d'Asti et de Casal.

117. *Anne-Catherine de Ligniville d'Autricourt à Madame de Graffigny*

Ce 23 ieuillet [1746]

La sotte chose que d'aitre eloigné des personne que l'on aime. Mon dieu! ma chere maman, comme l'on s'inquiete. Et puis l'on ce fache, et tout ce la pour des idés que la crinte inspire. Ie suis bien lasse de tout cela, car j'aime le repos de l'esprit et du cœur. Ie souhaite tout les jours plus ardamant d'aitre aux [prest de] vous pour jouire de tout les plaisire que j'aime. Qu'ils et des destiné malheureusse, ma chere maman.

[a]J'ay veut le paire Entoine aux jours dhuie. Ils ne vouloit pas croire que vous me parlie de luy dans vos lettre. Ie luy aye demendé six ils avoit les ouvrage de Ciceron que vous vouderie que ie lise. Ils m'a dit que non. Ils m'a preté les *Satire* et *Œ[u]vres diverce* de Boileaux-Despreaux. Ils m'a dit qu'ils me lesserais des livres en partans, et que ie les renvairais aux Capucin[1] quend ie les auroit lue.

Ie ne suis plus malade, ma chere maman, mais ie suis d'une faiblesse à ne pouvoirs marche. Ie suis toutes en aux[b] dès que ie monte une escalie, et j'ay des etourdicemans. Ie ne merite pas les inquietude que ie vous aye donné, ma chere maman, et ce pendant ie ne suis pas faché de vous en voirs, car cela me flate extremement.

Adieu, ma chere maman. Ie vous aime plus que jamais, six cela ce peut. J'atant demins une de vos lettre pour vous ecrire plus aux long.

[*adresse* :] À Madame / Madame de Grafigny / pres le Luxembourg / rue Hiasinte / À Paris

MANUSCRIT

*A. Yale, G.P., XXXIV, p. 195–198; 2 p.; orig. autogr.; fragments de cachet sur cire rouge; timbre de la poste : LIGNY.

TEXTE

[a] Alinéa exceptionnel dans le A. [b] eau.

NOTE EXPLICATIVE

1. Le couvent des capucins de Ligny, fondé en 1583, fut le premier couvent de l'ordre des pères capucins établi en Lorraine.

118. *Anne-Catherine de Ligniville d'Autricourt à Madame de Graffigny*

Ce 24 ieuillet 1746

Oui, ma chere maman, ie cent combien j'ay tore; ne me le dite donc pas. I'ent suis assés faché par la paine que m'a causés mon iniustice; je suis vife, ma chere maman. Que c'est quelque chose d'etonnan, mais aussix ils ne faut qun[a] mots ou un instant de reflections et voyla qui et finie. Ie cent toutes vos occupations, ma chere maman; ie les vois, mais, avec tout cela, ie suis toujours aussix embicieuse de vos lettre, et rien ne peut me faire entendre raison là-decue. Ie convien que vous avez mille occupations et que ie n'ent aye aucune, mais j'ay de l'ennuie moy, et ie suis malheureusse. Ie n'es rien dans le monde que vous, ma chere maman; ils faut absolumant que vous me sacrifie quelque sun de vos moman.

Dite-moy donc, ma chere maman, quelle est l'ouvrage que vous fette que vous le voulez voirs imprimé au moy de septembre?[1] Ce n'est pas la comedie que vous me marquie l'année passés que vous commencie.[2] Vous dite qu'ils faut deux ou trois ans pour un pareille ouvrage. Quesque[b] c'est donc? Mon dieu! que ie vous aime, ma chere maman, d'ecrire car rien n'est aux-decue de la façon simple et naturelle avec la quelle vous paigne tout ce que vous dite. Ie me rejouie d'avence.

Ne vous voila-t-ille pas, ma chere maman, avec les preiugé que vous avee prit de mon enfence? Vous me croiez gourmende. Et bien, point dutout. Personne ne l'es moins que moy. Jamais ie ne me suis avisér d'achete pour un liare[3] de friendise. J'ay pourtant de l'argant, et ie suis avec des pensionnair qui achete à chaque instant ou de la paticerie ou du fruie. Ie l'aime baucoups le fruie. Et bien, ie n'es jamais ascheté une serise, qui est cependant un petit fruie bien bon marché. Quend j'etoit aux logie, rien ne me deplaisois tant que de vo[i]rs ma sœur, dès qu'elle avoit de l'argent, de l'emploiez en tarte, tandie cune demis-dousaine de pauvre petit malheureux apaine avoit un petit maurceaux de pains bie. Ho! ma chere maman, ne me croiez pas gourmante; ils n'i a point de vice que j'ay plus en horeure. A causse que ie ne mange pas deviente[c] vous me croié gourmente; vous croiez qu'ils me fauderoit des poulet. Non, ce n'est pas ce la. Ie ne vouderoit pour toutes ordinaire qund[a] morceaux de bœuffe, mais prop[r]e. Six l'on vous servoit une portions de viente degoutente, où les trois [d]care du tant[d] vous trouve des cheveux; une autre foy, ou plutot toutes une été, de la viente puente, ie croit que, cent aitre gourmente, vous n'ent mengerie gaire. Vous [e]saire tont[e] de la salade, vous y trouve des limasse. Ie l'aime la salade, et ie n'ent mange pas. Du moins le frue est prop[r]e et l'on est sûre de ne pas trouve de pareille vilnie. Et bien non, ma chere maman, ie ne suis pas gourmante, mais quend ie trouve de pareille vilnie le cœur me soulaive et ie ne peut plus mange. C'est vous, ma chere maman, que ie crint qui n'ais aités gourmente cette hivaire, car ie me souvient que vous avez oguemanté la provision de confiture. Ils seroit bien malle six vous aitié obligé d'ans faire cette anné, car vous devie en avoirs pour deux ans.

Esse[f] que j'ay dit que La Chateignerai ne connoissoit pas les *Tusculanes* de Ciceront? Ie ne vouloit pas dire qu'ils ne les connessoit pas, ie n'ent sais rien. C'est moy, ma chere maman, qui aye voulue dire que ie n'ent entendoit pas ceullement le non. Ie ne ces[g] ce que c'est que *Tusculanes* et *Offices.* Ie vous aye dit que ie ne luy demenderoit pas parce que ie n'aime pas ce que ie n'entant pas. Ie luy aye demandé sont traité *De la nature des dieux* ou sont traité *Des vrais bien et des vrais maux.*

Ne conte plus, ma chere maman, sure le prince d'Esbœuffe[h], ni avant ni apres la mort de sont fraire. Ils ne feras rien pour moy. Ils ne sais que promett[r]e et non pas tenire sa parolle.

Six la paix[4] ce fecoit, sa [i]envenceroit tille[i] mon bonheure; en irai-ge plutot aux pret de vous, ma chere maman? Donne-moy quelque esperence. Mais aussix cette gaire peut ne pas finire de lontant. Mon dieu! que i'envisage encore de paine et de chagrin avant de vivre avec vous, ma chere maman.

M[de] la Daufine est accouché.[5] Vous avee raison, ma chere maman, rien ne m'interesse que vous, et la ceulle nouvelle qui peut me faire plaiscire et de vous entendre me dire : "Allon, Minette. Quitte votre triste couvent et vene avec moy." Ho mon dieu! qui seras aux six heureusse que moy quend vous dirais ce la, ma chere maman. Toutes mes religieusse fond des commantaire surs mon retare. Elle sont toutes sûre, à ce qu'elle dise, que ie n'irais jamais à Paris. C'est une curiosité pour en devine la raison. Ie ne dit rien moy, mais tout leurs resonnemant ne lesses pas de me faire de la paine et ie me suis daiga bien repentit de mon indiscretion.

Mon chere pere ne ṃ'ecrit pas. Ie ne ces[g] ce qu'ils pence depuis ma derniere lettre. Avez-vous reçue des nouvelle de ma chere mere de puis ce tant?

Adieu, ma chere maman. Ecrive-moy et aimeé-moy autant que ie vous aime. J'oublie que vous demande six ie ne fait aucune ouvrage. Six fait, ie travaille toutes les apredine. Mon fraire[6] m'a envoyez de la mouseline pour luy brode deux paire de manchaite. Ie suis aprest la derniere paire. Aprest cela, ma chere maman, six vous voulez m'envoyez du coton d'Angletaire ie vous en broderais des manchaite. Ie seroit bien charmé que vous aye de mon ouvrage, et ie travailleroit avec bien plus de plaisire six ie centoit que c'est pour vous. J'ent aye deux paire des brodé et quatre des festonné. Ie les aye brodé quend i'etoit che Me de Rouergue. Ie n'ant aye point fay pour moy de puis que ie suis aux couvant. Ie passe les matiné et les soire ceulle. C'est le tant que ie ne [j]ment nuie[j] pas. Ie lis, ie chante, ou ie vous ecrit. Adieu. Ie vous baise mille foy les mains.

[*adresse* :] À Madame / Madame de Grafigny / prest le Luxembourg / rue Hiasinte / À Paris[k]

MANUSCRIT

*A. Yale, G.P., XXXIV, p. 207–212; 6 p. (une feuille et une demi-feuille); orig. autogr.; traces de cachet sur cire rouge; timbre de la poste : LIGNY.

TEXTE

[a] qu'un. [b] Qu'est-ce que. [c] de viande. [d] quarts du temps. [e] sert-on. [f] Est-ce. [g] sais. [h] d'Elbeuf. [i] avancerait-il. [j] m'ennuie. [k] Mention ajoutée au-dessus de l'adresse, et qui n'est ni de la main de Mme de Graffigny ni de celle de Devaux : "Ce paquet ne contient que des lettres de Melle de Ligneville M[de] Helvetius encore fort jeune et fort niaise."

NOTES EXPLICATIVES

1. Les *Lettres d'une Péruvienne* (1747) qu'elle ne terminera qu'à la fin de l'année.
2. Voir lettre 56.
3. Le liard, monnaie de cuivre, valait trois deniers ou le quart d'un sou.
4. Voir lettre 94, note 1.
5. Marie-Thérèse-Raphaëlle, infante d'Espagne, première dauphine, est morte des suites de couches le 22 juillet 1746, à l'âge de vingt ans.
6. Antoine-Joseph de Ligniville.

119 . *Anne-Catherine de Ligniville d'Autricourt à Madame de Graffigny*

Ce 2 aout 1746

Vous avez raison, ma chere maman, de croire ce que ie vous dit, car ie ne vouderoit pas vous trompe dans les chose meme les plus simp[l]e. Mais vous me desolle six ils faut attandre la pais pour vous voirs. Ho mon dieu! quelle tant et quelle insertitude! Le prince de Bauxvaux peut vous aidé dans vos proiet, ma chere maman, quend ie serais aux prest de vous. Comme n'i etant pas, que j'aurais en core à soufrire six vous attandee un tant comme ce luy-là. Ne pourie-vous toujours me mettre dans une petite pencions dans un couvant à Paris? L'argant de Me de Rouergue ferais daiga quelque petite chose; vous acheverais avec celuy que vous me donnerie pour mes ajustemant. Ie n'aurais besoint de rien; ie viverais comme ie fait icy. Inconnue de tout le monde, ie ne sortirai pour vous voirs que dans les tant que vous serais ceulle, et que vous ne pouraie venire vous-meme dans mon couvant. Ie serais aux six sedantaire que ie la suis icy; ie meneraie cette vie tant que vous pourai me faire avoirs une pencions. Vous ne me vairais desiraie aucun plaisire, ni promenade ni comedie. Ie n'iroit à tout cela que quend vous pourie me montrai. Six vous voulez meme, mete-moy dans un couvent où l'on ne sort pas. Pour veut que ie soit aporté de vous voirs ie seroit contente. Prene votre partie, ma chere maman, et ne me lesser pas encore passer l'ivere icy car c'est un vrais purgatoire que ie fait. Ou aux environt de Parie n'i a-t-ille pas quelque petit couvent? Moins ils y auroit de monde et plus ils seroit de mon gout. Vous dirais que Me de Rouergue peut mourire,[1] et puis plus de pencions. Oui, mais qu'elle meure aux jours dhui pendant que ie suis icy nesse[a] pas la meme chose? Pourié-vous me lesser retourne aux logie? Vous m'avez toujours promie que non. Ne vous faitte pas de paine, ma chere maman, de ma nouriture; c'est ce qui m'enbarasse le moins et à quoy ie ne pence pas. Ie vouderoit enfain encore une plus mauvaise et aitre apo[r]té de vous voirs. La satisfactions du cœur fait bien oubliez les besoint du corps, et rien n'est aux-desus des plaisire interieure.

Ie rie de ma baitise, ma chere maman, d'avoirs eté toutes effraiér du mot Tusculanes. Que ie suis sotte. Ie me figuroit que ce livrs ne traiteroit que de Tusculanes et que ie n'i entenderoit jamais rien. L'abbé de La Chateigneray vient de m'anvoiez [*De*] *la nature des dieux* de Ciceron en trois tome et moitié latin.[2] Ils m'anvois aussix l'*Histoire de l'empire* en 8 tome;[3] ie ne luy avoit pas demandé. Ie suis faché contre luy; que ie vous dise ce qu'ils vient de faire. La derniere foy que ie le vie nous parlame de musique et ils me dit [que], comme ie savoit fort bien solfier, ie deveroit m'amuser à aprante[b] de la basse de violle parce qu'ils [sait] que ie l'aime baucoups. Ils me dit qu'ils en avoit trois et que six ie vouloit ils m'ant praiteroit une, et qu'il m'anvairoit le manche[4] ecrit et que ie pouroit fort bien en aprante[b] toutes ceulle. Ie luy dit que non; que ie ne pouroit pas; que cela est trops dificice; qu'ils fauderoit que quelqun m'ant donne quelque idé. Ie luy dit [qu']un instruman que ie croit aisés et que ie pouroit petaitre aprante[b] ceulle c'est de la vielle. Ils me dit : "Fit! ce la sait[c] quelque chose de faurt mauvais cune[d] vielle, mais cependant six cela peut vous amuser Bidellie[5] en a deux ou trois ieté sure un lis; ie luy dirai d'ans accomode une et de me la praite; ie vous l'envairai, vous vous en servirais tant que vous vouderais." Ils vient de m'ant envoyez une eftivement[e] et ils me marque que quend ie ne le vouderoit pas qu'ils faut qu'elle m'a partienne absolumant; qu'ils l'a acheté six sols; que ie pourais luy rendre l'argant six ie veux, mais que n'etant pas à sont usage elle ne doit jamais y venire. Sa me fache car ie n'aime pas ces galanterie-là. Six bien, ma chere maman, qu'ils faut que vous me disie la façon d'ans jouer. Mon maitre me mont[r]eras bien un peut parce qu'ils ces[f] le clavecin, mais pour la monte[g] ils fauderoit six vous plais me marque cela sure un petit bout de papie et ie le donnerait à mon maitre. I'ay marqué à l'abbé de La Chateignerai de le demande à Bildellie qui est un fort bon maitre, mais on m'a dit qu'ils n'etoit pas à Nancye et j'atanderoit trops longtant.

Vous me proposez, ma chere maman, des ouvrage bien long. Ils me semble que six ie n'etoit plus gaire dans ma prison vous ne me les proposerie pas. Des manchaite pour vous seroit de mon gout, ma chere maman, et une robe pour moy. Ils y a un siecle que ie souhaite d'ans brode, mais sa coute trops et surtout assette[h] heure que nous avont besoint d'argant pour bien auxdechause[i]. Les plus jolie chose ne me paresse rien dans ma triste situasions, et un rien aux pret de vous, ma chere maman, ceroit d'un prit infinie.

Comman pouvé-vous, ma chere maman, me proposer d'ecrire un conte des feé? Croiez-vous quavez[j] un esprit melanquolique comme ie l'ais, et remplie d'i[d]eé triste, ie puisse en avoirs quelque[s]-une[s] de jolie? Non, ie ne peut ecrire que celon que j'ay l'esprit, et ecrire du gai et du jolie n'est pas à moy. Cent[k] cela, ma chere maman, ie ne suis pas capable d'avoir aucune idé. J'ecrire bien une lettre à une personne que j'aime parce que le cœur me la dicte, mais pour rien imagine j'ay l'esprit trops epais. Ie ne sais bien ecrire que ce que ie cent. C'est par ce que ie vous aime, ma chere maman, que vous trouve que j'ecrit bien.

Adieu. Ecrive-moy et aimés-moy autant que ie vous respecte.

[*adresse* :] À Madame / Madame de Grafigny / prest le Luxembourg / rue Hiasinte / À Paris

MANUSCRIT

*A. Yale, G.P., XXXIV, p. 189–194; 6 p. (une feuille et une demi-feuille); orig. autogr.; cachet sur cire rouge; timbre de la poste : LIGNY.

TEXTE

[a] n'est-ce. [b] apprendre. [c] c'est. [d] qu'une. [e] effectivement. [f] sait. [g] montrer. [h] à cette. [i] autres choses. [j] qu'avec. [k] Sans.

NOTES EXPLICATIVES

1. Elle mourra le 25 avril 1752, à l'âge de 81 ans.
2. *De la nature des dieux, latin et français, avec des remarques critiques et historiques*, éd. l'abbé Le Masson, 1721, 3 vol.
3. Probablement l'*Histoire de l'Empire...*, de J. Heiss von Kogenheim, éd. Vogel, Amsterdam, 1733, 8 vol.
4. Manche écrit : manche d'un instrument à cordes, sur lequel les notes que chaque corde comporte sont indiquées, pour faciliter l'étude dudit instrument.
5. Bidelly, musicien de l'église primatiale de Nancy.

120. *Anne-Catherine de Ligniville d'Autricourt à Madame de Graffigny*

Ce 7 aoust 1746

Non, en verité, ma chere maman, ie ne calculez pas le nombre de vos lettre pour vous ecrire. Ils ne ceroit pas à moi de le faire. Quend j'ent auroit l'idée ce ceroit me punire doublemans de ne point recevoirs de vos lettre et de ne pas vous ecrire. J'aime trops d'avoirs du plaisire, ma chere maman, pour me refucer linique[a] que ie puis me procurer. J'ay lessés passer la poste de dima[n]che malgré moy. Comme j'avoit commancé à vous ecrire, la caises que l'abbé de La Chateignerai m'a envoyé arrivas. Le tant ce passas à considerai la vielle, les livrs et la musique. Et voyla comme ie suis : un rien nouvaux m'ocupe et m'amuses.

Mais, ma chere maman, vous avez etée malade toutes la semene, et cela du chagrin que vous donne vos domestique. Esque[b] vous vous faites des chagrin de chose aux six indiferente? Moy, ils n'i a que les chose que j'aime qui m'ant fond. Mais des domestique, ils et tout simple de n'ent pas aitres contente. On [c]sa tant[c] à cela. Et bien, ma chere maman, vous em pranderais d'autres quend vous aurais de l'argant. Pour quoy vous faire malade pour six peut de chose?

Pour moy, ma chere maman, ie prans demains medesine car ils y a pres d'une ans que ie n'ant aye pris et ie [d]craine de bille[d]. Et puis ie comancerai le lais de chaivre. Ils m'a fait grand bien l'anneé passé; jncye ie ne mangerais aucune crudité pandant ce tant. Ie ferais comme ie pouraie.

J'atant demains de vos nouvelle, ma chere maman, car vous devé avoirs recue ma derniere lettre. J'atant aussix la façon d'acorde ma vielle que ie vous aye prié de m'anvoyez.

Adieu, ma chere maman. Ne soyez donc pas toujours malade, car vous me faitte soufrire extrememan. Je vous aime et ie desire tout les jours plus de vous voirs est de vous donne des preuve de mon respectueux attachemant.

[*adresse* :] À Madame / Madame de Grafigny / pres le Luxembourg, rue / Hiasinte / À Paris

MANUSCRIT

*A. Yale, G.P., XXXIV, p. 365–368; 3 p.; orig. autogr.; cachet sur cire rouge; timbre de la poste : LIGNY.

TEXTE

[a] l'unique. [b] Est-ce que. [c] s'attend. [d] crains des biles.

121. *Anne-Catherine de Ligniville d'Autricourt à Madame de Graffigny*

Ce 14 aouts 1746

Je le vois bien, ma chere maman, ils faut me faire une raison de ma situasions, ou mourire de chagrin. Le tant pour vous voirs me paroit six insertint et six eloigné qu'ils est inutille de me remplire d'idée flateuse et de me croire aux momant de vous voirs et de sortire d'esclavage dans le tant que mon malheure ne change en rien. C'est goute une instant de plaisire pour mieux sentire toutes ces paine; ie cent les miene vivemant comme vous pence bien. Mais les votre, ma chere maman, me touche deux foy plus. Ie souhaite souvant d'aitre ceulle malheureusse, car le malheure des autre aute[a] toutes la douc[e]ur de la vie. Mon attachement doit vous aitre assés connue, ma chere maman, pour pence que ie voulusse oguemante vos chagrin et vos paine dès que votre situasions ne vous permest pas de me prendre avec vous. Non, ie seroit la premiere à ne le pas vouloire. Ie soufriroit trops de me voirs oguemante vos paine. Ie veut en avoirs ceulle, puisque mon destint le v[e]ut insix.

[b]Je ne vous aye fait ces propositions, ma chere maman, que par ce que ie les croiest aisés à excuté, comme de me prandre avec vous. Par exsemple, comme vous me le disie ils y a une ans, que vous pranderie une autre maison où ie pouroit avoirs une chambre.[1] Et bien, pour quoy ne le faite-vous pas? Le baille de votre maisons et passés; vous pourie en change quand vous aurais de l'arga[n]t et puis me prendre. On ne fait pas plus de depence pour deux personne cune[c]. Une personne de plus ne paroit rien dans un petit menage, aux lieux que dans un couvant ils en coute baucoups. Vous n'aurie que faire de pencions pour moy, ma chere maman, six vous le voulie incie. Ie vous ferais moins d'anbaras et ils ne vous en couteroit pas davantage que quend vous m'avie enfand. Vous aites un peut mieux dans vos affaire que dans ce tant-là, à ce que vous dite, ma chere maman; et bien, tirai-moy donc d'icie. Attandre sure une pencions ou attandre un maris qui me donne dix mille livres de rente, c'est conte surs des chose fort insertaine. Sa peut arrive, mais ie seroit folle de m'i attandre incie pour des pencions. Ie n'i conte pas plus. Personne ne cent le malheure, ou dumoins six on le cent, personne ne trouve le sien dans celuy des autre.

Pour ce qui regarde mes ajustemans, ma chere maman, ie n'es jamais conté que vous m'ant donnerie de chere. Ie cent bien que vous ne le pourie pas; aussix n'ant desirais-ie que des plus simple et les moins chaire. Comme ie ne souhaite d'autre plaisire que ce luy de vous voirs, et de vivre che vous aux six sedantaire que ie feroit dans un couvant, ie n'es besoint pour ajustemant que le simple necaisere. Tout ce que ie vous dit là, ma chere maman, et ma pencé. Six ce n'est pas les votre, ie reste toujours dans ma maime situasions et ie tacherais avec le peut de raison que j'ay de me rendre la vie moins triste qu'elle ne l'ais. Ils et vrais que ie contoit que mons voiage ne seroit retardé que de quelque moy : voyla une ans et les chose sont toujours de meme. Sa m'atriste, et vous pence bien, ma chere maman, que cela ne ce peut autremans. Ie passerais encore l'ivairs dans ce couvant, mais passer cela ie ne le peut plus. Ie seroit sortie cette été six ie n'avoit pas conté vous voirs incesamant. Ils ne m'es pas posible d'i passer d'autre aité. Ie n'es pas ceullemant [d]la gremant[d] de prandre l'aire, et c'est un plaisire parfait pour moy de pouvo[i]rs passer la soiré dans un jardin avec mon livrs. Autant aitre dans un cavaux que de ne pas respirer l'aire. Ie vouderoit aitre dans quelque couvant de campagne. Ordinaire mant l'on a des promenade. Pour la compagnie, ie ne m'ent sousie pas dutout. Incie, pour veut que ie trouve de quoy respi[r]er ie serais contente pour l'ivaire. Autant la passer icy [e]qua lieurs[e].

Adieu, ma chere maman. Ie suis inquiete de votre fievre; mande-moy six vous aites mieux. Moy, de puis ma [f]me desine[f] ie suis d'une faiblesse et d'un degout affreux. Aime-moy toujours, ma chere maman; dumoins que j'ay la consolations d'avoirs votre amitié, puis qu'ils n'es pas posible de vous voirs. Ie vous baise mille foy les mains.

MANUSCRIT

*A. Yale, G.P., XXXIV, p. 35–38; 4 p.; orig. autogr.

TEXTE

[a] ôte. [b] Alinéa exceptionnel dans le A. [c] Le A : "⟨que pour⟩ cune". [d] l'agrément. [e] qu'ailleurs. [f] médecine.

NOTE EXPLICATIVE

1. Le 17 août 1745, Anne-Catherine avait écrit à sa tante : "Vous voulez bien qu[i]tté votre maison pour en prendre une où je puisse avoire une petite chambre."

122 . *Charlotte-Élisabeth Soreau de Ligniville d'Autricourt*[1] *à Madame de Graffigny*

Je resois à se momant vostre lettre, ma cher cousine, et suis infinimant sansible à vos bonté pour ma fille Caterine. Mais, ma chere cousine, ie [a]souetere sa voir[a], a vant que de prandre mes arangemans pour son voyage, qui a la bonté de luy peé[b] sa pansion aux couvant et son antretien, et si [c]secere pour bocu danes[c], et qui la condu[i]re à Paris pour la desamse[d] d'un si lon voyage.

Come sa parante M[e] de Rouage[2] a la bonté de luy peé[b] sa pansions au couvant où el et, et de puis plusieur anée, avec son antretien et mille autre douseur, iont[e] à l'espreransse ca[f] sa mort el luy lessera quelque chosse, vous sante, ma chere cousine, ca[f] moins d'un plus heureus sort, nous ne pouvont la faire change de couvant, sur tout pour le presant. Ie me doit sa, et à tout la famille de mon mary.[3]

Ie suis bien touché de vostre flusions, ma chere cousine; menage-vous bien. Heureussemant que vous este à la sousse[g] des secours pour [h]se mox la[h].

Mon mary vous presante ses respect, et moy, ma chere cousine, qui vous anbrasse mille foy du plus tandre de mon cœur.

Soreau de Ligniville

De Nansy, le 10 settambre 1746

Ie vous agoutere, ma chere cousine, que la raine de Pologne[4] a eu la bonté de fer touche de l'aargant à Me de Rouage pour ma fille Caterine, et que tout ce chosse-là me demande bien du tamps à menage.

[*adresse* :] À Madame / Madame de Grafigny / reüe Hiacinte, pres du / Luxsambour / À Paris

MANUSCRIT

*A. Bibl. mun., Forlì; 2 p.; orig. autogr.; fragments de cachet sur cire rouge; timbre de la poste : DE·NANCY.

TEXTE

[a] souhaiterais savoir. [b] payer. [c] ce serait pour beaucoup d'années. [d] décence. [e] joint. [f] qu'à. [g] source. [h] ces maux-là.

NOTES EXPLICATIVES

1. La mère d'Anne-Catherine était la cousine germaine de Mme de Graffigny.
2. Mme de Rouerke.
3. Jean-Jacques de Ligniville était allié à Mme de Rouerke, dont le frère, Marc de Beauvau-Craon, avait épousé Anne-Marguerite de Ligniville, cousine éloignée d'Anne-Catherine.
4. Catherine Opalinska (v. lettre 50, note 11).

123. *Anne-Catherine de Ligniville d'Autricourt à Madame de Graffigny*

Ce 12 [septembre 1746][1]

Non, ma chere maman, ma joye ne s'exprime pas. Ie ne sauroit vous la paiendre, mais quend ie le pouroit sa seroit inutille. Vous me connessés trops pour ne pas sentire ce qui ce passe en moy. Ie vais vous voirs, ma chere maman; c'est tout ce qui m'ocupe. Un trouble afreux c'est emparai de moy à la veu d'une autre ecriture;[2] ie n'ouvroit votre lettre qu'end tramblan; ie vous croiest plus malle, et ie [a]ma praitoit[a] daigas à soufrire. Quelle mouvemant diferend, mais pas moins vife. Vous avee raison, ma chere maman, de m'i recommande de ne pas mourire, car ils c'est fait une revolutions etonnante en moy. Ie suis encore toute tramblante de l'impressions que ce la m'a fait. Ie vais ecrire ce que vous me marque, ma chere maman, tant bien que malle, car ie ne peut aplique mon esprit à rien. Ie suis trops occupé de mon voyage.

Je m'imagine, ma chere maman, que vous aurais la bonté de prevenire M[e] de Richelieux[3] sure ce qui me regarde. Vous luy dirais bien comme ie suis sotte; que ie ne parle presque pas; que ie suis extremema[n]d sesdantaire; en find que ie ne suis pas une personne amusente[b]. Tout ce qui me plais le plus dans tout ce la, ma chere maman, c'est que ie passerais un moy de l'anné che vous. Ie demanderais à M[e] de Rouergue qu'ond me paies une anneé ou

[u]ne demie-anné de ma pencions. Je doit encore quelque petite chose que ie paie. J'acheterais de la mouseline six ie peut. Ie [c]nes cune roble de toille sant pagnie[c], que ie me suis acheté cette anné. On dit qu'ils faut que ie la maite pandans la route crinte d'aitre prise.[4] Ie le ferais. Mon dieu! ie finie, car ie ne sais comne ie suis.

Adieu, ma chere maman. Ie ne vous aye jamais tant aimés. Permette, ma chere maman, que ie fasse mille remercimans et complimans à votre secraitere. La nouvelle qu'ils m'aprand et trops heureusse pour n'ent pas aitre reconnessent. Ils pare mardie pour Parie une chaise où j'auroit peut avoirs une plasce. Ie tacherais que l'on me porte ma vi[e]lle et quelque autre petit paquet.

[*adresse* :] À Madame / Madame de Grafigny / pres le Luxembourg / rue Hiasinte / À Paris

MANUSCRIT

*A. Yale, G.P., XXXIV, p. 23–26; 4 p.; orig. autogr.; cachet sur cire rouge; timbre de la poste : LIGNY.

TEXTE

[a] m'apprêtais. [b] Le A : "amusente ⟨du tout⟩". [c] n'ai qu'une robe de toile sans panier.

NOTES EXPLICATIVES

1. C'est en septembre 1746 que Mme de Graffigny a eu l'idée de placer Anne-Catherine chez Mme de Richelieu (v. note 3 ci-dessous).
2. Mme de Graffigny, ayant subi une opération à l'œil, avait engagé un secrétaire, probablement un étudiant en médecine du nom de Ponchon.
3. Marie-Gabrielle-Élisabeth Vignerot Du Plessis-Richelieu (1689–1770), sœur du duc de Richelieu. Religieuse à Port-Royal (Paris), elle avait été nommée en 1724 abbesse de l'abbaye cistercienne du Trésor, près des Andelys, dans le diocèse de Rouen, dans laquelle Mme de Graffigny se proposait de faire entrer sa nièce : "Il m'est venu *comme un eternument* de lui proposer de prendre la pauvre Minette. Ses pension ne sont que de cinquante ecus. Elle seroit à merveille pour la nouriture, la promenade et meme la compagnie. [...] Ce n'est qu'à 25 lieux d'ici. Toutes le semenes il va et vient un coche. En deux iours je pourois l'avoir si ie tombois malade. Tous les ans l'abbesse vient passer un mois ou deux ici. Elle me l'ameneroit. Ie ne comprends pas comment cette idée-là ne m'est pas venuë mille et mille fois." (6 septembre 1746, G.P., XV, pp. 237 et 238).
4. Pour éviter les frais de douane.

REMARQUES

Le 15 novembre 1748, Mme de Graffigny rapportera à Devaux une fausse nouvelle répandue par Mme Du Châtelet : "L'abbesse du Trezor vint chez moi le matin et me dit qu'elle avoit eu bien du chagrin à cause de ma niece. Et voici le fait. Le Monstre [Mme Du Châtelet] ayant apris que ie faisois venir Minette, ecrivit de Lorraine à l'abbesse que j'avois l'impudence de dire à tout le monde qu'elle vouloit prendre Minette chez elle, que i'avois fait ce mensonge infame pour tirer cet fille des mains de ses parens, mais qu'elle avoit bien demasquée mon infamie en disant que l'abbesse ne me connoissoit pas et qu'elle ne voudroit pas voir une creature comme moi, que la famille etoit desolée de cette supercherie, qu'on me la feroit bien rendre et mille autres horreurs dans ce gout-là. Eh, mon dieu, voila avec qui mon ami [Voltaire] passe et passera sa vie." (G.P., XXXVI, p. 123–124.)

124. *Anne-Catherine de Ligniville d'Autricourt à Madame de Graffigny*

Ce 13 [septembre 1746][1]

Ma joye etoit parfaitte, ma chere maman, mais elle c'est changé en une tristesses affreuse. Voyez la lettre que mon chere pere m'ecrit. Ils ecerit de meme à la superieure, et avec ordre de ne pas me lesser sortire. Ces deux lettre sont arrivé le lendemains de la votre. Ie luy avoit daigas ecrit et à Me de Rouergue. J'ay recommencé par la meme poste à l'un et à l'autre. Ie marque à Me de Rouergue les difigulté de mon chere pere et sa permisions pour sortire, par ce que six elle ne me l'acorde pas les religieusse ne me lesseront pas partire. J'atant ce soire sa reponce et celle de mon chere pere. La superieure luy a encore ecrit et luy marque de me donne sa permissions parce que ie veut partire absolumant; que ie maine la vie dumonde la plus triste dans leurs couvant; que ie suis toujours malade, et qu'ils y a bien de la diference d'un couvant de Parie aux leurs. Pour moy, ie luy marque que ie le croit trops tendre et trops juste pour em paichai mon bonheure; que dans ma situasions c'ent est une que d'aitre dans un abieis[a] comme celle-là; que pour M[e] de Mondaine ie le su[p]lie de n'i pas pance; que ie ne vois pas de plus grand malheure que de vivre à la coure; que ie prefererais toujours un aitat mediocre aux grandeure. Ie luy dit bien autre chose, car ma lettre et de quatre page. Ie finie en luy disant que i'espaire qu'ils vousderais bien ne me pas lesser echape une occasions convenable qui ce presente cette cemaine pour partire.

Figuraie-vous, ma chere maman, les mouvemant diferend qui ce sont passés de puis ces trois jours. J'ay aités six saisie de joye, de drainte[b], que ie n'ais ni bras ni jampe. J'ay une extintions de voie, ie ne peut casie[c] pas parle. Ie suis dans une agitations etonnente. J'atant ce soire les lettre qui desideront de mon daipare. Que ie seroit aplainte[d], ma chere maman, six ils faut que ie difaire de vous voirs. Voyez donc comme nous feront. Six mon chere pere persiste dans sont idée, mes religieusse ne me lesseront jamais sortire.

J'ay reçue une lettre de Mr Baillot[2]. Ils me marque qu'ils vas cherche des comodité. Six non, qu'ils faut que ie me tienne prete pour le premie carosse qui est sur la fin de cette semaine. Je luy aye marqué que Mr Le Chanteux[3] que vous connessés petaite, ma chere maman, qui demeure à Paris, et icy et repare cette semaine pour Paris avec une bourjoise d'isix. Ie luy demande six ils et d'avie que ie preine cette occasions en qua qu'ils y aye une plasse dans la chaise. Mais comme ils fauderoit que ie paie par moitié, ie crint que ce la ne monte plus haut que par le carosse. J'atant aux jour dhuie de ces nouvelle et nous vairon comme ie pouraie faire. En tout qua, ma chere mama, de façon ou d'autre vous aurai de mes nouvelle à la premiere poste, et six j'ay permissions de partire ce seras suremant cette semaine.

Que vous n'avie que faire de crinte,[4] ma chere maman, de retare de ma pare. Toutes mes petite affaire sont rengé, rien [e]ne galloit[e] ma satisfactions. Jamais ie ne m'etoit trouvé plus heureux. Ie [f]ma proche[f] de vous, ma chere maman. Quend ce seroit pour aitre deux foy plus malle que ie ne suis, ie seroit contente. Aplus forte raison doi-ge l'aitre puis que ie serais bien. Et puis, ma chere mama, l'esperence que vous me donnaie de vivre un jours avec vous me consolle de n'i pas vivre dès aux jours huie. Ie vous vairais toutes les ans. Quelle diference que de raiste comme ie suis. Mais, ma chere maman, ie vous dairais[g] tout ce la quend ie serais aux prete de vous. Tachaie, ie vous emprit, six mon voiage et retardé de quelque jours, que Me de Richelieux ne reparte pas pour sont abaiis.[5]

Ie ne sais, ma chere maman, six ie trouverais ycy de la belle mouseline prodai[h]. Ie ferais tout pour en trouve. Ils y en a de la belle brochai à rubans et unic pour brodai. De quelle facon que ce soie, i'ent porteraie toujours deus aune de la plus belle pour les 4 mouchoire que vous demande. Ie vouderoit que vous me mandie la couleure que vous les voulez. Vous ne voulez point de fleure; ie [i]mi magine[i] que vous voulez une pordure[j] alentoure, et quelque ornemant aux milieu comme sont ordinerement les mouchoire que l'on couv[r]e les fauteille. Ie choisirai les plus fain et les plus grans.

Voyla, ma chere maman, que j'ay bien ecrit. Ils me semble que j'oublie encore mille chose. J'ay l'esprit six occupé qune[k] pencé n'es pas plutot venue que ie l'ais oubliéz.

Voila la lettre, ma chere maman, que ie vous dit que ma chere mere m'avoit ecrit. Ie la retrouve. Ie suis bien aise de vous la faire voire pour vous montrai que ie ne comprant pas l'idés qui a passés par la taite à mon chere pere.

Adieu, ma chai maman. Pencai comme ie vais aitre affligé six ie reçoie de mauvaise nouvelle ce soire et que ie ne puisse pas partie. Ils fauderas que ie le mande à M[e] Baillot car ils me retienderoit une plasse. Ma chere maman, surtout ie vous suplie que ce la ne derange mon oviage[l]. Engage M[e] de Richelieu de reste en core quelque jours de plus, car ils faut absolumant faire entendre raison à mon chaige[m]. Adieu, ma chere ma[ma]n. Avec quelle plaisire i'atant le monant de vous baiser mille foy les mains.

[n]J'espaire, ma chere maman, que vous demanderaie que j'aye une petite

chambre pour moy toutes ceulle dans ce couvent. Si ie ne par pas avec M[r] Le Chanteux, j'envairais toujours ma vi[e]lle et quelque autre petites chose six ils peut s'ant charge.

[*adresse* :] À Madame / Madame de Grafigny / pres le Luxembourg / rue Hiasinte / À Paris

MANUSCRIT

*A. Yale, G.P., XXXIV, p. 27–34; 5 p.; orig. autogr.; fragments de cachet sur cire rouge; timbre de la poste : LIGNY.

TEXTE

[a] abbaye. [b] crainte. [c] quasi. [d] à plaindre. [e] n'égalait. [f] m'approche. [g] dirai. [h] brodée. [i] m'imagine. [j] bordure. [k] qu'une. [l] voyage. [m] Le sens exige "cher père". [n] Alinéa exceptionnel dans le A.

NOTES EXPLICATIVES

1. Le 16 septembre 1746, Mme de Graffigny écrit à Devaux : "La pauvre Minette! Elle a eu un bel assault. Sa mere lui avoit deffendu de sortir du couvent et avoit ecrit une deffence à la superieure de la laisser aller. J'en recu hier une letre de 12 page : elle n'a ny rime ny raison; elle en a perdu la voix; elle est malade." (Yale, G.P., XV, p. 255.) Il se peut que la lettre de 12 pages dont il est fait mention ici ne nous soit pas parvenue, mais il doit plutôt s'agir de la présente lettre, dont Mme de Graffigny exagère la longueur.
2. Soit Sigisbert-Alexandre Baillot, conseiller du roi, soit plus probablement François Baillot, ancien intendant du prince de Lixin, ancien contrôleur de l'hôtel du duc François et homme d'affaires à Nancy de la princesse Charlotte. Ce personnage avait rendu compte à Mme de Graffigny des initiatives efficaces qu'il avait prises pour résoudre les dernières difficultés s'opposant au départ d'Anne-Catherine : "Une lettre de Baillot que ie ne lus qu'apres m'aprit que tout etoit aplani. Il a fait des merveilles ce Baillot. Il a parlé au pere, à M[de] de Rouerke. Il a recu d'elle 75[lt] qu'il a envoié à Minette pour son voiage. Il m'envoye une lettre du pere qui me donne sa fille le plus sottement du monde. Et enfin ie la crois partie de mercredi si elle a pu retarder d'un iour un banquier d'ici qui estoit à Ligny avec sa fille et qui avoit une place à lui donner. Si non, elle partira samedi par le coche où il y a une dame que Baillot ira voir et dont il s'informera. Ah quel homme! Ie ne lui connoissois en verité pas une intelligence aisée, vive, et une activité sans egale. Il pense à tout et fait tout dans un instant. Ie lui en saurai gré toute ma vie. Si Minette est partie, elle arrivera dimanche. Ie ne le saurai que le meme iour." (16 septembre 1746, G.P., XV, p. 255.)
3. Jean-Louis Le Chanteur, conseiller auditeur à la chambre des comptes de Lorraine dès novembre 1747.
4. Sens : Vous n'avez pas à craindre.
5. Le 6 septembre, Mme de Graffigny avait écrit à Devaux : "L'abesse part les premiers jours d'octobre ou les derniers de ce mois." Le 22, elle infirme cette prévision : "Elle part demain et Minette arrive. Au fond, ie n'en suis pas trop fachée : cela me donnera le loisir de la garder un peu plus de tems." (G.P., XV, pp. 238 et 264.)

125. *Madame de Graffigny à François-Antoine Devaux*

Le mardi matin, 13 septembre 1746

[...] À propos de poste, i'atens celle d'auiourdhuy avec impatiance pour voir la reponce de Minette[1] et si elle n'est pas devenu folle de ioye. [...]

Le mercredi soir [14 septembre 1746]

[...] Ta lettre d'hier a eu une vilaine avanture. Hier elle arriva avec beaucoup d'autres et une[1] de Minette. Tu crois bien que pour cette fois ie lui donnai la prefferance, tant j'estois impatiante de voir comme elle auroit pris la chose. [...]

Quand on fait le docteur et qu'on croit les autres des betes, on n'est qu'une ane, entens-tu? Ferois-je venir Minette si ie n'etois sûre que M^d.^ de Rouerke le veut bien et lui continuë sa pension?[2] Ai-je fait aucune demarche tant que ie n'ai pas entendu le pere Segau[3] parler françois? Eh bien, suposé que M^de^ de Rouerke ne vive qu'un an ou moins, que le jesuite soit un an à faire ce qu'il m'a promis, ie ne serai pas ruinée pour 15 ecus ny pressée de les paier. La petite fille est bien nipée, et par cet arrangement ie la sauve de l'horreur de retourner chez sa mere à la mort de M^de^ de Rouerke, d'où j'aurois peut-etre bien de la peine à la tirer. En la metant chez M^de^ de Richelieu c'est faire le premier pas avec eclat et honneur. Toutes les circonstances sont heureuses. M^de^ de Richelieu est jeune, ainci quitte pour y demeurer lontems. Qu'a-tu à repondre à cela? Le reste de cet article de ta lettre est apparement ecrit pour Minette ou pour un enfant de dix ans. Comment, butord, tu crois que j'ai attendu ton conseil pour ecrire à ma cousine[4] et à M^de^ de Rouerke. Tu figure que cette pensée ne pouroit venir qu'à toi et tu me dis que je le dois avec une sotise qui me fait rire. Mais en bonne foy tu crois donc que je radotte, car à moins de cela le pont aux ânes de bienseance n'auroit pu m'echapper. Ie suis ravie de voir comme on pense de moi. Quand à la quette d'une voiture, ce que tu me repond et la lettre de Baillot à qui j'ai ecrit pour la meme chose m'a fait souvenir des ministres que Henri quatre fit raisonner sur une poutre pour connoitre leur caractere. Il semble que ie te propose les Pirenées à aplatir, et Baillot ne trouve point de dificulté. Il a deia ecrit à Minette et pris tout plain de precaution. C'est un jeu pour lui. [...]

MANUSCRIT

*A. Yale, G.P., XV, pp. 251, 252, et 253–254; 4 p.; orig. autogr.

NOTES EXPLICATIVES

1. Lettre 123.

2. Devaux avait émis des doutes à ce sujet : "Si M^de^ de Rouergue vient à mourir, sa pension vous restera sur les bras. Quelque modique qu'elle soit, elle ne laissera pas de vous in-

commoder. Que sçavés-vous d'ailleurs si dès ce moment-cy vous ne courrés deja pas ce risque? M[de] de Rouergue voudra-t-elle luy continuër cette pension dans un autre couvent?" (G.P., XXXVII, p. 142.)

3. Le père Guillaume de Segaud (1675–1748), prédicateur célèbre qui avait prononcé en 1729 l'oraison funèbre de Léopold Ier, duc de Lorraine, et qui avait prêché à la cour le Carême de 1732, 1738 et 1745. Mme de Graffigny avait déjà expliqué à Devaux le rôle de ce jésuite : "Il m'a donné de grandes esperances de faire donner une pension à Minette. Ie crois que ce n'est guere qu'à condition de la confession." (30 août 1746, G.P., XV, p. 227–228. Voir aussi G.P., XXVIII, p. 135, et XV, pp. 272, 299 et 301.) Cet espoir est déçu : "Le Segau m'a paru tout refroidis. Il nous a presque desesperé d'avoir une pension." (25 octobre 1746, G.P., XV, p. 307.)

4. La mère d'Anne-Catherine.

126. *Anne-Catherine de Ligniville d'Autricourt à Madame de Graffigny*

Ce 16 septembre 1746

Me voyla apres bien des paine et chagrin, ma chere maman, aux comble de mes veux. Tout est arrangé. Ie pare dimanche 18 du moy par le carosse. Ma joie et parfaitte. Vous le pence bien, ma chere maman, j'ay bien des obligations à Mr Baillot car ie croit qu'ils a grende pare aux consentemant de mon chaire paire. Ils vient de m'ecrire une lettre qui m'a aités sencible. Ie seroit bien fachai, ma chere mama, que vous luy eussie ecrit. Petaitre auriee-vous reçue une lettre de Mr Baillot en maime tant que la mienne qui vous auras mandé mon daipare.

Vous dite, ma chere maman, que vous vienderaie aux devante de moy. Non, ie vous suplie, car ie suis sûre que votre oyeil ne vous permest pas de sortire. Ie suis assés sûre de votre amitié et de toutes vos bonté sont[a] en avo[i]rs de nouvelle marque. Envoyez-moy cherche, mais n'i vene pas.

J'ay prit medesine aux jours dhuie par ce que j'ay finie mon lais. Ie suis d'une faiblesse affreusce. Ie ne vous dirais rien daventage, ma chere maman. Ils faut pourtant en core vous dire que j'ay une inquietude. Ie crint que vous ne soyez pas aussix contente de moy que vous l'aites de mes lettre. De puis que ie doit vous voirs ie me trouve plus mosade que jamais.

Ie suis desolaie d'aitre oblaigé de mettre ma petite toille bleux[1] parmie la route. Ie la gateraie suremant dans ce vilain coche. I'ent seroit fachaie car elle est jolie.

Adieu, ma chere maman. Avec quelle impasience i'atant le momand de vous dire conbien ie suis penetraie de ce que vous faitte pour moy. C'est un plaisire que ie goute d'avence que de me vo[i]rs amaime de vous montrai toutes ma reconnessence. J'atant demains une lettre de ma chere maman pour savoirs comme vous voulez vos mouchoire, car ie ne comprant pas trops ce que vous m'ave dit.

[*adresse* :] À Madame / Madame de Grafigny / prest le Luxembourg / rue Hiasinte / À Paris

MANUSCRIT

*A. Yale, G.P., XXXIV, p. 19–22; 3 p.; orig. autogr.; cachet sur cire rouge; timbre de la poste : LIGNY.

TEXTE

[a] sans.

NOTE EXPLICATIVE

1. La robe mentionnée dans la lettre 123.

127 . *Anne-Catherine de Ligniville d'Autricourt à Madame de Graffigny*

Ce 18 [septembre 1746]

Je monte aux carosse, ma chere maman. J'ay reçue votre lettre trops tare pour pouvoire daifaire ma robe. Tout le monde me dit que ie ne risque rien. Ils n'i a qu'à la bariere de Paris, mais six vous m'envoyez cherche à quelque pas de Paris ie pourais passer sant aitre visité. En tout qua ie retourneraie ma robe et avec un mentelet on ne s'apersevera de rien. Mon dieu! ma chere maman, que vous me rende heureusse. Ie suis d'une joye qui n'est pas concevable. Ie vous baises daiga mille et mille foy les mains.

[*adresse* :] À Madame / Madame de Grafigny / prest le Luxembourg / rue Hiasinte / À Paris

MANUSCRIT

*A. Yale, G.P., XXXIV, p. 39–42; 1 p.; orig. autogr.; cachet sur cire rouge; timbre de la poste : LIGNY.

128 . *Madame de Graffigny à François-Antoine Devaux*

Le dimanche, 25 septembre 1746

J'ai fort bien eté hier au devant de la Minette jusqu'à Pantin. Nous y sommes arrivées tout juste. La voila enfin cette Minette à qui on vient de faire mille papillotte. Pendant qu'on la tignone, ie vais t'ecrire tant que ie pourai. Elle est bien plus grande que moi et si mince qu'elle est un peu houssoir[1], point trop jolie mais assés pour se faire regarder ici. C'est la meme mine que tu lui a vu, mais ce qui t'etonnera beaucoup, c'est qu'elle est une vray idole, parlant lentement, ne sachant quel coté se tourner, enfin d'une indolence qui fait bouillir mon sang. J'espere que ie la reveillerai un peu, car cela va jusqu'au ridicule et lui en donneroit ici, car elle a l'air de iouer l'indolence. Du reste bon enfant, tres douce jusqu'ici, mais il faut voir. Elle est encore si fatiguée qu'elle n'est pas elle-meme. Elle a cependant voulu etre frisée. On est apres dans ma chambre, car ie ne la quitte pas. Elle paroit bien m'aimer et ie l'aime bien aussi comme ie puis aimer à present, sur tout quand ie suis malade et noire, car ie le suis beaucoup malgré cette divertion. Nous la promenames hier au Cours[2] sur le quais, mais elle dormoit à moitié. Voila son histoire. [...]

MANUSCRIT

*A. Yale, G.P., XV, p. 267; 2 p. (demi-feuille); orig. autogr.; cachet sur cire rouge.

REMARQUES

Le 30 septembre, Mme de Graffigny est plus élogieuse : "Cette pauvre Minette est charmante, d'une douceur, d'une attantion, d'une tranquilité inconcevable. Il faudroit qu'elle fut bien habile comediene si elle ne m'aimoit pas et si elle n'etoit pas à son aise dans la solitude où ie la tiens. Elle paroit contante. Tout ce que ie lui vois de sentimens sont tels que ie les souhaite. Si ie me trompe sur son compte, ie ne jugerai jamais, ie renonce au bon sens pour touiours. Ie sens à chaque minute la douleur de ne pouvoir la garder aupres de moi. Elle feroit la douceur de ma vie et me feroit oublier bien des peines." (G.P., XV, p. 271–272.) Dans la même lettre Mme de Graffigny n'exprime aucune intention de garder Minette plus d'un mois : "Dès que la chambre que l'abbesse lui fait accomoder sera prete, elle partira." (XV, p. 272.) Mais le mois écoulé, elle commence à changer d'avis : "Il [Valleré][3] me persecute pour la garder au moins tout l'hivert. Il leva toutes les difficultés en m'offrant des mœubles pour sa chambre. Jusqu'ici elle couche dans un lit que la petite Nini me prete. J'avois ce projet dans la tete avant lui mais ie ne l'avois pas encore dit. C'est que, toute reflection faite, elle me couteroit autant en couvent qu'ici. Il faudroit l'entretenir en la nourissant, ce qui ne paroit pas tant, sa pension l'entretiendra. Outre qu'elle a besoin de se faire un peu au monde et surtout d'apprendre à parler. Au primtens nous nous connoitrons davantage et nous verons quel partis nous prendrons. Doudou s'avisa donc de decider qu'elle resteroit. Minette en parut si peu satisfaite, elle en montra si peu de joye que ie ne sus qu'en penser. Cela a fait des explications sans fin, des pleurs de sa part, et bien des tendresses dont ie suis contante." (21 octobre 1746, G.P., XV, p. 301.) Mme de Graffigny regrettera souvent cette décision (v. lettres 131 et 141).

NOTES EXPLICATIVES

1. Houssoir : balai à long manche (*Dictionnaire de Trévoux*, 1737).
2. Le Cours-la-Reine.
3. Pierre Valleré, avocat au Parlement,

loge alors chez Mme de Graffigny dont il sera l'exécuteur testamentaire. Il figure souvent dans ses lettres sous le surnom de Doudou ou de Train. Ami intime d'Helvétius, Valleré lui rendra plusieurs services (achat de Vaujours; testament de Diest). En 1764, il lui empruntera 3 000 livres qui ne seront remboursées qu'après la mort des deux intéressés.

129. *Madame de Graffigny à François-Antoine Devaux*

Le mardi, 6 decembre 1746

[...]

Ie vais te dire une nouvelle qui me fait assés de peine est[a] qui est un secret meme pour Doudou. C'est que Minette a le scorbut : depuis quelque tems elle a des galles à la jambes que nous avons traitées de bagatelles. Les galles sont devenuees des troux profonds et noirs. Enfin i'ai fait venir mon chirurgien qui nous a decidé le cas. Elle prend depuis hier des remedes qui passent pour bonbons rafraichissans. La pauvre petite seroit perie[b] misérablement dans son couvent. Voila le fruit de sa mauvaise nouriture, de son inaction, et de son chagrin. Elle en a pleuré toutes les larmes de son corps en sentant cependant le bonheur d'etre aupres de moi pour la tirer d'affaire. Par bonheur ce mal n'est pas dificile à guerir. Il ne faut que du tems et de la patiance. [...]

MANUSCRIT

*A. Yale, G.P., X, pp. 205 et 206; 4 p.; orig. autogr.; cachet sur cire noire.

TEXTE

[a] et. [b] Lecture incertaine.

REMARQUES

Anne-Catherine est saignée le 16 et on lui applique le 23 "de tres grands remedes, mais tres grands". (G.P., X, pp. 217 et 229.) Elle doit se rétablir rapidement de ce scorbut, car Mme de Graffigny n'en parlera plus mais elle souffre encore d'une mauvaise fièvre fin mars 1747, et en avril 1748 sa tante mentionne que "le dentiste [lui] a tiré une bonne palette de sang des jensives, du sang aussi epais que de la chaire noire." (XXVIII, p. 248.) En juin 1748, les deux femmes prendront chez elles les eaux de Forges. (G.P., XXVIII, pp. 364 et 417.)

130. *Madame de Graffigny à François-Antoine Devaux*

À Paris, le mercredi, 4 janvier 1746 [=1747]

[...]

Nous avions eu une scene de tendresse, Minette et moi, qui avoit eté arosée de bien des larmes sur ce qu'on m'avoit proposé de la metre chez M[d.]

la duchesse Du Maine[1] et que, ne pouvant me metre dans le cas de me reprocher de lui avoir laissé manquer un avantage pour sa vie, ie l'exortois à me laisser agir, et qu'elle, par des sentimens adorable que ie n'ai vu qu'à elle, n'en vouloit pas entendre parler. Nous nous desolions et hier nous avons vu toutes nos craintes effassées par les plus agreables esperances. Il y a lontems que ie ne t'en ai parlé de cette Minette, mais c'est vraiment un prodige de raison et d'agremens. Elle a vaincu les petites humeurs. Ie n'ai jamais vecu avec personne comme avec elle, aussi prevenante, aussi attantive que moi. Nous nous trouvons touiours à notre chemin mais d'une si bonne façon que ce n'est que pour nous embrasser et nous renvoier des sentimens si tendres et si delicats que l'Amour meme les envieroit. L'esprit fin et juste, elle entent tout, elle est toujours au fait. Enfin ie le dis mille fois le iour, si ie l'avois fait de cire à mon plaisir, ie n'y aurois ny ajouté ny diminué. Elle a recu ce matin une lettre du prince de Beauvau si pleine d'amitié et d'offres de servisses si solidement exprimé que ie crois qu'il fera quelque chose pour elle.[2] J'ai recconnu l'amitié du Petit[3], car il parle de moi avec entousiasme et, s'il ne me connoissoit que par sa sœur[4], il ne me traiteroit pas si bien. Il l'aime beaucoup cette Minette. S'il lui faisoit seulement une petite pension pour son entretient, nous serions haute et puissante dames. Nous verons. [...]

MANUSCRIT

*A. Yale, G.P., X, p. 247–248; 3 p.; orig. autogr.

REMARQUES

En juillet 1748, Mme de Graffigny espérait toujours obtenir une pension du duc d'Orléans : "Cet envoyé[5] [...] me garenti dans un mois une pension de six cent livres pour Minette du duc d'Orleans, et il n'en fait ny le fin n'y l'enœuvré. Il nous dit ses batteries et celles que ie dois faire, qui est simplement de faire connoissance avec mon curé[6]. Cela m'est bien aisé et j'y travaille deia. Ie fais relier une *Peruviene* que ie lui porterai, qu'il a tant demandée à l'abbé. Ce n'est pas tout. Cet envoyé veut marier Minette et vendredi il en parlera à quelqu'un." (G.P., XL, p. 180.)

NOTES EXPLICATIVES

1. Anne-Louise-Bénédicte de Bourbon (1676–1753), petite-fille du Grand Condé, épouse depuis 1739 de Louis-Auguste de Bourbon, duc Du Maine, fils légitimé de Louis XIV.
2. Mme de Graffigny ne réussit jamais à obtenir une pension du prince de Beauvau : "Malgré le beaux ramage de l'oiseau, il ne lachera point de plume. On ne peut jeter au nez plus de complimens, de politesses, d'affections, et tout cela se reduit à tacher de nous faire avoir une pension sur les ecconomats, ou du duc d'Orleans." (5 mars 1747, G.P., XXXIII, p. 313–314.)
3. Surnom de Jean-François, marquis de Saint-Lambert (1716–1803).
4. Sans doute Marie-Françoise-Catherine de Beauvau-Craon, comtesse de Boufflers (1711–1786).
5. Précédemment identifié par Mme de Graffigny dans la même lettre comme étant "Mr d'Aubigny, bourguignon, gentilhomme, qui a eté envoié dans des cours d'Allemagne, qui a de l'esprit, du savoir, une vilaine figure,

et un assés mauvais ton." (G.P., XL, p. 179.) Jacques-Abraham Durand d'Aubigny (1707–1776), reçu avocat en 1738, nommé en 1742 commis aux Affaires étrangères et, en 1745, secrétaire d'ambassade à Dresde, était devenu en 1746 chargé d'affaires, titre auquel il avait négocié la neutralité de la Saxe et le mariage du Dauphin avec Marie-Josèphe. En 1749, il épouse Marie-Catherine-Gabrielle Rémond de La Grange, femme riche apparentée aux Machault, et en 1752 il est nommé résident du roi à Liège, poste qu'il quitte en 1759.

6. Jean Bruté, curé de Saint-Benoît, auteur de sermons et d'une chronologie des curés de sa paroisse. En 1759, il est l'un des commissaires chargés par le Parlement d'examiner l'*Encyclopédie*.

131. *Madame de Graffigny à François-Antoine Devaux*

[8 février 1747]

[...] Hier matin ie fis si bien la paresseuse que ie ne fis rien du tout. Nini, Charmant[1] et Linant[2] mangerent mon apres-midi. J'etois d'une humeur de chien contre Minette. Ils en patirent tous. Ie veux t'en dire le sujet pour te faire rire. Tu penses bien que, n'ayant jamais apris à dancer, et n'ayant vecu qu'au couvent, elle a bien mauvaise grace. Pour un grand colosse comme elle, cela est encore plus choquant. En un mot elle n'est pas presentable. J'ai attendu que sa iambe fut guerie[3] pour faire venir un maitre à dancer, uniquement pour la reverence et pour la grace du corps. C'est un homme unique dans ce genre-là et point cher. Il vint hier. Imagine-toi cette grande begueule, quand il lui dit de lever la tete, lui repondre d'un ton aigre et lorrain : "Eh non, ie ne saurois", et enfin prendre toute la lecon en pleurant comme elle faisoit à sept ans. Ie me suis contenue et ie n'ai rien dit. I'ai seulement prié le maitre, qui etoit deconcerté au point de dire qu'il ne reviendroit plus, de nous garder le secret chez Nicole où il va. Ie sortis. Nini gronda Minette et apparament lui fit honte, car quand ie rentrai, elle me demenda pardon. La paix fut faite, mais ie n'en etois pas moins outrée. Le soir elle s'avise de rabacher encore que cet homme l'ennuie, qu'il dit des betises, et mille autres propos. A, ma foy, l'orage creve : elle fut grellée de la bonne sorte. Elle est charmante quand elle fait tout ce qu'elle veut,[4] mais n'entent raison sur rien dès qu'il y a la moindre gene. Nini depuis deux iours est en pour parler d'un mariage avec un Ameriquain qui veut une fille de condition qui n'ait pas un sol. Il ne peut pas mieux trouver. Il a des millions. On doit nous envoier auiourdhuy l'etat de ses biens. Si cela est faisable, ce seroit un grand coup.[5] Je te le dirai bien tot.

MANUSCRIT

*A. Yale, G.P., XXXIII, p. 267–268; 6 p. (une feuille et une demi-feuille); orig. autogr.; cachet sur cire rouge.

NOTES EXPLICATIVES

1. Surnom de La Rougère, mort en 1747, auteur d'un ouvrage hostile à Voltaire intitulé *Le Génie ombre et la Sala – gno – Silph – ondine, conte physique* (1746).
2. Michel Linant (1708–1749), poète qui remporte trois fois le prix de poésie de l'Académie française. Protégé de Voltaire, il est nommé précepteur du fils de Mme Du Châtelet.
3. Voir lettre 129.
4. Anne-Catherine ne manque certes pas de liberté et de distractions depuis son arrivée à Paris : le théâtre (G.P., XV, p. 275), l'opéra (X, p. 239), le feu d'artifice célébrant la prise de Namur (XV, p. 289), visite à Notre-Dame où avait été dressé le catafalque de la Dauphine (X, p. 183), les illuminations du carnaval (XXXVI, p. 259), une promenade "en chianlis" avec des domestiques (XXXVI, p. 269), d'autres promenades au Bois de Boulogne, aux Tuileries et surtout au jardin du Luxembourg (XV, pp. 293, 295 et 309), des visites chez des amis (XV, p. 317, et X, p. 221) et dans les magasins (X, p. 239), des parties de cornette et autres jeux de cartes (XV, p. 290), et enfin la lecture (XV, p. 303, et X, p. 243).
5. Non identifié. À cette époque, Mme de Graffigny envisage deux autres partis pour sa nièce : Pierre Grimod-Dufort et Claude Arnauld de Belombre.

   Dufort (1693–1748) était fermier général depuis 1721 et intendant des postes depuis 1738. Mondain, magnifique et généreux, il était également redoutable, puisqu'il traitait directement avec le roi des secrets du "cabinet noir". Mme de Graffigny avait fait sa connaissance en novembre 1745 peu après la mort de sa deuxième femme, Élisabeth-Geneviève de Courten, comtesse du Saint-Empire, fille d'un maréchal de camp, qu'il avait épousée en février 1745. Quand Devaux suggère à Mme de Graffigny de l'épouser, elle répond : "Ah, mon dieu, quelle vision sur Mr Du Fort! Il veut et sans doute il prendra une troizieme femme, mais une femme à enfants. C'est bien ma pauvre Minette que ie voudrois qu'il prit. Celle qui vient de mourir etoit une pauvre demoiselle ou du moins peu riche." (5 décembre 1745, G.P., XXVII, p. 388.) En février 1748, Dufort épousera Marie-Antoinette-Félicie de Caulaincourt, fille peu argentée du marquis de Caulaincourt. Enceinte à la mort de son époux en octobre 1748 (G.P., XL, p. 322), elle se remariera avec Jean-Jacques Le Franc de Pompignan.

   Belombre (1722–1781), nommé lieutenant en 1740 et capitaine de grenadiers du régiment de La Tour Du Pin en 1745, allait être fait chevalier de Saint-Louis en 1758. Depuis longtemps Mme de Graffigny pensait à lui pour sa nièce : "Avant meme que Minette fut ici j'avois songé à Belombre. Nini l'a raté. Il ne veut se marier qu'à la paix." (G.P., XL, p. 53.)

   Mme de Graffigny avait vaguement songé aussi à un "vieux coquin", Marc-Antoine Turgot de Saint-Clair (1668–1748), conseiller d'État, ancien intendant de Soissons, qui avait 28 000 livres de rente mais qu'elle finit par juger "un peu trop philosophe pour faire cette folie" (3 mars 1747, G.P., XXXIII, p. 307). Mentionnons enfin deux autres personnages qui étaient tombés amoureux d'Anne-Catherine : Disenteuil [l'abbé de La Galaizière] "qu'il ne faudroit guere souffler pour alumer pour Minette", écrit Mme de Graffigny (20 novembre 1746, G.P., X, p. 179), et un certain Chéron, membre d'une famille d'artistes lorrains, qui "rougit et palit et faisoit des yeux à Minette comme un chat qui foire dans le charbon" (21 avril 1747, G.P., XLIV, p. 53).

REMARQUES

Ce portrait de Minette contraste avec l'impression que Mme de Graffigny en avait formé précédemment (v. les Remarques de la lettre 128 et lettre précédente). Mais elle avait eu un aperçu des "humeurs" de sa nièce dès le 5 octobre 1746 : "Apres diner il me prit un si grand besoin de promenade que ie ne pus y resister. Melle Minette qui etoit coeffée à la belle oreille s'enteta de ne point mettre de coefe. Ie la retansai d'importance et ie m'en alai sans elle avec Doudou. Elle pleura tout son bien aise et au retour demenda bien des pardons, mais ie vois que si on ne lui tenoit pas un peu rigueur, elle auroit une tete comme dans l'enfance." (5 octobre 1746, G.P., XV, p. 279.) La fréquence de ces humeurs augmentera pendant les années suivantes. C'est ainsi que, le 25 juin 1747, Mme de Graffigny se plaindra en ces termes à Devaux : "Mais tu ne te figure pas la vie que ie mene : elle est affreuse. Je n'ai de ressource qu'en moimeme et ie ne suis pas en etat de m'aider, car afin que tu le sache, Minette, qui ne se gene plus, est ce qu'on apelle une vray emplatre. L'indolence l'enpeche d'user de son esprit. Elle ne se donne la peine de penser que Panpan, chien, chat et oiseaux. Du reste, c'est la tristesse meme, la nonchalence à faire boire son sang à un flegmatique. Elle a le caractere excelent mais de l'humeur sans fin et sans cesse. Enfin depuis lontems ie ne l'avertis qu'en tremblant de ces choses qu'il faut pourtant dire. Et j'en passe une infinité sans en parler par pure indifference. J'aurois voulu qu'elle fit usage de son esprit. Elle ne sera jamais qu'une femelette, une vray idole. J'ai pris mon parti, je l'y laisse etre." (G.P., XLIV, p. 160.)

132. *Madame de Graffigny à François-Antoine Devaux*

Le mercredi, 19 avril 1747

[...] Le cousin[1] m'ecrivit ce matin, en m'envoyant cinq louïs qu'il a tiré du cardinal de Rohan, en attendant mieux, dit-il, et un billet pour l'opera. Minette n'est que mediocrement contante des cinq louis qui ne lui donnent pas tout ce qui lui est necessaire, il s'en faut bien, mais l'opéra l'en consola. Nous y allames donc avec Doudou que nous en ramenames aussi noir qu'il y etoit allé. Quoiqu'il n'y eut pas une seule loge où il y eut un chat, nous eumes tous les grands acteurs sans exceptions. Je m'en etois doutée à cause du musicien. C'est le balet de Roi,[2] qui est aussi mauvais à entendre qu'à lire, mais tout etoit bon pour Minette qui s'y divertit fort bien. Mareil[3] vint dans notre loge et Son Excelence[4] avec qui ie causai presque touiours en renouvelant une tres grande connoissance. [...] Je vis aussi le beau Genie avec qui ie renouvellai aussi connoissance. Il me viendra voir, dit-il; dieu sait s'il l'oubliera. J'en serois fachée pourtant, car je voudrois que Minette lui plut, pour le mariage s'entent, et non pour l'autrement. [...]

MANUSCRIT

*A. Yale, G.P., XLIV, p. 49–50; 4 p.; orig. autogr.; cachet sur cire noire.

NOTES EXPLICATIVES

1. Charles-Just, prince de Beauvau-Craon.
2. Pierre-Charles Roy (1683–1764), auteur de *L'Année galante*, ballet héroïque en 4 actes et en vers libres, représenté pour la première fois le 11 avril 1747.
3. François-Albert Chaumont de La Galaizière, comte de Mareil (1702–1773), frère du chancelier de Lorraine, colonel du Royal-Lorraine-Cavalerie.
4. Jean-Baptiste Chaumont de La Galaizière, comte de Lucé (1701–1777), autre frère du chancelier, ministre de Louis XV auprès de Stanislas Leszczynski.

REMARQUES

Cette soirée à l'opéra a probablement été la première occasion de rencontre entre Anne-Catherine et Helvétius.

Quelques jours plus tard, Mme de Graffigny exprime l'avis suivant sur Helvétius : "Si le beau Genie n'est pas assés encien dans sa troupe [des fermiers généraux], son pere est si encien dans la siene que l'un vaut plus que l'autre et est plus solide. Il est fils unique." (25 avril 1747, G.P., XLIV, p. 63.)

133. *Helvétius à Gabriel Cramer*[1]

M. Helvetius prie Monsieur de Crammer de luy faire l'honneur de venir diner chés luy lundy avec M. de Buffon.

Ce samedy, 22 avril [1747][2]

[*adresse* :] À Monsieur / Monsieur de Crammer / à l'hotel d'Anjou / ruë de la Croix-des-Petits-Champs

MANUSCRIT

*A. Brit. Libr., Add. ms. 23899, fol. 15–16; 1 p.; orig.

IMPRIMÉ

1. Françoise Weil, "La correspondance Buffon-Cramer", *Revue d'histoire des sciences et de leurs applications*, XIV (1961), p. 124, note 5.

NOTES EXPLICATIVES

Le catalogue de la British Library attribue cette invitation au père d'Helvétius, mais il est plus vraisemblable qu'elle soit due à Helvétius lui-même, étant donné ses rapports intimes avec Buffon. Weil, op. cit., l'attribue sans hésitation à Helvétius. Voir aussi les Remarques ci-après.

1. Cramer (1704–1752), géomètre et philosophe, membre de l'académie de Berlin, de la Société royale et de l'institut de Bologne. En 1724, il est

nommé avec Calandrin professeur de mathématiques à l'université de Genève. Entre 1727 et 1729, il voyage beaucoup, notamment en France et en Angleterre. Nommé professeur de philosophie à Genève en 1734, il édite les œuvres des Bernoulli (1742–1744) et leur correspondance avec Leibniz (1745). Son séjour à Paris dure un an, d'avril 1747 jusqu'en avril 1748.

2. L'indication de l'année, ajoutée par une autre main, est exacte : la présence de Cramer à Paris est attestée par une lettre de Mme Du Châtelet du 13 avril 1747 (Best. D. 3522).

REMARQUES

Le 1 contient une lettre de Buffon à Cramer qui fait suit à celle-ci : "Vous vous faittes de belles affaires, mon cher ami, vous refusez à Mr Helvétius parce que vous êtes engagé chez Mde Du Rumain, et vous manquez à celle-cy qui avait prié M. Saladin ou Mussard à cause de vous." (Weil, op. cit., p. 124–125, lettre qu'elle date du 24 avril 1747.)

134. *Anne-Catherine de Ligniville d'Autricourt à François-Antoine Devaux*

Le vendredi, 29 septembre 1747[a]

[...] Je suis bien faché, Monsieur, que vous ne soyez pas icie. Nous vous aurion fait avaler votre pare d'un mechant gateau que la maman[1] vient de rendre.[2] Elle sentoit quelque maux de cœur. C'est Monsieur Vallerai qui contoit vous parle et qui commance daiga à ce mauque de vous; ils promet bien de vous renvoiez avec une bonts estoma par ce qu'ille pretant comme bien d'autre que la diete est souveraine pour les gourman.

La pauvre maman est venue promene avec nous; elle a ganié un gros rume est elle c'est mize tout de suite aux lie. Elle vous prit de prendre vos precotions pour luy apporte aux moins deux bouteille d'eau de La Bour[boule][3]. [b]Dite à Lolotte[4] que maman ne peut luy ecrire, qu'elle est malade.

Je suis trops occupé de maman pour vous parlé icy du plaisire que j'aurais de vous voirs; ie m'ent reiou[i]rois bien davantage six ie n'etoit jaloux de l'amitié que maman a pour vous. On vous prit de mande le jours que vous partiray.

MANUSCRIT

*A. Yale, G.P., XL, p. 123–124; 2 p. (demi-feuille); orig. autogr.

TEXTE

[a] La date et les 15 premières lignes du manuscrit sont de la main de Mme de Graffigny qui, en raison d'une fièvre, ne peut achever sa lettre, comme elle l'écrit à Devaux le 2 octobre : "Tu as eté bien en peine n'est-ce pas, mon ami, de voir que ie n'ai pas achevé ma derniere letre?" (G.P., XL, p. 125.) [b] Le A : ⟨Six ie vous disoit ce que ie⟩.

NOTES EXPLICATIVES

1. Mme de Graffigny.
2. Voir la lettre de Mme de Graffigny à Devaux du 2 octobre : "On t'a parlé de gateau comme si c'etoit une indigestion." (G.P., XL, p. 125.) En fait, il s'agissait d'une fièvre.
3. Les eaux curatives de La Bourboule, près de Clermont-Ferrand, étaient connues depuis l'époque romaine.
4. Surnom non encore décodé. Peut-être Mme de Grandville (v. lettre 89).

REMARQUES

À part une autre lettre à Devaux de mars 1751 (lettre 162), aucune lettre d'Anne-Catherine postérieure à celle-ci ne nous est parvenue avant le début de janvier 1759.

135 . *Madame de Graffigny à François-Antoine Devaux*

[...] Vendredi [15 mars 1748]

Me revoici de mes visites. Mr et Md. Du Vossel[1] sont plus aimables que jamais. Elle songe sans cesse à nous. Elle a charché[a] l'abbé Barbier[2], qui est fort ami d'Elvessius, de le faire dire oui ou non sur les bruit plublic, et sans nous compromettre, et cet abbé veut faire tout ce qu'on voudra au monde pour moi. Il repond du consentement du pere, mais il craint les indessisions du fils. Les affaires sont bonne de l'amoureux, il le sait. [...]

MANUSCRIT

*A. Yale, G.P., XXVIII, p. 215; 4 p.; orig. autogr.; cachet sur cire rouge.

TEXTE

[a] chargé.

REMARQUES

Mme de Graffigny essaye de peindre à Helvétius un portrait flatteur d'Anne-Catherine. Le 27 mars, elle écrit à Devaux : "Le St[3] vint avant-hier soir comme nous rentrions. Il lui[4] barago[u]ina les louanges que le fermier en us lui donne et l'occupation dont il paroit en etre la tete sauté. Et cependant nous ne le voions plus et ie gagerois ma vie qu'il n'en sera jamais question. À cela on se donne les violons. On dit qu'on fera son bonheur, parce qu'on a tous ses gouts, que si l'on ne les montre pas, c'est que l'on n'est pas dans un monde à pouvoir parler de bonnes chose, mais qu'une fois qu'on y soit qu'on fera comme une autre, et cela avec une intrepidité de presomption qui me fit regarder si je ne voiois pas quelques simpthome de la sœur[5] sur le visage." (G.P., XXVIII, p. 231.) Anne-Catherine refuse pourtant de se conformer à ce portrait : "J'ai renoncé aux conseil, à l'education, et tout. Ie ne te dis plus mot, ie laisse tout là. Elle deviendra ce qu'elle poura. Ie voudrois que tu entendisse avec quelle intrepidité de confiance elle dit qu'elle n'est pas en peine de soutenir le gout du marieur en us par la convenance de ses gouts et de son esprit. Cela est si fort que sur cette bonne opinion i'ai pris mon parti, car il faut qu'elle en sache plus que moi." (29 mars 1748, G.P., XXVIII, p. 234.) Après un silence de quelques semaines à ce sujet, Mme de Graffigny confirme qu'elle a abandonné tout espoir du côté d'Helvétius : "Sans doute qu'il n'est plus question du Genie. Ie te l'ai dit et que depuis ce tems-là ie ne tiens plus avec Minette, en verité par peur qu'elle n'imite sa sœur.[5] C'est pis tous les iours et tout franchement, si cela dure, ie la renvoye au couvent." (9 mai 1748, G. P., XXVIII, p. 316.)

NOTES EXPLICATIVES

1. Jules-Nicolas Du Vaucel, seigneur de La Norville, mort en 1764, trésorier des offrandes, aumônes et bonnes œuvres du roi, fils aîné de Renée Taboureau et de Jules-François Du Vaucel, fermier général. Il avait épousé en 1737 Marie-Angélique Sézille, morte en 1763, fille d'Angélique Beaudet de Morlet et de Nicolas Sézille, conseiller secrétaire du roi et trésorier des offrandes, aumônes et bonnes œuvres du roi.
2. Laurent-Bazile Barbier (1686 ou 1687–1751), abbé commandataire de Montier-Neuf, secrétaire du cardinal de Rohan et de la grande aumônerie de France.
3. Le marquis d'Adhémar (v. lettre 46).
4. Lui : à Anne-Catherine.
5. Élisabeth de Ligniville "qu'il faut garder à vuë, qui s'étrangle, qui avale des epeingles, en un mot qui veut se detruire", comme l'avait précisé Mme de Graffigny (G.P., XXVIII, p. 213).

136. *Madame de Graffigny à François-Antoine Devaux*

Le jeudi, 2 may 1748

[...] L'apres-midi i'ai eu le St qui a densé deux menuets avec Minette et puis qui nous a causé mieux qu'à lui n'appartient. Il n'etoit presque pas distrait. Il doit nous venir prendre pour aller voir cette jeune dame que ie connois de Ste-Elizabet.[1] Il croit qu'elle pouroit procurer un grand mariage à Minette. Nous verons. [...]

Vendredi soir [3 mai 1748]

[...] Arrive à dix heures un billet de M^{de} Du Vaucel qui me mande que le cardinal de Rohan nous atent à diner. Ie reponds net que cela ne se peut pas. Arrive un second billet à onze heures passés qu'il le faut, que c'est une chose arrangée. Il faut donc prendre son parti. On court au friseur. Ie laisse tout là. J'avois rendez-vous avec Disenteuil qui devoit m'apporter de l'argent pour faire demain mon changement. Nini devoit diner ici. Point de carosse pour aller chez M^{de} Du Vaucel. L'unique robe de Minette chez la couturiere. J'ecris à tout le monde. J'envoye partout. Mons. Des Hais[2] m'ecrit que Charlot[3] est retrouvé. Ie lui mande de prendre un fiacre, de le ramener, de prendre la robe de Minette, et de revenir bien vite. Ie ne savois à la letre quel coté me tourner, et dieu sait la belle humeur dont j'etois. À une heure passée cet animal n'etoit pas arrivé. Minette en corp et en mantelet attendoit une robe. Le St etoit arrivé pour nous conduire. I'ai deviné le retard de Des Hais : il avoit encore perdu Charlot que sottement il avoit laissé sauter par la portiere du fiacre. Enfin il arrive sans chien, et moi de le manger. Nous partons enfin. Nous arrivons à un diner de la plus somptueuse maniere de s'ennuier que j'aye jamais eprouvé. Minette en a la migraine et moi j'en etouffe de vapeurs. Nous en sommes sorties à cinq heures et demie. Nous nous sommes sauvée chez Nicole où nous avons dit "Ouf, ouf". Nous avons eté promener au Cours, et cela ne m'a pas dedomagée, quoiqu'elle ait eté charmante. Nous ne sommes revenue qu'à neuf heures passée, morte de fatigue de nos harnais sur le corps et de courir en carosse. Et pour nous restorer, Mons. Train[4] fait une mine de cul. [...]

MANUSCRIT

*A. Yale, G.P., XXVIII, pp. 301 et 303–304; 4 p.; orig. autogr.

NOTES EXPLICATIVES

1. Non identifiée. Mme de Graffigny avait passé un an en 1740–1741 au couvent des Filles de Sainte-Élisabeth, rue du Temple, dont l'ancienne chapelle est l'actuelle église Sainte-Élisabeth.
2. Laquais que Mme de Graffigny venait d'engager.
3. Chien de Mme de Graffigny.
4. L'un des surnoms de Pierre Valleré.

137. *Madame de Graffigny à François-Antoine Devaux*

Dimanche, 19 may 1748

[...]

J'ai tout plein de choses à te dire. Voions coment ie m'en tirerai. Premierement, le Philosophe a parlé à Nini de Minette. Il n'en est point du tout detaché. Il n'y trouve que deux inconveniens. Le premier, le grand nombre de frere et sœur, mais comme pour la plus part ils sont placés, peutetre cela n'areteroit-il pas. Le second, qu'il craint que le prince cousin ne le traite comme un Turcaret, ce qui ne seroit pas. Mais comment le lui persuader? Et tu ne croirois pas ce qui le rechaufe. C'est le mariage de Crebillon.[1] Il a dit tout franchement que c'etoit lui qui l'avoit detourné de venir ici de peur de se coeffer et d'epouser. "Mais, a-t-il ajouté, le voila marié; il n'a plus rien à me dire." J'ai bien fait la lecon à Nini pour la premiere fois qu'elle le vera, et ce sera dans deux iours. Ah, mon dieu, s'il pouvoit s'en emboister[2], qu'elle plaisir! Tout cela se traite enfin sans que Minette le sache, car ie ne veux plus reccomencer les scenes ny les humeurs au cas que cela tourne encore en eau de boudins. [...]

MANUSCRIT

*A. Yale, G.P., XXVIII, pp. 333 et 334–335; 5 p. (une feuille et une demi-feuille); orig. autogr.; cachet sur cire rouge.

REMARQUES

Le 27 mai, Mme de Graffigny annonce à Devaux un rendez-vous qu'elle a arrangé, à leur insu, entre Helvétius et Minette : "Apres-demain Nicole, la bonne Nicole, donne à diner au philosophe en us, sans nous afin qu'il n'y eut rien d'affecté, et elle nous envoye le carosse à quatre heures pour arriver comme pour la prendre pour aller chez la Bonne Femme[3] chez qui nous soupons. Ie n'en dirai rien à Minette, mais j'aurai soin de sa parure et ie ne serois pas fachée que le Us s'aperçu du mouvement de sa surprise. Il ne l'a jamais vuë habillée. Elle est toute differente encore et puisque c'est sa figure qui lui plait, peut-etre fera-t-elle effet." (G.P., XXVIII, p. 348–349.) Mais un empêchement survient : "Melle Minette a un rume de cerveau et des meaux sans nombres pour ne point sortir dans le moment que i'en enrageois et que j'ecrivois mes excuses à Nicole. J'en ai reçu une letre : le Us ne dine point chez elle. Gormas[4] l'avoit trompée en lui disant que c'etoit le mercredi qu'il avoit de libre. Elle va hater ce fameux diner chez Mr de Forecartier[5] d'où le Us ne sort point, pour que nous le rencontrions une fois quelques part. Ie n'ai pas eté fachée de ce contre tems qui rend le mien moins ridicule." (28 mai 1748, G.P., XXVIII, p. 356.) Peu après, Helvétius évite de rencontrer Anne-Catherine : "Le Us part samedi; ainci il n'y faut plus penser. Il fut hier chez elle [Nicole] l'apres-midi et la Rancune lui proposa, sans se douter de rien, de venir chez moi. Il eut l'air fort embarassé et s'excusa sur des pretexte. Voila toute la fin de l'histoire." (30 mai 1748, G.P., XXVIII, p. 359.) Effectivement, Helvétius part le 3 juin faire sa tournée de fermier général dans le Bordelais (G.P., XXVIII, p. 369), où il reste jusqu'en novembre (Gébelin, II, p. 71). Mais dès avant son retour à Paris, la campagne matrimoniale recommence : "Nous dinons mercredi chez elle [Nicole] avec Marivaux qu'elle n'a jamais voulu prier parce qu'il l'ennuie. Voila deja trois fois qu'elle lui donne à diner sans nous, et le tout à cause qu'il est ami intime du beau Genie. Et comme il est tres fin, elle si[a] prend de loin afin qu'il n'en devine pas si aisement le motif. Ie l'ai deviné, moi, car ce qu'elle fait, c'est toujours sans rien dire, et ie le lui ai fait avouër chemin faisant." (26 octobre 1748, G.P., XL, p. 327–328.) Même en janvier 1749, Anne-Catherine ne l'accompagne pas quand elle dîne chez Mlle Quinault : "Mardi ie dine chez Nicole avec les esprits et le Genie. Apres ce qui c'est passé, Minette n'y viendra pas." (G.P., XXXVI, p. 227.)

TEXTE

[a] S'y.

NOTES EXPLICATIVES

1. Le 21 avril 1748, Crébillon fils avait épousé Henriette-Marie Stafford, fille de William Matthew, comte de Stafford, et d'Henriette Cantillon. Elle mourra en septembre 1755 (v. M.C., LXV, 305 et LXXXIII, 584).
2. Sens : si Helvétius voulait se charger d'elle.
3. La Bonne ou la Bonne Femme sont les surnoms de Marie-Louise Brebier, veuve de François Turmenies de Montigny, seigneur de Nointel, premier maître d'hôtel du duc d'Orléans. Elle mourra le 7 août 1749 à l'âge de 64 ans (v. *Mercure*, novembre 1749, p. 211–212) et léguera à Anne-Catherine la nue propriété de 20 000 livres, stipulant que Mme de Graffigny jouisse jusqu'à son décès de l'usufruit de cette somme (M.C., XCIII, 572).
4. Autre surnom de Duclos.
5. Sans doute Louis-Bufile, comte de Forcalquier (1710–1753), fils du marquis de Brancas.

138. *Madame de Graffigny à François-Antoine Devaux*

À Paris, le samedi, 29 juin 1748

[...] Notre voiage n'a pas eté un diner mais une simple visite d'apres-midi chez Mr Boucault[1], receveur de la ville, qui a pour maison de campagne celle de feu Loüis treize, trop grande pour le roi, trop petite pour le Plutus[2]. On nous y menoit pour lui donner dans la vue, et effectivement il n'a cessé de lorgner Minette et d'avoir des attantions pour elle. Ie crois qu'il lui feroit bien tot oublier le beau Genie. C'est un grand homme, de bonne mine, qui a bien quarante ans, tres poli, et cinquante mille ecus de rente, le plus beau jardin, le plus beau parq, la plus jolie caleche pour s'y promener. Mais on ne nous avoit parlé que de lui, et nous avions la geule assés bien enfariné jusqu'au momen de notre arrivée où, apres les premiers complimens, il dit : "Qu'on fasse dessendre ma fille." C'est bien nous qui eumes des cornes. Cette fille a douze ans, et il y a douze ans que son pere est veuf. Pour moi, ie trouve que cette fille, mariable ou peu s'en faut, est un obstacle invaincible. Cependant Disenteuil et la Bonne Femme[3] à qui j'ai conté notre chance sont fort d'avis qu'il faut courir apres, et qu'il est assés riche pour se marier, lui et dix filles s'il les avoit. Quoique ie n'y croye pas plus qu'à l'Alcoran, c'est une des raison qui me fait reculer d'aler à la campagne. Il est revenus ici pour tout le mois de juillet et retournera au mois d'aout. Alors nous vairons qui aura raison des autres ou de moi. Cette maison est de La Norville[4] comme Chanteheu de Luneville.[5] Ainci nous nous vairons souvent. On me l'avoit dit fort sot. Il ne me le parut point. Tu connois mon foible pour la politesse. Elle me seduit et la siene est presque celle d'un homme de la cour. D'alieurs il trouva le moien en nous promenant lui-meme dans sa caleche de me faire un compliment tres ioli, tres bien tourné, sur la *Peruviene*, et il le plassa tres heureusement, quoiqu'il n'eut l'air occupé que de Minette. Ie n'ai jamais vu une lorgnerie si marquée et d'un air moins avantageux. C'etoit tout simplement, tout naturellement. Aussi etoit-elle ce iour-là eblouissante. [...]

MANUSCRIT

*A. Yale, G.P., XXVIII, p. 409–410; 4 p.; orig. autogr.

REMARQUES

Les attentions de Boucot se poursuivront lors de ses rencontres de septembre 1748 avec Mme de Graffigny et Anne-Catherine : "Le seigneur Boucaut, qui n'est à sa campagne que depuis deux iours, vint nous voir hier, et les lorgneries d'aller, quoique nous fussions bien haillonnée. Nous alons diner chez lui auiourdhuy. Juges si nous nous parons." (Lettre de Mme de Graffigny à Devaux du 4 septembre, G.P., XL, p. 233.) "Le galant vint donc me galoper dans ma chambre. Il y fut plus d'une heure, et il me tint de fort bons propos suivant nos idées. Rien n'a encore eu si bonne mine que ceci. Et mes hotes[6], qui le connoissent, sont bien plus persuadé que moi que la chose peut reeussir. Peutetre viendra-t-il encore aujourdhuy, car il l'a dit à la dame de ceans. C'est un empressement qui n'est pas naturel, s'il n'a point de vuë. Et tous ces discours sont à l'avenant. Minette en est touiours le refrain, et touiours qu'il ne faut pas la montrer dans le monde. Je dis à la suitte d'un raisonnement qu'elle ne pouvoit pas etre mariée, n'ayant rien. Il me dit : "Ci fait, ci fait. Cela n'enpeche pas", avec un ton fort singulier et en me serant le bras à me faire crier. Il y en a mille de cette force-là." (8 septembre 1748, G.P., XL, p. 237.) "En toute ocasion qui nous regardent, ie suis sûre que, si le roi vouloit epouser leur fille, ils[6] ne seroient pas plus transportés qu'ils le sont à chaque circonstances qui prouvent les desseins apparens du seigneur Boucault. Dimanche, apres que ie t'eus ecrit, ie recu une letre de lui, et il en ecrivit une au Plutus où il lui demandoit comme une grace qu'il n'oublieroit jamais de nous mener souper chez lui. Il y avoit d'autres arrangemens, d'affaire meme. On rompit tout et nous y allames. Au milieu de 20 personnes on ne voioit que nous, on ne parloit qu'à nous. Enfin tout etoit comme on va avec le plus vif empressement. Nous sommes parti mardi. C'etoit dimanche. Il vint lundi nous voir, et en nous quitant il avoit l'air assommé. Ie ne saurois te repeter tous les propos, mais ils sont excelens et le Plutus, qui est de ces gens qui ne croient rien, est persuadé que cet hiver il parlera clairement, quand il nous aura un peu examinée. Le bon dieu et ses st le veule bien determiner. Il a une fille, mais en lui donant cinq cent mille livres en mariage, il lui restera à lui cent mille livres de rente. Ne trouve-tu pas que c'est assés? Le Plutus est parfaitement au fait de ses affaires, et d'alieur c'est un liberal si rangé qu'il n'y a rien à craindre. Ah, mon dieu, mon dieu, plut au ciel!" (11 septembre 1748, G.P., XL, p. 241–242.) "Le nouveau galant de Minette ne l'est pas tant. Du premier voiage cela avoit deia bonne mine. [...] Mais perseverera-t-il? Sera-t-il assés amoureux pour en faire la folie? Voila le hic." (22 septembre 1748, G.P., XL, p. 263.) À partir de 1749, Boucaut sera éclipsé par Helvétius.

NOTES EXPLICATIVES

1. Jacques Boucot (1703–1762), conseiller secrétaire du roi, receveur général de la ville de Paris. Sa femme, Élisabeth-Justine-Michel de Roissy, qu'il avait épousée en 1733, était morte en couches en 1736 à l'âge de 20 ans, après lui avoir donné un fils, qui était mort jeune, et une fille, Justine-Françoise. La terre où il recevait Mme de Graffigny était Ollainville, près d'Arpajon.
2. Surnom de Du Vaucel.
3. Mme de Montigny (v. lettre 137, note 3).
4. Du 23 août au 11 septembre, Mme de Graffigny et Anne-Catherine vont être reçues par les Du Vaucel à La Norville, près d'Arpajon. Pendant ce séjour, le mari avoue à Mme de Graffigny être amoureux d'Anne-Catherine mais en affirmant qu'il ne lui touchera pas "le bout du doigt". (G.P., XL, p. 231.) Avant leur départ, il remet à Mme de Graffigny 20 louis "qu'il pretends etre pour l'année passée de la pension de Minette sans prejudice à celle-ci." (G.P., XL, p. 237.)
5. Sens : la distance de la maison de Boucot à celle des Du Vaucel est la même que celle séparant le pavillon de Chanteheux du château de Lunéville, soit 3 km.
6. Les Du Vaucel.

139. *Madame de Graffigny à François-Antoine Devaux*

Le jeudi, 1 aoust 1748

[...]

Voici bien une autre merveille de la Bonne[1] qu'il faut apeler la divine femme. Il n'y avoit personne à diner. Elle sait que cela me fait plaisir. Apres diner elle a remi la conversation sur nos affaires et comme elle sait que Verdun doit arrenger le present que Md de Barbarat[2] veut faire à Minette, elle m'a demandé si cette affaire etoit finie et qu'il faloit se presser, parce qu'il y avoit une occasion de plasser cet argent avantageusement à la Compagnie des Indes où on prend de l'argent à dix pour cent à tout age. Je lui ai dit que cet argent n'etoit pas pret. Voici ces propre mots. Mes-y le ton le plus doux et le plus noble. "Eh bien, permetriez-vous que ie lui avansasse mille ecus. Ils sont tout pret. Nous ferons faire le contrat à son nom et vous me feriez un grand plaisir." Tu pense bien nos reponces. Il seroit trop long de te rendre tous ces propos. Enfin c'est elle qui a obligation à Minette. C'est nous qui lui faisons du bien et du plaisir. [...] Voila donc Minette qui a cent ecus de rente. On a eté chez le notaire pour savoir les formalités. Il faut son extrait baptistaire.[3] Je vais ecrire pour l'avoir et tout de suitte l'affaire sera consommée. L'Abbé ami[4] en a paru de la plus grande joye. La Tres Bonne lui a fait l'honneur de l'invention du pretexte pour donner plus honnetement. Enfin nous sommes là comme ie n'ai jamais eté nule part. C'est une chose non avenuë dans le reste du monde.

Vendredi matin [2 août 1748]

[...]

Dalieurs la Tres Bonne ne nous manquera pas. Elle a surement des vuë sur Minette. Hier ie disois que ie craignois de mourir à cause d'elle. La Bonne me repondit : "Nous ne mourrons pas toutes deux le meme jour. Tranquilisez-vous." [...]

MANUSCRIT

*A. Yale, G.P., XL, pp. 183, 185, 186 et 187; 6 p.; orig. autogr.; cachet sur cire rouge.

NOTES EXPLICATIVES

1. Mme de Montigny (v. lettre 137, note 3).
2. Deux membres de la famille de Barbarat ont joué un rôle important dans la vie de la future Mme Helvétius. Anne-Catherine Protin, née en 1683, veuve de Louis de Barbarat, fermier général et conseiller d'État en Lorraine, était sa marraine. La belle-fille de celle-ci, Marie-Anne-Agathe-Rose de Ponze (1712–1778), veuve de Claude-Georges de Barbarat, comte de Mazirot, président à mortier du parlement de Metz, a été sa

bienfaitrice. En 1748, Mme de Graffigny doit à cette dernière une somme d'argent dont le président de Barbarat, avant sa mort, s'était proposé de faire cadeau à Anne-Catherine. Par l'intermédiaire de Verdun, Mme de Barbarat transfère cette créance à Mlle de Ligniville, "lui laissant le soin d'en libérer sa tante, en reconnaissant par écrit que cette somme a été dépensée pour son entretien". (Noël, p. 216.)

3. Le 13 septembre 1748, la Compagnie des Indes constitue à Anne-Catherine de Ligniville une rente viagère de 300 livres, moyennant la somme de 3 000 livres, payée le 19 août. (M.C., LI, 956, acte passé pardevant Antoine Hachette, notaire. Copie de l'acte de baptême de l'intéressée, née le 22 juillet 1722, est attachée à cet acte.) Le 17 octobre, Mme de Graffigny en exprime à Devaux sa satisfaction : "Il me falut ecrire à Mde de Mazirot qui non seulement a fini l'affaire de Minette, mais qui a quitancé un contrat de mille livres que ie lui devois. Elle fait une vray paire avec la Tres Bonne pour la noblesse et les graces qu'elle met à ses biensfaits." (G.P., XL, p. 306.)

4. Sans doute "l'abbé Barbier, qui est fort ami d'Elvessius" (v. lettre 135).

140. *Helvétius à Montesquieu*

À Baionne, ce 26 aoust [1748]

Je scais que je devrois mettre Monsieur en haut mais je sacrifie le respect au sentiment. Je vous diray donc, mon cher amy, que vos ordres seront executés, qu'à mon depart pour Paris j'en laisseray à l'entrepozeur du tabac pour plaçer la femme à la quelle vous vous interressé.[1]

Je suis charmé que votre charge soit vendue;[2] plus vous romperez des chaines qui vous attachent à Bordeaux, plus je seray ravi, car j'aime à voir ce que j'admire et ce que j'aime. À propos d'admiration c'est toujours au mois d'octobre que nous aurons votre ouvrage? Car j'imagine qu'il ne faut pas trop longtems laisser le public dans l'attente, sa curiosité s'emousse. Mais apres tout, votre ouvrage la fera toujours renaitre.

Mr de Laitre[3] veut apparament venir à Barege[4]; je suis encor pour un mois icy, je ne crois pas que vous puissiez etre à Bordeaux avant ce tems. Cependant s'il veut avoir un bon lit et une belle vue à Bordeaux, je luy offre mon appartement.[5] Vous pouvez luy mander, puisque vous luy ecrivez, qu'il me marque le jour de son depart de Paris et je donneray des ordres pour qu'il trouve tout pret à le reçevoir.

Mr de Forcalquier[6] se porte comme un crocheteur mais M^de^ de Rochefort[7] est malade; tous deux me chargent de vous faire mille compliments. M^de^ de Tançin[8] m'a donnée la meme commission dont je m'acquitte avec grand plaisir puisqu'elle me fournit une occassion de vous renouveller les assurançes de l'attachement et du respect avec lequel j'ay l'honneur [d'être][a],

Mon cher amy,

Votre tres humble
et tres obeissant serviteur,

Helvetius

[*adresse* :] À Monsieur / Monsieur le president de / Montesquiou / À Clerac

MANUSCRIT

*A. Bibl. mun., Bordeaux, ms. 1868, n° 132; 3 p.; orig. autogr.; cachet aux armes d'Helvétius[9] sur cire rouge; timbre de la poste : *de Bayonne.*

IMPRIMÉS

I. Gébelin, lettre 378.
II. Nagel, lettre 411.

TEXTE

[a] Omis dans le A.

NOTES EXPLICATIVES

1. Non identifiée.
2. Le 4 août 1748, Montesquieu avait vendu sa charge de président au parlement de Bordeaux.
3. Ami de Trudaine, correspondant de Montesquieu, habitué de l'hôtel de Brancas, Laistre est loué de Voltaire comme un homme "doux, sage, ingénieux, agréable". Voir Nagel, lettres 411, 493 et 624, *Walpole's Correspondence*, VII, pp. 295, 303, 306, 310, 314, 342, et 348, et Moland, II, p. 296. Ces ouvrages ne fournissent aucune indication sur l'identité de ce personnage. Il s'agit probablement de Pierre-Claude de Laistre de Jarzay, mort en 1778, homme assez lettré si l'on en juge par son inventaire après décès (M.C., LXXXVI, 800).
4. Barèges (Hautes-Pyrénées).
5. D'après l'*Almanach royal*, Helvétius avait été muté en 1746 de Lorraine à Bordeaux.
6. Le comte de Forcalquier était un éternel mourant.
7. Marie-Thérèse de Brancas (1716–1782), sœur du précédent, épouse depuis 1736 de Jean-Anne-Vincent de Larlan de Kercadio, comte de Rochefort, présidait les soirées de l'hôtel de Brancas et du château de Meudon où se réunissaient Mme Du Deffand, Duclos, Hénault, Maupertuis, Maurepas, Montesquieu et le duc de Nivernois.
8. Le salon de Claudine-Alexandrine Guérin de Tencin (1682–1749) était fréquenté par Fontenelle, Helvétius, Marivaux et Montesquieu.
9. Les armes d'Helvétius sont de sinople à une colombe d'argent tenant dans son bec un annelet d'or, et posée sur un mont de six coupeaux d'argent mouvant de la pointe.

141 . *Madame de Graffigny à François-Antoine Devaux*

Le mardi, 1 octobre 1748

[...]

Ce n'est pas le bonheur qui me rendras malade; il n'est pas encore arrivé. Mais ce qui me le rends à Paris, puis qu'il faut le dire, c'est le chagrin caché qui me devore le cœur au sujet de Minette qui n'est plus soutenable. Je me suis fait une loi de dissimuler. Ie dis rarement ce que ie pense, mais sois sûre que, depuis qu'elle se voit quelque sols de rente, son naturel se develope tout à fait. Je n'ai garde de lui dire qu'il faut tenir ses jupes baissées, car elle les metroit sur sa tete. Ainci, du reste, c'est une aigreur perpetuelle. Son enciene humeur altiere prend tout son eclat. Elle m'a dans une gripe qu'elle est prete à fremir dès que ie la touche. Cela est continuel. I'en meurs, j'en etouffe, et ie ne dis mot, et ie sens que ce qui me rends un peu de santé ici, c'est de ne pas, pour ainci dire, etre avec elle. Nous ne nous parlons que devant le monde. Elle se contraint. Quand l'aigreur perse, ie me tais ou ie badine. J'y songe moins, j'ai moins le ver rongeur; voila la verité. [...]

C'est encore moins la depense qui m'a enpeché de voir *Semiramis*[1] que le decouragement et la profonde tristesse dont ie viens de te parler. Tu ne saurois t'imaginer à quel point elle me surmontoit. Combien ie me reproche le bien que j'ai fait à cette ingrate et de ne l'avoir pas employé à quelqu'autre qui n'auroit pas ce vilain sang dans les veines, et dont personne ne se seroit melée. Ie n'ai que des peines à son sujet et que du tourment pour m'en dedomager. Ah, Boucault, Boucault, si vous m'en deffaite, que ie vous aurois d'obligation. Ie me ferois une consience de la donner au beau Genie : il seroit trop malheureux et il auroit bien tot trop de reproches à me faire.

[...]

MANUSCRIT

*A. Yale, G.P., XL, pp. 277 et 278–279; 6 p.; orig. autogr.; cachet sur cire rouge; indication manuscrite d'un postier : Meulan[2].

REMARQUES

L'humeur d'Anne-Catherine fera l'objet d'une autre lettre de Mme de Graffigny, de février 1749 : "Il y a quinze jours que Melle Minette e[s]t d'une humeur si excecreable que ce n'est qu'à force de jouër son role ou du moins celui qu'elle devroit jouer qu'il n'y a point eu de scenes mais hier il n'y eut pas moien de l'eviter. Ce matin elle est arrivée gemissante et disant qu'elle avoit la fievre. J'ai envoié chercher Mr de Lepi[3]. Elle n'a point diné. Il est venu apres diner. Son premier compliment a eté de la trouver engraissée. Sans autre façon elle a jeté les hauts cris, a dit qu'elle avoit le visage enflé. Il a taté ses bras, et a dit qu'elle etoit en bon point et en[a] bonne chair. Autre cris. Si on metoit cette scene sur le theatre, personne ne la croiroit vray. Le plus determiné ipocondre ne tient pas tous les propos qu'elle a tenu et le medecin touiours ne voiant dans tout l'etalage de ses meaux que des nerfs et des vapeurs. Peut s'en est falu qu'elle ne lui dit des injures. Elle n'a pas depleuré pendant toute sa visite, et quand il est sorti, elle c'est enfui chez elle avec les hauts cris. Ce soir elle est dessenduë vive, brusque, demendant de sortir demain. C'est une autre decoration. Je t'avouë que si cela continue, je la planterai bien honnetement et sans me facher dans un couvent, car ma vie a eté assés tourmentée pour finir mes jours en paix." (2 février 1749, G.P., XXXVI, p. 241–242.)

TEXTE

[a] Le A porte : "une".

NOTES EXPLICATIVES

1. Tragédie de Voltaire en cinq actes et en vers, représentée pour la première fois le 29 août 1748.
2. Mme de Graffigny et Anne-Catherine séjournent du 27 septembre au 15 octobre chez les Turgot, au château d'Évecquemont, près de Meulan. Malgré cette lettre, et à l'inverse d'Anne-Catherine, Mme de Graffigny s'y amuse bien : "Ce sont les bons ris et la vray gaieté. Il n'y a ici personne au-dessous de 40 ans que Minette, et il n'y a qu'elle qui ne deride pas le front." (G.P., XL, p. 339.)
3. Pierre-Antoine Lépy, docteur régent de la faculté de médecine de Paris.

142 . *Madame de Graffigny à François-Antoine Devaux*

Le jeudi, 21 novembre 1748

Tu as beau dire, il est impossible de ne pas etre sensible à tout ce qui m'accable. Il faudroit au moins avoir de la dissipation et où la prendre? Chaque iours une nouvelle peine s'ajoute aux autres. Auiourdhuy i'ai eu Nicole qui sortoit de chez la seur de Titi[1] qui est tout aussi desolée que moi de nos gens.[2] Elles les a vu chez elle et les trouve encore bien plus odieux que ie ne les vois. Elle dit qu'elle ne pardonnera jamais à son frere de les avoir laissé partir et moi ie ne [te] pardonnerai pas de ne me l'avoir pas dit quand tu en as entendu parler. Voila comme sont les gens qui aiment trop leur plaisir. Les affaires interessantes ne font sur eux qu'une impression vagues et qui ne passe pas jusqu'à la reflection. Enfin ces gens vont de porte en porte dans les plus grandes maisons. Ie ne sais pas encore quoi faire mais ie saurai bien tot que c'est demander l'aumonne. Ils ont eté chez M$^{d.}$ d'Argençon[3] où ils ont fait la risée de tout le monde. On les a pris pour des avanturiers et ainci du reste. Juges si tu peux l'effet que cela fait dans le monde. Il seront un mois ici et auront tout le tems de se faire bien connoitre, et assurement s'il y avoit à esperer quelque mariage pour Minette, ie ne crois pas que personne voulut se donner un tel beau-pere ny une telle belle-sœur. La sœur à Titi a ecrit hier à Dom Sanche[4] pour qu'il leur ordonne de revenir chez lui et en meme tems elle lui demande une letre pour le ministre d'ici pour avoir une letre de cachet pour les faire partir au cas que l'ordre de Dom Sanche ne les touche pas. Tu pense bien comme cela est secret, ainci motus. [...]

MANUSCRIT

*A. Yale, G.P., XXXVI, p. 135; 3 p.; orig. autogr.; cachet sur cire rouge.

NOTES EXPLICATIVES

1. Surnom de Marie-Françoise-Catherine de Beauvau-Craon, comtesse de Boufflers. La sœur en question était Anne-Marguerite-Gabrielle, duchesse de Mirepoix (1707–1798), favorite de la marquise de Pompadour.
2. Le 16 novembre, le père et la sœur d'Anne-Catherine étaient arrivés à Paris. Le 20, ils avaient rendu visite à Mme de Graffigny : "Dès le matin est arrivé le pere et la fille. J'en ai eté si fashé que i'en suis sur le careau. Le pere plus sot que jamais, la fille plus arogante, plus l'air fille et fille indessente. C'e[s]t bien pis que de la mettre en couvent. Ils sont ici depuis samedy, logé à l'hotel d'Entrague sans domestiques, courant les ruës à pieds, enfin faisant tout ce qu'il faut pour nous faire tort. On fait mistere du sujet du voiage. Le pere dit que c'est pour affaire et la fille que c'est pour se promener et tenir compagnie à son pere. Elle dit qu'on lui a preté sa maladie. Enfin, ie n'ai rien vu de si miserable, de si sot, de si bete, de si impertinent. Ie n'ai pas eu le courage de les prier à diner." (G.P., XXXVI, p. 132.) L'hôtel d'Entragues était situé place des Vosges.
3. La marquise d'Argenson était née Marie-Madeleine-Françoise Méliand et la comtesse était née Anne Larcher. Voir aussi lettre 177, note 3.
4. Surnom de François-Antoine Alliot, conseiller aulique du roi Stanislas, commissaire général de sa Maison et lieutenant général de Lunéville.

143. *Jean-Jacques, comte de Ligniville d'Autricourt à Anne-Catherine de Ligniville d'Autricourt*

[24 novembre 1748][1]

Ma tres chere fille,

Votre mere m'a marqué d'une main tremblante qu'elle est mal et que je reparte le plus tot que j'aurois arrangé les interets de la famille. Ie me hate donc et ie n'aurai pas assés de loisir de repondre au long à notre cousine, M$^{d.}$ de G., ce dont ie m'aquitterai à Nancy. Vous savez, ma chere, que vou[s] dependez absolument d'elle, et que votre sœur ainée est trop grande pour ne pas diriger ses pas delicatement avec moi et se contanter de mes façons de penser. Ie l'ai presenté dans les maisons où M^{r} le prince de Craon m'a fait l'amitié de m'introduire lorsque ie l'accompagnai dans ce paiis-ci.[2] Les afflictions de la santé ne doivent entrer en rien non plus lorsqu'on a fait ses

preuves de vertus. À mon retour de Nancy à Paris où i'ai encore une affaire, ie renouvellerai mes respects à notre cousine et mille embrassemens à vous-meme, ma chere fille. Adieu, ma bien aimée.
Vous exprimerez confidement à notre parente qu'ayant passé plus d'un demi-siecle d'années, ie dois savoir conduire mes pas et ceux de ma famille, que i'ai l'honneur de la conjurer de ne rien ecrire à quiquonque dans un genre de conseil dont le ciel m'a un peu partagé, grace lui soit renduë.[3]

MANUSCRIT

*A. Yale, G.P., XXXVI, p. 145–146; 2 p. (la moitié d'une demi-feuille); copie faite par Mme de Graffigny à l'intention de Devaux.

NOTES EXPLICATIVES

1. Le même jour, Mme de Graffigny promet de transmettre à Devaux une copie de cette lettre : "Je devois comencer par te dire qu'à une heure on a apporté à Minette une letre de son pere, plus digne de ton que toute celle que tu a vuë. Enfin, c'est tout dire qu'avec tous mes moaux, ma profonde et tres noire tristesse, la crainte que i'ai pour tout ce qui vient de lui, j'ay éclaté de rire à deux endroits. Bref, il dit... Ma foy, pour la rareté, ie vais te la copier. Cela vaut mieux que ce que ie te dirois. Il faut savoir que ie lui avois ecrit une letre fort polie où ie lui disois que, quoiqu'il est bien de l'esprit et qu'il fut bien eclairé, comme il ne savoit pas les usages de Paris, ie croiois pouvoir lui dire qu'un homme de son nom et avec Melle sa fille n'aloit point dans les maisons sans y etre connu ou presenté, &c." (G.P., XXXVI, p. 140–141.)
2. Ajouté entre parenthèses par Mme de Graffigny sur sa copie de la lettre : "Noté qu'il y a 40 ans."
3. Mme de Graffigny précise à ce sujet : "Il est bon de savoir aussi que ie n'ai en nule façon parlé de la folie ou maladie de sa fille. Pour moi ie trouve cette letre delicieuse." (G.P., XXXVI, p. 146.)

144 . *Madame de Graffigny à François-Antoine Devaux*

Le mercredi, 27 nov[re] [1748]

Retiens tes cris et ton etonnement, s'il y a du monde dans ta chambre, et observe le plus profond secret. On a areté avant-hier soir le mariage de Minette. Les habits sont acheté de ce matin. Il sera comsomée dans huit jours. C'est un reve. Je n'ai pas dormi une heure. Voila l'ange que tu atendois. Tout ce que dit M[de] de Sevigné ne sufiroit pas à metre ici.[1] Tu t'en evanouira de plaisir quand tu saura qui c'est. Nous n'en avions nulle idée. [a]Ce n'est aucun de nos projet.[a] Ie suis accablée de fatigue et d'ocupation de tete. C'est un si grand secret que ie ne puis ny n'ose t'en dire plus. Ne crois pas que la tete m'ait tournée, quoi que depuis avant-hier ie n'aye pas dormi une heure. L'agitation me soutient. [...] Tu auras beau comenter, tu ne devinera pas.[2] [...] C'est une conte de fée si prodigieux que ie veux te l'écrire par ordre[3] et ie n'en ai pas le tems. Bonsoir.

MANUSCRIT

*A. Yale, G.P., XXXVI, pp. 143 et 144; 2 p. (demi-feuille); orig. autogr.

TEXTE

[a] Ajouté dans l'interligne.

NOTES EXPLICATIVES

1. Le 15 décembre 1670, Mme de Sévigné annonce le mariage du comte de Lauzun à la Grande Demoiselle : "Je m'en vais vous mander la chose la plus étonnante, la plus surprenante, la plus merveilleuse...".
2. Mme de Graffigny ne révèle qu'indirectement l'identité du mari alors envisagé pour sa nièce : il est "homme de condition, marquis même", ancien page du roi et "capitaine de cavallerie"; son oncle "est dans la finance, n'a point d'enfant" et, lorsqu'il installera Mme de Graffigny et le nouveau ménage dans son hôtel, il en fera sortir sa propre épouse. Celle-ci, surnommée Lisette, nous dit-on, est "l'amie de la Tulipe", c'est-à-dire du duc de Richelieu. (G.P., XXXVI, pp. 147–150 et 179.)

   Le prétendant était fort probablement Alexandre-Augustin de Saffray d'Engranville, né en 1723, fils unique d'Adrien de Saffray, marquis d'Engranville, et de Marie-Thérèse Le Riche de Courgains. Ancien page de la petite écurie du roi, il était capitaine du 11e régiment de cavalerie Royal-Roussillon. Le lendemain de l'envoi de cette lettre, son oncle maternel, le fermier général Le Riche de La Popelinière (v. lettre 9), découvre dans les appartements de son épouse, née Françoise-Catherine-Thérèse Boutinon Des Hayes, une cheminée truquée qui permettait au duc de Richelieu de s'introduire chez elle à l'insu de tous.
3. Lettre envoyée le lendemain (G.P., XXXVI, p. 147–154).

REMARQUES

Le 5 décembre, ayant refusé certaines des conditions que proposait l'oncle, Mme de Graffigny annonce à Devaux : "Ma foy, le reve est fini. [...] J'en suis bien soulagée, car tu juge bien toi-meme dans quel embaras j'etois d'un coté de voir le desespoir de Minette, car enfin on ne sauroit voir perdre les gens sans regret et se charger d'un pareil sacrifice." (G.P., XXXVI, p. 161.) Effectivement, Anne-Catherine avait avoué qu'elle aimait Helvétius : "Minette, plus tetuë qu'une mule [...] n'a qu'un cri apres le Genie." (XXXVI, p. 157.)

C'est de la rupture de ce mariage – et non des perspectives d'un mariage avec Helvétius – que la présidente de Barbarat entretiendra Mme de Graffigny : "Je suis fort fâchée du mariage manqué de Mlle de Ligniville et des désagréments que vous avez essuyés." (Noël, p. 280.)

145 . *Helvétius à Montesquieu*

[Fin décembre 1748][1]

À la maniere dont vous me traittez dans votre lettre je suis, Monsieur, presque toujours tenté de vous rendre ce que je vous dois, de mettre un

Monsieur au haut de la page et de commençer ma lettre au bas de mon papier, car vous sçavez que l'impertinençe ne m'est pas naturelle. Je ne manque au respect que je vous dois à tous egards que parceque je crains encor plus de manquer à l'amitié qui rend tout egal et qui ne connoit point de protocole.

Je ne puis donner par ecrit l'ordre que vous demandez.[2] Si j'etois sur les lieux, rien ne seroit plus facile. J'ecris donc à Pelletier[3], qui est mon amy et un homme sûr, d'insinuer à Mr de Pressigny[4] que je voudrois bien qu'il m'indiqua le moien de faire ce que vous desirez. J'attends par ce moien autant de sa vanité que de l'amitié d'un autre. Vous aurez donc la bonté de voir Pelletier dans trois ou quatre jours pendant les quels il aura eu le tems de faire sa negotiation.

Tout le monde a dit du mal de *Catilina*[5] et reellement il y en a à dire. Cette piece est absolument sans action et sans plan. Mais il faut avouer aussy qu'il y a des choses sublimes, que le caractere de Catilina est selon moy le plus beau qu'il y ait au theatre et en verité ces beautés sont d'un ordre bien superieur à celles de Voltaire. Tout le monde ne pense pas comme moy : tous les Volteriens, sans y trouver de beautés, la trouve pleine de defauts. Cependant cette pieçe tant decriée par eux aura 20 representations.[6]

Mr de Forcalquier, M^de^ de Rochefort, Mr Duclos et Saurin[7] ont autant d'admiration que moy pour votre livre. C'est le plus grand, le plus bel ouvrage du monde. Je l'ay presque tout lu quoiqu'il m'en manque 41 pages que l'on m'a perdu en le cousant par cahier. Le chevalier de Mouhy[8] s'est chargé de me les faire avoir; il a pour cela ecrit à Geneve. Votre ouvrage m'a parut digne de vous : c'est le plus grand eloge que j'en puisse faire. Voila mon sentiment et il me semble que le public est du meme.

Je ne crois pas qu'on vous fasse de tracasserie; cependant je scais que les ministres n'en sont pas extremement content, quoiqu'ils le laissent imprimer à Paris. Je crains qu'en parlant de finançe vous n'ayez pas fait une classe à part des banquiers.[9] Je crois que vous m'entendez et que vous sentez qu'on pourroit uzer de cette voie pour vous desservir aupres de certaines personnes et qu'un homme mechant pourroit, en citant malignement quelques endroits de votre ouvrage, irriter des gens puissants. Cependant ne craignez rien; il me semble que cela se civilize. Comptez que si j'apprenois quelque chose d'interressant à cet egard, je vous en instruirois sur-le-champ.

Helvetius

MANUSCRIT
*A. Bibl. mun., Bordeaux, ms. 1868, n° 133; 4 p.; orig. autogr.

IMPRIMÉS
I. Gébelin, lettre 397.
II. Nagel, lettre 431.

NOTES EXPLICATIVES

1. Date à inférer des références à *Catilina* (v. notes 5 et 6 ci-après).
2. Il s'agit de placer une protégée de Montesquieu (v. lettre 140).
3. Jean-Baptiste Pelletier, mort en 1770, beau-frère du mémorialiste Collé, successivement avocat au Parlement, secrétaire de l'intendant de Saint-Domingue, secrétaire des commandements du comte de Clermont et receveur général de la douane à Bordeaux. En 1749 il sera nommé secrétaire du roi et, de 1758 à 1768, fermier général.
4. Alexis-Emmanuel Ménage de Pressigny, directeur des fermes à Bordeaux entre 1737 et 1754. Il sera fermier général de 1754 à sa mort en 1763.
5. *Catilina*, tragédie en cinq actes et en vers de Crébillon père, représentée pour la première fois le 20 décembre 1748.
6. "Le 1er de ce mois [de février 1749] fut la vingtième et dernière représentation de *Catilina*." (Collé, I, p. 48.)
7. Ancien avocat au Parlement, Bernard-Joseph Saurin (1704–1772), aborde le théâtre en 1743 avec la comédie des *Trois Rivaux* qui obtient du succès, mais c'est son œuvre la mieux connue, *Spartacus*, tragédie de 1760, qui le porte à l'Académie française. C'est grâce à une pension d'Helvétius qu'il peut suivre son goût pour les lettres.
8. Charles de Fieux, chevalier de Mouhy (1701–1784), romancier, chef de meute au parterre de la Comédie-Française, colporteur et espion de la police (v. lettre 37, Remarques).
9. *De l'Esprit des lois*, livre XXII, chapitres X et XVI.

146 . *Madame de Graffigny à François-Antoine Devaux*

Le dimanche, 9 fevrier 1749

[...]

Le Genie arriva. Il y resta à son ordinaire plus de trois heures. Ie ne sais s'il me fait l'amour pour une autre mais on ne peut dire plus de cajollerie qu'il m'en dit, sur l'esprit s'entent. Il s'exprime comme Valere sur la cassette de l'avare.[1] Il me baise cent fois les mains phisiques, faute de celles de l'esprit, mais aussi me raisonne metaphisique tant qu'il veut et jusqu'à perdre haleine. Son livre[2] lui tourne la tete et me la tournera si cela dure, car tout ce qu'il m'en raconte m'enchante. Tu sais que c'est là ma chevallerie. Mais tu y trouvera la tiene aussi car son livre sera plein de poesie. Les comparaison qu'il donne pour eclaircir ses raisonnemens sont des images poetique les plus brillantes et les plus neuves. [...]

MANUSCRIT

*A. Yale, G.P., XXXVI, pp. 253 et 254; 2 p. (demi-feuille); orig. autogr.

NOTES EXPLICATIVES

1. Cf. *L'Avare*, acte V, scène 3. Harpagon, se référant à Valère, y déclare :

"Les beaux yeux de ma cassette! Il parle d'elle comme un amant d'une maîtresse."

2\. *De l'Esprit.*

REMARQUES

Le 31 janvier 1749, Mme de Graffigny avait rapporté, en termes exprimant déjà quelque émoi, une visite antérieure d'Helvétius : "À sept heures [...] le Genie vint et demeura jusqu'à dix heures. Mon dieu, quel homme, qu'il a d'esprit, mais que sa tete est incertaine. À present ce n'est plus quatre ans, ce n'en est qu'un. Ie ne puis te faire le detail de tout ce qu'il dit mais cela est fort singulier et probablement n'aboutira à rien. Cela est désolant. Il est raffolé de mon esprit. Il me le crie dans toutes ses phrase. J'aimerais mieux qu'il fut fou d'autres chose qui n'est pas moi." (G.P. XXXVI, p. 239.)

147 . *Montesquieu à Helvétius*

Mon cher, l'affaire[1] s'est faite, [a]sans que votre nom ait été prononcé[a] et de la meilleure grâce du monde. Je crains que vous n'ayez eu quelque peine là-dessus, et je ne voudrois donner aucune peine à mon cher Helvétius, mais je suis bien aise de vous remercier des marques de votre amitié. Je vous déclare de plus que je ne vous ferai plus de compliments, et, au lieu de compliments qui cachent ordinairement les sentiments qui ne sont pas, mes sentiments cacheront tous[b] mes compliments. Faites mes compliments, non[c] compliments, à notre ami Saurin. J'ai usurpé sur lui, je ne sais comment, le titre d'ami, et me suis venu fourrer en tiers; si vous autres me chassez, je reviendrai : *tamen usque recurret.*[2]

À l'égard de ce qu'on peut reprocher, il en est comme des vers de Crébillon; tout cela a été fait quinze ou vingt ans auparavant.

Je suis un admirateur sincère de *Catilina*[1], et je ne sais comment, cette pièce m'inspire du respect. La lecture m'a tellement ravi que j'ai été jusqu'au cinquième acte sans y trouver un seul défaut, ou du moins sans le sentir. Je crois bien qu'il y en a beaucoup, [d]puisque le public y en trouve beaucoup[d], et de plus je n'ai pas de grandes connoissances sur les choses du théâtre. De plus, il y a des cœurs qui sont faits pour certains genres de dramatique; le mien en particulier est fait pour celui de Crébillon, et comme dans ma jeunesse je devins fol de *Rhadamiste*[3], j'irai aux Petites-Maisons pour *Catilina.* Jugez si j'ai eu du plaisir quand je vous ai entendu dire que vous trouviez le caractère de Catilina peut-être le plus beau qu'il y eût au théâtre. En un mot, je ne prétends pas donner mon opinion pour les autres. Quand un sultan est dans son sérail, va-t-il choisir la plus belle? Non, [a]il regarde, et[a] il dit : Je l'aime; il la prend, etc. Voilà comment décide ce grand personnage.

Mon cher Helvétius, je ne sais point si vous êtes autant au-dessus des autres que je le sens; mais je sens que vous êtes au-dessus des autres, et moi je suis au-dessus de vous par l'amitié.

Montesquieu

[e]À Saint-Seurin[4], ce 11 février 1749[e]

MANUSCRIT
"L'original est dans la collection de M. Chaper, ancien député, donné par M. le comte d'Hespel." (Note dans le III.)

IMPRIMÉS
I. *Le Bonheur*, 1776, p. 183–184.
II. *Œuvres*, 1781, V, p. 246–247.
III. *Œuvres*, 1795, XIV, p. 12–14.
IV. *Œuvres*, 1818, III, p. 241–242.
*V. Montesquieu, *Œuvres*, éd. Laboulaye, 1875–1879, 7 vol., VII, p. 313–314.
VI. Gébelin, lettre 415.
VII. Nagel, lettre 450.

TEXTE
[a] Passage omis dans toutes les éditions d'Helvétius. [b] Les éditions d'Helvétius portent : "toujours". [c] nos? [d] Passage omis dans le VII. [e] Bien que le VI et le VII soient apparemment établis sur le V, la date y est placée en tête de lettre et ils comportent à la fin l'adresse suivante : "À Monsieur Helvétius, fermier général, rue Sainte-Anne, – à Paris."

NOTES EXPLICATIVES
1. Voir lettre 145.
2. Horace, *Épîtres*, I, X, 24 : *Naturam expelles furca, tamen usque recurret* [On aura beau chasser la nature à coups de fouet, elle reviendra toujours].
3. *Rhadamiste et Zénobie*, tragédie de 1711.
4. Chez son frère, l'abbé Joseph Secondat de Montesquieu, doyen de l'église collégiale de Saint-Seurin à Bordeaux.

148 . *Helvétius à Marie Leszczynska*

Du 29 juin [1749]

Le Sr Helvetius fils S[upplie] T[rès] R[espectueusement] V[otre] M[ajesté] de vouloir bien luy accorder des provisions de la charge de m[e] d'hôtel ordinaire de V[otre] M[ajes]té, vacante par le decès du S[ieur] Fournier[1], dernier pourveu d'icelle.

MANUSCRIT
*A. A.N., O[1] 3729 (Enregistrement des feuilles rapportées à la Reine), n° 23; copie.

TEXTE
Le copiste a ajouté dans la marge gauche : "accordées le d[t] jour 29 juin."

NOTE EXPLICATIVE
1. Pierre Fournier, mort d'apoplexie en mai 1749 à l'âge d'environ 60 ans (Luynes, IX, p. 418).

REMARQUES
Le duc de Luynes raconte dans ses *Mémoires* à la date du 30 mai : "Depuis la mort de M. Fournier, maître d'hôtel ordinaire de la Reine, il n'y a encore rien de décidé jusqu'à ce moment pour cette charge. Il fut malade il y a deux ou trois

ans, et la Reine promit alors à Helvétius de demander cette charge pour son fils. [...] Les raisons d'Helvétius, indépendamment de la parole de la Reine, sont qu'il a rendu les services les plus essentiels au Roi et à l'Etat dans une maladie que S.M. eut à Paris; que son assiduité auprès de la Reine dans ses couches et ses maladies, malgré une très mauvaise santé, que tout le monde connoît, semblent devoir lui faire obtenir une grâce qu'il désire encore plus pour sa femme que pour son fils, parce que si lui venoit à manquer, elle pourroit se trouver mal à son aise; enfin qu'on lui a fait quitter Paris, où il gagnoit plus que les 20 000 livres que le Roi lui donne. [...] On peut répondre [...] à Helvétius, que son fils, qui est un philosophe, à la vérité très aimable, et qui peut-être ne se soucie guère de la charge, a eu pendant quelques années un intérêt dans les fermes, [...] ce qui vaut au moins 70 000 livres par an. La Reine, ayant donné sa parole à Helvétius, s'est sentie piquée de ce que l'affaire souffroit des difficultés, et a dit qu'Elle ne vouloit plus s'en mêler." (Luynes, X, p. 140–141.)

Le 21 juin, de Luynes écrit : "J'ai appris que la charge de maître d'hôtel ordinaire de la Reine étoit donnée à M. Helvétius le fils. Le Roi avoit dit qu'il vouloit qu'elle fût vendue; le neveu de M. Fournier n'en offroit que 30 000 livres; [...] le fils de M. Helvétius offroit la même somme. Le Roi répondit : 'C'est un bon sujet; il faut lui donner la préférence.'" (op. cit., IX, p. 430.) Le 24 juin, Mme de Graffigny annonce la nouvelle à Devaux : "À propos, le Genie est fait maitre d'hotel de la reine. Nicole me l'a mandé hier." (G.P., XLIV, p. 178.)

Une copie du brevet de maître d'hôtel se trouve aux Archives nationales (O[1] 3729, fol. 8). En voici le texte : "Nôtre chevalier d'honneur, premier maître, &c, salut. Sur le bon et favorable raport qui Nous a été fait de la personne du Sr Claude Helvetius fils et de ses sens, suffisance, probité, experience, fidélité, et affection à nôtre service, à ces causes Nous l'avons ce jour d'huy retenû et par ces présentes signées de nôtre main retenons en la charge de nôtre conseiller maître d'hôtel ordinaire, vacante à présent par le deceds du Sr Pierre Fournier, dernier pourvû d'jcelle; pour par le d[t] Sr Helvétius l'avoir et exercer en jouir et user aux honneurs, autorités, prérogatives, préeminences, priviléges, &c, car tel est nôtre plaisir. Donné à Versailles sous le sçel de nôtre secret le 29e jour de juin 1749."

Helvétius n'a prêté serment que le 29 juin 1750, anniversaire de l'octroi de son brevet (v. A.N., O[1] 3729, fol. 42).

149 . *Madame de Graffigny à François-Antoine Devaux*

Le mardi, 9 decembre 1749

[...]

J'eus hier le Genie tres lontems. Je fis rester Minette qu'il n'avoit pas eu le tems d'envisager depuis lontems. Il en fut enchanté. Elle sorti. Il me conta le fond de ses affaires comme on parle en famille. Il parle de meme du mariage, mais sans dire oui. Ie crois cependant qu'à la fin cela y viendra. Il seroit trop long de te dire sur quoi, mais c'est ici que c'est bien motus. Au nom de dieu un parfait secret. [...]

Le mercredi [10 décembre 1749]

Nous voila revenue de notre beau diner avec Fontenelle. [...] Fontenelle a bien fait l'amoureux de Minette. Il s'est levé de table pour la baiser. Apres diner il a dit mille jolie choses. I'etois en exstase, comptant touiours son age avec ses parolles. Il a mangé de tout et comme quatre. Quel prodige! [...]

MANUSCRIT

*A. Yale, G.P., XLVI, pp. 45, 48 et 51–52; 8 p.; orig. autogr.; cachet sur cire rouge.

REMARQUES

En 1749, Helvétius a rendu au moins six visites à Mme de Graffigny, sans qu'elle puisse obtenir de lui "un oui ou un non net". Elle en est "tracassée à l'exces". (G.P., XLIV, p. 56.) Voici sa relation des cinq autres visites : "Il est neuf heures et demie. Le Genie sort d'ici. Il y etoit depuis quatre heures. Quelle tete! Tout ce tems-là s'est passé à rabacher mariage, à discuter le pour et le contre, le desir et la crainte, et à conclure qu'il ne se marira pas. J'en suis impatiantée plus que ie ne puis te le dire. Sa tete est un cahos indechifrable à ses propres lumiere. Il est vray qu'il pense tout haut, et c'est cela qui me mecontante, car je n'y vois que le gout pour Melle Helie[1], et que, s'il epouse quelqu'un, ce sera elle. Mais ie crois qu'avec tous ses verbiages il n'epousera personne." (6 avril 1749, G.P., XLIV, p. 39.) "Je fis hier une promenade monstrueuse. J'allai de chez moi à pied jusqu'au Mont Parnasse. C'est sortir la bariere de la rue d'Enfer. J'en revins vigoureusement, quoique le pavé me parusse bien dur et le vent tres froid. Enfin ie m'en porte bien. Un quart d'heure apres que ie fus rentrée, le Genie vint. Ie n'en jete touiours pas ma langue aux chien, mais c'est une furieuse besogne. Si j'en viens à bout, ie veux que l'on me fasse une place comme à Louïs XV. Ma conquete sera plus glorieuse que les sienes." (22 avril 1749, G.P., XLIV, p. 63.) "Le Genie [...] avoit si envie de me parler que j'ai passé dans le cabinet avec lui où nous avons redit pendant plus d'une heure les memes propos que de coutume : touiours oui et non, touiours meme incertitude, enfin des folies. Il part pour sa tournée et jure qu'il reviendra me voir le lendemain de son arrivée. Bonsoir." (22 mai 1749, G.P., XLIV, p. 113.) "Ie sors des pates du Genie qui, pendant deux grandes heures, m'a tenu les propos à l'ordinaire. Je suis, et lui aussi, dans la meme indessision, et nous y serons, ie crois, encore lontems. C'est une fatigue pour moi insuportable que ces conversations, et il m'a l'air qu'elles seront frequentes." (14 novembre 1749, G.P., XLVI, p. 10.) "J'eus encore hier le Genie. Je serois bien aise de confondre ton incrédulité, comme tu crois bien." (19 décembre 1749, G.P., XLVI, p. 65.)

Outre Devaux, Mme de Graffigny tient également son amie, la présidente de Barbarat, au courant des péripéties de sa campagne, pendant cette année 1749 (v. Noël, p. 280–282).

NOTE EXPLICATIVE

1. Non identifiée.

150. *Madame de Graffigny à François-Antoine Devaux*

Le mercredi, 28 janvier 1750

[...] Minette [...] ne veut que le Genie ou rien. Elle en est folle; lui dit qu'il en est fou, mais il ne veut absolument rien decider qu'il ne soit sûr que le roi ne metra pas la main sur leur fonds. Il quitte les fermes[1] et on ne le quitte pas.[2] Tu es drolle de penser cela. Tu ne le connois guere. Il ne veut pas etre plus riche. Il aura 45 mille livres de rente. Le controleur general[3] est furieux de ce qu'il projete de quitter.[4] On fait ce qu'on peut pour le retenir, mais son parti est pris. Enfin il faut attendre jusqu'au mois d'octobre pour sa decision. Minette attendroit mille ans. Dieu veuille qu'elle ait raison. Pour moi, je me suis lassée d'etre l'interprete de tous les deux. C'etoit des explications double tous les trois jours. J'en etois excedée. Ie les mis hier aux prise de leur consentement. Dieu merci, m'en voila delivrée. Je ne serai plus que garde-manteau.[5] J'ai pris mon parti aussi de mon coté : j'aurai patiance, mais s'il nous manque, elle prendra le parti du couvent s'il lui plait. Cela m'a bien plus tourmentée que ie ne te l'ai dit. Enfin ie ne souffre plus de l'esprit. Je m'en met l'ame en repos. Il arrivera ce qu'il poura. Tu peux etre sûr que depuis plus de deux mois c'etoit un tourment afreux pour moi. Tous les trois jours depuis sept heures et demi jusqu'à dix et demi, cela me derangeoit beaucoup.[6]

[...] V. nous est venu chercher à trois heures et m'a amené sa niece[7] qui est tout à fait aimable.[8] [...]

MANUSCRIT

*A. Yale, G.P., XLVI, pp. 119–120 et 122; 4 p.; orig. autogr.; cachet sur cire rouge.

NOTES EXPLICATIVES

1. Le 19 janvier, Mme de Graffigny avait annoncé : "Le Genie quittera les fermes au mois d'octobre. Il est fort en peine de placer son argent." (G.P., XLVI, p. 136.)
2. Devaux avait demandé : "Est-il possible qu'il quitte la ferme? Il faut donc que ce soit la ferme qui le quitte. Si en effet il etoit embarrassé de ses millions, vous pourriés l'engager à me preter 20 000–30 000[lt] en luy donnant toutes les suretés imaginables." (G.P., XLVII, p. 51.)
3. Jean-Baptiste de Machault d'Arnouville (1701–1794) était à cette époque chancelier, garde des sceaux et contrôleur général des finances.
4. Dix-huit mois plus tard, Collé explique la réaction de Machault à la décision d'Helvétius : "Le 22 [juin 1751] je fus dîner chez Helvétius qui m'apprit qu'il avait remercié de sa place de fermier général. Cet acte de modération a étonné bien des gens, mais surtout les financiers, qui ne conçoivent pas comment un homme peut se borner. Aussi le contrôleur général a-t-il dit à Helvétius : *Vous n'êtes donc point insatiable comme les autres?* Depuis deux mois il sollicitoit sa retraite des fermes avec autant d'ar-

deur qu'un autre en emploie à s'en procurer l'entrée. M. de Machault, qui vouloit, à ce qu'on m'a assuré, faire un arrangement pour disposer de sa place en faveur de quelqu'un de ses créatures, et esquiver *les bons* du Roi et les promesses de la Marquise, n'a pu l'engager à différer davantage, quoiqu'il l'ait longtemps fatigué par les délais; ce ministre auroit sollicité qu'Helvétius attendît la mort de quelqu'un de ses confrères pour donner sa démission." (Collé, I, p. 328–329).

5. Mme de Graffigny utilisera souvent l'expression "garder les manteaux" pour indiquer qu'Helvétius est chez elle.
6. Le 13, par exemple, Mme de Graffigny avait écrit : "L'indeterminé vint. Il resta jusqu'à dix heures et demie." (G.P., XLVI, p. 100.)
7. Mme Denis, née Marie-Louise Mignot (1712–1790).
8. Le 11 janvier, Mme de Graffigny avait écrit à Voltaire pour lui demander la permission d'assister avec Minette à une répétition d'*Oreste*, ce qu'il avait accordé "par un billet assés bien contourné". Elles étaient arrivées avec plus d'une heure de retard. "Il vint nous embrasser, ce Voltaire. Mon dieu, que ie l'ai trouvé affreux. C'est une vray momie. Nous nous dimes peu de choses." (13 janvier 1750, G.P., XLVI, pp. 99 et 100.) Par contre, Minette l'avait trouvé "charmant, beau comme le jour". (19 janvier 1750, G.P., XLVI, p. 143.) Dans la présente lettre, il s'agit d'une représentation d'*Oreste* à laquelle Voltaire les avait invitées la veille : "Si Mme de Graffigny est toujours dans le dessein de voir *Oreste*, Voltaire viendra demain, mercredi, à quatre heures et demie, pour avoir l'honneur de la mener avec Melle de Ligneville. Il leur présente ses respects." (Best. D. 4102.) Le 2 février, Voltaire l'invitera de nouveau à *Oreste* "voir les changemens qu'il y a fait", mais elle est souffrante. (G.P., XLVI, p. 150.)

151. *Madame de Graffigny à François-Antoine Devaux*

Le vendredi matin, 13 mars 1750

[...] J'eus le soir le Genie jusqu'à dix heures à parler arrangement de mariage. Il n'y a plus à douter, quoiqu'il ne donne point de parolle. Aussi ai-je pris mon parti de ne plus penser à d'autres. Ils sont fous l'un de l'autre. Ce sont leur affaire; je m'en lave les mains. Elle lui dit sans cesse qu'elle n'a point d'esprit. Elle m'a forcée hier à dire ce qu'il en etoit. Il n'aura rien à me reprocher. Ie ne parle ny des rats[1] ny de l'aigreur; ie ne m'y crois pas obligée. Il a ses deffauts; nul n'est parfait, et ie respire de ne plus etre dans l'embaras. Doudou dira demain à son ami de ne plus parler des 2 cent mille livres de rente.[2] Ie ferai tous mes effors pour ne pas facher mon nouvel ami en lui disant que les parolles sont donnée, et ie respirerai un peu.

[...] Tu es plus occupé que moi de la reponce de la Gaussin[3]. Elle a confié le secret au Genie pour qui elle n'a rien de caché.[4] Il m'a dit hier qu'elle ne l'avoit pas encore lu à l'assemblée, qu'elle trouvoit qu'elle ressembloit à *La Gouvernante*[5]. Je ne l'ai pas beaucoup questioné. Il m'a paru de la façon dont il m'a dit ce peu-là qu'elle n'en etoit pas trop contante. Peutetre ie me trompe. J'ai pensé cette nuit à mon peu de curiosité, et la premiere fois que le Genie reviendra je le questionnerai davantage. [...]

MANUSCRIT

*A. Yale, G.P., XLVI, pp. 213–214 et 214–215; 3 p.; orig. autogr.; cachet sur cire rouge.

NOTES EXPLICATIVES

1. Rats : On dit, figurément et familièrement, *avoir des rats, avoir des rats* dans la tête, pour dire, avoir des caprices, des bizarreries, des fantaisies (*Dictionnaire de l'Académie*, 1740).
2. Allusion de Mme de Graffigny à une de ses lettres à Devaux, en date du 7 mars : "Depuis hier ce sont des scenes insuportables. L'ami de Doudou a trouvé un parti pour Minette, un homme à milions, tres consideré par son savoir dans les finance, agé de 50 ans, enfin tel qu'on le prendroit à genoux si on avoit de la raison. La seule proposition a causé des colere, des fureurs, des larmes. C'est un train teribile, et moi disant touiours fort tranquillement : 'Je ne decide point, ie vous laisse la maitresse.' On pleure, on crie que ce n'est pas là de l'amitié. Enfin j'ai dit : 'Pour moi je le prefferorois.' C'est là où les hauts cris ont commencé. Elle a chanté pouille à Doudou. Enfin, elle s'est montrée dans tous ces travers, ses deraisons, ses betises, et pour le coup Doudou est bien convaincu que c'est l'espesse la plus espesse qui ait jamais merité ce nom. J'ai fait remercier l'autre. Elle s'en repentira bien un iour. L'amour du Genie epuisé, elle en sera bien completement meprisée. Qu'elle soit, ie n'en parlerai plus, c'est un parti pris. Quoi que ie ne me sois point du tout enuié, cela ne laisse pas de me tracasser la tete, comme tu peux croire." (G.P., XLVI, p. 203.)
3. Jeanne-Catherine Gaussem, dite Mlle Gaussin (1711–1767), actrice du Théâtre-Français, célèbre dans le rôle de Zaïre. D'après Chamfort, elle affichait volontiers sa passion pour Helvétius : "M. Helvétius dans sa jeunesse était beau comme l'Amour. Un soir qu'il était assis dans le foyer et fort tranquille, quoique auprès de Mlle Gaussin, un célèbre financier vint dire à l'oreille de cette actrice, assez haut pour qu'Helvétius l'entendît : 'Mademoiselle, vous serait-il agréable d'accepter 600 louis en échange de quelques complaisances? – Monsieur, répondit-elle (assez haut pour être entendue aussi, et en montrant Helvétius), je vous en donnerai 200, si vous voulez venir demain matin chez moi avec cette figure-là'." (Chamfort, *Maximes et pensées, caractères et anecdotes*, éd. Grosclaude, 1953, 2 vol., II, p. 60–61.)
4. Le secret concernait sa pièce *Cénie*. "Je ne puis me resoudre à la faire jouer à mon pur et privé nom, écrivait-elle à son sujèt le 30 janvier. Le Genie me tourmente pour me persuader de la donner purement et simplement mais ie ne [me] suis pas renduë." (G.P., XLVI, p. 124.)
5. Lors de la représentation de *Cénie* en juin 1750, on allait accuser Mme de

Graffigny d'avoir plagié *La Gouvernante,* comédie de La Chaussée en cinq actes de 1747, qui trace également les aventures d'une jeune fille vertueuse.

152. *Madame de Graffigny à François-Antoine Devaux*

[...] Le soir [19 mars 1750]

[...] Ie ne sais coment tourneront les bonheurs de Minette. Hier elle n'a montré que la plus sotte humeur au Genie parce qu'il a eté six iours sans venir. Il en a donné les plus solides raison : il est chargé d'un bureau des fermes où il passe tous les iours quatre ou cinq heures; Mr de Forcalquier est à la mort, il est obligé d'y aller tous les iours; et mille autres devoirs que l'on a dans Paris. Elle n'entent rien. Elle etoit[a] tellement en fureur qu'elle a prié Doudou de parler de l'autre. Je le laisserai faire, mais ce ne sont que des rats.[1] Ah! mon dieu, quand en serai-je deffaite? [...]

MANUSCRIT

*A. Yale, G.P., L, pp. 108 et 109–110; 4 p.; orig. autogr.

TEXTE

[a] Le A : "étoit si tellement".

NOTE EXPLICATIVE

1. Trois jours plus tard Mme de Graffigny revient sur ce sujet : "Je crains qu'il ne decouv[r]e ses rats et ses humeurs. Elle lui en marqua ces iours passé la plus maussade et la moins placée. Il m'avoua hier qu'il n'aimoit pas cela. Hier c'etoit un autre ton : elle avoit l'air du temperament au point qu'il en fit des eclats de rire à son nez pendant une heure en me regardant pour me le faire entendre. Pour elle, elle va son train, ne voit ny n'entent. Par bonheur qu'il aime les femmes qui en ont. Mais tout cela me fait trembler." (G.P., L, p. 113.)

REMARQUES

À la fin du mois, Helvétius amène son ami Saurin chez Mme de Graffigny : "Le Genie vint le soir et m'amena son ami que je desirois depuis lontems de connoitre. Il a bien de l'esprit, d'une sagacité etonnante, mais d'un sec qui m'est d'un bien mauvais augure pour l'avenir. Il est trop dur pour ne pas balancer l'extreme indulgence necessaire à Minette. Mon dieu, si elle avoit le sens commun, comme elle trembleroit. Elle ne voit aucun peril. Dieu lui en donne chance, si nous alons jusqu'au bout. Ils sortirent si tard que ie n'eus pas le tems de t'ecrire." (31 mars 1750, G.P., L, p. 127.) Voir aussi la lettre de Mme de Graffigny du 8 avril dans laquelle elle précise que l'ami en question est Saurin (G.P., L, p. 144).

153 . *Madame de Graffigny à François-Antoine Devaux*

Le vendredi, 18 [= 17] avril 1750

[...] J'avois diné chez la Fée[1] avec deux jesuites yvres de la *Peruviene.*[2] Je n'en ai jamais tant entendu parler et iamais ie n'ai eté si confonduë. La maitresse du logis me diver[t]it aussi beaucoup. Elle a deviné les intentions du Genie. Elle court apres moi pour avoir l'air dans le monde d'avoir fait la chose. Elle me propose de le menager. J'ai joué mon role comme Nicole faisoit jadis. La scene a eté delicieuse. Elle est ma dupe en plain. [...]

MANUSCRIT

*A. Yale, G.P., L, p. 161; 2 p. (demi-feuille); orig. autogr.

NOTES EXPLICATIVES

1. Mme Geoffrin, née Marie-Thérèse Rodet (1699–1777). Quoique dépourvue d'instruction, elle tenait rue Saint-Honoré un salon très fréquenté, où elle réunissait séparément les artistes, les gens de lettres, et les nobles. Mme de Graffigny dîne de nouveau chez elle le 14 juillet : "J'ai eté diner chez la Fée qui fit hier soir une belle galanterie à Minette. Elle lui envoia incognito une table qui est une toilette avec tous les brinborions necessaires, et une carte attachée apres la clef sur la quelle est ecrit : 'Je suis aujourdhuy tres peu de chose. Ie serai demain la toilette de Venus.'" (G.P., LII, p. 9.)

2. Son roman *Lettres d'une Péruvienne* (1747).

REMARQUES

Le mariage d'Helvétius sera la cause d'un refroidissement des relations entre Mme de Graffigny et Mme Geoffrin : "La Fée [...] a cessé tout comerce avec moi du iour du mariage dont elle a eté furieuse, parce qu'elle c'etoit acharnée à dire qu'il ne se feroit pas, parce qu'elle hait le bien qui arrive aux autres d'une haine decidée, et parce qu'elle coucheroit avec le premier venus pour en tirer un secret et qu'elle n'a pas penetré celui-là. Ie crois qu'au fond elle en est bien plus fachée contre lui [Helvétius] que contre moi, parce qu'elle doit se manger les pouces quand elle se rapelle qu'un mois avant le mariage elle lui disoit qu'elle le marieroit et qu'il lui repondoit à l'avenant." (17 février 1752, G.P., LVIII, p. 71.)

154 . *Helvétius à ?*

Le 30 mai 1750

[Lettre signée, écrite de Versailles]

MANUSCRIT

Le manuscrit original figurait à la vente Charon du 3 février 1845 (v. le fichier Bordier, B.N., ms. fr., n. a. 3091, fol. 849).

155. *Helvétius à Madame de Graffigny*

[Peu avant le 22 août 1750][1]

Je vous envoie, ma chere maman, les lettres que je reçu hier au soir de Mr Bouret[2]. Il y en a une pour Mr de Verdun.

Mandez-moy comment vous vous portez. Assurez la belle Minette de mes respects.

MANUSCRIT

*A. Voré; 1 p. (demi-feuille); orig. autogr.

NOTES EXPLICATIVES

1. Lettre reliée à la suivante dans laquelle il est également question de Bouret et de Verdun.
2. Étienne-Michel Bouret (1709–1777), fermier général depuis 1747.

156. *Madame de Graffigny à François-Antoine Devaux*

Le samedi, 22 aoust 1750

[...] Ie n'ai rien à te conter mais un peu à te gronder. Tu m'as encore fait une tracasserie dont ie crains les suittes.[1] Tu as dit au Voisin[2] que c'etoit un fermier general qui m'avoit conduitte et conseillée. Il jete les hauts cris. Il veut avoir une explication avec Helvessius parce qu'il sait que ie ne connois que lui. Il veut le prendre pour juge, se justifier dans son esprit. Si ie ne reussis pas mieux à lui fermer la bouche qu'à toi, ie serai on ne peut pas plus fachée, car ce seroit une discution qui ne finiroit point. Helvessius veut moins que personne etre fouré là-dedans et dalieurs il ne m'a rien dit de bon pour nous. Il a esperé lontems que la reccomendation de Bourette[3] auroit effet malgré le projet d'arrengement contraire, mais iamais il n'a esperé pour nous. Dalieurs il y a une vielle rencune entre eux qui pouroit bien entrer là-dedans, et surement Helvessius me sauroit le plus mauvais gré du monde d'une explication là-dessus. Je vais aler devant le Voisin et tacher de le si bien amadouër qu'il laisse tomber tout cela. Eh mais, mon dieu, il me semble que ie ne t'ai jamais compromis et que jamais ie ne t'ai fait de tracasseries. [...]

Lundi matin [24 août 1750]

[...] La terre dont tu es curieux est Voré[4]. Elle appartenoit à Mr Fagon[5]. Elle est toute mœublée. Juges si elle l'est bien. Il y a un malheur : elle est à trente lieus de Paris. Ie n'irai guere.[6] [...]

MANUSCRIT

*A. Yale, G.P., LII, pp. 73, 74 et 76; 4 p.; orig. autogr.

NOTES EXPLICATIVES

1. Devaux avait essayé d'obtenir pour son cousin une place dans les sous-fermes. Helvétius, sollicité par Mme de Graffigny, était intervenu auprès de Bouret, qui avait fait pression sur Verdun. Voir G.P., L, pp. 105, 108, 111, 115, 151, 155, 163, 172, 190–191, 194, 203, 205, 209, 249, 260, 265, 300 et 313; LII, pp. 11, 15, 19, 61, etc.
2. Surnom de Verdun.
3. Voir lettre précédente.
4. Helvétius avait acheté Voré le 13 juin 1749 à Geneviève Dousseau, veuve de Martial Borderie de Vernejoux, et légataire universelle de son cousin, Louis Fagon. Helvétius paya le château et les terres 370 000 livres et les meubles 34 087 livres. L'acte de vente que détenait le notaire d'Helvétius brûla pendant la Commune, mais le comte d'Andlau en possède un exemplaire à Voré, et un résumé s'en trouve dans l'inventaire des papiers d'Helvétius (M.C., LVI, 171, n° 167).
5. Louis Fagon (1680–1744), fils cadet du célèbre médecin de Louis XIV. Successivement conseiller à la deuxième chambre des enquêtes, intendant des finances, conseiller d'État, conseiller du Conseil royal des Finances et directeur de la ferme générale, il avait refusé plusieurs fois le contrôle général. Il avait acheté Voré en 1719 pour le prix de 281 000 livres. Il avait considérablement augmenté le domaine, et employé le peintre Oudry pour animer les fêtes de Voré et décorer le château (v. Andlau, p. 23–25).
6. Rien n'indique, dans la correspondance de Mme de Graffigny, qu'elle se soit jamais rendue à Voré.

157. *Madame de Graffigny à François-Antoine Devaux*

Le vendredi, 11 sep^bre^ 1750

[...] Le soir le beau prince[1] vint aussi et m'enpesta de son embre, mais par bonheur j'etois deja un peu mieux et ie tins touiours du vinaigre sous mon nez. Nous dimes un peu de mal de sa maison maternelle et sur tout de la mere en personne.[2] À l'occasion du mariage[3] dont tu m'as parlé, il est indigné des dificultés que l'on y fait. Ce sera bien pis pour le notre, bon dieu. Ie veux bien qu'il jette tout sur moi et ie lui dis que l'opinion que l'on en prendroit m'etoit fort indifferente. Comme en effet tout ce que ie craindrois, ce seroit que le Genie ne sut la sotte gloire de tout cela, nous serions perdus. Mais comme nous n'avons besoin de leur avis ny de pres ny de loin, nous leur en garderons le secret. [...]

MANUSCRIT

*A. Yale, G.P., LII, pp. 109 et 110–111; 4 p.; orig. autogr.; cachet sur cire rouge.

NOTES EXPLICATIVES

1. Le prince de Beauvau. Comme l'avait relaté Mme de Graffigny le 25 juin précédent, Helvétius, qui était alors

pour elle "ce maudit Genie", l'avait déjà entretenue de ce qu'on pouvait espérer du prince : "Il faut cependant te dire qu'il a voulu que ie mette le p. cousin dans la confidence, qu'ils vont l'un chez l'autre et parlent à decouvert, et qu'il compte sur le p. cousin pour mettre au trousses de son pere quand il en sera tems. Le bon homme est retif à cause des 14 enfants." (G.P., L, p. 287.)

2. La mère du prince de Beauvau était Anne-Marguerite de Ligniville, mais il faut remonter au seizième siècle pour trouver l'ancêtre commun d'Anne-Catherine et de cette "cousine".

3. La sœur du prince de Beauvau, Gabrielle-Françoise de Beauvau-Craon, princesse de Chimay (v. lettre 172), "gourmée de sa grandeur", s'opposait à ce que sa fille, Marie-Anne-Gabrielle-Josèphe-Françoise-Xavière d'Alsace-Hénin-Liétard, épouse Victor-Marie de Riquet, comte de Caraman, dont la noblesse était trop récente. Le mariage se fit pourtant en octobre 1750 (v. G.P., XLIX, p. 140).

158. *Madame de Graffigny à François-Antoine Devaux*

Le vendredi, 13 novembre 1750

J'eus tant de monde hier soir, mon ami, que ie ne pus t'ecrire la chute d'*Amenophis*[1]. On y a ris depuis le comencement jusqu'à la fin, et le sujet et la façon dont il est traité merite cet acueil du public. C'est une *ririée*[2]. Le pauvre Genie en a eté si fort effarouché qu'il s'est trouvé mal dans la loge de Clairon[3] ou peu s'en faut. Il trembloit et n'a pu se soutenir sur ses jambes. Comme il s'en etoit beaucoup demené, on la lui donnoit, et enfin pour le sauver toute la clique a mis Saurin à decouvert. On l'a nommé aux foier, et Du Tartre[4] et compagnie etoient doux comme des moutons et tachoient d'excuser de leur mieux leur mauvais gout. *Voila de biaux avis*, M^r le baillif.[5] Fiez-vous à tous ces gens-là. Le d'Argental à la tete, ils etoient tous persuadé de l'exelence de la piece. Le coup de poignard[6] a bien fait rire. On a bien crié bis. En un mot c'est une billebaude[7] que la piece. [...] Malgré cela on la donne demain encore, ce qui me paroit le comble de la sotise. Et ie ne sais où le Genie met son jugement. Si Saurin etoit à cent franc pres, on lui passeroit de tacher de les avoir, mais en verité, apres une belle esclandre, on doit se retirer. Saurin y etoit aux second loge, pale comme la mort et souriant, sans doute de rage. [...]

MANUSCRIT

*A. Yale, G.P., L, p. 335; 2 p. (demi-feuille); orig. autogr.

REMARQUES

Mme de Graffigny revient sur ce sujet le lendemain : "Me voici un moment à toi en gardant les manteau, mon ami. Le pauvre Genie est abasourdis de la chute de son ami. Je n'ai pas eu le courage de lui faire des plaisanteries. Je lui ai pourtant demandé raison de son mauvais gout. Sa raison est sans replique : son ami l'a voulu contre l'avis de tout le monde qui lui a dit et redit qu'elle tomberoit. Il a repondu : 'Eh bien, seigneur, il la faut enlever', et voila ce qui en est advenu. Du moins ils ont eu le bon esprit de la retirer contre l'avis de d'Argental." (G.P., L, p. 337.)

Cependant, selon Collé, Helvétius aurait donné à Saurin un avis contraire : "[Saurin] n'a consulté que ceux qui lui conseillaient de la faire jouer. M. d'Argental l'a aidé, dans cette équipée, de ses cruels avis. [...] J'eus beaucoup de peine le lendemain à déterminer mon ami à la retirer. Dutartre, Monticourt[8], et surtout Clairon, fixèrent à cet égard son irrésolution. Il est vrai que Marivaux, Helvétius, et le chevalier de Blanc[9] lui conseillaient de la laisser jouer, du moins encore une fois." (Collé, I, p. 243–244.)

NOTES EXPLICATIVES

1. Tragédie de Saurin en 5 actes et en vers représentée au Théâtre-Français le 12 novembre.
2. Mot inconnu aux dictionnaires.
3. Claire-Hippolyte-Josephe Legris de Latude, dite Mlle Clairon (1723–1802), célèbre tragédienne.
4. Étienne-Nicolas Dutartre de Bourdonné, mort en 1782, conseiller du roi, trésorier payeur des rentes assignées sur l'ancien clergé de France, fils de Jean Dutartre, ancien capitoul de Toulouse et notaire au Châtelet (v. M.C., LVI, 271). Selon Mme Riccoboni, il était le "compagnon de jeunesse" d'Helvétius (*Mme Riccoboni's Letters*, éd. Nicholls, *Studies*, CXLIX (1976), p. 229).
5. Allusion au bailli d'Orgas, personnage de *Don Japhet d'Arménie* (1653), de Scarron.
6. On lève un poignard par deux fois dans cette tragédie. Dans le premier cas, Arthésis, princesse d'Hécatompyle, se voit obligée d'épouser Amasis, usurpateur du trône de Memphis, alors qu'elle avait été fiancée à l'héritier légitime, Aménophobis, qu'elle croyait mort. Sur le point de se percer d'un poignard, elle voit arriver Aménophobis, qu'elle prend pour un fantôme et qui le lui arrache avant de se faire reconnaître d'elle (acte II, scène 3). D'autre part, dans la dernière scène, Sosis, frère de l'usurpateur Amasis, menace de tuer Arthésis en levant sur elle un poignard, mais Arthésis le frappe et s'échappe.
7. Œuvre confuse, désordonnée.
8. Pierre-Jacques Du Plat de Monticourt, mort en 1778, lieutenant de la prévôté de l'hôtel du roi, servant près le chancelier et le garde des sceaux. Ami de Collé, qui fait souvent mention de lui dans son *Journal*, et coauteur, avec Afforti, d'*Étrennes badines* et, avec Rameau, de la comédie-ballet *Les Paladins* (1760). Son neveu, Antoine-Jacques Du Plat de Monticourt, avait épousé Geneviève-Perinne Carvoisin d'Armancourt de Launois, fille du cousin germain maternel d'Helvétius. Un troisième membre de cette famille, Jean-François Du Plat de Monticourt, sans doute frère de Pierre-Jacques, avait épousé en 1749 Geneviève-Jeanne Carvoisin d'Armancourt, cousine germaine maternelle d'Helvétius.
9. Il faut lire "Blanes". Don Barthélemy-Henri, chevalier de Blanes (1707–1754), mestre de camp de cavalerie, auteur d'un *Roman oriental*.

159 . *Madame de Graffigny à François-Antoine Devaux*

Le lundi, 21 decembre 1750

[...]

Je viens de dire au Genie l'article qui le regarde. Il te dit qu'il est extremement flaté que tu lusse[a] recconnu.[1] [...] Il ajoute à tout ce qu'il vaut la plus grande modestie. Cette petite feuille est devenue une plaisanterie entre nous. Quand il me louë, ou qu'il me dit que je suis belle, ie lui jette son portrait au nez et il se tait tout court. Ie viens d'avoir bien de la peine à lui arracher qui etoit l'auteur. C'est Mr Turpin[2], non pas l'archeveque[3] mais un dont ie crois t'avoir entendu parler. [...]

MANUSCRIT

*A. Yale, G.P., L, pp. 399 et 400; 4 p.; orig. autogr.; cachet sur cire rouge.

TEXTE

[a] l'eusses

NOTES EXPLICATIVES

Mme de Graffigny se réfère à une *Lettre à Mr...*[4], placée par l'auteur (v. note 2 ci-après) en dédicace à son *Ode sur le départ de Monsieur de Voltaire* [1750]. En voici le texte : "J'écris à un sage qui s'est fait admirer dans un âge où il suffit d'être aimable : génie fecond et bienfaisant qui récompense sans faste les arts qu'il cultive avec succès. Heureux, parce qu'il sait en faire; compatissant sans avoir jamais senti de besoins, il a trouvé peu d'ingrats, et n'a jamais fait de mécontents. Philosophe ennemi de l'indépendance téméraire et de la crédulité superstitieuse, simple dans ses mœurs, magnifique envers ses amis, riche sans inquiétude et sans fantaisie, il soutient l'empire des lettres par ses largesses, il l'éclairera bientôt par ses ouvrages. Cet être singulier existe parmi nous; c'est un antique qu'on trouve parmi les débris. Je passerai pour flatteur, je ne suis que juste. J'aspire au bonheur de lui plaire en célébrant les grands hommes qui lui ressemblent. *Si spiro et placeo, suum est.*"[5] Une copie des trois premières phrases de cette dédicace, écrite de la main de Mme Helvétius, se trouve à Voré.

1. Devaux avait écrit le 17 décembre : "J'ay devoré la petite lettre qui m'a fait grand plaisir. Elle me paroit tres joliment ecrite. C'est dommage que les vers ne soyent pas si bons que la prose. De qui est-elle? C'est surement de quelqu'un que j'aimerois. Il pense tout ce que j'aurois voulu penser et de Voltaire et du Genie. Je ne doute pas un moment qu'elle ne s'addresse à ce dernier. Dites-luy, je vous prie, que je pense, et que je voudrois bien luy avoir dit, tout ce qu'on luy dit là-dedans." (G.P., LI, p. 184.)
2. François-Henri Turpin (1709–1799), ancien professeur de rhétorique au Collège de l'université de Caen, auteur de plusieurs compilations historiques et biographiques. En dépit de la profession de foi que contient sa *Lettre à Mr...*, il se rangera dans le parti des anti-philosophes et sera loué par Sabatier de Castres dans ses *Trois Siècles de la littérature*.
3. Archevêque de Reims vers 753.
4. Dans un article datée du 10 décembre 1750, Fréron a également donné Hel-

vétius comme destinataire de cette *Lettre*. Voir ses *Lettres sur quelques écrits de ce temps*, 1749–1754, 13 vol., IV, p. 355.

5. Horace, *Odes*, IV, iii, 24 : *Quid spiro et placeo, si placeo, tuum est* [Que j'aie du souffle et que je plaise, si je plais, c'est à toi que j'en suis redevable].

160. *Madame de Graffigny à François-Antoine Devaux*

Le mercredi, 20 janvier 1751

[...] Le Genie [...] redouble de jambes et d'attentions. Il vient tous les deux iours et me dit les choses les plus rassurantes contre ce retard[1], mais il ne m'inquiete pas moins. Le bruit de ce mariage c'est rependu comme un torent depuis cinq ou six iours. Nous nions touiours, et toi nie aussi, car surement cela ira chez nous. Je crois avoir trouvé ce qui donne lieu à ce debordement. C'est que les deux dernieres comedies où nous avons eté il est venu dans notre loge et a donné la main à la belle pour sortir au nez de tout le monde. Il a fait plus : on l'a vu monter dans notre carosse. Avec les convenances il ne faut que cela pour rependre ce bruit, et ie n'en suis pas fachée, car lui qui le craint horriblement, il etoit hier de la plus belle humeur du monde parce que le cris public e[s]t le cris d'aprobation, et qu'il craint fort le public. Pour moi ie n'ai point eté faché du fracas. [...]

MANUSCRIT

*A. Yale, G.P., L, p. 31; 4 p.; orig. autogr.; cachet sur cire noire.

NOTE EXPLICATIVE

1. Helvétius n'avait encore pu obtenir les accords qu'il lui fallait pour quitter les fermes, ce qui n'était pas sans tracasser Mme de Graffigny depuis quelque temps : "Le Genie revenoit de Versailles. Il m'anonça un retardement de deux mois, et quoiqu'il en paroisse plus touché que moi, que je sente aussi bien que lui qu'il n'y a rien du tout de sa faute, qu'il prene avec moi tous les moien de conclure dans ce tems-là, que ie le croye d'aussi bonne foy qu'aucun homme ait jamais eté, tout ce qui n'est pas fait ne l'est pas et me fait trembler." (10 janvier 1750, G.P., L, p. 19.)

REMARQUES

Helvétius craint surtout la réaction de son père : "J'ai eu une belle scene, écrit Mme de Graffigny. Le Genie, qui etoit monté chez Train parce qu'il n'etoit pas en etat d'etre vu, est dessendu fondant en larmes et jetant des cris. Il m'a effraié comme tu peus croire, mais je suis remise. Ce sont des letres de son pere qui, sur ces bruits qui se sont rependus, fait les hauts cris. Mais cela ne m'epouvente point du tout. Ce sont des orages qu'il faut essuier et qui peutetre tourneront à bien. Il est resté à souper avec nous. Le voila encore et il est onze heures." (G.P., L, p. 37–38.) Quelques jours plus tard, Helvétius réussit à apaiser les appréhensions de son père : "Il me semble [...] que le calme est retabli, que le Genie est passablement contant de son explication avec son pere, et que ie le suis on ne peut davantage de lui. Je doute moins que jamais du succes de notre affaire, mais il faut avoir une terrible patiance et une tete touiours presente, touiours occupée." (G.P., L, p. 43.)

161 . *Madame de Graffigny à François-Antoine Devaux*

[...] Mercredi soir [10 mars 1751]

J'ai donc eté diner chez Babiole[1] pour savoir l'operation du mari avec notre pere[2]. Le Babiolin[3] a parlé comme un ange et le pere a repondu comme un sot ou plustot comme un vray radoteur, mais du moins son ton est-il bien radouci. Il a touiours protesté qu'il ne s'opposeroit pas au mariage de son fils, mais il fait monter les inconveniens si haut[4] qu'il faut encore avoir patiance, mais du moins tout va mieux. Le fils que voila[5] m'a montré une lettre qu'il a recu auiourdhuy qui contient toute la conversation telle que Babiole me l'a rendue, car le mari etoit sorti, et je pourois bien aller demain le voir le matin pour savoir tout le detail par lui-meme.[6] [...]

MANUSCRIT

*A. Yale, G.P., LV, p. 12–13; 3 p.; orig. autogr.; cachet sur cire rouge.

NOTES EXPLICATIVES

1. Surnom de Françoise-Louise de Bassompierre, marquise de Stainville, morte en 1758, mère du duc de Choiseul. Mme de Graffigny la connaissait depuis vingt-cinq ans.
2. Helvétius père.
3. Surnom de François-Joseph de Choiseul, marquis de Stainville (1695–1769), plénipotentiaire en France du duc François de Lorraine qu'il avait suivi en 1737 à Vienne. Mme de Graffigny avait soigneusement préparé cette manœuvre : "Le mari de Babiolle parlera mardi au pere. Nous verons. [...] Je vais pendant qu'on soupe faire un petit memoire à Mr Babiolin pour son embassade." (6 mars 1751, G.P., LV, pp. 7 et 8.)
4. Mme de Graffigny était déjà au courant de l'objection principale d'Helvétius père : " Le Genie quittera bien tot la compagnie [des fermes]. C'est le pere qui fulmine contre l'autre compagnie qu'il veut prendre, non à cause d'elle qu'il aprouve sur la bonne renomée mais à cause de ses adherans dont il croit qu'il sera chargé. Il faut du tems et de la patiance pour faire entendre raison aux sots violens." (29 janvier 1751, G.P., L, p. 46.) Le 31 janvier 1751, Mme de Graffigny avait fourni à Helvétius un état de ce qu'elle appelait "cet epouventail de 14", c'est-à-dire, de la famille des Ligniville (L, p. 49).
5. Helvétius.
6. Cette visite a eu lieu le 13 mars : "Hier matin j'alai chez mon embassadeur raisonner pentoufle, car il n'y a guere que la passiance qui puisse etre mise en usage. Tous mes soubsons sont revenus; ainci je reprends mon souverain remede, la patiance." (G.P., LV, p. 17.)

162 . *Anne-Catherine de Ligniville d'Autricourt à François-Antoine Devaux*

[Vers le 21 mars 1751][1]

[...][a]

Nautat[b], Madame[2], que le medesin[3] est laurain[c].

On tient la foire dans la chambre de la malade[4]; on y vois Mr Brette[5] que ie tient pour fout est maman[4] pour ivre, quoi qu'ils ce croie toutes avoire[d] raison. On y vois aussix un rinoseros et une femme sent pareille, ou la femme sauvage. C'est Loulou[6] qui chantera les plus baus vaire avec Mr Brette.

Je veux aussix vous rasure de tout de bon, Madame; maman[4] n'a cune[e] fluction qui vas baucoups mieux aux jours dhuie. Ie n'ent suis pas six faché puisque cela me donne la permission de vous embrasse, Madame, de tout mon cœur.

[...][f]

MANUSCRIT

*A. Yale, G.P., LV, p. 27–28; 3 p.; orig. autogr.; cachet sur cire rouge.

TEXTE

[a] Les treize premières lignes de cette lettre ont été écrites par Antoine Bret et Pierre Valleré (v. G.P., LV, p. 45). [b] Nota. [c] Signature raturée dans le A : "laurain. ⟨Minette⟩". [d] En fait, le A porte : "votre". [e] qu'une. [f] La suite de la lettre est de Mme de Graffigny.

NOTES EXPLICATIVES

1. Cette lettre se rattache par son contenu à deux autres des Graffigny Papers, entre lesquelles elle se trouve reliée (vol. LV) : celles des 18 [= 19] et 22 [= 23] mars 1751.
2. Plaisanterie d'Anne-Catherine : il est clair que la lettre est adressée à Devaux.
3. Non identifié.
4. Mme de Graffigny.
5. Antoine Bret (1717–1792), avocat, auteur dramatique et critique.
6. Oiseau de Mme de Graffigny.

163 . *Madame de Graffigny à François-Antoine Devaux*

Vendredi, 7 may 1751

[...] J'ai voulu repondre à ta lettre avant de te dire la nouvelle la plus surprenante. Tu n'as qu'à ajouter toute la tirade de Mde de Sevigné[1] et ce ne sera pas trop. Et puis je te dirai que la sœur de Minette se marie mardi, qu'elle epouse le fils de Mr de La Garde, fermier general,[2] grand, bien fait, aimable, et qui en faveur de ce mariage est adjoin à son pere.[3] Mais peutetre tu ne sera pas aussi etonné que moi et bien d'autre, parce que tu ignore les deportemens de la demoiselle ici. Folle ou pretendue il y a trois ans mais enfin recconnue pour telle à Viene dans un couvent non fermé.[4] Ici, avec une conduitte poussée à toute les extremité du libertinage, couverte de ridicule à la cour, le jouet de Mesdames par les letres sottes et extravaguantes qu'elle leur ecrivoit. Enfin, la derniere fois que i'ai vu Babiole, il ne fut question que d'avoir une letre de cachet pour l'enfermer. Depuis lontems le beau p. l'avoit projeté.[5] C'est elle qui est mariée la premiere. Par quel ressort, par quel hazard, c'est ce que j'ignore encore. Tout ce que j'y vois, c'est pour enpecher le garcon d'en epouser une autre. Ce jeune homme vivoit depuis lontems avec une demoiselle St-Phalier[6], faiseuse de roman. Le pere du garçon voulut la faire enfermer. Elle trouva des protections qui l'arreterent. Il fit donner une letre de cachet à son fils qui fut exilé à La Fleche d'où il n'est revenu que depuis trois mois. Il y en a deux environ que Du May me dit ce mariage que ie regardai comme une chimere. Il eut beau me dire qu'il etoit dans le secret, je n'en crus rien. Avant-hier le Genie me dit qu'il le tenoit de Mr de Gay[7]. Je commencai à croire. Hier le Pomier[8] vint m'en complimenter.[9] Il le tenoit des parens meme du mr et de celui qui a mené l'affaire. Mais il y a des choses là-dedans qui sont les enigme du Sphinx.[10] Ce mr qui s'en est melé lui-meme et qui a fait accorder en faveur du mariage la grace d'etre adjoint ne pu pas dire au Pomier si c'etoit la miene ou l'autre que l'on epousoit.[11] Cela me paroit bien singulier. C'est pourtant par la marquise[12] que tout c'est fait et vous verez qu'elle a peutetre cru m'obliger. Nous ne serons surement pas de la nopce, car la marié nous nie l'une et l'autre. Ie le sais depuis lontems.[13] Mais il y a huit iour que Plutus[14] me conta une plaisante histoire. La creature a encore obtenu depuis peu une pension de 4 cent livres. Plutus fut pour lui porter le 1^r^ quartier d'avance. Il ne la trouva pas. Il demenda à sa femme de chambre si elle etoit alée voir sa seur. Cette fille repondit qu'elle n'avoit point de sœur à Paris. Et le lendemain un vicaire de St-Sulpice, qui est curé au Gros Caillout[15], vint trouver Plutus qu'il n'avoit vu de sa vie pour lui faire des reproche d'avoir dit à cette femme de chambre que la susdite avoit une seur, que j'etois une femme de rien que personne n'avouoit dans la famille, que ie n'en etois pas, que sa sœur etoit perdue de reputation d'etre chez moi, que c'etoit la raison pourquoi elle n'osoit ny ne vouloit l'avouër. Plutus pensa jeter le curé par la fenetre. Il le traita selon lui, c'est tout dire. T'attendois-tu à cela? Oui, puisqu'elle avoit tenu à peu pres les meme propos à Toussaint[16], oui à Toussaint, à Viene. Ie te l'ai mandé dans le tems. En consequense elle nous niera aussi au parens de son mari, mais coment se tirera-t-elle de là? C'est ce que ie ne conçois pas. Un curé peut croire, mais des gens rependus dans le monde, cela est different. Ie ne comprends rien à cette maladroite impudence. Voila un abregé de cette histoire. Boniour. À tantot.

Bonsoir. Le mariage est declaré. C'est le roi de Pologne qui a chargé Mr Hulin[17] de le solliciter aupres de la marquize. C'est tout ce que j'ai apris. [...]

MANUSCRIT

*A. Yale, G.P., LV, pp. 107 et 109–111; 5 p. (une feuille et une demi-feuille); orig. autogr.; cachet sur cire rouge.

REMARQUES

Mme de Graffigny rapportera ainsi, le 3 juin, les incidents et la cérémonie du mariage d'Élisabeth : "Le fameux mariage a enfin eté fait à midi. Je l'ai apris à dix heures par un laquais du marié qui a apporté une letre de lui à Minette la plus ridicule qu'on puisse ecrire. Il lui fait des excuses de ne lui avoir pas rendu ses devoirs, parce qu'il n'a pas pu savoir où elle demeuroit. Oh! tu la veras cette letre. Il n'y a pas un mot de moi ny pour moi, quoique j'y sois nommée. Une boete d'or a eté donnée avec. J'ai eté si indignée de cet envoy que ie me suis defiée de moi-meme. J'ai envoié la letre au Genie pour le consulter sur la reponce. Il m'a ecrit encore plus en colere que ie ne l'etois. Me voila fort enbarassée. Sur ces entrefaites me sont arrivés mille gens à la fois. Je ne savois au quel entendre et ie fumois. Enfin le Bon Ami[18] est arrivé. Je l'ai pris dans mon cabinet. Je l'ai consulté. C'est une tete froide. Est arrivé le Levrier[19] que nous avons mis de la consultation et ils ont fait une letre que Minette a copiée – tu la veras aussi – et vite nous avons renvoié la boete et la letre. Mon laquais a fait sortir le marié de table pour la lui remetre. Il s'est confondus en excuses. Il vouloit rendre la boete. Mon laquais n'a pas voulu la reprendre et voila qui est fini. J'espere que nous n'en entendrons plus parler. Nous avions vite ecrit un mot au Grand Garçon[20] pour le faire aller à St Rohc voir la nopce. Il est venu nous en rendre compte et la Du Camp[21] aussi qui y avoit eté, de facon que, n'ayant rien à diner, comptant n'etre que nous deux, nous nous sommes trouvé cinq ou six; aussi n'avons-nous diné qu'à trois heures à cause de toutes ces copies de letres et tous ces trains. La mariée avoit une robe superbe de glacé d'argent ave[c] des ramages d'or. Elle a l'air, dit-on, de la grand-mere de Minette.[22] Elle tomboit de foiblesse. Elle n'avoit aucun de ses parens, car elle n'en a invité aucun, mais en recompence elle avoit le poete Roi[23] de son coté. J'en suis bien aise. Cela est dans l'ordre. C'est un embleme vivant."[24] (G.P., LV, p. 161–162.)

NOTES EXPLICATIVES

1. Voir lettre 144, note 1.
2. C'est le 3 juin 1751 qu'Élisabeth de Ligniville épouse Nicolas (1709–1783), fils aîné d'Élisabeth Roussel (1682–1769) et de Pierre de Delay de La Garde (1676–1754), conseiller secrétaire du roi, trésorier des rentes de l'Hôtel de ville, membre du Conseil des finances et fermier général de 1732 jusqu'à sa mort. Le même jour, le fils cadet, François-Pierre de Delay de La Garde de Saint-Vrain (1712–1789), maître des requêtes, chevalier de Saint-Lazare, épouse Marie-Marguerite Duval de L'Espinoy (v. *Mercure de France*, juillet 1751, p. 211–212).

   Mme de Graffigny connaîtra assez bien ces deux familles : "Nous avons eté à la rue St-Jacques chez une marchande voir passer la pompe funebre du duc d'Orleans. [...] Md. Genie m'a amené la femme du frere de son beau-frere. C'est une bonne et jolie petite femme. Enfin me voila en connoissance avec tous les Lagardes excepté celle qui devroit me voir. T'ai-je dit que son mari est venu deux ou trois fois chez moi. Nous somme les melieurs amis du monde." (8 fevrier 1752, G.P., LVIII, p. 57.)

3. Nicolas de La Garde recevait la survivance de la charge de fermier général qu'occupait son père. Le 12 mai, Mme de Graffigny explique les avantages de ce mariage pour l'intéressée : "Imagine-toi que la moitié de l'interet de la ferme generalle lui appartient en propre. Que son mari vive ou meure, la voila ave[c] 50 ou 60 mille livres de rente. On recconnoit avoir reçu d'elle 80 mille francs et tous les diamans dont elle est deia couverte, 6 mille livres de douërt et quatre mille d'habitation, tandis que la miene tiendra tout de son mari, que tout ce qu'on fera sera pure grace, et qu'on ne fera pas grand'chose. Je t'avouë que tout ce que j'ai lu et entendu des caprices de la fortune ne m'a jamais frapée comme ceci qui me touche de pres. J'en suis indignée. J'en suis en colere. Il ne faut donc qu'etre vicieuze, horrible par l'ame et le cœur, sotte, ridicule, extravaguante, pour faire des miracles, et la prudense, la sagesse et la bonne conduite resteront humiliée. Je ne suporte pas ce contraste." (G.P., LV, p. 119.)
4. Les faits relatifs à cette interdiction ont été exposés en 1787 par la sœur d'Anne-Catherine dans son *Mémoire pour Élisabeth de Ligniville...* (B.N. 4° Fm 16971).
5. Le prince de Beauvau ne savait rien encore du mariage : "Tout c'est fait sans que le beau p. en sut rien. Elle n'a jamais eu aucune relation avec lui. Il ne s'attendoit point du tout à ce qu'on lui en fasse part, mais puisqu'on nous est venus chercher, nous, sûrement [on] aura eté chez lui. Il est à Marli. À son retour je le saurai." (14 mai 1751, G.P., LV, p. 125.)
6. Françoise-Thérèse Aumerle de Saint-Phalier, future dame Dalibard, (1725–1757), était l'auteur de plusieurs ouvrages : *Le Portefeuille rendu, ou Lettres historiques par Mlle S**** (1749), *Les Caprices du sort, ou l'Histoire d'Émilie* (1750) et *Recueil de poésie* (1751). Selon les "Notes de Meusnier sur les fermiers generaux" (Arsenal, Bastille ms. 10250, fol. 60), celui des fils qu'elle aimait, d'ailleurs "plus d'esprit que de cœur", était non pas Nicolas, mais le cadet, François-Pierre. Mme de Graffigny se détrompe rapidement à ce sujet (v. note 9 ci-après).
7. Peut-être Jean-Baptiste Gay, procureur syndic de l'hôtel commun de Lunéville, ou Pierre-Edme Gay (1712 ou 1713–1780), avocat au Parlement, exerçant au bailliage royal de Lunéville.
8. Probablement François Pommyer (1703–1780), conseiller secrétaire du roi.
9. Mme de Graffigny revient sur ce thème le 10 : "On accourt me complimenter sur le mariage de Messaline. Elle vint hier, ma foy, avec la Plote [la comtesse de Choiseul-Meuse] pour nous faire part. Tu pense bien qu'elles n'entrerent pas. On m'avoit trompée sur celui qu'elle epouse. Il y a deux frere, l'un beau et bien fait, l'autre un magot, bete à l'exes. C'est le dernier, mais elle sera bien riche, et plus que la notre." (G.P., LV, p. 114.) Le 15, elle ajoute :

"Demain [...] nous irons faire nos complimens de mariage, à la porte s'entent, car si [la] mariée y est, nous passerons; si elle n'y est pas, nous lacherons notre billet, comme elle nous a laché le sien." (G.P., LV, p. 128.)

10. Elle croit pouvoir expliquer l'énigme le 14 mai : "J'ai enfin la clef de toute cette feerie. C'est qu'elle a couché avec le premier mobile de l'affaire. C'est un bon viellard assés fou pour croire qu'elle l'aime, assés glorieux pour etre tout transporté d'avoir les premisses d'une fille de naissance." (G.P., LV, p. 124.)

11. Le 12 mai, Mme de Graffigny évoque à nouveau le rapport entre les mariages des deux sœurs : "Le mariage de la sœur fait parler du notre, et on blame les delais du Genie d'un coté et ma pretendue foiblesse de l'autre. [...] Le Genie [...] me repond touiours qu'il n'atent que le dernier mot du garde des seaux et que tout finira. Ie ne saurois le pousser plus loin. Ah! mon dieu, que cela est long." (G.P., LV, pp. 118 et 121.)

12. Mme de Pompadour.

13. Huit mois plus tard, Mme de Graffigny revoit Élisabeth chez Mme Helvétius : "La seur y vint. Elle eut l'effronterie de demander à sa seur : 'N'est-ce pas là Md de G.?' Celle-ci lui repondi : 'Mais oui, cela pouroit bien etre.' Elle me refusa un regard. Et moi ie l'examinai bien. Elle est couverte de diamans et des habits roide d'or. La notre a l'air d'une dame ruinée à coté. Sa maison a l'air d'un vieux chateau, et elle est faite comme quatre sol. J'ai plus de robe qu'elle et d'aussi belle excepté une où il y a quelque crachats d'or. Ils font bonne chere et puis c'est tout." (4 janvier 1752, G.P., LVIII, p. 7.)

14. Du Vaucel (v. lettre 135).

15. Hospice dirigé par les sœurs de la Charité du Gros-Caillou, rue du Gros-Caillou (section de l'actuelle rue Saint-Dominique, située entre l'esplanade des Invalides et le Champ-de-Mars). En 1752, la mère d'Anne-Catherine y loge "chez le curé qui est grand ami de Md. de La Garde" (G.P., LVIII, p. 287–288), et Mme de Graffigny assure à Devaux qu'il n'est pas "indessent que la mere de Minette soit où elle est. C'est une espèce de communauté." (G.P., LVIII, p. 330.)

16. François-Joseph Toussaint, conseiller secrétaire du duc François III de Lorraine, qu'il avait suivi en 1737 à Vienne.

17. Jacques Hulin (1681–1774), secrétaire d'ambassade qui avait été en fonction dans la plupart des cours d'Europe, notamment en Espagne (1730–1731), avant de devenir en 1737 ministre de Stanislas à la cour de France. Le 11 mai, Devaux assure Mme de Graffigny que "notre Roy et son Hullin s'en sont meslés." (G.P., LIV, p. 91.)

18. Surnom non encore décodé. Peut-être Jean-Charles Du Fresne d'Aubigny.

19. Surnom de Jean Dromgold (1720–1780), irlandais, professeur de rhétorique au collège de Navarre, auteur de *Réflexions sur la Bataille de Fontenoy* de Voltaire (1745) et secrétaire des commandements du comte de Clermont. Il allait être nommé mestre de camp de cavalerie (1758), chevalier de Saint-Louis, secrétaire d'ambassade à Londres (1762) et commandant de l'École militaire (1763).

20. Surnom d'Antoine Bret (v. lettre 162).

21. Non identifiée.
22. Sans doute sa grand-mère maternelle, Georgette-Charlotte d'Issembourg Du Buisson d'Happoncourt, tante de Mme de Graffigny.
23. Le poète Roy (v. lettre 132) passait pour être ennuyeux en société.
24. Deux mois après le mariage, le nouveau ménage est décrit ainsi par Mme de Graffigny : "C'est une chose horrible que ce menage-là. Le pere, la mere, et toute la maison sont pres à deserter et ie parierois bien que la separation n'ira pas jusqu'à six mois. Il n'est bruit que de ces trains-là." (9 juillet 1751, G.P., LV, p. 231.)

164 . *Helvétius à Madame de Graffigny*

[Juin? 1751][1]

Ma belle maman, je pars ce matin pour Versailles. La conversation que j'ay eu hier au soir avec Mr Bouret[2] me prive du bonheur de vous voir. Je crois que la belle Minette ne m'en scaura pas mauvais gréz. Ce sont nos affaires communes dont il s'agit. J'iray à mon retour vous informer de ce que j'auray fait. Je compte que tout cecy tournera à bien.

Je vous ai beaucoup plaint hier, je vous plains encor aujourd'huy et je voudrois bien avoir tort.

Ozeroi-je vous prier d'assurer la belle Minette de mes respects?

MANUSCRIT

*A. Voré; 2 p. (demi-feuille); orig. autogr.

NOTES EXPLICATIVES

1. Aucune indication dans cette lettre et la suivante ne nous permet de les dater avec précision. Nous croyons pourtant qu'elles concernent les négociations aboutissant à la sortie d'Helvétius des fermes générales.
2. Peut-être Étienne-Michel Bouret (v. lettre 155), mais plus probablement son frère, François Bouret d'Érigny, qui allait être le successeur d'Helvétius à sa charge de fermier général.

165 . *Helvétius à Madame de Graffigny*

[Juin? 1751][1]

Votre bel amy, ma chere maman, n'a recu qu'à neuf heures et demie du soir votre invitation.

Pendant que son messager alloit s'informer de votre santé, il avoit été obligé de sortir pour conferer à son notaire. De là il a été aux fermes où il a resté jusqu'à neuf heures un quart et d'où il est sorty pour rentrer chez luy. Jugez de sa douleur quand il a lu votre lettre. Il etoit trop tard pour profiter de vos offres; il s'est couché l'estomac vuide et le cœur plein de chagrins. Il est pour son malheur obligé d'aller ce soir chez Mr de Forcalquier. Il est desesperé. Mandez-luy l'etat de votre santé.

[*adresse* :] À Madame / Madame de Grafigny / À Paris

MANUSCRIT

*A. Voré; 3 p. (une demi-feuille pliée une fois); orig. autogr.; traces de colle rouge.

NOTE EXPLICATIVE

1. Voir lettre précédente, note 1.

166. *Helvétius à Madame de Graffigny*

[Vers le 18 juin 1751][1]

Ma belle maman, je me suis acquitté hier de votre commission aupres de Saurin. J'ay passé à l'hotel de Lubert[2], j'ay trouvé Mr Gautier sous-fermier[3] chargé du departement des commis. J'ai voulu signer le cautionnement du Sr Brochet[4], et Mr Gautier m'a repondu que Mr de Maziere[5] leur avoit donné sa parole d'etre la caution de votre protegé. Il a en consequençe refusé la mienne.

J'ay été hier matin chez le garde des sceaux[6] qui ne voioit personne parcequ'il partoit pour Choisy. J'aurois presque envie d'aller demain le voir à Versailles. Je sens bien que je me priveray du plaisir de vous voir, vous et Minette, mais il est des moments où il faut pourtant sacrifier les plaisirs aux affaires. Que me conseille Minette? Marquez-le-moy.

[*adresse* :] À Madame / Madame de Grafigny / rue Jacinthe[7] / À Paris

MANUSCRIT

*A. Voré; 3 p. (une demi-feuille pliée une fois); orig. autogr.; traces de colle rouge.

NOTES EXPLICATIVES

1. La visite d'Helvétius au garde des sceaux, à Versailles, fait l'objet de la présente lettre, des deux suivantes ainsi que d'une lettre datée du 22 juin dans laquelle Mme de Graffigny annonce le retour d'Helvétius à Paris (v. lettre 168, Remarques). Il résulte des lettres 167 et 168 qu'Helvétius s'est rendu à Versailles le samedi 19 juin, et le contenu de la présente indique qu'elle est antérieure d'un jour ou deux à la lettre 167.
2. L'abbé Poquelin, frère de Molière,

avait vendu en 1700 cet hôtel, situé rue de Cléry, à Louis de Lubert, né en 1676, président à la troisième chambre des enquêtes de 1704 à 1740. Entre 1745 et 1755, l'hôtel de Lubert est le siège des caissiers de certains receveurs généraux des fermes.

3. Edme Gauthier Des Préaux (1705–1773), successivement commis aux aides, receveur à Aÿ, directeur des aides à Rethel, conseiller secrétaire du roi et fermier général (1758–1772), poste auquel succède son fils, Edme, baron de Hauteserve.

4. Mme de Graffigny connaissait deux Brochet, le père et le fils. Ce dernier lui avait servi de copiste et, sur les conseils de son oncle, Pierre Valleré (v. lettre 128), était parti en 1750 pour Saint-Domingue où il était mort en 1751 (v. G.P., XXVIII, p. 375, LII, p. 155, et LVI, p. 187). Il s'agit dans cette lettre du père, auquel Mme de Graffigny se réfère dans une lettre du 2 août 1752 : "Hier dès dix heures je sortis pour aller chez un sous-fermier pour des affaires du pere du petit Brochet." (G.P., LVII, p. 29.)

5. Charles de Mazières Du Breuil, receveur général des fermes, allait laisser à sa mort en 1783 plus d'un million et demi de dettes.

6. Machault (v. lettre 150, note 3).

7. Rue Saint-Hyacinthe.

167 . *Helvétius à Madame de Graffigny*

[19 juin 1751][1]

Je me suis informé, ma belle maman, du jour où l'on pourroit voir M^r^ le garde des sceaux[2]. Peutestre le verrai-je egalement dimanche ou lundy, mais l'occasion me paroit plus favorable aujourd'huy parce que Mr Bouret[3] est à Versailles et que Mr le controlleur general[2] pourroit luy parler sur-le-champ. Ainsy je crois devoir partir pour finir plus promptement s'il est possible cette maudite affaire. À mon retour j'auray le plaisir de vous faire ma cour. Je ne vous reponds pas que ce soit demain. Qui scait l'heure et le moment qu'on trouvera le ministre?

Bien des respects à Minette et bien des [compliments] à Mr de Valleret.

[*adresse* :] À Madame / Madame de Grafigny / rue Jacinthe / À Paris

MANUSCRIT

*A. Voré; 2 p. (une demi-feuille pliée une fois); orig. autogr.; traces de colle rouge.

NOTES EXPLICATIVES

1. Voir les lettres 166, note 1, et 168 (3e phrase).
2. Machault (v. lettre 150, note 3).
3. Voir lettre 164, note 2.

168. *Madame de Graffigny à François-Antoine Devaux*

Lundi [21 juin 1751], à 4 heures du matin

[...] Oui, le pere consent et la mere[1]. Il ne s'agit que de la sortie des fermes que le garde des seaux a retardé jusqu'ici.[2] Enfin, cela est peutetre signé à l'heure que ie te parle, car samedi qui etoit son jour de venir, il m'ecrivit qu'il partoit pour Versailles et qu'il esperoit en repartir tout finis. Alors rien ne retardera notre affaire que le tems qu'il faut pour les preparatif qui seront court et mince, car il n'y aura point de noce et ils partiront en sortant de l'eglise. Voila au juste où nous en sommes de ton reve. Je ne sais si ie serai dans ma maison pour ce tems-là.[3] Où as-tu pris que je devrois y etre? Le terme n'est qu'au premier juillet et on ne livre les clefs que le 15, et assurement la personne qui y est ne fera pas grace d'un quart d'heure. Il faudra encore plus de 15 iours pour faire des reparations à mon gout, comme une niche, une garderobbe, et mille petits brinborions. Mais pour jouir plus tot des agremens du jardin, ie ferai mettre dès le 15 mon vieux lit dans la sale à manger en bas, et j'y coucherai avec les maçons et les menuisiers. Voila mon projet, à moins que ie ne me sente le courage d'aller avec eux à la campagne. Ce qui m'en effraye, c'est que c'est à trente-deux lieux d'ici qu'il faut faire en un jour. Je crains que cette course ne soit au-dessus de mes forces. Dalieurs je n'aime point trop la compagnie qui consiste en Saurin et Marivaux. Si j'alois m'y ennuier, ie ne sais coment on revient de si loin dans l'etat où ie suis. En hivert ie ne balancerois pas. Ils reviendront vers le milieu de septembre à une terre en Brie qui n'est qu'à douze lieux.[4] Alors je compte bien y aller. [...]

MANUSCRIT

*A. Yale, G.P., LV, pp. 195 et 196–197; 5 p. (une feuille et une demi-feuille); orig. autogr.; cachet sur cire noire.

REMARQUES

Le retour d'Helvétius a eu lieu ce même 21 juin, comme l'annonce Mme de Graffigny le 22 : "Le Genie est revenu hier de Versailles. Notre sort est decidé. Son pere, en consentant de bonne grace à tout, a exigé que le mariage ne se fasse qu'au retour de Compiene.[5] Pendant ce tems-là on fera le trousseau, on preparera tout. Nous en voila donc encore pour six semenes au moins. J'en suis tres fachée parce que tout retard me fait craindre les accidens. Si quelque chose pouvoit m'en consoler, ce seroit l'abasourdissement de la sotte Minette. On ne sauroit etre plus ridiculement insolente qu'elle l'etoit hier tout le jour. Ce sont des airs de sufisance, de ricannerie, de mepris, qui tienent à la folie. Ma foy, le caquet fut bien rabaissé quand elle vit remis à peutetre deux mois ce qu'elle croioit qui ne tarderoit que quinze iours. Comme elle ne se gene sur rien, son abbatement ne fut pas moins ridicule que sa folle joye l'avoit eté. Une chose qui ne m'en deplait pas, c'est qu'au moins ie serai logée dessement pour recevoir les parens. C'etoit un article qui me tenoit au cœur parce que la mere est sotte et insolente. Elle auroit dit qu'elle la prenoit à l'hopital. Cependant, ie n'aurois pas voulu pour cela retarder de 24 heures, mais puisque cela se trouve qu'il n'y a rien de ma faute, j'en suis bien aise." (G.P., LV, p. 199–200.)

NOTES EXPLICATIVES

1. Geneviève-Noëlle de Carvoisin d'Armancourt (1692–1767), fille de Marguerite-Geneviève Lestorel et d'Antoine de Carvoisin d'Armancourt, trésorier des troupes du roi. Ayant épousé en 1710 Jean-Claude-Adrien Helvétius, elle eut de lui trois enfants, dont les deux premiers, Jeanne-Geneviève et Claude-Adrien, premier du nom, moururent en bas âge. Très dévote, elle comptait parmi les intimes de la reine.
2. Nouvelle que Mme de Graffigny avait commenté le 8 juin : "Il est tres vray que le Genie quitte [les fermes]. Tout le monde est de ton avis et moi aussi, mais il a eté inebranlable et cela est fait. Il n'en faut cependant encore rien dire, mais de quoi tous mes amis ne peuvent assés s'etonner, c'est qu'il ne reserve pas dans son marché un petit interet pour moi. Le Train a osé [le] lui dire avec chaleur meme. L'autre a repondu froidement qu'il ne pouvoit pas. Hier le Levrier m'en parloit encore et il etoit fort scandalisé que Minette n'eut pas exigé cela de lui. Je lui repondis que l'experience m'a aprise que l'on doit se tenir fort heureux quand les gens pour qui nous avons tant fait ne nous donnent pas des coups de pieds au cul, et cela est une verité qui me seroit bien aisé de demontrer. Aussi je m'en tiens à la gloire d'avoir reeussis et à la delivrance d'un fardeau insuportable. C'est bien assés. Ie me tiendrai bien heureuse et bien payée." (G.P., LV, p. 174.)
3. Le 28 juillet, Mme de Graffigny écrira : "Ie ne coucherai que demain dans mon chateau." (G.P., LV, p. 256.)
4. Le château et les terres de Lumigny, qu'Helvétius avait achetés au marquis de Colbert en mars 1751, sont situés à quelque cinquante kilomètres de Paris, près de Rozay-en-Brie. C'est la fille aînée du philosophe, la future comtesse de Mun, qui héritera de cette propriété.
5. Un second contretemps s'ajoutera à celui-ci : "La reine est un peu malade, écrit Mme de Graffigny, et elle ne veut pas que notre beau-pere la quitte. Il faut attendre. Le roi a retardé son voiage. Il ne revient que le onze, la reine le neuf." (1 août 1751, G.P., LVI, p. 5.)

169 . *Helvétius à Marie-Thérèse de Brancas, comtesse de Rochefort*

[Fin juin 1751][1]

Madame la comtesse,

Je suis au desespoir du nouvel accident de Monsieur le comte. Non que je puisse imaginer, apres ce que vous me marqués, qu'il ait aucune suite facheuze, mais il souffre et le germe des tubercule n'est point etouffé.

Je suis, comme vous le pensés bien, dans le plus grand embarras tant par la choze en elle-meme que par ma profonde ignorançe[a] [b]en pareilles[b] affaires. Si cela duroit, je deviendrois tout à fait fou. Mon demenagement[2], ma sortie des fermes, mon mariage, tout cela c'est fait à la fois. Voiez s'il n'y avoit pas de quoy tourner une meilleure tete que la mienne. Aussy je ne vois n'y n'entend rien. Je sens cependant encor que je vous aime, si vous me permettez de vous le dire, à la folie,[3] que je suis penetré de reconnoissançe des bontés de Monsieur le comte et des votres, que je brule du desir de vous faire ma cour. Je crois ne rester que six semaines à Voré.[4] Tout sera fait et dit et j'ozeray alors me representer à Paris où maintenant je n'oze voir personne.

Je suis accablé de mille petites affaires; je n'ay que le tems de vous remercier de vos bontés.

J'ay l'honneur d'etre, avec respect,

Madame,

Votre tres humble
et tres obeissant serviteur,

Helvetius

Je vous suplie de presenter mes respects à Monsieur le comte.

MANUSCRIT

*A. Université Yale; 3 p.; orig. autogr.

IMPRIMÉ

1. *Collection Dentu. Autographes*, 1887, tome II, fasc. 1, série IV, p. 98.

TEXTE

[a] Le A : "ignorançe des affaires ⟨de cette⟩". [b] Dans l'interligne.

NOTES EXPLICATIVES

1. Le 22 juin, Mme de Graffigny a annoncé qu'Helvétius avait quitté les fermes et que le mariage était arrangé (v. lettre 168, Remarques). D'autre part, il ressort de la présente lettre qu'Helvétius vient d'apprendre un "accident", ou plutôt une maladie survenue au comte de Brancas; elle peut être antérieure de deux à trois semaines à la lettre 171, qui est à dater du 19 juillet, dans laquelle Helvétius semble bien se référer à la convalescence du comte.

2. D'après l'*Almanach royal*, Helvétius a habité rue Sainte-Anne de 1739 à 1751. Il occupe peut-être déjà, en tant que locataire, la maison où il habitera avec sa femme à partir de 1755.

3. En décembre 1748 Mme de Graffigny s'était faite l'écho d'une liaison d'Helvétius avec Mme de Rochefort, dont le frère, le comte de Forcalquier, était un valétudinaire : "Nicole [...] m'aprit bien un autre histoire qui n'est encore qu'en conjectures, mais sur des faits et gestes bien maigres. C'est que le Genie et la sœur du malade sont d'acort. Il se meurt cet aimable malade, et cette sœur paroit si tranquille apres avoir eté comme on l'a vuë que cela et bien d'autres choses font croire qu'elle a trouvé de la consolation. [...] Voila la chimere de Minette bien detruitte." (G.P., XXXVI, p. 165–166.)

4. En fait, ce séjour dure environ sept semaines : Helvétius et sa femme quittent Versailles pour Voré le 21 août et sont de retour à Paris le 9 octobre (V. G.P., LVI, pp. 41 et 112).

170. *Helvétius à Renée-Caroline-Victoire de Froullay, marquise de Créquy*[1]

[Vers le 19 juillet 1751][2]

Madame,

Il est vray que me voila marié. J'en suis moi-meme etonné, peutestre meme un peu honteux, mais en pareil cas il faut faire le brave et je le fais. Il est certain que Mlle de Ligneville est fort douçe, fort aimable et qu'elle a à peu pres le meme gout que moy pour la campagne. Voila ce qui m'a determiné. Je n'aurois point du tout aimé qu'elle adopta mes gouts par complaisançe, c'est autant de pris sur l'amitié. Mais je m'appercois qu'on est bien sot quand on se marie. Oh bon dieu, que ma lettre est bete! Souvenez-vous qu'il faut tout passer à un nouveau marié. Il n'y a point de role plus embarrassant à soutenir.

Je vous prie de me continuer les bontés dont vous m'avez toujours honoréz; je vous les demande pour Mademoiselle de Ligneville qui aura l'honneur de vous faire sa cour à son retour de Voré où nous allons le lendemain des noçes.

J'ay l'honneur d'etre, avec respect,
Madame,
Votre tres humble
et tres obeissant serviteur,

Helvetius

[*adresse* :] À Madame / Madame la marquize / de Crequy / À Paris

MANUSCRIT

*A. Voré; 3 p.; orig. autogr.; traces de colle rouge.

NOTES EXPLICATIVES

1. Soit Anne Le Fèvre d'Auxy, épouse de Jacques-Charles, marquis de Créquy, soit plus probablement, Renée-Caroline de Froullay (1714–1803). Veuve dès 1748 de Louis-Marie de Créquy, marquis de Hémont, elle tient à partir de 1748 un salon célèbre fréquenté par Fontenelle, Saurin et Trublet, tous amis d'Helvétius. Les maris de ces deux femmes, toutes deux connues sous le titre de marquise de Créquy, étaient cousins germains.
2. Thèmes et termes similaires à ceux de la lettre suivante.

171. *Helvétius à Marie-Thérèse de Brancas, comtesse de Rochefort*[1]

[a][19 juillet 1751][2]

Madame la comtesse,

Je n'ay pu finir mes affaires avec Mr Bouret[3] que depuis trois jours. C'etoit tantost luy tantost le notaire[4] qui n'etoient point en etat de terminer. J'ay été de remize en remize trainé jusqu'à samedy dernier. En finissant cette affaire vous scavez que j'en commençe une autre. Enfin, puisqu'il faut trancher le mot, je suis le philosophe marié.[5] Si vous scaviez combien cet aveu me coute et combien je suis honteux, vous excuzeriez cet sotize, car il me reste encor assez de raison pour sentir que le mariage est une folie. À travers mon amitié pour Mlle de Ligneville je sens quelques remords. Je vous prie que ce que je vous dis ne vous passe point. Vous en sentez la consequence.

Je voudrois bien pouvoir aller passer quelques jours à Meudon et j'esperois m'y rendre jeudy mais quelques reparations survenues à ma terre de Lumigny m'obligent d'y passer quatre ou cinq jours. Mon pere veut d'ailleurs que tout soit pret pour son retour de Compiegne et qu'il n'y ait plus que la benediction à donner. Je suis assez de son avis parceque j'imagine que je seray plus content quand tout sera fait. Je n'auray plus à essuier l'importunité des questions et cela est desolant.

On m'a dit que [b]Mr le comte[b] continuoit à se bien trouver de l'air de Meudon. Je n'ay pas ozé luy mander directement ce que je vous marque, non que je doute de ses bontés pour moy mais par pure enfançe. Quand vous luy aurez tout dit, je seray plus hardy.

Accordez-moy toujours les memes bontés et daignez recevoir les assurançes d'un eternel attachement.

Je suis, avec le plus profond respect,
Madame la comtesse,
Votre tres humble
et tres obeissant serviteur,
Helvetius

MANUSCRIT

*A. Bibl. mun., Nantes, Fonds Labouchère, Français 667, n° 12; 4 p.; orig. autogr.

IMPRIMÉS

I. *Notes and Queries*, 4e série, vol. VIII (1871), p. 140.

II. Keim, p. 185; un fragment y est cité d'après le fichier Charavay.

III. F. Weil, "Une lettre inédite d'Helvétius", *Studi francesi*, X (1960), p. 48–49.

TEXTE

Le nombre inhabituel de ratures que

comporte cette lettre trahit peut-être une agitation chez Helvétius. [a] La mention "à Lumigny", placée en tête de lettre, ne semble pas être de l'écriture d'Helvétius. Elle est peut-être de son secrétaire, de la destinataire ou d'un détenteur ultérieur. [b] Le III : "Mon. Le Gourse".

NOTES EXPLICATIVES

1. L'identité de la destinataire, dont le nom n'est pas mentionné dans cette lettre, résulte clairement des références à Meudon et à la maladie de son mari (v. lettres 169 et 182).
2. Quoiqu'Helvétius s'affirme "le philosophe marié", il est certain que cette lettre est antérieure à la signature de son contrat de mariage qui a eu lieu le 15 août 1751. Elle a été écrite alors que son père, médecin de la reine, était à Compiègne, soit entre le 26 juin et le 9 août 1751. Pendant cette période Helvétius n'a conclu qu'une seule transaction avec Bouret d'Érigny, datée du vendredi 16 juillet (v. M.C., Étude LVI (Dutartre), répertoire 10. Cet acte a été détruit dans un incendie). La présente lettre a été écrite trois jours plus tard.
3. Voir lettre 164, note 2.
4. Antoine-Jean-Baptiste Dutartre, frère d'Étienne-Nicolas (v. lettre 158), conseiller du roi, trésorier général de ses bâtiments, jardins, arts et manufactures et notaire d'Helvétius. Parmi ses clients figuraient Choiseul, Collé, Diest, Du Rey de Meinières, d'Holbach, d'Houdetot, Jaucourt, Malesherbes, Pompadour et Quesnay.
5. Après avoir longemps été un célibataire endurci et brocardé ses amis mariés, Ariste, héros du *Philosophe marié* de Destouches (1727), redoute, par "mauvaise honte", les sarcasmes du public, quand il est obligé de divulguer le mariage qu'il a secrètement contracté. Le 27 mai 1751, Anne-Catherine avait assisté à une reprise de cette pièce "à cause de la ressemblance avec le Genie qui est effectivement singuliere". (Lettre de Mme de Graffigny à Devaux, G.P., LV, p. 150.)

172. *Helvétius à Madame de Graffigny*

[10 août 1751][1]

Mon pere aura l'honneur, ma belle maman, d'aller aujourd'huy vous faire sa cour. Je crois qu'il sera chez vous vers les cinq heures; je pense qu'il est inutil qu'il y trouve beaucoup de monde.

Je vous prie de vous informer avant ce tems de la demeure de M^de^ la princesse de Chimay[2], M^de^ de Montrevel[3] et M^de^ de Meuze[4] chez lesquelles mon pere veut aller ce soir apres vous avoir vu.

Je suis de plus chargé de vous propozer à diné demain avec[a] Mademoiselle de Ligneville. J'imagine que vous ne devez pas refuzer ce diné qui mettra de la cordialité dans notre affaire. Mon pere et ma mere m'ont paru le desirer beaucoup.

Ozerois-je vous prier d'assurer Mademoiselle de Ligneville de mon respect?

Miniature de Mme Helvétius

[*adresse* :] À Madame / Madame de Grafigny, rue / d'Enfer[5], proche la petite porte / du Luxembourg / À Paris

MANUSCRIT

*A. Voré; 3 p. (une demi-feuille pliée une fois); orig. autogr.; traces de colle rouge.

TEXTE

[a] Le A : "avec ⟨mon pere et ma⟩".

NOTES EXPLICATIVES

1. Mme de Graffigny a reçu cette lettre le jour même de son envoi (v. lettre suivante).
2. Gabrielle-Françoise de Beauvau-Craon (1708–1758), troisième fille de Marc de Beauvau-Craon et d'Anne-Marguerite de Ligniville, avait épousé en 1725 Alexandre-Gabriel-Joseph d'Alsace-Hénin-Liétard, marquis de La Verre et prince de Chimay, mort en 1745.
3. Marie-Florence Du Châtelet, née en 1704, belle-sœur de Mme Du Châtelet, veuve de Nicolas-Auguste de La Baume, comte de Montrevel.
4. Béatrix-Clémentine-Désirée Du Han de Martigny, surnommée la Pelote par Mme de Graffigny. Veuve depuis 1746 de François-Honoré, comte de Choiseul-Meuse, elle était chanoinesse à Nivelle.
5. Mme de Graffigny avait déménagé de la rue Saint-Hyacinthe dans les premiers jours du mois d'août. Le 25 janvier 1751, elle avait signé un bail à loyer pour la maison de la rue d'Enfer pour neuf ans à partir du 1er juillet de la même année (M.C., XCII, 569). Le 13 avril 1752, elle renouvellera son bail avec le nouveau propriétaire, Jean-Baptiste Pothenot, pour une seconde période de neuf ans (M.C., XCII, 576 et 577). Elle prendra Pierre Valleré comme sous-locataire.

173 . *Madame de Graffigny à François-Antoine Devaux*

À Paris, le 10 aoust 1751

[...] Les choses se traitent si maussadement et avec tant de despotisme que nous en sommes tous indignés. Minette en pleure, Doudou en crie, et moi ie sere les dents pour retenir mon impatiance, et pour ne pas faire plus de peur que l'on n'en a. Croirois-tu bien que nous ne verons le contrat qu'en le signant et qu'on ne m'en a parlé qu'une fois, et du ton decisif du roi de Maroc.[1] Voila un craion du gros. Il y a mille details dans ce gout-là qui depuis huit iours me mettent fort mal à mon aise. Enfin il en faut sortir et dieu merci ce sera bien tot à ce que ie crois. Le pere doit etre ... Oui, il est arrivé. On m'a apporté dans le moment une letre du fils[2] qui me le mande. Nous aurons ce soir sa visite et demain nous dinons chez eux. Croirois-tu qu'il a falu haranguer, se facher, pour y faire consentir Minette? O les sottes gens que nos gens.[3] On me desole et on m'épuise en parolles. Enfin, nous saurons ce soir le jour. Adieu. [...]

Mercredi [11 août 1751]

Boniour, mon ami. Nous avons eu hier une rude scene. C'est l'entreveuë du pere et de la mere. Dès le matin Minette en a eté dans des vapeurs et des trances les plus ridicules jusqu'à cinq heures qu'ils sont arrivé, et cela a finis par un tremblement à leur aproche et par pleurer à leur nez. Cette façon de les recevoir, qui seroit bien ridicule à toute autre occasion, a fort bien fait ici, parce que leur grand cheval de bataille a touiours eté qu'elle etoit haute, qu'elle les mepriseroit. Ainci cet exces de timidité leur a plus. Ils en sont enchanté et le reste de la visite, qui a duré par dela sept heures, c'est tres bien passé. Nous alons y diner auiourdhui. Ensuitte le pere part pour aller prendre le iour et l'heure du roi et de la reine pour la signature du contrat[4] de façon que, ne voulant point se marier vendredi ny samedi, le jour tant reculé le sera encore jusqu'à lundi et peutetre mardi à cause de St-Rohc qui est fete ici et ie ne crois pas qu'on marie ce iour-là. Voila où nous en somes : pour les apparences tres gayes et tres contant, mais moi ie suis devorée des procedés durs du contrat. J'ai enfin fait consentir ma begueule[5] hier au soir à ce que ie parlasse ce soir au Genie sur ce maudit contrat qui est injurieux pour elle et ridicule pour lui. Tous mes amis me font là-dessus des huées depuis quinze jours et j'ai touiours eu des scenes violente avec elle quand i'en ai voulu parler. Tu peux etre assuré de la maxime que j'ai depuis lontems dans la tete que, quand les gens pour qui nous avons tant fait ne nous donne pas des coups de pieds dans le ventre, nous devons leur etre bien obligé. C'est cependant un chose qui me coute terriblement que cette discution de tantot, mais ie le dois en honneur et en concience. Apres, si les choses restent comme elles sont, je n'aurai rien à me reprocher.

On ne me traite pas mieux en Lorraine. Croirois-tu que ny pere ny mere n'ont daigné m'ecrire. Ils croient que c'est leur merite qui fait tout. On poura dire que c'est bien gratuitement que ie fais le bien. Je sais un gré infini à la princesse de Craon[6] d'avoir bien voulu faire la reflection que tu me mande et de s'informer si on a des procedés avec moi. Elle seroit bien etonnée si elle savoit ce qui se passe.

Tu nous rends un grand servisse sans le savoir en me parlant de la letre du Genie au pere[7] qui n'est point arrivée. En voici l'histoire. Tu dois bien penser qu'il n'a pas manqué d'ecrire. Il a meme laissé ses deux letres chez moi. Ie les ai moi-meme envoié à la poste mais par un Savoiard qui sans doute en a perdu une en chemin. Nous etions de notre coté fort surpris que la mere seule ait fait reponce et sans toi nous n'aurions jamais deviné l'enigme. On l'expliquera à Nancy auiourdhuy. [...]

Le soir

Ce n'est pas la peine de prendre une feuille pour te dire que le diner c'est fort bien passé, que l'on me paroit fort contant de nous et ie le suis fort d'eux. J'ai vuidé aussi l'affaire du contrat. Tout va bien et je suis gaye ce soir, quoique fatiguée comme un loup d'avoir couru tout Paris pour porter des billet de faire-part. Tout est fait, dieu merci. Je vais me reposer au moins trois ou quatre jours sans avoir de grandes affaires, et puis elles reviendront et mardi sera le grand jour, et puis ie ne veux parler ny marcher de deux mois. Mon dieu, quel bonheur qu'il pleut, qu'il fait frais et presque froid. À propos, il faut bien que le pere de Minette ait recu la letre, car on a recu hier sa reponce. A! que ces letres-là sont bonnes à garder. Bonsoir, je t'embrasse, et ie suis gaye; il y avoit lontems que ie ne l'avois eté.

MANUSCRIT

*A. Yale, G.P., LVI, pp. 17, 18–19 et 20; 4 p.; orig. autogr.; cachet sur cire rouge.

NOTES EXPLICATIVES

1. Mme de Graffigny était cependant au courant des clauses essentielles du contrat et s'en était félicitée le 1er juillet 1751 : "Depuis que ma lettre fut cachetée hier j'ai apris bien des choses. Le Genie etoit chez Train qui est son confident. Il lui a enfin declaré les clause du contrat. Je m'attendois bien qu'il seroit genereux mais pas tant. Il donnera 20 mille livres de douert, cinquante mille livres de preciput, et les diamants de sa mere qui sont considerables. C'est le plus grand des secret car tout en est. Il croit meme que ie ne le sais pas; ainci motus absolument et sans reserve. Il apportera samedi 8 mille francs pour le linge seulement et les petites robes de campagne, car il remet au retour de la campagne à acheter les habits riches. Voila où nous en sommes, mon ami, et tu vois que c'est bien avancé." (G.P., LV, p. 215.) Helvétius avait donné ordre "de ne rien epargner" (LV, p. 239) et Mme de Graffigny avait dépensé au moins dix mille livres, rien que pour le linge. (LV, p. 249.) Quant aux "belles étoffes" on préférait attendre pour qu'elles soient "de l'année" (LV, p. 232).

Le contrat de mariage, daté du 15 août 1751, se trouve aux Archives nationales (Y 428, Châtelet de Paris, Insinuations, 2 janvier–4 juin 1772, fol. 82–83) et l'inventaire après décès d'Helvétius en contient un résumé (M.C., LVI, 171, papiers n° 1).

2. Lettre 172.
3. Marivaux, *Le Jeu de l'Amour et du Hasard*, acte II, scène 6. Cette expression était sans doute déjà passée en proverbe.
4. Le contrat devait être signé par le roi, la reine, la Dauphine et Mesdames de France (v. *Mercure de France*, octobre 1751, p. 195).
5. Anne-Catherine.
6. Anne-Marguerite de Ligniville, princesse de Beauvau-Craon.
7. Jean-Jacques de Ligniville (v. la fin de la présente lettre).

174. *Helvétius à Madame de Graffigny*

[14 ou 15 août 1751][1]

J'ay l'honneur d'envoier à Madame de Grafigny la lettre du curé de St-Roch[2]. Je la prie en meme tems de demander à Mlle de Ligneville si elle pourroit arreter pour laquais celuy qui a servy chez Mr Ramond[3] et qui scait froter. À ce qu'elle m'a assuré, il conviendroit de le prevenir sur ce genre de serviçe.

[*adresse* :] À Madame / Madame Grafigny / À Paris

MANUSCRIT
*A. Voré; 2 p. (une demi-feuille pliée une fois); orig. autogr.; traces de colle rouge.

NOTES EXPLICATIVES
1. Voir la référence à "St-Rohc" dans la lettre suivante (1er par.). La présente lettre, à laquelle était sans doute jointe l'autorisation du curé de Saint-Roch, doit dater du même jour ou de la veille.
2. Jean-Baptiste Marduel.
3. Non identifié.

175 . *Madame de Graffigny à François-Antoine Devaux*

Dimanche, 15 aoust 1751

[...] J'etois toute habillée, prete à sortir, le carosse à la porte. Ie fis monter mon laquais dedans pour aller dire à la belle-mere que ie n'irois pas diner à quatre heures. J'eus assés de courage pour aller courir au Marais chez une seur de la belle-mere qui demeure aux Magdelonnettes.[1] Elle est fort aimable mais terrible pour moi, quand je suis foible, car elle est sourde comme un mur. De là chez la belle-mere où il falut me donner à manger, n'en pouvant plus de foiblesse. On caressa fort Minette. On lui fit les presens qui sont une montre d'or, une tabatiere d'or, un flacon d'or, une boete à mouche d'or, un etui à rouge de lac garnis d'or, un etui à curedent d'or. La tante lui donnera un sac à ouvrage à cul d'or et deux navettes d'or. Tu vois que la voila toute or. La belle-mere lui donne une croix de diamans de 14 mille livres dont elle fera autre chose, mais c'est encore un secret de la comedie. Elle veut la surprendre. Ainci nous n'en savons rien. La reine de droit lui donne un present de dix mille livres; on croit que ce sera des boucles. Ainci la voila aussi bien que si elle etoit fermiere generalle. Moi, ie lui ai donné ma belle boete. Tout est pres, excepté le curé qui est plus brutal que jamais. Enfin mon pauvre St-Benoit ne nous mariera pas. Doudou a encore eté ce matin parler à ce vilain St-Severin. Il refuse de delivrer la publication des bans. Il faudra lui faire une somassion demain et on les mariera à St-Rohc qui est la paroisse d'Helvessius. Le St-Severin en est furieux. Il ne sauroit l'empecher, mais pour faire tout le mal qu'il peut, il refuse cette publication de bans qu'il faudra bien qu'il donne.[2] Tout cela nous tourmente d'allée et de venuë. Il faut pourtant que le mariage soit fait mardi. Le contrat est signé du roi et de la reine de ce matin. Il a falu metre le couteau sur la gorge du beau p. pour l'y faire aller. Il est par trop haut aussi. Pour le Babiolin il est charmant. Il court au devant de tout ce qui peut flatter ces bonnes gens-là. Et l'autre est roide comme une bare de fer. Non, tu ne peux pas croire tous les chifonnage, tracas, minutie, et autres aux quelles il faut penser. [...]

On m'a coupé la parolle, mon ami, pour signer le contrat. Minette a pleuré et tremblé. Le Genie a eu les larmes aux yeux. Ils ont senti l'un et l'autre la force de l'engagement. Ils m'ont fait pitié. Je n'ai pu te rejoindre du reste de la journée. Des visites, des affaires, tout mon tems est mangé. Ie vais demain matin à Conflans[3] trouver l'archeveque avec la cousine[4] qui est son amie pour metre notre curé à la raison et marier à St-Rohc.

MANUSCRIT

*A. Yale, G.P., LVI, p. 25–27; 3 p.; orig. autogr.; cachet sur cire rouge.

NOTES EXPLICATIVES

1. Louise-Marie-Lucrèce de Carvoisin d'Armancourt, morte en 1772, sœur de la mère d'Helvétius, était devenue veuve en 1732 de Roger Beschefer de Launoy, gentilhomme de la grande fauconnerie du roi, et avait épousé en secondes noces, en 1733, Nicolas-Louis de Grossetete de Jouy, maréchal de camp, mort en 1743. Elle habitait le couvent de la Madeleine, rue des Fontaines.
2. Malgré son déménagement, Mme de Graffigny avait insisté pour que le mariage soit célébré dans son ancienne paroisse de St-Benoît : "Nous sommes dans un cas particulier. Je quitte la paroisse huit iour avant le mariage pour etre de celle de St-Sulpice. Il faut des formalités là-dessus que nous avons resoud. On publiera de dimanche en huit qui sera le 1r d'aoust, tout cela du consentement du Genie." (20 juillet 1751, G.P., LV, p. 247.) L'affaire ne se réglera pas si simplement : "Il a falu que j'aille le matin chez mon nouveau curé qui nous fait enrager. Apres avoir consenti que le mariage se fasse à notre enciene paroisse, il a fait ses reflexions sur l'argent et il menace de faire opposition. Je ne l'ai pas trouvé en personne mais son representant qui m'a reçu comme Margot. Je l'ai reçu de meme et ie suis sortie en lui jetant 4 louis et en lui disant que, puisqu'il n'etoit question que d'interet, que s'il n'y en avoit pas assés, il n'avoit qu'à dire. Ces tracas me tracassent." (13 août 1751, G.P., LVI, p. 21.) Le curé de Saint-Benoît était Jean Bruté (v. lettre 130, note 6), et celui de Saint-Sulpice, Jean Du Lau de La Coste.
3. Christophe de Beaumont (1703–1781), archevêque de Paris depuis 1746, avait été exilé à Conflans.
4. Jeanne-Charlotte de Viard d'Attigneville, baronne de l'Empire, veuve depuis 1741 d'Armand-Jean de Broussel, comte de La Neuville. Le bisaïeul de Mme de Graffigny, Charles Gillet de La Vallée, était le trisaïeul de la comtesse de La Neuville.

176. *Madame de Graffigny à François-Antoine Devaux*

Lundi, 16 aoust 1751

Le croirois-tu, mon ami, que la veille du mariage ie sois assés desœuvrée pour avoir lu un volume d'un roman que je t'envoierai mercredi, ou du moins à l'Exelence[1], et pour t'ecrire tranquillement. C'est qu'à force d'avoir eu à faire, je n'ai plus rien à faire, et que, ne recevant personne, Minette etant entre les mains du friseur, Doudou en comissions pour elle, je suis seule dans mon chateau, mais la tete touiours occupée.

Ce matin j'ai crus aller à Conflance trouver l'archeveque avec la cousine. J'etois en chemin. J'ai trouvé un vicaire de mon rustre de curé qui m'a prié de vouloir bien aller chez le curé. Il m'a presque assuré que j'en serois contante. J'y ai eté. Apres encore quelques discutions il s'est rendus et m'a donné la permission tant demendée et tant refusée. Nous sommes les melieurs ami du monde. De là j'ai eté chez mon St-Benoit où j'ai pris tous mes arrangemens, et de là chez le curé de St-Rohc le remercier et prendre la publication des bans. Tu vois que j'ai courus les curés jusqu'à une heure.

Ie suis revenuë lasse comme un chien. J'ai diné, et depuis le diner j'ai lu jusqu'à cinq heure que le beau-pere et la belle-mere sont venus. C'etoit pour apporter à Minette, que l'on a fait dessendre à moitié frisée, une croix de diamans avec un nœuds qui vaud bien 15 mille livres. Le bonhomme de pere est presque aussi amoureux que son fils. La mere paroit charmée aussi. Ce matin la tante a envoié son present. C'est, comme ie te l'ai dit, je crois, un sac à ouvrage à cul d'or, deux navettes d'or, des ciseaux d'or et un déz. Hier le Genie etoit si effarouché, le soir si las, si rendus, qu'il me faisoit pitié. Son bonhomme de pere soutient mieux la fatigue, et moi mieux que Minette qui etoit encore hier au lit à six heures, mais elle revint le soir. Elle m'avoit deia fait amande honnorable le matin. Elle la reccommensa le soir. Je suis du moins contante de son esprit, si ie ne le suis pas de son cœur, et comme nous n'aurons plus rien à demeler ensembles, nous y vivrons bien.

J'atens encore le curé pour donner les noms et qualités. En attendant ie vais ecrire un modelle de letre à Minette. Il faut que je sois son secretaire avec les gens qu'elle craint un peu. Adieu, à revoir. Demain à ces heures-ci ie serai renduë à toi et à moi, peutetre trop fatiguée pour t'ecrire, mais mercredi n'est pas un chien.

Mercredi [18 août 1751]

Ma foy! Ci fait, mon ami, mercredi est un chien et moi une sotte femme. Croirois-tu bien qu'au lieu hier de sentir le bonheur du *vos conjongo* que j'atens avec tant de crainte, de doute et de trances depuis trois ans et demi, je n'ai eté que saisie et tremblante. Mais tu aimes les details, il faut t'en faire.

On s'assembla chez moi à onze heures. Nous partimes à onze he[ures][a] et demi, la mariée, son mari, le beau prince et moi; le pere, la mere, la tante, Mr de Stainville, Duclos et Mr Valeré dans d'autres carosses; la mariée bien parée, une robe de moire blanche toute couverte de raiseaux d'or à clinquant, de belles dentelles, &c. Le curé nous a fait une exortation ou plustot un discours accademique. Ie defie qu'on dise mieux. Si ie puis l'avoir, ie te l'envoierai. De là je remis ma pupile entre les mains de ses nouveaux parens et je m'en allai seule avec Duclos. Le diner fut magnifique, mais sans Duclos il auroit eté triste, parce qu'on avoit exigé point de sotise. On fit donc l'esprit. Ie m'echapai à 4 heure et demi sans rien dire à la mariée qui auroit pleuré, et ie m'en revins etouffante de larmes en me donnant cent soufflets interieurement, car mon dieu, pourquoi pleurer? Qu'ai-je à regretter dans un moment si glorieux pour moi? Tant y a que ie fus bien malade toute la soirée. [...] Ie crois que, cette folie passée, ie sentirai bien mon bonheur. Eh bien, boureau, j'ai envie de te chanter pouille de m'avoir tant impatianté en traitant cette affaire de chimere. La voila pourtant. Ie me rejouissoi[s] tant de te chanter pouille dans ce tems-là. Ie n'en ai pas le courage. [...]

MANUSCRIT

*A. Yale, G.P., LVI, p. 29–32; 4 p.; orig. autogr.; cachet sur cire rouge.

TEXTE

[a] Trou à l'endroit du sceau.

NOTE EXPLICATIVE

1. Le comte de Lucé (v. lettre 132).

177. *Madame de Graffigny à François-Antoine Devaux*

Mardi [24 août 1751], apres diner

[...] J'ai toute ma vie eté touchée jusqu'au larmes en voiant marier quelqu'un; je l'ai eté ici. [...] J'en suis deffaite. Elle m'a ecrit de Versailles le surlendemain de son mariage. Je n'en ai pas eu de nouvelle depuis, et point du mari. Depuis leur depart j'en ai eu une du pere qui me remercie du bon present que ie lui ai fait. Je souhaite qu'il pense touiours de meme. Mais tu veux les heures et les momens. Voici pourquoi on c'est marié à midi. C'est que la santé du pere et de moi ne comportoient pas de se lever à 4 heures du matin et que l'on ne marie pas ici à minuit. Oh oui, la mariée etoit en beauté, car elle avoit un pied de blanc. J'en ser[r]ois les fesse de honte. Ie ne sais coment cela n'a pas sauté aux yeux à tout le monde, et j'ai decouvert hier que les deux jours qu'elle a fait la malade pour rester au lit, elle a fait des tripotage dont l'appareil ressemble assés à ceux des enchantemens de

Circée. Le beau-pere n'a point quité la cour mais il a fait donner sa survivance. Ah! mon dieu, quitter la cour! Il est l'ami intime de la reine.

Je ne saurois te parler du lendemain, puisqu'ils sont partis pour Versailles l'apres-diner du iour et ie te l'ai mandé. Tout ce que j'en sais, c'est que le lendemain elle fut presentée à la reine qui la combla de bontés et qui a dit qu'elle en etoit charmée. Le jeudi elle fut faire des visites chez les dammes d'honneur, Mme Brancas[1], Du Ras[2], &c. Le vendredi chez le controleur general et chez Mr d'Argençon qui s'etoit plaint de n'avoir pas signé le contrat comme etant parent[3]. Et le samedi ils sont partis à cinq heures du matin dans une chaise à deux et ils sont eux deux tout seuls à trente-deux lieux d'ici. Saurin, Marivaux, et un chevalier de Blane[4] que ie ne conois point, qui est le troisieme ami, vont les rejoindre vendredi prochain. Voila en consience tout ce que ie sais. [...]

MANUSCRIT

*A. Yale, G.P., LVI, pp. 39 et 40–41; 6 p. (une feuille, un bout de papier de 8.5 sur 8 cm et une demi-feuille); orig. autogr.; cachet sur cire rouge.

NOTES EXPLICATIVES

1. Marie-Angélique Fremyn de Moras, épouse de Louis-Antoine, duc de Villars-Brancas. Elle était l'unique dame d'honneur de la Dauphine.
2. Angélique-Victoire de Bournonville, duchesse de Durfort et de Duras, dame d'honneur de Mesdames Sophie et Louise. Elle avait été chargée en 1722, avec son mari, de remettre à l'infant Don Carlos la princesse d'Orléans, Mlle de Beaujolais, fille du Régent.
3. Nous ignorons en quoi les d'Argenson étaient apparentés aux Ligniville. Voir aussi lettre 142, note 3.
4. Voir lettre 158, note 9.

REMARQUES

Pendant l'absence des nouveaux mariés, Mme de Graffigny en reçoit à la fois de bonnes et de mauvaises nouvelles : "J'ai enfin reçu ce matin une letre du marié et une de la mariée. Elles ne respirent que bonheur, joye, et santé." (27 août 1751, G.P., LVI, p. 49.) "Minette me mende, et son mari aussi, qu'elle vient de faire une petite fausse couche à force de galoper à cheval. C'est bien fait. C'etoit notre querelle eternelle que ce gout effrené pour le cheval. Elle n'en est pas malade car l'enfant etoit bien jeune, mais c'est toujours un derangement facheux." (10 septembre 1751, G.P., LVI, p. 72.) "La fausse couche pouroit avoir plus de 15 jours. Aussi etoit-elle bien petite. Mon dieu, oui, ils s'adorent touiours; la chose est encore bien nouvelle." (20 septembre 1751, G.P., LVI, p. 86.)

178. *Helvétius à l'abbé Ottaviano di Guasco*[1]

De Paris, 31 août 1751

Oui, vraiement, Mr, je suis marié. J'ai peché contre la philosophie, et j'en demande pardon à vous, le premier des philosophes. C'est une sotise de l'amour dont je ne puis me repentir, et je n'ai rien de mieux à faire à cet egard que de mourir dans l'impenitance finale.

Vous allez donc recourir le monde.[2] Vous trouverez surement partout des admirateurs et des amis, mais vous n'en trouverez nulle part de plus sincere que moi, ni qui desire plus vivement votre amitié. Je compte à votre retour d'Italie vous presenter ma femme, et j'espere qu'en la connoissant, vous n'aurez pas de peine à me pardonner.

Je suis avec respect, M[r] et cher ami,

MANUSCRIT

*A. Bibl. mun., Vérone, ms. 247, fol. 2 verso; 1 p.; copie.

IMPRIMÉ

1. S. Rotta, "Montesquieu nel settecento italiano : note e ricerche," dans *Materiali per una storia della cultura giuridica*, éd. G. Tarello, Bologna, Il Mulino, 1971, I, p. 192–193.

NOTES EXPLICATIVES

1. Ottaviano di Guasco (1712–1781) se fait ecclésiastique après avoir poursuivi des études d'hébreu et de théologie au Piémont et à Florence. En 1738, il se rend à Paris, où il se lie avec des personnages célèbres. Membre de l'Académie royale de Bordeaux, de celle des inscriptions et belles-lettres de Paris, et des académies de Berlin, de Cortone et de Londres, il devient en 1747 comte de Clavières, et en 1751 chanoine de Tournai. "Savant profond étrangement doublé d'un intrigant et d'un ambitieux, le plus grand mérite de l'abbé de Guasco est d'avoir gagné l'amitié de Montesquieu." (R. Shackleton, "L'abbé de Guasco...", *Actes de l'Académie nationale ... de Bordeaux*, 4e serie, XV (1958), p. 49 sqq.) Leurs relations amicales sont antérieures à 1742, date de la première lettre de Montesquieu à l'abbé; c'est sans doute le président qui l'a présenté à Helvétius. Guasco publie en 1767 les *Lettres familières du président de Montesquieu à divers amis d'Italie*, dont certaines sont des lettres apocryphes peu flatteuses pour Mme Geoffrin. Il est également l'auteur de *Dissertations historiques, politiques et littéraires* (Tournai, 1756) et *De l'usage des statues des anciens* (Bruxelles, 1768).
2. Après un voyage en Angleterre, Guasco se trouvait à cette époque en Belgique et se préparait à se rendre à Turin.

179 . *Helvétius à Charles de Julie*[1]

J'ay été si affairé, Monsieur, pendant les derniers tems que j'ay resté à Paris que je ne me souviens plus de ce que j'ay fais de votre memoire. Mais comme vous en avez vraisemblablement copie, vous pouvez aller trouver Mr Bouret[2] luy dire que nous avons plusieurs fois cauzé ensemble des moiens de s'oppozer à la contrebande[3] et que je m'etois meme chargé de luy en parler, et que je crois meme m'etre acquitté de ma commission. Vous pouvez etre sûr qu'il vous recevra bien en vous annonçant de ma part, et qu'il connoit trop bien la régie des fermes pour ne pas sentir l'utilité dont un homme comme vous nous pourroit etre.

À l'egard de la personne dont vous me parlez, vous jugez bien que les discours de ces gens-là me font peu d'effet et que meme je n'y ai pas donné lieu, puisqu'il y avoit fort longtems que je n'y allois point.[4] Je compte aller dans quelque tems à Paris; si je puis vous y etre utile, j'en saisiray l'occasion avec grand plaisir.

Je suis, avec tout l'attachement possible,

Monsieur,

Votre tres humble et tres
obeissant serviteur,

Helvetius

À Voré, ce 31 aoust 1751

[*adresse* :] À Monsieur / Monsieur de Julie / officier de robbe courte, rue / du Sepulcre[5], chez un tonnelier / fauxbourg St-Germain / À Paris

MANUSCRIT

*A. Collection particulière; 3 p.; orig. autogr.; le cachet a été découpé et retiré; timbre de la poste : REMALARD. Un fac-similé partiel du manuscrit figure dans l'*Iconographie française*, de Delpech (1848, 2 vol., I, p. 176).

TEXTE

Ajouté en tête de la lettre : "Cinquantième de la liasse unique" avec la signature "Dejulie" (*cf.* lettre 183, Texte).

NOTES EXPLICATIVES

1. L'*Iconographie française* a faussement lu "Depelie" comme nom de destinataire. Charles de Julie, né vers 1725, était exempt de robe courte et se servait de son poste d'officier de police pour rédiger, avec l'aide de plusieurs "mouches", des nouvelles à la main sur les affaires galantes des personnes de condition. Parmi ses souscripteurs, figuraient les ducs de Richelieu et d'Orléans, et ce dernier avait été lui-même l'objet d'au moins l'une des petites nouvelles de Julie. Incarcéré à la Bastille d'août 1753 à juillet 1755, il était déjà mort en 1761 (v. Arsenal, ms. 11846, note de police).
2. D'après le contexte, il ne s'agit sans doute pas de François Bouret d'Érigny, qui n'avait succédé à Helvétius dans les fermes que deux mois auparavant, mais de son frère, Étienne-Michel (v. lettre 155, note 2), souscripteur régulier de Julie, particulièrement friand des affaires relatives aux femmes des financiers.
3. Interrogé par la police, Julie indiquera en effet s'être présenté à Bouret "pour obtenir la permission de veiller aux fraudes qui se commettent par rapport aux toiles peintes" (Arsenal, ms. 11846, fol. 69 verso).
4. Un espion de police avait rapporté, en septembre 1750, une affaire galante d'Helvétius avec une danseuse de l'Opéra (v. C. Piton, *Paris sous Louis XV*, 1910–1914, 5 vol., IV, p. 26).
5. Actuellement rue du Dragon.

180. *Helvétius à Charles Palissot de Montenoy*[1]

Monsieur,

J'en accepte l'augure que l'amour logera sous le toit de l'himen; je crois que le siecle où doit arriver ce grand changement est venu. Mais ce dont je suis encor bien plus sûr, c'est que nous sommes dans le siecle des beaux vers. Vous allez remonter la lire de la poesie francoize qui commencoit à ne plus rendre de son et prendre[a] de Voltaire le scpetre qui s'echape de ses mains.

Je trouve les vers de votre epitalame doux, naturels, pleins d'idées ingenieuzes. Je les lourois bien davantage si je n'y etois pas tant loué. Je ne trouve que cela à redire dans votre ouvrage. Ma femme qui ne dit rien mais qui n'en pense pas moins est de mon avis. Nous sommes comme citoiens et comme amateurs des lettres enchantés de vos talents. Nous vous admirerons dans la carriere où vous allez vous elever et nous nous bornerons à vivre heureux, tandis que vous aller occuper la France de vous et que dans la confusion des aplaudissements vous ne distingueray plus les notres.

J'ay l'honneur d'etre, avec le plus sincere attachement,

Monsieur,

Votre tres humble
et tres obeissant serviteur,

Helvetius

À Voré, ce 7bre 1751[b]

[*adresse* :] À Monsieur / Monsieur Palissot le / fils / À Nancy

MANUSCRIT

*A. Voré; 3 p.; orig. autogr.; cachet sur cire rouge, portant à la fois les armes d'Helvétius et celles de sa femme, placées respectivement à gauche et à droite[2]; timbre de la poste : REMALARD.

TEXTE

Une note de Palissot est jointe à cette lettre : "Lettre d'Helvétius, en réponse à des vers que je lui avais adressés sur son mariage, et dont je n'ai pas retrouvé de copie." [a] Le A : ⟨des mains⟩. [b] Le jour du mois est laissé en blanc.

NOTES EXPLICATIVES

1. Le littérateur lorrain Palissot de Montenoy (1730–1814), dont la première tragédie, *Zarès*, venait d'échouer, n'avait pas encore ouvert sa campagne contre les philosophes.
2. L'écusson de Mme Helvétius est "losangé d'or et de sable".

REMARQUES

Le 22 octobre 1750, Palissot avait écrit à Mme de Ligniville, future belle-mère d'Helvétius, pour solliciter en faveur de son père une place d'avocat général à la Chambre des comptes : "Voilà, Madame, une occasion de rendre service à mon père, et à qui puis-je mieux m'adresser qu'à vous, à vous qui voulez bien m'aimer, à vous que je préfère à tout, à vous à qui je ne pourrai jamais exprimer que faiblement ma reconnaissance... Si j'avais été créateur, je n'aurais voulu former qu'une créature, et je lui aurais donné votre âme." (Lettre passée aux ventes Charon, du 3 février 1845, et Laverdet, du 23 novembre 1848.)

181 . *César Chesneau Dumarsais*[1] *à Helvétius*

[Épithalame en prose et en vers composé à l'occasion du mariage d'Helvétius. Les vers, tirés des *Amours de Psiché et de Cupidon* (1669) de La Fontaine, sont intercalés de citations en prose qui donnent lieu à des comparaisons entre Mme Helvétius et Psyché.] [...] La divinité de Voré a triomphé de la philosophie même. [...] Si elle s'écarte dans les bois, son mari la vient trouver sur un char, il place à côté de lui sa jeune epouse, ils se promènent au bruit des fontaines. Les protestations, les sermens, les entretiens pleins de passion se renouvèlent, et souvent aussi les baisers – non point les baisers de mari à femmes, mais de maitresse à amant, et de ceux qui n'en sont encore qu'à l'espérance. [...]

Pour moi, Monsieur, je vous souhaite ce que l'Ecriture dit de chaque patriarche, qu'il vécut longtems, et que *genuit filios et filias.*[2] Que les filles ressemblent à leur mère, et quelques-unes à leur grand-mère, telle que j'ai eu l'honneur de la voir dans la rue Serpante.[3] Que les fils ressemble à leur pere, et quelques-uns aussi à leur respectable grand-pere. *Amen.*

Du Marsais

À Paris, ce 9 de septembre 1751

MANUSCRIT

*A. Collection du marquis de Rosanbo, Fonds Lamoignon, 263 ap 6; 9 p.; orig. autogr.

TEXTE

À la dixième page du A on a ajouté : "Lettre de Dumarsais sur Mme Helvétius".

NOTES EXPLICATIVES

1. Dumarsais (1676–1756), grammairien, auteur du *Traité des tropes* (1730) et collaborateur à l'*Encyclopédie*.
2. Genèse V, 4 : [Il engendra des fils et des filles].
3. Les parents d'Helvétius habitaient rue Serpente à la naissance de Claude-Adrien.

182 . *Helvétius à Marie-Thérèse de Brancas, comtesse de Rochefort*

Madame,

Je ne puis vous exprimer combien je suis touché de l'etat de Monsieur le comte ni m'empecher de craindre les maux que vous prevoiez. Ce n'est pas que j'imagine qu'il soit actuellement en danger, mais il augmente par les rechutes et les douleurs aussy. Prenez sur vous autant qu'il est possible pour ne pas vous abandonner à une douleur qui l'afligeroit infiniment, qui seroit pour luy un nouveau mal ajouté à tous les autres, et qui vous empecheroit[a] de luy etre utile. Votre santé est si delicate et votre cœur si sensible que ce n'est que par une distraction forcée que vous pourrez tenir à l'etat où vous etes.

Je n'ay point reçu la lettre où vous me marquiez que vous quittiez Meudon. J'imagine que Monsieur le comte de Cerest[1] est maintenant revenu de Bourges, et qu'il vous aide à supporter le poids des meaux qui vous accablent. Vous estes une personne unique, si je l'oze dire, en malheur et en merite.

Je suis avec respect,

Madame la comtesse,

Votre tres humble
et tres obeissant serviteur,

Helvetius

À Voré, ce 2 8bre[b] 1751

MANUSCRIT

*A. Morgan; 3 p.; orig. autogr.; l'impression du timbre de la poste, REMALARD, est visible à la p. 4.

TEXTE

[a] Le A : ⟨rendroit tout à fait⟩. [b] Soit le 2 octobre 1751. Les chiffres 2 et 8 étant soudés dans le A, la date du 28 a été attribuée à cette lettre par le fichier Charavay. Le 28 octobre, Helvétius n'était plus à Voré (v. les deux lettres suivantes).

NOTE EXPLICATIVE

1. Bufile-Hyacinthe-Toussaint, comte de Céreste (1697–1754), capitaine de cavalerie, chevalier de Saint-Lazare et conseiller d'État, était l'oncle paternel de Mme de Rochefort.

183. *Helvétius à Charles de Julie*

Je serois enchanté, Monsieur, de pouvoir encor vous tirer de l'embarras où vous etes. Je suis fort faché de ce qui vous arrive, mais vous sentez que dans la premiere année d'un mariage, où l'on a beaucoup depensé, l'on ne se trouve pas trop en argent, et c'est precizement l'etat où je [a][me tro]uve. Je suis au desespoir de ce contretems qui m'ote une occassion de vous obliger et de vous prouver l'attachement avec lequel je suis,

Monsieur,

Votre tres humble et tres
obeissant serviteur,

Helvetius

À Lumigny, ce 4 8bre 1751

[*adresse* :] À Monsieur / Monsieur de Julie, exempt / de robbe courte, rue Guenegaud[1] / À Paris

MANUSCRIT
*A. Arsenal, ms. 11846, fol. 481–482; 2 p.; orig. autogr.; cachet aux armes d'Helvétius et de Mme Helvétius sur cire rouge; timbre de la poste : DEROZOYENBRIE.[2] L'existence de cette lettre nous a été obligeamment signalée par le professeur L. L. Bongie.

TEXTE
La note manuscrite suivante figure en haut de la première page : "Cinquanteunieme de la liasse unique" avec les signatures d'un officier de la police et de Charles de Julie.[a] Déchirure.

NOTES EXPLICATIVES
1. Selon une note de police du 12 août 1753, Julie demeurait à cette adresse, chez un nommé Pochet.
2. Rozay-en-Brie, situé à deux kilomètres du château de Lumigny.

184. *Helvétius à Madame Helvétius*

[Entre le 9 octobre 1751 et la mi-mai 1755][1]

Je n'ay point reçu de tes nouvelles, ma chere amie. Serois-tu malade? Non, pour mon repos. J'aime mieux te croire paresseuse ou suppozer, pour n'attaquer personne, que ton laquais n'ait pas mis ta lettre à la poste. Cependant, quoique je fasse icy le brave et le sage, je suis un peu inquiet parceque je t'avois laissé avec un mal de gorge. Je seray fort inquiet si je ne reçois point demain de tes nouvelles. Je t'aime de tout mon cœur. Je le sens plus vivement que je ne puis te l'exprimer. Je te pardonne ta paresse, et c'est en verité une des plus grandes actions de generosité que j'aye jamais faite, car je n'oze m'avouer à moi-meme combien je suis inquiet. J'iray demain diner chez M^{de} de Vassé[2] et je coucheray le soir avec ma chere amie. Je ne te dis point combien je desire d'etre aupres de toy parceque tu pourrois croire que c'est seulement le desir d'etre loin d'icy qui me fait plus vivement sentir le besoin que j'ay de ta presençe. Adieu, ma chere amie; aime toujours bien ton mary, et surtout porte-toy bien.

[*adresse* :] À Madame / Madame Helvetius, rue Neuve- / des-Petits-Champs, proche l'hotel / des Ambassadeurs[3] / À Paris

MANUSCRIT
*A. Voré; 3 p.; orig. autogr.; traces de colle rouge; timbre de la poste : DEVERSAILLES.

NOTES EXPLICATIVES
1. Le voyage de noces d'Helvétius et de sa femme s'est terminé le 9 octobre 1751, et ils n'ont quitté leur maison

de la rue Neuve-des-Petits-Champs qu'à la fin de juillet 1755. En outre, la présente lettre doit être antérieure à la mi-mai 1755, période de la maladie du père d'Helvétius, non mentionnée ici.

2. Antoinette - Louise - Gabrielle des Gentils Du Bessay (vers 1710–1768), veuve d'Henri-Joseph, comte de Vassé (vers 1699–1733), premier cornette des chevau-légers de Bretagne et mestre de camp de cavalerie, qu'elle avait épousé en 1724. Elle habitait Marly-le-Roi et avait deux fils. C'est à elle que Condillac a dédié son *Traité des sensations* (1754). Elle était, selon Hennin, une "femme singulière, mais qui devoit avoir quelque mérite puisqu'il lui restoit des amis." (Institut, ms. 1223, p. 82.) C'est chez elle que mourra en 1760 Thérèse de Ligniville, sœur cadette de Mme Helvétius. Très liée aux Helvétius, elle est assez souvent mentionnée dans leur correspondance.
3. L'hôtel de Lionne, au coin des rues Neuve-des-Petits-Champs et Lionne (actuellement rue Méhul). Entre 1748 et 1756, on y logeait les ambassadeurs extraordinaires.

185 . *Helvétius à Madame Helvétius*

[Entre le 9 octobre 1751 et la mi-mai 1755][1]

J'ay, ma chere amie, un mal de tete tres fort; ne soit cependant point inquiete, ce n'est rien. Je compte te rejoindre demain au soir. Je ne puis te dire combien je suis sensible à la tendresse de ta lettre. Si tu m'aimes, tu peux etre assurée que je te le rends bien. Je t'aime de toute mon ame, j'ay autant d'impatiençe que toy de te revoir. Tu es absolument necessaire à mon bonheur, et c'est avec le plus grand deliçe que je te repete que je t'aime à la folie.

Comme je retourne dimanche à Paris, je ne crains pas que tu vienne à Versailles et tu aurois grand tort de le faire car ce voiage t'incommoderoit.

Je souhaite que la visitte de M^de^ de Grafigny et de Jouy[2] te dedommage de l'ennuy et de l'impatiençe que t'a cauzé celle de ta soeur.[3]

Adieu, ma chere femme, aime-moy toujours de tout ton cœur. J'ay trop mal à la tete pour te parler d'autre chose que de ma tendresse. M^de^ Gabriel[4] te fait mille compliments.

[*adresse* :] À Madame / Madame Helvetius, rue Neuve- / des-Petits-Champs / À Paris

MANUSCRIT

*A. Voré; 2 p.; orig. autogr.; traces de colle rouge; timbre de la poste : DE·VERSAILLES.

NOTES EXPLICATIVES

1. Voir la lettre précédente, note 1. La présente lettre date peut-être de janvier 1752 (v. note 3 ci-après).

2. Voir lettre 175.
3. Il s'agit peut-être de la visite rendue le 3 janvier 1752 par Mme de Graffigny à Mme Helvétius, chez qui elle avait trouvé Mme de La Garde (v. lettre 163, note 13).
4. Vraisemblablement la femme de Jacques-Ange Gabriel (1698–vers 1782), premier architecte du roi (v. lettre 246).

186 . *Helvétius à Madame Helvétius*

[Entre le 9 octobre 1751 et la mi-mai 1755][1]

J'ay reçu, ma chere amie, une lettre de toy qui est charmante. Je suis l'homme du monde le plus heureux d'etre tant aimé d'une femme tant aimable. Tu vois que ton mary te parle encor comme ton amant; voila vraiement du fruit nouveau pour ce siecle-cy. Ors sus, comme il ne faut gater, à ce qu'en disent les chasseurs, ni sa femme ni son chien, je reprends la dignité de mary et je vous dis, Agnes[2], que j'ay mal à la tete pour avoir été aujourd'huy à la chasse, que ce plaisir-là m'ennuie beaucoup. C'est peutestre parceque je ne le prends pas avec vous, car malgréz moy j'en reviens toujours à la galanterie avec ma femme.

Ors comme j'ay beaucoup de mal à la tete, apres vous avoir assuré que je vous aime de toute mon ame, je crois qu'il est apropos que je me couche dans votre lit, où je ne doute pas que je ne reve à vous, et que je n'aye des songes charmants.

Samedy je compte aller rejoindre ma chere moitié, que j'aime beaucoup plus que celle qui est à Lumigny, et qui a l'honneur de souhaiter à l'autre mille plaisirs.

[*adresse* :] À Madame / Madame Helvetius / rue Neuve-des-Petits-Champs / À Paris

MANUSCRIT

*A. Voré; 3 p.; orig. autogr.; cachet aux armes d'Helvétius sur cire rouge; timbre de la poste : DEROZOYENBRIE.

NOTES EXPLICATIVES

1. Voir lettre 184, note 1.
2. L'héroïne ingénue de *L'École des femmes.*

187 . *Madame de Graffigny à François-Antoine Devaux*

Dimanche, 10 octobre 1751

[...] M^d. Helvessius est arrivée depuis hier à cinq heures. Je n'ai encore eu aucune de ses nouvelles. Il est plus de six heures du soir. Elle n'a pas meme envoié un domestique. C'est mon laquais qui en a rencontré hier un des siens qui m'aprit son arrivée. Concois-tu que, m'ayant quittée le jour de ses nopce, ne m'ayant pas vue depuis, me sachant en assés mauvaise santé, elle ne me fasse rien dire. [...] J'ai eté interompue par l'arrivée de M^d. Helvessius, brillante, legere, mais pourtant qui a pleuré, car mon acueil a eté froit. Elle est arrivée à huit heure du soir, et ce n'est pas sa faute si ce n'a pas eté plus tard, car sa premiere visite a eté chez Nicole qu'elle n'a pas vu. Tout cela lui paroit simple parce que le cœur ne lui dit rien. Son mari est venu une heure apres. Ils sortent et il est dix heures un quard. [...]

MANUSCRIT

*A. Yale, G.P., LVI, pp. 111 et 113; 4 p.; orig. autogr.; cachet sur cire rouge.

REMARQUES

Mme de Graffigny croit à cette époque avoir des raisons de se plaindre de Mme Helvétius, et même d'Helvétius, comme l'indiquent les extraits suivants : "J'ai eté diner chez M^d. Helvessius. Duclos m'a beaucoup amusée à son ordinaire. Ils sont sortis. J'ai encore fait compagnie à la dame mais j'ai vu que je l'ennuiois. Je m'en suis allée chez Nicole." (13 octobre 1751, G.P., LVI, p. 118.) "Je suis de bien mauvaise humeur mais j'espere qu'elle ne durera pas. C'est touiours Md. Helvessius qui la cause. Elle a tenu parolle. Elle est partie ce matin [pour Lumigny] sans me voir, sans m'ecrire un mot, et sans me prier d'aller la voir. C'est touiours un petit renouvellement de peine." (20 octobre 1751, G.P., LVI, p. 124.) "J'en reçu hier une letre d'invitation fort vive, fort empressée. Je n'y repondrai que dans quelques jours et assurement ie n'irai pas, quoiqu'il fasse un tems qui me fait griller d'envie de voir les champs." (27 octobre 1751, G.P., LVI, p. 134.) "J'etois chifonnée par l'arrivée de Minette qui, arrivée [de Lumigny] de samedi matin, ne m'etoit pas encore venue voir. J'etois fort embarassée vis-à-vis tous mes gens qui la savoient arrivée et ne la voioi[en]t passer chez moi. Enfin elle arriva en visite. Elle monta chez Doudou qui n'avoit pas voulu etre des notres à cause de son chagrin, autre tracas dans ma tete. Je fis dire à Minette de dessendre. Elle ne le vouloit pas. Enfin elle vint, et du moins on la vit avec l'air d'etre fort bien ensemble. Elle est grosse. Elle vomi, et dieu sait les mines. Tout cela ensemble fit de moi un sot personnage qui influa sur le reste. On se batoit les flans pour rire et on ne rioit point. [...] Je n'ai pas encore eu l'honneur de la visite du Genie. Il est ici de samedi. Ie ne sais rien d'aussi ridicule. Elle m'avoit prié à diner auiourdhuy. J'ai remercié et en verité ils ne m'auront guere." (7 décembre 1751, G.P., LVI, pp. 189 et 192.) "Est entré [...] enfin le Genie et puis sa femme qui revenoit de l'opera. Nous avons eté tres fraichement ensembles, lui et moi, et j'en ai tout plein d'humeur. C'est une peine extreme d'etre mal à son aise avec les gens avec qui on devroit etre plus cordialement qu'avec tout autre. Enfin il y a de mauvais quart d'heure à passer dans la vie." (10 décembre 1751, G.P., LVI, p. 195.)

Vers la mi-décembre, les Helvétius et Mme de Graffigny commencent d'être "un peu moins fraichement ensembles" (LVI, p. 197). Anne-Catherine se rend alors souvent chez sa tante et l'accompagne au théâtre, mais Helvétius se fait remarquer par son absence : "Je suis tres bien revenue à Mde Genie. [...] Je suis d'autant plus contante d'elle que ie le suis moins de son mari. Je ne l'ai vu qu'une fois unique et ie vois qu'elle fait ce qu'elle peut pour reparer cela par ses attentions à me voir tant qu'elle peut. En faut-il davantage pour m'apaiser, mais ie refuse et ie refuserai de manger chez lui tant qu'il manquera à ce qu'il me doit, et sans affectation j'ai toujours affaire, car elle me prie tous les jours ou peu s'en faut." (26 décembre 1751, G.P., LVI, pp. 213 et 214.) Mais le jour même où Mme de Graffigny formule ces plaintes, Helvétius se présente chez elle, et tout est pardonné.

Mme de Graffigny finit cependant par se faire expliquer cette froideur d'Helvétius. "J'etois de bien mauvaise humeur hier au soir, mon ami, quand ie finis ma letre. Je sortois d'une explication avec le Genie. Enfin son refroidissement et son eloignement vienent de ce que j'ai tenus de lui des discours infamans. Je ne me suis point echaufée, grace à dieu. Je lui ai seulement demontré que cela n'etoit pas vraisemblables mais ne pouvoit pas etre. Je n'ai rien prouvé, comme tu pense bien. Prouvet-on quelque chose? Et nous sommes resté dans la meme fraicheur où nous etions, à la reserve que je lui ai dit que i'etois fort offencée de sa facilité à croire l'impossible de la bouche de gens qui avoient surement interet à me faire des tracasseries. J'en ai eté assommée toute la soirée. J'en ai eté malade la nuit et ce matin il me semble que j'ai tort. Avant le mariage ie me suis attendus que ses amis – non pas Marivaux, ie le crois honnete, mais Saurin – feroie[n]t leur effort pour me metre à l'ecart, parce que l'homme est aisé à gouverner et qu'on a de l'interet à le gouverner. Ils n'ont pas tardé, car ie vois à present que cela est dit d'abort apres le mariage dès le tems où il m'a ecrit des letres si sottes et si respectueuses." (17 février 1752, G.P., LVIII, p. 71.)

Ce différend ne s'aplanira qu'en juin 1752 : "À propos d'eleve, lundi en dinant chez la miene je m'aperçu que son mari reprenoit un ton plus avenant avec moi. Hier il vint me voir. J'etois seule. Il y resta une bonne heure et demie. Il ne s'expliqua pas mais il etoit tout à fait de l'encien ton : plein d'amitié et de confiance. J'en fus tres contante. Nous causames et cela m'a fait plaisir à l'ame. On aime touiours à etre justifiée, surtout quand on n'a rien fait pour l'etre, que c'est seulement la justice qui prend le dessus. D'alieurs, j'aime à etre bien avec lui, car au fond ie l'aime et son esprit me plait. Sa femme etoit venus la veille qui dit plus de betises qui n'en tiendroit dans un sac." (23 juin 1752, G.P., LVIII, p. 280.)

188 . *Helvétius à Marie-Thérèse de Brancas, comtesse de Rochefort*

[Vers le 15 novembre 1751][1]

Madame la comtesse.

Je suis enchanté de ce que vous me marquiez de Monsieur le comte. C'est d'encore en encore qu'on parvient à la viellesse; la vie n'est qu'une suite de repits. J'espere comme vous que l'en voila quitte pour cet hivert. Il y a si longtems que je desespere qu'enfin je commençe à esperer.

Ma femme est penetrée de vos bontés; elle se porte assez bien, elle marche beaucoup. Nous avons été il y a trois jours à une chasse où elle a fait quatre lieues pour le moins à pied, où j'en ay fait huit, et où nous n'avons rien tué ny vu.

Je voudrois bien que vous fussiez en etat de faire de pareilles folies, car il n'est bon d'etre sage qu'autant qu'on a la puissançe d'etre fou. Je vous la souhaite de tout mon cœur. Il faut pour cela vous debarrasser du crepe de douleur qui vous enveloppe et qu'il n'y a que Mr de Forcalquier qui puisse lever.[2]

Mandez-moy des nouvelles de votre santé et si vous vous baignez souvent, car vous sçavez que je regarde le bain comme la medecine universelle malgréz tout ce qu'en pourroit dire Monsieur Duçe[3].

Je suis, avec respect,
Madame,
Votre tres humble et
tres obeissant serviteur,

Helvetius

Ozerois-je vous prier de presenter mes respects à Monsieur le comte?

MANUSCRIT

*A. Archives royales, La Haye; 3 p.; orig. autogr.

NOTES EXPLICATIVES

1. Les Helvétius ont séjourné à Lumigny de la fin d'octobre au début de décembre 1751 (G.P., LVI, pp. 134 et 189) et cette lettre est antérieure à la suivante, qui est de la fin novembre.
2. Louis, marquis de Brancas, père de Mme de Rochefort, conseiller d'État, chevalier des ordres du roi, ambassadeur en Espagne et maréchal de France, était mort le 9 août 1750.
3. Peut-être Jean Dussé, dont le père, mort en 1734, avait été chirurgien (v. A.N., Y 14529).

189. *Helvétius à Marie-Thérèse de Brancas, comtesse de Rochefort*

[Fin novembre 1751][1]

Madame la comtesse,

Je ne puis vous exprimer combien je suis enchanté des nouvelles que vous me donnez de Monsieur le comte. Je ne le croiois pas de dessus son fauteuil en etat de braver le froid des hiverts.

Tandis que, retirés dans notre fromage de Brie[2], nous vivons en vrais anachoretes loin du diable du monde et de ses pompes, on dit que le Parlement fait des scennes à Paris et qu'il ne veut plus rendre la justiçe, parcequ'il pretend qu'on ne la luy rend point en le privant du droit de remontrançes. Mandez-moy, je vous prie, si, comme on le dit, il est exilé, on plutost ne me mandez rien, car tandis que les conseillers feront leur paquet pour la campagne, je feray les miens pour la ville où j'arriveray le quatre ou le cinq du mois prochain.[3] Je desire impatiement le moment de vous faire ma cour et de voir Monsieur de Lironcourt[4] dont le ressouvenir me flatte infiniment. Je ne doute pas que Monsieur le comte ne soit fort aize de son retour. C'est un homme fait pour enivrer l'esprit et pour charmer le cœur.

Je suis, avec respect,

Madame,

Votre tres humble et
tres obeissant serviteur,

Helvétius

Ozerois-je vous prier de presenter mes respects à Monsieur le comte de Cerest[5] et à Monsieur votre frere?[6]

MANUSCRIT

*A. Staatsbibliothek der Stiftung Preussischer Kulturbesitz, Berlin; 3 p.; orig. autogr.

NOTES EXPLICATIVES

1. Le Parlement et l'archevêque de Paris se disputaient le droit de nommer la supérieure de l'hôpital des filles. Le roi ayant tranché en faveur de Christophe de Beaumont, le Parlement a refusé le 24 novembre de rendre la justice, mais ayant reçu chacun une lettre de jussion, les magistrats ont repris leurs fonctions le 28.
2. Lumigny.
3. En fait, les Helvétius reviendront à Paris le 6 décembre (v. G.P., LVI, p. 189).
4. Dans sa jeunesse, Antoine-Jacques Durand de Lironcourt (1705–1755) avait été gentilhomme du cardinal de Polignac. Ami de Montesquieu, il est reçu en 1737 à l'académie de Bordeaux. Il est nommé consul de France au Caire en 1746, puis à Lisbonne en 1754, et reçoit du roi cette même année une pension de 2 000 livres (A.N., O[1] 98, p. 316). Il meurt en mai 1755 à l'hôtel de Brancas (M.C., VII, 296), laissant "une famille nombreuse, sans bien, désolée" que protège le duc de Nivernois, futur mari de la comtesse de Rochefort. (Best. D. 6260.)
5. Voir lettre 182.
6. Forcalquier.

190. *Madame de Graffigny à François-Antoine Devaux*

Vendredi, 10 [= 11] fevrier 1752

[...] Je dinai hier chez M^de Genie avec des esprits que je trouvai bien sot, Gormas à la tete. En verité la Péruviene a raison : à force d'esprit il n'y a plus de bon sens.[1] Gormas avee[a] le role outré d'homme vray, tranchoit, coupoit, tailloit à tour de bras. Marivaux subtilisoit si fort les [....][b] qu'il devenoient imperceptibles. Saurin soutenoit de toute la force de ses poulmons que plus on est malheureux, plus on doit etre impertinent. *Il faisoit plus, il le prouvoit.* Bernard[2], avec un accent, une phisionomie de paisan, nous lisoit des vers luisans de pollissure, tres bien fait et peu interessans. C'est un roman en vers, la contre-partie de Leandre et Hero.[3] Ici c'est la femme qui nage et qui se noye. Et moi je jug[e]ois comme Perin Dandin[4] aux galeres, mais sans mot dire, car j'ai un grand plaisir à me taire quand on deraisonne. J'y retourne aujourd'huy parce qu'elle a un consert tous les vendredis[5] où ie n'ai pas encore eté, et ils s'en vont à Versailles pour huit jours et le 1er de mars à leur campagne[6] jusqu'à ses couches. J'en suis ravie. Il y a tant de choses qui me choque en elle. Son ton est redevenu si ridicule que ie serai ravi d'en etre deffaite. [...]

MANUSCRIT

*A. Yale, G.P., LVIII, p. 59–60; 3 p.; orig. autogr.; cachet sur cire noire.

TEXTE

[a] "avoit" ou "avec". [b] Illisible. Peut-être : "stils".

NOTES EXPLICATIVES

1. Voir *Lettres d'une Péruvienne*, éd. Nicoletti, Bari, 1967, p. 267, lettre 29 : "Leur goût effréné pour le superflu [...] remplace le bon sens et la raison par le faux brillant de l'esprit."
2. Pierre-Joseph Bernard, dit Gentil Bernard (1708–1775), secrétaire général des dragons, garde des médailles et des marbres, bibliothécaire du château de Choisy et auteur de la tragédie lyrique *Castor et Pollux* (1737).
3. *Phrosine et Mélidor*, poème en quatre chants publié seulement en 1772.
4. Mme de Graffigny pensait au personnage des *Plaideurs* de Racine, et non à l'"appointeur de procès", ou arbitre, de Rabelais (*Tiers Livre*, ch. 41), ou au juge sévère de La Fontaine (*Fables*, IX, 9). Dandin, tiré de son somme, à qui Léandre vient de dire : "Mon père, il faut juger", répond : "Aux galères" (*Les Plaideurs*, act III, scène 3).
5. "Ce n'est pas elle qui aime la musique, c'est lui", précise-t-elle le 23 février (G.P., LVIII, p. 79).
6. Lumigny (v. G.P., LVIII, p. 114, lettre du 13 mars 1752). Le jeudi saint 30 mars, Helvétius se rend à Versailles pour remplir ses fonctions de maître d'hôtel de la reine (LVIII, p. 143). À la mi-juin, Mme Helvétius revient à Paris "fort grosse et fort bien" (LVIII, p. 267).

REMARQUES

Mme de Graffigny va dîner encore deux fois au moins chez Helvétius avant l'accouchement de sa femme : le 29 juin, en compagnie de Duclos et Marivaux qui ont "bien de l'esprit" (G.P., LVIII, p. 293), et le 11 juillet, avec Fontenelle "qui a touiours le meme ton et le meme agrement dans l'esprit" (LVIII, p. 301).

191 . *Helvétius à Madame Helvétius*

[Entre le 3 août 1752 et le 25 janvier 1754][1]

J'etois desesperé, ma chere amie, de ne pouvoir t'ecrire aujourd'huy, vu que ce n'est point, comme nous l'imaginions, le mardy que l'on met les lettres à [la] poste pour Paris. Je te voiois deja dans la plus grande inquietude, pestant, jurant contre la paresse et l'inattention de ton pauvre mary qui n'avoit cependant rien à se reprocher. Heureuzement que Monsieur de La Fortelle[2] part pour Paris et qu'il a bien voulu se charger de ma lettre qu'il veut vous remettre luy-meme. Je te diray donc que je suis arrivé à Lumigny à quatre heures, qu'il a toujours plu pendant notre voiage, que les chemins sont affreux, que j'ay toujours pensé à toy pendant la route, que j'ay tué un lapin en arrivant dans ma garenne, et que je t'aime à la folie. Je te plaindrois de mon absençe, quelque fatuité qu'il y ait en pareil cas à plaindre sa femme, si tu n'avois pas Mademoiselle Helvetius aupres de toy pour te consoler. Ne vas vraiement pas montrer ma lettre à personne. Oh! le bon mary, diroit-on, qui plaint sa femme de ce qui fait ordinairement la joie de tant d'autres et qui s'imagine que sa presençe est si necessaire au bonheur de son epouze! Que de bonnes plaisanteries à faire sur ce texte!

Je ne te parle pas de nos chemins. M^r de La Fortelle en scait plus sur cet article-là que moy et peut contenter ta curiosité. À Dieu, ma chere amie. Compte que je t'aime de toute mon ame et que, s'il n'est point de femme plus aimable que toy, il n'est pas non plus de mary plus tendre ni qui sente plus vivement le bonheur d'etre uni à toy. Fais mille compliments à tous nos amis communs, lorsque tu les verras, des respects à ceux à qui il en faut faire, et embrassez notre fille pour moy. Oh! pour ce dernier point je crois bien que tu ne l'oubliras pas. À Dieu, ma chere amie.

MANUSCRIT

*A. Voré; 4 p.; orig. autogr.

IMPRIMÉ

I. Guillois, p. 426.

NOTES EXPLICATIVES

1. À l'époque de cette lettre, les Helvétius n'ont encore eu qu'une fille, Élisabeth-Charlotte, future comtesse de Mun (3 août 1752–1799). Le 25 janvier 1754 est la date de la naissance de la seconde, Geneviève-Adélaïde (v. lettre 204).
2. Probablement Robert Langlois de La Fortelle (1688–1765), nommé président de la Chambre des comptes en 1719, et doyen des conseillers de

l'Hôtel de ville. Il était seigneur de La Fortelle et d'autres terres du canton de Rozay où se trouvait Lumigny. Son fils, Jean-Baptiste-Joseph (1729–1768) est nommé conseiller de la 3e chambre des enquêtes en 1747 et président des comptes en 1765.

192. *Madame de Graffigny à François-Antoine Devaux*

Vendredi, 4 aoust 1752

[...] Hier matin, comme ie me preparois à aller diner chez Minette, Marie[1] entre dans ma chambre comme une folle, avec un billet à la main, et me crie : "Vous n'irez pas diner, elle est acouchée." Je fus si emuë que j'en fus malade plus de trois heures. Je lus [le] billet qui etoit moitié d'un secretaire et moitié du mari. Il m'aprenoit qu'elle etoit accouchée à neuf heures apres un travail tres rude dont ie suis fort aise de n'avoir pas eté temoin. Ce n'est qu'une fille.[2] Une demi-heure apres le mari arrive qui pleure, pleure, pleure à etouffer, et cela pour l'avoir vu soufrir. Je le remis de mon mieux mais il etoit hors de lui. Je fus bien heureuse que Doudou me donnat à diner. Ie n'avois pas meme de pot au feu. Apres diner je fus chez l'accouchée jusqu'à neuf heure du soir. Elle jase comme un merle dans son lit. Elle est tres bien mais convainquue qu'aucune femme n'a jamais soufert comme elle. Je n'y ai pas eté auiourdhuy à cause du vilain chaud pesant qu'il a fait qui m'avoit toute delabrée. Le voila deja passé, car il pleut à verse depuis plus d'une heures et sans tonnere, mais le tems estoit si orageux que j'ai craint d'aller m'enfermer dans une chambre close où ie serois etouffée. J'irai demain. Me voila, graces à dieu, delivrée d'une scene que ie craignois beaucoup.

Il s'en passe une à Versailles qui sera peutetre bien afreuse, car le Dauphin est fort malade. On dit que la petite verolle est declarée d'hier soir et on l'a seigné du pied ce matin apres deux autre seigné du bras qu'il avoit deia essuié. [...]

MANUSCRIT

*A. Yale, G.P., LVII, p. 35–36; 3 p.; orig. autogr.; cachet sur cire rouge.

NOTES EXPLICATIVES

1. En 1748, Marie Genin était venue de Lorraine prendre l'emploi de femme de chambre chez Mme de Graffigny. Elle remplaçait Hébert qui "disoit à tous les laquais qui venoient ici que Minette couche avec Doudou, qu'elle est à tout moment grosse, et que c'est pour avorter qu'elle prend des remedes" (G.P., XXVIII, p. 305).
2. Élisabeth-Charlotte, baptisée à Saint-Roch, avec pour parrain, Jean-Claude-Adrien Helvétius, son grand-père paternel, et pour marraine, Élisabeth-Charlotte de Ligniville, sa grand-mère maternelle.

REMARQUES
Deux jours plus tard, mieux informée, Mme de Graffigny est plus indulgente à l'endroit de sa nièce : "J'arrive de chez l'acouchée qui va autant bien que son etat le permet, et elle est bien heureuse, car j'ai apris chez Nicole où j'ai passé qu'elle a eté accouchée de force. On n'a garde de parler de cela dans sa chambre. Cette nouvelle m'a expliqué ce que j'avois peine à comprendre des details de son travail et du regime qu'on lui fait observer. Je pensois touiours : 'Mais elle parle comme une femme acouchée de force, et voila un etrange regime.' Tout c'est devoilé en aprenant ce fait. Elle n'en sait rien et ne le saura de lontems. Enfin elle est tres bien, et ie ne prevois nul accident." (6 août 1752, G.P., LVII, p. 39–40.) D'autres commentaires sur les relevailles d'Anne-Catherine suivront. Le 9 août : "Ie m'ennuie chez l'accouchée à cause de sa mere qui me leche le derriere quand elle a besoin de moi comme tout à l'heure que i'ai encore obtenu du beau prince qu'il ne chasseroit pas son fils, mais elle a un ton qui m'est odieux. Elle ne m'a pas encore appelée par aucun nom, ny Madame ny ma cousine. Je n'ai jamais vu une begueule plus impertinente et plus basse. Enfin j'ai hier arrangé avec Minette que sa mere iroit un jour et moi l'autre. Du moins avec elle seule ie lis et ie dis ce que je veux." (LVII, p. 43–44.) Et le 6 septembre : "Voila Minette qui sort. Elle m'a fait sa premiere visite. Elle est fort bien. Elle part dimanche. Selon moi c'est trop tot." (LVII, p. 77.)

193 . *Helvétius à Madame Helvétius*

[Fin février 1753][1]

Je suis, ma chere amie, party fort faché, arrivé plus faché encor, et destiné à etre toujours faché jusqu'à ce que je parte pour te revoir. Je suis triste et bien aize du chagrin que mon absence te cauze. Je suis charmé des preuves que tu me donnes de ta tendresse et je crains que cela ne te fasse mal. Fais-moy donner de tes nouvelles, car je suis fort inquiet.

Je n'ay que le tems de te dire que je t'adore, car tu sçais comme on est en l'air icy. J'iray coucher chez moy au grand commun parceque M[de] de Jouy est icy.

La maladie de Mr Garnier[2] est reelle, car il est icy, mais on m'a dit que ce n'etoit qu'un rhume; demain je seray plus instruit. Adieu, ma petite, je t'aime de tout mon cœur. Monticourt[3] qui est icy te fait mille compliments. À propos dis à Mr Guerin[4] d'ecrire à Baptiste[5] pour luy demander s'il a donné du foin à mes lievres et lapins et du grain à mes perdrix. Pour qu'il puissent vivre, on fait herser de loin en loin quelques perches de terrains où l'on jette du grain. Qu'il mande à Baptiste de luy repondre et si j'ay perdu bien du gibier.

[*adresse* :] À Madame / Madame Helvetius / rue Neuve-des-Petits-Champs / proche la rue Ste-Anne / À Paris

MANUSCRIT

*A. Voré; 3 p. (deux demi-feuilles); orig. autogr.; cachet aux armes d'Helvétius sur cire rouge; timbre de la poste : DE·VERSAILLES.

NOTES EXPLICATIVES

1. Il s'agit de la première d'une série de huit lettres non datées, écrites de Versailles par Helvétius à son épouse restée à Paris, rue Neuve-des-Petits-Champs, et comportant plusieurs thèmes communs : projet de voyage de Mme Helvétius à Versailles, hiver très froid qui fait juger périlleux ce déplacement, et maladie de Garnier qui retarde le retour d'Helvétius.

La date de ces lettres se situe entre le mariage des Helvétius (août 1751) et leur déménagement (fin juillet 1755), et elles ont été écrites en février ou mars (v. la référence aux jours gras dans la lettre 198). Les années 1752 et 1754 sont à exclure : la mort de Madame Henriette-Anne, seconde fille du roi, survenue le 10 février 1752, cinq jours avant le mardi gras, comme celle du duc d'Aquitaine, second fils du Dauphin, survenue le 22 février 1754, soit quatre jours avant le mardi gras, aurait commandé qu'Helvétius utilisât un cachet de cire noire pour toute lettre qu'il aurait envoyée de la cour; en outre, un voyage de Mme Helvétius n'aurait sans doute pas été envisagé si tôt après son accouchement du 15 janvier 1754. L'année 1755 est également fort improbable, car selon Jean-Jacques Rousseau ainsi que Collé, Fontenelle et l'une des filles d'Helvétius avaient ouvert, cette année-là, un bal donné rue Neuve-des-Petits-Champs quelques jours avant le 11 février, date du mardi gras (v. lettre 208); Helvétius y assistait sans doute, ce qui semble ressortir de la relation de Collé, et dans le cas contraire, il y aurait au moins fait allusion dans ses lettres.

Reste 1753, année où le mardi gras était tombé le 6 mars. Selon cette hypothèse, c'est donc au plus tard à cette date qu'a été écrite la sixième lettre de la série (lettre 198), ce qu'indique, entre autres éléments, la référence explicite qu'elle contient à cette fête. Les dates des quatre lettres précédentes doivent se situer entre le 1er et le 5 mars, pour les raisons fournies par la suite, et la présente lettre, écrite juste après l'arrivée d'Helvétius à Versailles, a dû être écrite le 28 février au plus tard.

2. Jean Garnier, maître d'hôtel de quartier de la reine depuis le 1er mars 1749, se démettra de son poste le 19 novembre 1755 en faveur de son neveu, Cosson de Quimper, maître des eaux et des forêts de Poitou (A.N., O1 3729 et O1 3732). Ancien intendant du comte d'Argenson, il est qualifié par le marquis d'Argenson d'"homme pétri de crimes et de noirceurs, de tromperies et de larcins" (v. Argenson, v, p. 221).
3. Voir lettre 158, note 8.
4. Julien Guérin, mort à Voré en 1757 à l'âge de 44 ans, intendant et homme de confiance d'Helvétius, originaire de Laval (v. Archives de l'Orne, registres paroissiaux de Rémalard, 23 septembre 1757).
5. Peut-être Jean-Baptiste Chavotier, régisseur de Lumigny (v. A.N., Y 430, fol. 165–166).

194. *Helvétius à Madame Helvétius*

[1er mars 1753][1]

Je t'envoie, ma chere amie, un billet de Mde de Jouy où elle te prie de luy apporter sa robbe si tu viens demain.

Je crois que, si tu viens à Versailles samedy, tu prendras la chaize à deux où tu t'embarquera, toy et La Roche[2], car il seroit fou de risquer tes chevaux sur le pavé dans les tems qu'il fait.

Je me porte assez bien. Cependant, comme j'ay pris icy un demi-bols que Lefort[3] m'a fait un peu plus gros qu'à l'ordinaire, j'ay la colique depuis trois [heures], qui ne laisse pas de me faire beaucoup souffrir. Tout cela se passera par deux on trois selles. Je t'aime beaucoup. La douleur même ne diminue rien de ma tendresse pour toy, mais les tranchées me font finir ma lettre plutost que je ne pensois. Adieu, ma chere, cela sera passé dans une heure ou deux. Mes compliments à tous nos amis.

[*adresse* :] À Madame / Madame Helvetius, rue / Neuve-des-Petits-Champs, proche / la rue Ste-Anne / À Paris

[*instructions relatives au porteur* :] On donnera douze sols au cocher qui / remettra cette lettre avant quatre heures / à son adresse

MANUSCRIT

*A. Voré; 2 p.; orig. autogr.; traces de colle rouge.

NOTES EXPLICATIVES

1. Helvétius envisage que son épouse se rende à Versailles "demain" ou "samedy". C'est donc un jeudi qu'il écrit. Or, le jeudi ayant immédiatement précédé la sixième lettre de cette série, qui est à dater du 5 ou du 6 mars, tombe le 1er de ce mois.
2. Sans doute la femme de chambre de Mme Helvétius, peut-être de la même famille que François de La Roche, laboureur d'une des terres d'Helvétius (v. M.C., LVI, 171).
3. Sans doute un apothicaire.

195. *Helvétius à Madame Helvétius*

[2 mars 1753][1]

Je n'ay pas recu ta lettre, ma chere femme, parceque tu ne l'a pas fait mettre assez tost à la poste. Il faut qu'elle soit avant quatre heures à la grande poste pour que je l'aye le lendemain.

J'ay pris langue icy. Je ne trouve personne qui veuille faire mon serviçe pour moy, mais la maladie de Mr Garnier[2] n'est rien, à ce que l'on m'assure; ainsy il pourroit bien revenir icy dans quatre ou cinq jours. D'icy là je ne pourrois pas demander à la Reine mon retour. Si cette maladie duroit plus longtems, j'espere que j'obtiendrois d'elle cette graçe et que je pourrois engager mon pere à la demander. Tu pourrois venir icy dimanche si le froid diminue, car s'il continue, il n'est pas possible de tenter ce voiage avec tes chevaux; ceux de la poste, quoique ferrés à glaçe, se sont abbatus deux fois. D'ailleurs le froid seroit excessif pour toy dans un appartement non habité.

Je loge chez un baigneur à coté de mon pere parce que Mlle Perrin[3] avoit demandé ton appartement pendant qu'on raccomodoit le sien. Elle m'en a cependant envoié les clefs ce matin; ainsy tu pourras y loger. Jusqu'à ce tems je garderay ma chambre chez le baigneur où je t'en avois retenu un pour la fin de cette semaine [et] le commencement de l'autre.

Voila bien du bavardage necessaire, et je ne t'ay pas encor dit que je t'aime. C'etoit pourtant ce que j'etois le plus pressé de te dire. Oui, je t'aime, ma chere amie, de toute mon ame et de tout mon cœur, quoique je sois malheureux et que mon cœur soit icy insensible à tout sentiment; aussy es-çe le seul qui me reste. Je te baize les mains &c et je te jure que je t'adore.

[*adresse* :] À Madame / Madame / Helvetius, rue Neuve-des-Petits-Champs, proche / la rue Ste-Anne / À Paris

MANUSCRIT

*A. Voré; 3 p.; orig. autogr.; traces de cire rouge; timbre de la poste : DE·VERSAILLES.

NOTES EXPLICATIVES

1. Cette lettre est la première dans laquelle Helvétius, qui est à Versailles depuis quelques jours, envisage de faire intervenir son père pour hâter son retour à Paris, ce qui la situe avant les cinq dernières de la série (lettres 196–200). De la lettre suivante, il ressort qu'il s'est livré à une première démarche prudente auprès de son père, et d'après les lettres 197 et 198, il a ensuite pressé en vain sa demande, pour finalement décider le médecin de la reine à y accéder.

   D'autre part, comme Helvétius pense, dans la présente lettre, à faire venir sa femme "dimanche" plutôt que "demain", elle a dû être écrite le vendredi ayant immédiatement suivi la lettre précédente, soit le 2 mars. Cette séquence permet d'avancer les dates suivantes pour les autres lettres de la série : le 3 ou le 4 mars pour la lettre 196, le 4 ou le 5 mars pour la lettre 197, le 5 ou le 6 mars pour la lettre 198, vers le 7 mars pour la lettre 199, et peu après le 7 mars pour la lettre 200.
2. Voir lettre 193, note 2.
3. Il s'agit probablement de Michelle-Geneviève Perrin (1707–1789), femme de chambre à qui Marie Leszczynska léguera 700 livres de rente (v. Archives des Yvelines, A 1498). Plusieurs femmes de ce nom figurent parmi les domestiques de la maison de la reine.

196. *Helvétius à Madame Helvétius*

[3 ou 4 mars 1753][1]

Je t'envoie, ma petite, les deux lettres de change que Mr Guerin m'avoit adressé. Elles sont signées; ainsy tu n'auras qu'à les luy remettre. Tu vois bien qu'il ne faut pas condamner les gens avant que l'heure de la poste soit arrivé. Encor ne faudroit-il pas etre si prompte à condamner son mary quand meme l'ordinaire manqueroit.

Mr Garnier est toujours malade; je n'ay pas pu entrer dans sa chambre, son domestique dit toujours ou qu'il dort ou qu'il a la fievre. Il pourroit bien n'en etre rien, il pourroit bien etre à Paris, mais que faire? J'ay cependant deja dit à mon pere qu'il pourroit bien representer à la Reine le besoin que tu as de moy, et il ne s'éloigne pas tant de cette proposition qu'il l'eut fait d'abord si je luy en eusse parlé aussitot que tu me l'as demandé.

Je te reponds que je m'ennuie baucoup icy, que j'ay le desir le plus vif de te voir, que je t'embrasse et t'aime de toute mon ame.

C'est demain que Mr de Montigny[2], fils de Mr de Trudaine, va diner chez toy. Je te prie de dire à St-Marc[3] de le laisser entrer, de faire mes excuzes à Mr de Montigny de mon absence et de luy dire combien je luy suis attaché et je fais cas de son ame et de son esprit. Tourne cela avec ton esprit ordinaire, voila le canevas que je te donne à broder. Adieu, ma chere enfant; il n'est pas possible de t'aimer plus tendrement que je le fais.

Fais mille amitiés à Mlle Lagrange[4], à Mr Dieste[5] et à Mr Guerin. Ma mere t'embrasse, mon pere se porte assez bien.

Accuse-moy la reception de mes deux lettres de change.

MANUSCRIT

*A. Voré; 3 p.; orig. autogr.

NOTES EXPLICATIVES

1. Voir lettre 193, note 1, et lettre 195, note 1.
2. Jean-Charles-Philibert Trudaine de Montigny (1733–1777) connaissait Helvétius depuis au moins janvier 1749, date où il avait écrit à Montesquieu : "Je chargerai, cet été, l'ami Helvétius d'être mon résident auprès de vous et d'y ménager mes intérêts." (Nagel, lettre 441.) À partir de 1757, il est l'adjoint de son père, Daniel-Charles Trudaine (1703–1769), intendant général des finances.
3. Étienne Ligot, dit Saint-Marc, portier d'Helvétius à Paris depuis environ 1740. Sa femme, Barbe Bikel, figurera avec lui au nombre des légataires d'Helvétius (v. M.C., LVI, 171, 176 et 364).
4. Marie-Anne de Lagrange distribuait les remèdes du grand-père d'Helvétius, Jean-Adrien Helvétius, qui avait transmis à son fils, Jean-Claude-Adrien, le privilège royal qu'il détenait pour l'exploitation en France de l'ipéca, source de la fortune des Helvétius. Voir le testament d'Helvétius père aux Archives des Yvelines, C 3136, fol. 57 verso, et dans *Revue de l'histoire de Versailles*

et de Seine-et-Oise, (1926), p. 219–220. Voir aussi G. Nadeau, "Les Remèdes des Helvétius dans la Nouvelle France," *Bulletin de l'Assoc. des médecins de langue française de l'Amérique du Nord*, LXXIV (1945), p. 1–16. Locataire d'Helvétius rue Sainte-Anne, Mlle Lagrange lui avait prêté 24 000 livres lors de l'achat de Voré. En janvier 1764, le docteur Diest lui lègue 3 000 livres de rente, dont elle profitera peu, car elle mourra six mois plus tard.

5. Jean de Diest (1701–1764), fils de Louise-Marie Helvétius et d'Henri, baron de Diest, était un cousin germain du père d'Helvétius. Né à Altena, près de Cologne, il vient en France à l'âge de trente ans, et est naturalisé en 1751. À Paris, il loge chez Helvétius, rue Sainte-Anne. Docteur en médecine, il mourra régent de la faculté de médecine de Paris.

197 . *Helvétius à Madame Helvétius*

[4 ou 5 mars 1753][1]

Ma chere amie, tu scais combien je t'aime; je suis enchanté des nouvelles marques de tendresses que tu me donnes dans ta lettre. Je t'aime surement autant que je suis aimé. Je ne te diray pas combien Versailles m'ennuie, puisqu'il me deplait meme avec toy.

J'ay dit ce matin à mon pere que je voudrois bien qu'il parla à la Reine pour que je pus retourner au plutost à Paris, mais tu sens bien qu'il a été inexorable : il m'a repondu qu'il falloit quitter ma charge, &c. Bref, il m'a grondé et tu sçais bien que je ne suis pas bien grondé, mais j'ay été sage. Heureuzement que la maladie de Mr Garnier n'aura point de suite et qu'il sera, je crois, bientost en etat de reprendre ses fonctions. Il n'y a pas icy de maitre d'hotel de quartier. Je desirerois bien d'etre aupres de toy, mais il faut encor attendre deux ou trois jours. Je reviendray ensuite à la charge et peutestre que je seray plus heureux aupres de mon pere, mais cela etoit trop tost pour reussir. Adieu, ma chere petite, tache de te distraire. Aimes-moy toujours autant, car je le merite par ma tendresse pour toy.

Ma mere te fait mille compliments et Monticourt[2] aussy.

[*adresse* :] À Madame / Madame Helvetius, rue / Neuve-des-Petits-Champs, proche / la rue Ste-Anne / À Paris

MANUSCRIT

*A. Voré; 3 p.; orig. autogr.; traces de colle rouge; timbre de la poste : DE·VERSAILLES.

NOTES EXPLICATIVES

1. Voir lettre 193, note 1, et lettre 195, note 1.
2. Voir lettre 158, note 8.

198. *Helvétius à Madame Helvétius*

[5 ou 6 mars 1753][1]

Je crois, ma chere petite, que mon pere demandera aujourd'huy à la Reine la permission tant souhaitée et je ne doute pas qu'il ne l'obtienne. J'iray voir ce soir Mr de Chalu[2] pour sçavoir s'il veut exerçer pour moy. Je ne puis te dire encor si ce sera demain ou apres-demain qu'il voudra exerçer. Tout ce que je crains, c'est que mon pere ne demande à la Reine la permission que pour deux jours, et en verité, s'il falloit revenir icy dans deux jours, cela n'en vaudroit pas trop la peine, d'autant que je crois Monsieur Garnier en tres bonne santé. Il est, je pense, allé à Ruel[3] passer ces jours gras et il me fait faire les miens icy. Adieu, ma chere petite, je t'aime de toute mon ame. Je recois une visite; je n'ay que le tems de t'assurer de mon amour.

Demain je pourray te mander positivement le jour de mon arrivée. Il n'y auroit point de mal, si Mr Dieste et Mlle Lagrange te promettent le secret, que tu eu un peu de fievre et baucoup de noir et de vapeurs.

Je baise mille fois ton cul.

[*adresse* :] À Madame / Madame Helvetius, rue Neuve- / des-Petits-Champs, proche la rue / Ste-Anne / À Paris

[*instructions relatives au porteur* :] On donnera douze sols au cocher / qui remettra avant cinq heures cette / lettre à son adresse.

MANUSCRIT

*A. Voré; 2 p.; orig. autogr.; cachet sur cire rouge représentant un profil droit.

NOTES EXPLICATIVES

1. Voir lettre 193, note 1, et lettre 195, note 1.
2. Félix de Chalut (vers 1706–1778), fils d'un négociant lyonnais, brigadier des armées du roi (1760), maréchal de camp (1770) et chevalier de Saint-Louis. Il deviendra en 1764 maître d'hôtel ordinaire de la reine, poste auquel lui succédera son frère, Geoffroy Chalut de Vérin, trésorier général de la Dauphine, lecteur de la chambre du roi et, à partir de 1754, fermier général.
3. Rueil-Malmaison.

199. *Helvétius à Madame Helvétius*

[Vers le 7 mars 1753][1]

Je suis au desespoir, ma chere petite, de te sçavoir malade; par ma tendresse juge de mon inquietude. Mon pere, comme je te l'avois dit hier, a demandé à la Reine la permission de la quitter pour deux jour, et la Reine qui n'a pas trouvé, à ce qu'il m'a dit, cela trop bon, m'a dit au sortir du diné que je pouvois m'en retourner à Paris, pourvu que Mr de Chalu voulu servir pour moy. Or Mr de Chalu est parti depuis trois jours; on l'attend d'heure en heure. Dès qu'il sera arrivé, j'iray te joindre et j'espere que ce petit retardement me dispensera du retour. Adieu, ma chere petite, je t'aime à la folie et m'ennuie icy à la mort. Heureuzement que je loge au grand commun et que j'y suis en paix deux ou 3 heures le matin et deux heures le soir.

Adieu tout de bon. Compte qu'il n'est pas possible de t'aimer plus que je le fais et que je t'aime toujours de plus en plus.

[*adresse* :] À Madame / Madame Helvetius, rue Neuve- / des-Petits-Champs, butte de St-Roch / À Paris

[*instructions relatives au porteur* :] On donnera douze sols au cocher qui / rendra avant quatre heures cette lettre / à son adresse.

MANUSCRIT
*A. Voré; 3 p.; orig. autogr.; cachet aux armes d'Helvétius sur cire rouge.

NOTE EXPLICATIVE
1. Voir lettre 193, note 1, et lettre 195, note 1. Voir aussi l'annonce, dans la lettre précédente, que le père d'Helvétius allait intervenir le jour même auprès de la reine.

200 . *Helvétius à Madame Helvétius*

[Peu après le 7 mars 1753][1]

Je puis te dire, mon cher cœur, combien je suis sensible à ta lettre. Si tu m'aimes plus que tu ne croiois, je t'aime plus que je ne puis te l'exprimer. Je voulois t'ecrire hier au soir mais j'arrivay trop tard de chez la Reine et j'allois t'ecrire quand j'ay reçu ta lettre. Je t'aimes de toute mon ame. J'imaginois bien que je receverois un mot de toy aujourd'huy et tu ne peux imaginer combien j'en suis touché. Les larmes m'en viennent aux yeux et, pour ne te rien cacher, je veux bien deroger à la dignité de mary en t'avouant que je pleure de joye. Ma chere amie, je brule du desir de te rejoindre; tu peux etre sûre que les lustres et les decorations de Versailles ne valent pas le plaisir de baizer ta main. Mais je sens que je m'attendrirois trop, que je porterois chez la Reine des yeux mouillés de pleurs. Adieu, ma chere amie, je te reverray aussitost que tu recevras ma lettre.

Ma mere et mon pere t'aimes bien tendrement.

[*adresse* :] À Madame / Madame Helvetius / rue Neuve-des-Petits-Champs / À Paris

MANUSCRIPT
*A. Voré; 3 p.; orig. autogr.; traces de cire rouge; timbre de la poste : DE·VERSAILLES.

NOTE EXPLICATIVE
1. Cette lettre se rattache à la précédente à plusieurs égards : référence à la présence d'Helvétius chez la reine, mention de sa hâte de revenir à Paris, et surtout identité de filigrane.

201 . *Voltaire à Marie-Louise Denis*

À Colmar, 5 octobre [1753]

[...] À l'egard de la proposition qu'on avait faitte à Helvetius d'aller voir la Grand'femme[1], il prétend que s'il avait pu y aller, il n'y aurait pas demeuré plus de quinze jours. Il m'écrit[2] que tout son objet aurait été de rendre à Lemeri[3] tous les services qu'il merite, et que cet objet une fois rempli il serait parti sur le champ. [...]

MANUSCRIT
*A. Morgan (Heineman Foundation); 4 p.; orig. autogr.

IMRIMÉS
I. *Lettres d'Alsace à sa nièce Madame Denis*, éd. Jean-Aubry, 1938, pp. 108 et 110.
II. Best. 4892.
III. Best. D. 5537.

NOTES EXPLICATIVES
1. Mme de Pompadour? Voltaire cherchait à obtenir la permission de Louis XV de revenir à Paris après son séjour en Prusse.
2. Lettre non parvenue jusqu'à nous.
3. Frédéric II.

202 . *Louis-François Lallemant, comte de Lévignen[1] à Marc-René, marquis de Voyer[2]*

À Alencon, ce 18 8bre 1753

Monsieur,

Je vous süis trop attaché par bien des raisons pour ne pas aller audevant de ce qui peut vous [servir]. Et je scay faire la difference des egards qui vous sont deus d'avec l'attention que peuvent meriter les representations de M. Helvetius. Ce n'est point par complaisance pour luy que je n'ay pas placé l'année derniere la comp^{e} de M^{r} de La Duÿe[3] à Regmallard, mais uniquement par des vuës de justice sur les observations qui me furent faitte par des gentilshommes du lieu, qu'il y avait de l'impossibilité d'y loger une compagnie sans expulser de ce bourg nombre de bons habitans. Au surplus, pour vous marquer, M^r^, mon devouement à ce qui vous est agreable, je viens de donner les ordres necessaire pour faire preparer à Regmallard de la compagnie du regiment du Roy-Cavalié qui est arrivée le seize de ce mois à Bellesme[4], où elle ne restera que le temps de consommer les fourages qui y ont eté amassés pour dix jours. Elle passera ensuitte à Regmallard, ainsi que vous parroissés le desirer.

J'ay l'honneur d'estre, M., V[otre] &c.

MANUSCRIT

*A. Archives de l'Orne, c 1118, fol. 164 verso–165 recto; 2 p.; copie.

IMPRIMÉS

I. Keim, p. 196, note 1 (fragment).

II. Andlau, p. 64, note 27 (extrait).

NOTES EXPLICATIVES

1. Le comte de Lévignen (1686–1767), conseiller des requêtes en 1709, maître des requêtes (1719–1741) était l'intendant d'Alençon (1726–1766), où il avait ses terres.

2. Le marquis de Voyer (1722–1782), neveu de l'ancien ministre des affaires étrangères, était lieutenant général des armées du roi.

3. François de La Fon de La Duÿe, né en 1708, mousquetaire, puis successivement cornette, lieutenant et, à partir de 1746, capitaine au régiment de Berry-Cavalerie. Promu chevalier de Saint-Louis en 1747.

4. Bellême est situé à 20 km au sud-ouest de Voré.

203. *Helvétius à Madame Helvétius*

Je suis on ne peut pas etre plus sensible, ma chere amie,[a] à ta lettre. Tu dois bien etre persuadé que ma tendresse egale la tienne. Je suis bien faché de n'avoir point de Monsieur Turgot[1] à te sacrifier, mais je crois que je n'auray jamais de sacrifiçe à te faire. Tu peux compter que je t'aime de tout mon cœur, que je sens que mon amour et ma tendresse pour toy [augmentent][b] chaque jour. Je sens que j'ay toujours besoin de toy; tout me manque où tu n'es pas.

J'ay fait une grande partie de mes visittes; je crois pouvoir m'en aller demain. Je feray du moins tout ce qui me serat possible. Cependant n'y compte pas, parceque ma mere veut que je ne m'en aille que samedy matin. Je seray au desespoir si elle m'y forçe, puisque je seray un jour de plus privé du plaisir de t'embrasser et de te dire combien je t'aime. Adieu, ma chere amie; je n'ay que juste [le] temps de te dire que je t'adore.

À Versailles, ce 3 janvier 1754

[*adresse* :] À Madame / Madame Helvetius, rue Neuve- / des-Petits-Champs, au coin de la rue / Ste-Anne / À Paris [*instructions relatives au porteur* :] On donnera douze sols au / cocher qui remettra cette lettre / à son adresse aujourd'huy /trois janvier 1754 ou demain /de grand matin.

MANUSCRIT

*A. Voré; 3 p.; orig. autogr.; cachet sur cire rouge, dont la moitié supérieure représente le profil droit d'une femme.

TEXTE

[a] Les mots "que je suis", écrits par inadvertance, figurent à cet endroit dans le A. [b] Mot qu'Helvétius devait avoir en tête, omis alors qu'il tournait la page.

NOTE EXPLICATIVE

1. La tradition veut que parmi les Turgot, ce soit Anne-Robert-Jacques, baron de l'Aulne (1727–1781), futur contrôleur général des finances, qui ait été l'ami intime de Mme Helvétius. Turgot, raconte Morellet, "était lié avec elle dès le temps qu'il était en Sorbonne, c'est-à-dire, vers 1750, lorsqu'elle était encore Mlle de Ligniville. [...] Passionné pour la littérature, il s'était fait présenter à Mme de Graffigny, qui rassemblait chez elle beaucoup de gens de lettres; mais il quittait souvent le cercle pour aller jouer au volant, en soutane, avec Minette, qui était une grande et belle fille de vingt-deux ou vingt-trois ans. Et je me suis souvent étonné que de cette familiarité ne soit pas née une véritable passion. Mais quelles que fussent les causes d'une si grande réserve, il était resté de cette liaison une amitié tendre entre l'un et l'autre." (Morellet, I, p. 140.) Selon Morellet, Turgot aurait même fait une demande en mariage à Anne-Catherine, mais rien n'étaye cette affirmation. Dans ses lettres, Mme de Graffigny mentionne souvent Turgot, qu'elle appelle le "Métromane", mais si elle confirme les autres observations de Morellet, elle n'envisage jamais que Marc-Antoine Turgot de Saint-Clair, comme candidat possible appartenant à cette famille, pour la main de sa nièce (v. lettre 131).

Turgot n'aimait ni Helvétius ni ses écrits, et on ne sache pas qu'il ait jamais été reçu par l'ancien fermier général. En revanche, dans plusieurs de ses lettres de 1755 (210, 221, 240 et 241), Helvétius qualifie d'ami de la famille l'un des frères aînés de Turgot, Étienne-François, marquis de Sousmons (1721–1788), souvent appelé le chevalier de Turgot en raison de son appartenance à l'ordre de Malte. Membre de l'Académie royale des sciences et ami de Buffon, Étienne-François Turgot était savant en histoire naturelle, en chimie et en médecine, versé en agriculture et connu comme un économiste zélé. Il sera reçu à Voré en octobre 1754 (v. Archives de Voré, Registre-journal, aux dates de 1754 et 1755) et sera gouverneur de la Guyane (1764–1765).

Il est à noter que, contrairement à ce que s'imaginait l'abbé Morellet, Anne-Catherine avait 28 ans en 1750, et non 23.

204. *Madame de Graffigny à François-Antoine Devaux*

Dimanche, 27 janvier 1754

[...] Minette est accouchée d'hier la nuit, encore d'une fille[1] dont elle est bien fachée. Elle ne s'en porte pas moins bien. J'y passai hier l'apres-diner et j'irai tous les neuf iours lire aupres de son lit. Je suis fort à mon aise chez elle pour mon purgatif : c'est la seule maison où ie puisse aller, car alieurs on est gené. [...]

MANUSCRIT

*A. Yale, G.P., LXI, p. 17; 3 p.; orig. autogr.; cachet sur cire rouge.

NOTE EXPLICATIVE

1. Geneviève-Adélaïde, future comtesse d'Andlau (1754–1817), baptisée à Saint-Roch le 26. Parrain : le grand-père maternel, Jean-Jacques de Ligniville; marraine : la grand-mère paternelle, Geneviève-Noëlle de Carvoisin d'Armancourt.

REMARQUES

Entre les naissances des deux filles des Helvétius, Mme de Graffigny a peu fréquenté ces derniers, qui étaient souvent à la campagne : ils partent pour Voré le 10 septembre 1752, en reviennent avant le 12 janvier 1753, y retournent le 30 avril 1753 et en reviennent encore avant le 28 septembre 1753 (v. G.P., LVII, p. 77, et LIX, pp. 20, 181, 275 et 465).

205. *Helvétius à Madame Helvétius*

[Fin juin ou juillet 1754][1]

Je t'envoie, ma chere amie, ma procuration. Te voila maintenant armée de ma toute-puissançe, tu peux louer la maizon et en faire le bail.

J'ay vu hier Madame de Vassé qui te fait mille compliments, qui t'aime beaucoup et qui compte aller à Voré au mois d'aoust. Je crains cependant que la lenteur de ses ouvriers ne derange ses projets. L'abbé de Mably[2] te fais mille compliments; il joue au trictrac avec Madame de Vassé pour te gagner des pieces de douze sols à Voré où il compte se rendre dans les premiers jours d'aoust. J'espere recevoir une lettre de toy avant de partir, où tu me repeteras que tu aime bien ton mary, que ta fille va mieux et que tu seras mercredy à Voré. J'attends Saurin à diner chez mon pere pour partir à trois heures et aller coucher à Dreux[3]. Je ne t'ecriray plus d'icy à ce que je t'embrasse et je ne crois pas que tu puisse non plus m'ecrire avant ton depart puisque la poste ne part que le jeudy. Si tu le peux, n'y manque pas. Adieu, ma chere petite, je t'aime de toute mon ame et je desire impatiamment de t'embrasser. Si tu reçois ma lettre vers les onze heures, envoie chez Saurin sçavoir s'il est party. S'il ne l'est pas, qu'il parte sur-le-champ. L'abbé

Pluquet[4] l'est sans doute, du moins je le desire. Dis-luy bien, s'il ne l'est pas, de se depecher.

[a]Mille compliments à Mr Diest, à Mlle Lagrange et à tous nos amis. Adieu, ma chere enfant, que j'embrasse de tout mon cœur et que j'aime plus que moy-meme.
Achepte-moy une paire de gand, car je ne crois pas en avoir laissé à Voré.[a]

MANUSCRIT

*A. Voré; 3 p.; orig. autogr.

TEXTE

[a] Ajouté, faute d'autre place, en haut de la troisième page. La dernière phrase est écrite dans une autre encre.

NOTES EXPLICATIVES

1. L'allusion au départ de Mably "dans les premiers jours d'aoust", entre la naissance d'Élisabeth-Charlotte ("ta fille") et la mort de Jean-Claude-Adrien Helvétius ("chez mon pere") permet d'éliminer 1752 (naissance de la fille aînée d'Helvétius le 3 août à Paris), 1753, année où Helvétius est à Voré dès avril (v. lettre 204, Remarques), et 1755, période de la maladie de son père. En 1754, Helvétius est à Paris le 19 juin (G.P., LXI, p. 201); c'est dans les derniers jours du mois ou dans le courant du mois suivant qu'il passe par Versailles avant de revenir à Voré. D'autre part, nous savons que Mably, Pluquet et Saurin, mentionnés dans cette lettre, sont effectivement à Voré en août 1754 (v. lettre 207), et que Mme de Vassé y séjourne en octobre (v. Registre-journal de Voré).
2. Gabriel Bonnot de Mably (1709–1785), frère aîné de Condillac, avait fréquenté le salon de Mme de Tencin et servi de secrétaire à son frère, le cardinal de Tencin, secrétaire d'État aux affaires étrangères. En 1746, alors qu'il exerçait à la cour une influence réelle, il avait brisé sa carrière politique et d'admirateur zélé de la monarchie, il était devenu l'apologiste de la démocratie grecque et enfin d'un système communiste.
3. Ville située à 35 km au nord de Chartres (Eure-et-Loir).
4. L'abbé François-André-Adrien Pluquet (1716–1790), originaire de Normandie, avait peut-être fait la connaissance d'Helvétius à Caen où il avait étudié la philosophie et la théologie à partir de 1733. Arrivé à Paris en 1742, il obtient une licence en théologie en 1750, et est nommé précepteur de l'abbé de Choiseul, futur archevêque de Cambrai. Ami de Fontenelle et de Montesquieu, il publie en 1757 son *Examen du fatalisme*, qui lui vaut l'estime des philosophes, mais il refuse de s'engager dans leur parti. Pendant l'affaire de *L'Esprit*, son amitié pour Helvétius s'attiédira considérablement.

206 . *Helvétius à Madame Helvétius*

[Fin juin ou juillet 1754][1]

Je viens de recevoir ta lettre par St-Louis[2]. Tu as bien fait de renvoier le cuizenier que je t'avois adressé.

À l'egard des cartes, tu n'a pa[s] pu les trouver parce qu'elles sont chez celuy qui les vend pour les coller. Il faut seulement les paier quand on te les apporteras. Comme j'ay donné neuf francs à compte, tu les deduiras sur les cartes que l'on paie à raison, à ce que je crois, de quarante sols chaqu'une.

Adieu, ma chere amie, je t'embrasse de tout mon cœur.

Si l'abbé Pluquet est encor à Paris, prie-le de te dire l'adresse de celuy qui vend nos cartes afin de le faire venir. Dis aussy à St-Marc[3] de laisser [entrer] ce vendeur de carte, suppozé qu'il vienne.

Adieu, je n'ay que le tems de te dire que je t'adore.

Tu dois recevoir ce matin ma procuration; ainsy je t'envoie cette lettre par la poste.

[*adresse* :] À Madame / Madame Helvetius, rue / Neuve-des-Petits-Champs, proche / la rue Ste-Anne / À Paris

MANUSCRIT

*A. Voré; 3 p. (une demi-feuille pliée une fois); orig. autogr.; traces de colle rouge; timbre de la poste : DE·VERSAILLES.

NOTES EXPLICATIVES

1. C'est sans doute de la même procuration qu'il s'agit dans la lettre précédente et dans celle-ci.
2. Sans doute l'un des domestiques d'Helvétius à Paris.
3. Portier d'Helvétius à Paris (v. lettre 196).

207 . *Helvétius à Madame Helvétius*

Ce jeudy, à onze heures du soir [29 août 1754][1]

Il est onze heures du soir, ma chere petite. Tu regardes à present sous ton lit, tu penses à ton mary, car tu vas coucher seule. Tu l'aime, tu le desire d'autant plus qu'il n'est point à Voré. C'est un malheur commun à l'humanité de moins sentir le bonheur d'avoir ce qu'on desire que la peine d'en etre privé. Pour moy je sens vivement l'un et l'autre. Versailles m'ennuie à la mort; je voudrois etre avec ma chere petite, l'embrasser, luy dire combien je l'aime et la rembrasser encor. N'oublie pas de me repeter mille fois dans ta lettre *que tu m'aime beaucoup*. Je ne pourrois pas supporter maintenant ton indifferençe; tu m'as accoutumé à etre aimé; je veux toujour l'etre et toujours par toy. Pour moy je t'aime à la folie, je te le repete avec un plaisir extreme. Je voudrois te dire autre chose et mon cœur me forçe toujours à repeter que je t'aime. Je ne peux te le dire comme je le sens et j'imagine qu'en[a] te repetant *je t'aime* je te l'auray plus fait sentir. Cependant il faut bien que je prenne sur moy pour te parler d'autre chose.

C'est demain que je pars pour Paris, suppozé comme je l'espere que mon pere soit mieux qu'il l'a été cette journée de jeudy où il a senti des douleurs de rhumatismes dans les epaules. Mais il espere que ce ne sera rien et que la nuit dissipera cette douleur. Je ne pourray te rien dire de positif sur mon retour que samedy et lorsque ma lettre sera partie pour Voré. Mais je compte toujours t'embrasser mecredy et t'embrasser mille fois. Je crois que tu ne m'attends pas avec moins d'impatiençe que j'en ay de te rejoindre. À propos j'ay peur que Saurin ne veuille retourner à la campagne. Cependant j'espere que Mr Dieste ne luy permettra pas, car en verité il coureroit risque de tomber malade cet automne et dans quel pais.

J'iray voir demain quelques-uns de mes anciens confreres pour sçavoir ce qui peut avoir retardé nos repartitions, car j'ay toujours la venette[2]. Le besoin qu'on a d'argent icy où il paroit qu'on en manque, me fait toujours craindre qu'on ne s'accomode du notre et que nous ne puissions par consequent plus soutenir l'etat où nous sommes, ce qui est toujours un peu facheux, quoi qu'apres tout rien ne puisse me toucher que la perte de ton cœur si tu me l'otois, ou ton malheur, et je scais que tu prendrois aizement ton party en fait d'argent et que nous en serions quitte pour vivre à la campagne. Quoique je ne m'en pendisse point, je seray cependant fort aize de m'instruire un peu de cette affaire à Paris, et toute instruction prize ou non prize, je coucheray mecredy à Voré à moins qu'il ne survint quelque accident que je ne peux prevoir. Cependant ne vous inquietez pas, quand meme je n'arriverois pas : une chaize peut se rompre, mon pere peut etre malade, &c.

On dit que le 1er president est arrivé avant-hier à Paris. Pour se derober aux acclamations publiques il etoit entré à dix heures du soir; mais on s'en est douté dans la rue Ste-Honoré, on l'a suivi jusqu'au Palais en criant *Vive le Roy et M^r^ le 1er President.* Quoi qu'on eut pris, à ce qu'on dit, la precaution de defendre aux artificiers de vendre des fuzées, on en a trouvé et on les a tiré dans la cour du Palais. On ignore encor les conditions auxquelles le Roy permet la rentrée du Parlement.[3]

Adieu, ma chere amie. Mille compliments à Mr l'abbé Pluquet et à M^r^ l'abbé de Mably, suppozé qu'il ne soit pas mary de nuit pendant mon absençe, car je veux bien etre cocu, mais je ne veux etre ni battu ni content.[4]

Adieu, ma chere amie, je baize mille fois tes mains et ton chat.

Mille amitiés à Mr Guerin.

MANUSCRIT
*A. Voré; 6 p. (une feuille et une demi-feuille); orig. autogr.

TEXTE
[a] Le A : "quand".

NOTES EXPLICATIVES
1. D'après Barbier, c'est le soir du mardi 27 août que Maupeou, premier président du Parlement, revient dans son hôtel parisien à une heure tardive, afin d'éviter le tumulte populaire. Mais la foule ayant appris son arrivée, des démonstrations de joie éclatent dans la cour du Palais, marquées par des illuminations et des lancements de fusées. Les indications contenues dans cette lettre permettent de la dater du surlendemain ("jeudy", "cette journée de jeudy", "avant-hier").
2. Venette : Peur, inquiétude, alarme. Il n'a d'usage que dans ces phrases familières, *Avoir la venette, donner la venette (Dictionnaire de l'Académie,* 1799).
3. Le parlement de Paris, s'étant toujours opposé à ce que la bulle *Unigenitus* soit considérée en France comme loi de l'Église et de l'État, et surtout depuis 1750, à ce que les billets de confession soient systématiquement exigés, avait été exilé par le roi le 9 mai 1753, pour tenter de calmer le conflit qui l'opposait aux prélats. Rentré le 4 septembre 1754, le Parlement doit enregistrer une déclaration ordonnant le silence autour de la Bulle, mais cette victoire royale ne sera que momentanée.
4. La Fontaine avait emprunté à Boccace le thème du troisième de ses *Contes*, "Le cocu battu et content".

208 . *Jean-Jacques Rousseau à Jean Perdriau*[1]

À Paris, le 20 fev^r 1755

[...]

J'ai eu ce carnaval un spectacle plus agréable, mais qui ne suffit pas pour consoler de celui-là.[2] C'est le bon homme Fontenelle qui chez Mad^e Helvetius ouvrit le bal avec une jeune demoiselle de quatre ans.[3] J'avois conseillé à la mére de ne pas manquer pour sa fille l'occasion de cette singularité; je suis persuadé que ce sera pour la petitte personne une anecdote mémorable qu'elle n'oubliera qu'à trente ans comme de raison mais qu'elle se rappellera dans sa vieillesse avec plaisir.

[...]

MANUSCRIT
*A. Genève, Bibl. publ. et univ., ms. fr. 232; 2 p.; orig. autogr.; traces de colle rouge.

IMPRIMÉS
I. *La Semaine littéraire*, Genève, le 15 septembre 1923, n° 1550, p. 436.
II. Leigh, lettre 277.

NOTES EXPLICATIVES
1. Pasteur et professeur à l'académie de Genève (1712–1786).

2. Le convoi funèbre de Montesquieu, mort le 10 février.
3. Élisabeth-Charlotte, née le 3 août 1752, avait deux ans et demi.

REMARQUES

Collé raconte la même scène, mais en y faisant figurer Geneviève-Adélaïde, née le 25 janvier 1754 : "Dans les premiers jours de ce mois, M. Helvétius donna un très-beau bal, qui fut ouvert par M. de Fontenelle, qui quelques jours après entroit dans sa centième année, avec Mlle Helvétius cadette, qui n'a qu'un an et demi. Fontenelle fit encore la révérence, embrassa la petite fille; prit ensuite la fille de Mme d'Épinay, âgée de sept ans, fit une deuxième révérence avec elle et l'embrassa encore." (Collé, II, p. 4.) Il s'agissait sans doute d'un bal d'enfants. En 1754, Mme de Graffigny avait assisté à une fête de ce genre : "J'ai fait mon mardi gras avec mes commenceaux et le trictrac bien tranquilement. Hier ie fis mon carnaval. Je dinai chez Helvessius en famille, et j'alai depuis 5 heures jusqu'à neuf à un bal d'enfans où je croiois m'amuser beaucoup." (26 février 1754, G.P., LX, p. 319.) Quant au bal de 1755, Mme de Graffigny ne le mentionne qu'une fois : "Minette est malade. Il devoit y avoir demain un bal chez elle. Je crois qu'il est rompus. J'en serois bien fachée." (29 janvier 1755, G.P., LXIV, p. 249.)

Dans son récit, Collé fait erreur sur l'âge d'Angélique-Louise-Charlotte d'Épinay, voisine d'Helvétius, née le 1er août 1749, et sur celui de Fontenelle, né le 11 février 1657.

209 . *Helvétius à Madame Helvétius*

[Vers le 16 mai 1755][1]

Ma chere enfant, mon pere va un peu mieux. Cependant je ne puis te rien dire que demain; il faut voir comme se passera la journée, car mon pere a été tres mal. Je t'ecris en arrivant; je n'ay que le tems de te dire que je t'adore. Lorsque j'ay passé à Paris, j'ay cru mon pere mort[2]; j'ay été troublé jusqu'au fond de l'ame.

À propos de Paris je te diray que Mr de Lagarde[3] a dit à Mlle Lagrange que vous luy aviez permis de faire tout ce qu'il voudroit dans la maison, et qu'en consequençe il a boulversé la cuisine et tous nos appartements de façon que, s'il arrivoit un malheur à mon pere et que nous fussions obligé d'emmener ma mere à Paris, nous ne scaurions où la loger.

Aime-moy toujours, ma chere amie. Quand j'auray une plus grande connoissançe de l'etat de mon pere, je te le manderay pour te decider à partir ou à rester. Adieu, ma chere amie; dis-moy que tu m'aimes encor quand meme tu devrois me tromper.

Mes compliments à nos deux abbés[4] et à Mr Guerin.

[*adresse* :] En Brie / À Madame / Madame Helvetius, en son / chateau de Lumigny / À Lumigny, par Rosoy

MANUSCRIT

*A. Voré; 3 p.; orig. autogr.; traces de colle rouge; timbre de la poste : DE·VERSAILLES.

NOTES EXPLICATIVES

Cette lettre est la première d'une série de vingt-quatre, adressées par Helvétius à sa femme et relatives à la maladie et à la mort d'Helvétius père, survenue à Versailles le 17 juillet 1755. La dernière de la série, datée du 3 août, annoncera l'octroi d'une pension à sa mère.

Au cours de cette période, Anne-Catherine quitte Lumigny pour Paris afin de surveiller les travaux entrepris dans la maison de la rue Sainte-Anne, qu'Helvétius avait louée peu avant. La propriétaire de cette demeure, Mme de La Garde mère (v. lettre 163) la lui avait donnée à bail pour neuf ans, par contrat du 5 décembre 1754, à compter du 1er juillet 1755, moyennant un loyer de 6 000 livres (M.C., XLIII, 409). En raison de la longueur des réparations, dont les deux parties se partagent le coût, l'emménagement n'aura lieu que vers la fin de juillet. Helvétius restera locataire de cette maison jusqu'en 1769, année où il l'achètera à Mme de La Garde pour 130 000 livres (M.C., LVI, 150).

1. Helvétius a écrit cette lettre le jour même de son arrivée à Versailles, comme il le précise dans la lettre 211, troisième de la série, datée de "ce mardy vingt [mai 1755]". Dans cette même troisième lettre, il exprime l'avis que sa femme aura probablement déjà reçu ses deux premières lettres, ce qui suppose qu'il les a envoyées fort peu de temps auparavant.
2. Helvétius avait sans doute recueilli cette fausse nouvelle lors de son passage à Paris, alors qu'il se rendait de Lumigny à Versailles.
3. Il s'agit de l'un des deux fils de Mme de La Garde, qui était veuve. François-Pierre habitait la maison de la rue Sainte-Anne. Nicolas, qui était le beau-frère de Mme Helvétius et demeurait rue de la Ville-l'Évêque, était l'aîné et avait signé pour cette raison le bail à loyer.
4. Mably et Pluquet.

210 . *Helvétius à Madame Helvétius*

[Vers le 18 mai 1755][1]

Ma chere amie, mon pere va un peu mieux et je compte te mander demain le jour de mon arrivée. Je brule du desir de te rejoindre et de te dire combien je t'aime. Je ne crois pas que mon pere aille à Compiegne[2] en suppozant meme qu'il fut beaucoup mieux. Il compte passer à Paris le tems du voiage et je voudrois bien que Madame Lagarde nous abandonna sa maison pour le 10 ou douze de juin, afin que nous eussions un appartement à luy donner avant le 1er juillet, tems où le Roy partira pour son Compiegne. Quand je partiray d'icy je passeray en arrivant à Paris chez Mde Lagarde pour prendre langue là-dessus avec elle. En verité il seroit bien facheux qu'elle occupat nos deux maisons à la fois.[3] Adieu, ma chere amie, je t'embrasse de tout mon ame. Fais mille compliments à nos deux abbés[4] et à Mr Lechevalier[5] et à Mr Guerin.

Ne sois point inquiet et aime-moy toujours. Mon pere te fait mille compliments.

MANUSCRIT

*A. Voré; 2 p. (demi-feuille); orig. autogr.

NOTES EXPLICATIVES

1. Cette lettre est antérieure à la suivante, datée du 20 mai, dans laquelle Helvétius annonce le report du départ envisagé dans la présente. Entre autres éléments de datation, on peut relever que Mme Helvétius n'est pas encore à Paris, où elle arrive fin mai.
2. Le séjour de la cour à Compiègne durera du 1er juillet au 19 août, et en tant que médecin de la reine, le père d'Helvétius aurait dû l'y accompagner.
3. Il ressort de cette remarque que Mme de La Garde était sur le point de quitter la rue Sainte-Anne pour s'installer dans l'ancienne maison des Helvétius, rue Neuve-des-Petits-Champs, où nous savons qu'elle habitait en septembre 1755. Voir aussi lettre 217, note 1.
4. Mably et Pluquet.
5. Étienne-François Turgot.

211. *Helvétius à Madame Helvétius*

Ce mardy vingt [mai 1755][1]

Je comptois, ma chere amie, t'aller porter moy-meme ma troizieme lettre,[2] mais un nouvel accez de fievre qui vient de reprendre à mon pere me retiendra encor icy deux jours. Il y a tout lieu d'esperer que ce ne serat rien. Si contre mon attente il y avoit quelque chose, je te le manderois et tu viendrois. Jusque-là tu ne ferois qu'emb[ar]rasser icy ma mere; tu ne peux non plus venir à Paris, vu que les massons sont dans la maizon.[3] Ce n'est qu'aujourd'huy mardy que j'ay reçu ta lettre; je crois que tu auras reçu les miennes plutost, car je l'ay ecris en arrivant. Je ne te dis rien de l'etat où je suis; tu juges bien que l'etat de mon pere m'aflige meme beaucoup plus que je ne te le dis, car je n'aime pas à dire tout ce que je sens. Je suis en tout fort malheureux, premierement parce que le mieux de mon pere est suivi de la fievre qui m'inquiete, et secondement parce que je ne te vois pas et que je n'ay pas la consolation de me plaindre avec toy et que tu sçais bien qu'il n'y a reellement que toy que j'aime. Je suis trop triste pour rire avec toy du cocuage que nous craignons tous deux.[4] Je n'ay fait que passer à Paris et je ne compte pas m'y arreter en retournant, si ce n'est pour voir un moment M^de^ Lagarde au sujet de la maison. Mille compliments à nos amis et à Mr Guerin.

[*adresse* :] En Brie / À Madame / Madame Helvetius, en son / chateau de Lumigny / À Lumigny, par Rosoy

MANUSCRIT

*A. Voré; 3 p.; orig. autogr.; cachet sur cire rouge représentant le profil gauche d'un vieil homme chauve; timbre de la poste : DE·VERSAILLES.

NOTES EXPLICATIVES

1. Le contexte général de cette lettre impose l'année 1755 (v. lettre 209, Notes explicatives, commentaire introductif), et seul le mois de mai y comporte un mardi 20.
2. La présente lettre.
3. Travaux mentionnés dans la lettre 209 (v. Notes explicatives, commentaire initial).
4. D'un ton mi-badin, mi-sérieux, Helvétius évoque souvent la possibilité de son propre cocuage. Les abbés Mably et Pluquet ainsi que le chevalier Turgot sont alors à Lumigny avec Mme Helvétius.

212. *Helvétius à Madame Helvétius*

Tu t'imagines bien, ma chere enfant, que je suis dans la desolation; qu'il n'y a rien de si triste que le spectacle que j'ay sous les yeux. Je suis, je te jure, fort aize de pouvoir te l'eviter. Ce n'est pas, comme tu peux bien penser, que je ne desira vivement te voir, et meme que tu n'apporta beaucoup d'adoucissement à ma douleur, mais il n'y a pas moien de venir. La maison, comme tu le pense bien, est toute en l'air. Ta presençe generoit ma mere. Tu ne peux pas non plus etre à Paris, vu que M^{de} de La Garde a abbatu la cuizine et qu'au cas d'un malheur il faudroit bien emmener ma mere à Paris et luy donner ta chambre.

Adieu, ma chere amie; je suis comme un fou, la tete me tourne. La nuit de mon pere a été mauvaize; cependant cela va mieux. S'il restoit deux jours sans fievre, j'irois te rejoindre. Je ne puis te dire combien je suis sensible à la tendresse que tu me marques dans tes lettres. Aime-moy toujours, je t'en conjure; j'ay besoin de cette assurançe pour etre heureux. Je sens pour moy que je t'aime de tout mon cœur et que ce sera pour toute ma vie. Je me sens foible et la tete vive; j'ay une langueur qui me tient dans un espeçe d'etat de reve et d'etourdissements qui ne me permets que de t'assurer de ma tendresse.

Mille compliments à nos amis.[1]

Ce vendredy, [23 mai 1755][2]

[*adresse* :] En Brie / À Madame / Madame Helvetius / en son chateau de Lumigny / À Lumigny, par Rosoy

MANUSCRIT

*A. Voré; 3 p.; orig. autogr.; fragment de cachet sur cire rouge avec les lettres "D. C. FRET"; timbre de la poste : DE·VERSAILLES.

NOTES EXPLICATIVES

1. Mably, Pluquet et le chevalier Turgot.
2. Cette lettre est reliée à la précédente par l'idée qu'Anne-Catherine ne ferait que gêner sa belle-mère, et à la suivante par la mention des étourdissements et de la langueur, dont se plaint Helvétius, visiblement pour la première fois, dans la présente. Comme on n'a pas fait suivre cette lettre à Paris, elle a été écrite avant le 27 mai, et donc, très probablement, le vendredi 23 mai.

213. *Helvétius à Madame Helvétius*

[Vers le 25 mai 1755][1]

Je n'ay rien de nouveau, ma chere amie, à t'apprendre au sujet de mon pere : il a encor la fievre, un mieux est presque toujours suivi d'un moins bien. Je ne te dis rien de l'etat où je suis; j'ay eu un peu d'etourdissement et de langueur; cela n'est rien, ne sois point inquiete. Tu sens combien je te desirerois icy, mais cela n'est pas possible, vu que tu n'apporterois que de l'embarras à ma mere et que ce spectacle est si triste et si desolant que je veux, si je ne puis te rendre aussy heureuze que je le voudrois, t'eviter du moins tous les chagrins que je pourray.

Comment va Adelaide et Lotlot[2] à qui tu feras mes compliments. Comment te porte-tu toy-meme? Si M^{de} La Garde vouloit quitter sa maizon[3] dans ce moment, tu pourrois venir à Paris et faire vite le demenagement. Mais cette femme est si capricieuze et l'on peut compter si peu sur sa parole que je n'oze te rien conseiller. Tu pourrois cependant luy ecrire à ce sujet et concilier cela avec Lagrange[4], parce qu'en cas de malheur ma mere se trouveroit tout de suite dans sa maizon. Fais sur cela ce que tu voudras, car je t'avoue que je n'ay plus de tete et que je n'ay que la forçe de te dire que je t'adore. Mille compliments à nos amis[5]. Il y a cinq jours que je n'ay reçu de tes nouvelles; voila la 4eme[a] lettre que je t'ecris.[6]

[*adresse* :] En Brie / À Madame / Madame Helvetius, en son / chateau de Lumigny / [b]Par Rosoy, à Lumigny[b]

MANUSCRIT

*A. Voré; 3 p.; orig. autogr.; fragment de cachet sur cire rouge; timbre de la poste : DE·VERSAILLES.

TEXTE

[a] Lecture incertaine : peut-être "6eme lettre". En fait, cette lettre est la cinquième qu'Helvétius adresse à sa femme depuis

son arrivée à Versailles, à moins qu'une autre ne nous soit pas parvenue. [b] Mots barrés. On a fait suivre la lettre à la "[r]üe Neuve-des-Petits-Champs / [À] Paris".

NOTES EXPLICATIVES

1. Voir lettre précédente, note 2.
2. Leurs filles Geneviève-Adélaïde et Élisabeth-Charlotte.
3. La maison de la rue Sainte-Anne.
4. Mlle La Grange, qui prépare des médicaments pour les deux médecins Diest et Helvétius, habite aussi dans la maison de la rue Sainte-Anne.
5. Mably, Pluquet et le chevalier Turgot.
6. Ce silence de Mme Helvétius s'explique par son voyage de Lumigny à Paris.

214. *Helvétius à Madame Helvétius*

[Vers le 27 mai 1755][1]

Mon pere va beaucoup mieux, ma chere petite; je crois meme que nous en serons quitte pour la peur. Je comptois pouvoir t'aller rejoindre dans trois ou quatre jours et de dire tout ce que j'ay souffert d'etre separé de toy et combien je t'aime. Puisque tu es à Paris tu peux venir icy, mais je te prie que ce soit sans enfant et simplement avec ta femme de chambre. Comme tu n'y restera que deux jours, je te prie de t'en passer pendant ce petit tems. Je suis faché que tu sois venu, mais je ne puis te cacher que j'auray un plaisir extreme à t'embrasser et qu'interieurement je te desirois beaucoup, mais il eut été bien barbare à moy de t'amener icy pour etre temoin d'un spectacle aussy desolant que celuy que j'ay vu.

Il n'y a plus maintenant qu'à se rejouir. Adieu, aime-moy autant que je t'aime. Mille amitiés à Mlle Lagrange et à Mr Guerin.

[a]Si tu viens il faudra prendre un carosse de remize, car les chevaux seront trop las.[a]

[*adresse* :] À Madame / Madame Helvetius, rue / Neuve-des-Petits-Champs, proche / la rue Ste-Anne / À Paris

[*instructions relatives au porteur* :] On donnera douze sols au cocher qui / remettra cette lettre à son adresse / avant dix heures du matin

MANUSCRIT

*A. Voré; 3 p. (une demi-feuille pliée une fois); orig. autogr.; cachet aux armes d'Helvétius sur cire rouge.

TEXTE

[a] Ecrit en haut de la troisième page.

NOTE EXPLICATIVE

1. Cette lettre est visiblement la première qu'Helvétius adresse à sa femme après l'arrivée de celle-ci à Paris.

215 . *Helvétius à Madame Helvétius*

[Fin mai – début juin 1755][1]

Mon pere, ma chere amie, est toujours dans un triste etat et je ne puis pas le quitter encor aujourd'huy. Cela peut durer encor sept ou huit jours, à moins qu'il n'y eut un grand mieux. Si ce mieux arrivoit, je saisirois ce moment pour aller te voir. Mande-moy si on travaille encor dans la maison; je voudrois bien qu'on y put transporter le reste de nos meubles.

Ma foy, je t'avoue que je ne serois pas faché que tu vins avec moy loger chez Du Buisson[2]. Il faudroit que tu dis que tu y viens uniquement pour moy, comme cela seroit reellement vray, et que tu restas chez M[r] Du Buisson avec moy.

Adieu, je t'aime à la folie.

Envoie chez mon cordonnier François pour avoir une paire de soulier, car les miens sont perçés. Adieu, ma chere amie, je t'aime à la folie.

Il faudra que tu remette sur-le-champ ou ce soir à Mr Guerin les papiers signés que je t'envoie.

MANUSCRIT

*A. Voré; 2 p.; orig. autogr.

NOTES EXPLICATIVES

1. Helvétius évoque ici à nouveau la possibilité d'une visite de sa femme à Versailles (v. lettre précédente, ligne 4), en abordant cette fois les arrangements qui pouvaient être pris. Mme Helvétius a dû effectivement venir à Versailles peu après, et en revenir à Paris avec son mari, où ce dernier est resté jusqu'à ce que sa mère le mande d'urgence auprès de son père (v. lettre suivante). Cette hypothèse concorde avec l'absence de toute autre lettre adressée par Helvétius à sa femme avant le début de juillet.
2. Un Du Buisson était valet de chambre de la reine (v. A.N., O[1] 3349).

216 . *Geneviève-Noëlle de Carvoisin d'Armancourt, dame Helvétius, à Helvétius*

Mon cher fils,

Il est sept heur a pres midy. Vostre pere v'a de malle en pire. Sa respiration est fort gennéz; il sant[a] son etat. Venez demain matin et, sy M[r] Diest peut venire, il me feras plaisire. Je me meure de douleur, care il y a apparance que cela hiras bien vitte. Vostre pere a envie de vous voir.

d[b] Helvetius

Ce mercredy, 25 juin 1755

Il ne veux pas de vin de Bourdeaux.

[*adresse* :] Monsieur / Monsieur Helvetius, maitre / d'hôtel ordinaire de la Reine / rue Neuve-des-Petits-Champs / au coin de la rüe Ste-Anne / À Paris

[*instructions relatives au porteur* :] On donnera douze sols au cocher / qui rendra cette lettre à son adresse / ce mercredy, 25 juin, avant neuf / heures et demi

MANUSCRIT

*A. Voré: 1 p.; orig. autogr., sauf pour l'adresse et les instructions au porteur; traces de colle rouge.

TEXTE

[a] sent. [b] d[ame]?

217. *Madame de Graffigny à François-Antoine Devaux*

Vendredi, 27 juin 1755

[...] Je fus hier passer la journée chez Minette dont le beau-pere est à la mort. Son mari est à Versailles. Elle n'est ny dans sa maison ny dans la nouvelle dont on est obligé de jeter bas la face. Il ne lui reste dans son enciene maison qu'une chambre et un cabinet; tout le reste est occupé par la vielle La Garde qui fait tout peindre, en hu[i]lles d'un coté, en vernis de l'autre.[1] C'est une puanteur à faire mourir. Pour surcroit la gouvernante de ses enfants[2] a recu l'extreme onction hier d'un abses dans la cornée de la matrice. On lui a fait la ponction avant-hier. Cependant elle ne meurt ny ne vit. Cet une pitié que de voir tout cela.[3] Je la tire de là tant que ie puis. Elle a diné chez moi avec sa petite dont elle est la gouvernante la nuit et le jour. Duclos s'y est trouvé aussi, et dimanche elle reviendra si elle n'est pas à Versailles.

MANUSCRIT

*A. Yale, G.P., LXII, p. 117–118; 3 p.; orig. autogr.; cachet sur cire rouge.

NOTES EXPLICATIVES

1. Suite de l'opération d'échange de maisons entre Mme de La Garde et les Helvétius, déjà évoquée dans la lettre 210 (v. note 3).
2. Non identifiée.
3. La gouvernante mourra peu après. Mme de Graffigny relate en ces termes son décès et les circonstances l'ayant entouré : "J'ai courus [...] chez Minette que j'ai trouvé encore toute tremblante de la mort de sa gouvernante qui a voulu la voir deux heures avant sa mort et qui lui a pris les mains avec les sienes toutes froides. Ie crains toutes ses emotions pour elle. Le beau-pere est touiours entre la vie et la mort. Les chirurgiens ont demandé d'ouvrir cette gouvernante, et voici ce qu'on a trouvé dans une des ovaires de la matrice : un gros

Je ne te mande rien ma chere petite de l'etat de mon pere Mr [illegible] s'en charge et je ne puis te parler que de Mallarme et de la douleur que nous avons eu hier. je ne puis t'en faire la description. car je suis encor dans une foiblesse qui m'ote le repos de l'ame et du corps et qui ne me laisse rien sentir que mon amour pour toy. tu fais fort bien de m'aimer ma chere petite car enfin quoiqu'en

Lettre d'Helvétius à sa femme (a)

mary soit desagreable quelquefois. au bout de l'an
il se vaut mieux qu'au avant. C'est avec lui seul
qu'on peut partager ses douleurs. et les biens qui attachent
les epoux ensemble. leur peuvent seuls de [illegible] secourir
ainsy ma chere amie tu vois qu'il est raisonnable
de m'aimer je voudrois pouvoir encore te
prouver que cela est aimable adieu ma chere amie
aime moi toujours

Lettre d'Helvétius à sa femme (b)

tortillon de cheveux noir, leur racine tenant à la peau graisse de deux doits et dans l'autre le meme tortillon de cheveux blond. Les chirurgiens vont conserver ce phenomene et faire un memoire là-dessus où ils etabliront leur conjectures aussi fausses que hazardée." (G.P., LXII, p. 121–122.)

REMARQUES

Passée cette période difficile de la vie des Helvétius, Mme de Graffigny ne parle plus d'eux que très rarement dans ses lettres. D'ailleurs, étant souvent malade, elle écrit moins régulièrement à Devaux, et entre août 1757 et mai 1758, celui-ci se trouve à Paris. Toutefois, après la publication de *L'Esprit*, et jusqu'à sa mort (12 décembre 1758), elle le tiendra au courant du déroulement de l'affaire.

218 . *Helvétius à Madame Helvétius*

[Fin juin 1755][1]

Je ne te mande rien, ma chere petite, de l'etat de mon pere. Mr Dieste s'en charge et je ne puis te parler que de l'allarme et de la douleur que nous avons eu hier. Je ne puis t'en faire la description, car je suis encor dans une foiblesse qui m'ote le ressort de l'ame et du corps et qui ne me laisse rien sentir que mon amour pour toy.

Tu fais fort bien de m'aimer, ma chere petite, car enfin, quoiqu'un mary soit desagreable quelquefois, au bout de l'an il vaut mieux qu'un amant. C'est avec luy seul qu'on peut partager ses douleurs, et les liens qui attachent des epoux ensemble leur permet seuls de s'entresecourir. Ainsy, ma chere amie, tu vois qu'il est raisonnable de m'aimer. Je voudrois pouvoir egalement te prouver que cela est aimable. Adieu, ma chere amie; aime-moy toujours.

[*adresse* :] À Madame / Madame Helvetius / À Paris

MANUSCRIT

*A. Österreichische Nationalbibliothek, Vienne, XLIX, 112; 2 p.; orig. autogr.; traces de colle rouge. Manuscrit obligeamment communiqué par le professeur Nicole Boursier.

NOTE EXPLICATIVE

1. Entre le départ d'Helvétius pour Versailles le 26 juin 1755 avec Diest (v. lettres 216 et 217) et le retour de celui-ci à Paris au début de juillet.

219 . *Helvétius à Madame Helvétius*

[1er ou 2 juillet 1755][1]

Monsieur Dieste, ma chere femme, va partir pour Paris. J'ay reçu hier au soir ta lettre; j'ay été fort surpris que tu n'eut pas reçu la mienne[2] : je l'avois fait mettre au coche dès onze heures du matin mais, comme pendant l'absçençe du Roy peu de gens vont à Paris, il ne faut pas s'etonner si tu ne reçois point exactement de mes nouvelles.

Je compte t'aller rejoindre demain. Cependant mon retour depend absolument de l'etat où sera mon pere; ainsy n'aye aucune inquietude. Je t'aime de tout mon cœur. Mon cousin[3] te rendra mieux que moy compte de la santé de mon pere. Adieu, ma chere amie, je t'aime de toute mon ame. Mon cousin part; je n'ay que le tems de cacheter ma lettre. Je t'adore.

[*adresse* :] À Madame / Madame Helvetius / À Paris

MANUSCRIT

*A. Voré; 2 p.; orig. autogr.; traces de colle rouge.

NOTES EXPLICATIVES

1. Entre le départ du roi pour Compiègne le 1er juillet et la date de la lettre suivante, écrite alors que Diest est de retour à Paris.
2. Lettre qui ne nous est pas parvenue. Il ne s'agit pas de la lettre 218, qui n'a pas été confiée à un cocher.
3. Diest.

220. *Helvétius à Madame Helvétius*

[2 ou 3 juillet 1755][1]

Mon pere a passé fort bien la nuit; elle a été tres bonne. Il est assez bien ce matin et à peu pres tel qu'il etoit lors du dernier voiage que j'ay fait. J'ay ecrit une lettre que j'etois convenu avec Mr Dieste de luy ecrire, pour qu'il essaie son savon sur mon pere; il en espere beaucoup.

Comme Mr Dieste est tout mistere, ne luy parle point de ce savon, s'il ne t'en dit rien. Je compte toujours t'aller rejoindre samedy, s'il n'y a rien de nouveau. Presse tes ouvriers afinque nous puissions entrer lundy ou mardy dans la maison et que nous puissions partir vers la fin de la semaine pour Lumigny. Adieu, ma chere amie, je t'aime de toute mon ame. Mon pere m'apelle; je n'ay que le tems de te dire que je t'adore.

[*adresse* :] À Madame / Madame Helvetius / À Paris

MANUSCRIT

*A. Voré; 3 p. (une demi-feuille pliée une fois); orig. autogr.; traces de cire rouge.

NOTE EXPLICATIVE

1. Cette lettre date du second séjour d'Helvétius à Versailles, effectué après celui qu'il a fait à Paris en juin 1755 (v. la référence au "dernier voyage"). Elle a été écrite juste après la précédente, sa teneur indiquant que Diest vient à peine de revenir de Versailles, et elle est nécessairement antérieure à la lettre suivante, qui est à dater du 8 juillet, et dans laquelle le projet de départ pour Lumigny, évo-

qué dans la présente, est mentionné de nouveau. Enfin, comme Helvétius compte rejoindre son épouse un samedi, il s'agit probablement du 5 juillet, ce qui permet de dater la présente lettre du jeudi 3 au plus tard.

221 . *Helvétius à Madame Helvétius*

[8 juillet 1755][1]

Je n'ay pas pu t'ecrire hier matin, ma chere amie, mais je te fis mander par Mr Noel[2] l'etat de mon pere. Il a été un peu tracassé cette nuit par des bouillonnements dans le ventre; il a pris à deux heures apres minuit deux lavements qui luy ont fort bien fait : il s'est rendormy tout de suite, son someil a été tres doux et tres profond et il est bien ce matin. Il est à la verité fort ennuié de son etat. Il a des vapeurs, il est au dese[s]poir de ne pouvoir sortir et de ne pouvoir travailler. Tantost il dit qu'il va mourir, tantost il se prepare à son voiage de Compiegne.[3] En tout il me paroit beaucoup mieux que le dernier voiage; il va presque seul d'un bout de la chambre à l'autre, mais il est encor tres foible et un rien peut detruire ce mieux-là.

Il me charge de demander à Mr Dieste s'il a ecrit en Hollande pour luy avoir des muscades confites ainsy qu'il le luy avoit promis.[4] Demandes-luy.

Je compte t'aller rejoindre demain et partir pour Lumigny le plutost que nous pourrons. Je ne puis t'exprimer le plaisir que m'a fait ta lettre et combien je suis touché des assurançes que tu me donnes de ta tendresse. Si tu m'aimes, tu peux bien etre assuré d'etre encor plus aimée. Nous avons beaucoup parlé de toy, le chevalier Turgot[5] et moy, et en verité c'est un grand plaisir de parler de ce qu'on aime. J'ay vu le soir Mr de Brecourt[6] avec lequel j'ay été me promener, mais j'ay parlé tres peu de toy avec luy.

Adieu, ma chere amie, compte que je t'aimeray jusqu'au tombeau et que mon dernier soupir sera pour toy.

Nous parlerons demain de Mde Lagarde et de ses politesses.

[*adresse* :] À Madame / Madame Helvetius, rue Neuve- / des-Petits-Champs, proche la rue / Ste-Anne / À Paris

[*instructions relatives au porteur* :] On donnera douze sols au cocher qui / remettra cette lettre à son adresse avant / deux heures / ce mardy

MANUSCRIT

*A. Voré; 3 p.; orig. autogr.; cachet sur cire rouge représentant le profil gauche d'une femme.

NOTES EXPLICATIVES

D'autres lettres de cette série ont dû ne pas nous parvenir, Helvétius n'étant sans doute pas resté cinq jours sans écrire à sa femme.

1. Le retour à Paris envisagé dans cette lettre est certainement celui dont la remise est annoncée dans la lettre suivante, datée du mercredi 9 juillet. D'après les instructions au porteur, la présente lettre a été envoyée un mardi, soit sans doute le 8 juillet.
2. Non identifié.
3. Dans la lettre 210, Helvétius affirme que son père ne se rendra pas à Compiègne, quel que soit son état de santé, mais le malade semble souvent se croire en état de se rétablir et de reprendre ses activités normales.
4. Diest a probablement fait cette promesse lors de sa récente visite à Versailles (v. les trois lettres précédentes).
5. Le chevalier Turgot avait quitté Lumigny en même temps que Mme Helvétius.
6. D'après la lettre 254, Anne-Catherine avait envisagé d'épouser ce personnage. Il s'agit peut-être de Charles Coizevaux de Brécourt, chevalier de Saint-Louis et lieutenant-colonel du régiment de Navarre, qui s'était marié avant 1730, avait quitté le service en 1743, avait au moins 75 ans en 1755, et allait mourir en octobre 1757; ou de son fils, capitaine au régiment de Navarre, qui allait être nommé chevalier de Saint-Louis, puis se retirer du service en 1760. Le second bataillon du régiment de Navarre avait fait la garde de Stanislas Leszczynski lors de son entrée à Lunéville en 1738. Il n'est probablement pas question d'un membre de la famille Cotty de Brécourt.

222. *Helvétius à Madame Helvétius*

[9 juillet 1755]

[a]Monsieur Helvetius ne partira pas comme il l'a mandé à Madame son epouse cet apres-diné,[1] parceque Monsieur son pere se trouve plus incommodé.[a] Je racheve moi-meme ma lettre, ma chere amie, parce [que], les pleurs m'ayant suffoqué, je suis sorty de la chambre de mon pere. Je vais tacher de me remettre pour y rentrer. Adieu; tu juges bien de l'etat où je suis. Peutestre receveras-tu demain un courier pour venir. Adieu, ma chere amie, je t'aimes à l'adoration.

Ne dis point à Mr Dieste l'etat où se trouve mon pere; ma mere craindroit qu'il ne vins pas. Elle me charge de te le mander. Ainsy ne dis point que tu aye reçu ma lettre. Peutestre tout cecy n'est-il qu'une fausse allarme, mais j'ay peur que non. Adieu encor une fois; adieu, je t'aime de tout mon cœur.

[*adresse* :] À Madame / Madame Helvetius / rue Neuve-des-Petits-Champs / au coin de la rue Ste-Anne / À Paris

[*instructions relatives au porteur* :] On donnera douze sols au cocher / qui rendra cette lettre à son adresse / ce mercredy, neuf juillet, avant / quatre heures

MANUSCRIT

*A. Voré; 2 p.; orig. autogr.; traces de colle rouge.

TEXTE

[a] De la main d'un secrétaire, probablement Guérin.

NOTE EXPLICATIVE

1. Cette autre lettre, envoyée le même jour, ne nous est pas parvenue.

223 . *Helvétius à Madame Helvétius*

[Vers le 10 juillet 1755][1]

J'ay reçu, ma chere amie, ta lettre d'hier. Je vois que tu es fort dans l'embarras; je te plains et, quelque plaisir que j'aye de te voir, je sens que ta presençe est necessaire à Paris. Mais je vous avoue qu'il est fort ridicul au maçon de M^de^ La Garde de vous faire vingt fois emenager et demenager votre linge et vos robbes pour rien.

Mon pere est mieux. Cependant je ne puis pas le quitter encor aujourd'huy et je ne sçais pas quand je pourray t'aller rejoindre. Tu ne doutes pas du desir que j'ay de te voir et de t'embrasser, puisque je t'ay permis de venir et que j'ay risqué de t'expozer à l'ennuy et que j'ay preferé mon interest au tien. Ma mere ne serat pas meme faché que tu y vienne; elle me l'a meme demandé hier. Mais il faut pour cela que tu aye tout arrangé dans la maison et que cela soit fini. Je sens combien ta presençe est necessaire à Paris. Fais hater les ouvriers et jure contre le maçon et M^de^ La Garde.

Mr Stuard[2] m'a ecrit à l'occassion de ces papiers d'Angletterre; je t'envoie sa lettre. Tu feras venir Pelletier[3] qui te dirat ce qu'il faut faire pour retirer les papiers et à qui tu feras mes compliments. Tu pourras ecrire à Mr Stuard et tu me renverras sa lettre. Si tu luy ecris, tu luy mandras [a]l'etat de mon pere qui m'empeche de luy repondre sur-le-champ.

Adieu, ma chere amie; aimes-moy toujours et marque-moy si Mr de Brecourt[4] est venu souvent chez toy.[a]

MANUSCRIT

*A. Voré; 3 p.; orig. autogr.

TEXTE

[a] Ecrit en haut de la troisième page.

NOTES EXPLICATIVES

1. Dans la lettre suivante, du 12 juillet, Helvétius revient sur la commission confiée à sa femme de faire venir Pelletier pour le charger de ces "papiers d'Angletterre".
2. Probablement Andrew Stuart, mort en 1801, avocat écossais, fils d'Archibald Stuart de Torrance. Étant l'un des tuteurs du jeune duc d'Hamilton, il prendra la défense de son pupille en 1769 dans le célèbre procès Douglas. Hôte d'Helvétius à Paris en 1762, il le

recevra à son tour en Angleterre en 1764 (v. Cumming, p. 100–101). Il est cependant possible qu'il s'agisse du Jeune Prétendant, le prince Charles-Édouard Stuart, banni de France en 1748, qu'Helvétius aurait abrité quelque temps à Paris (v. Cumming, p. 119).

3. Jean-Baptiste Pelletier, ami d'Helvétius depuis 1748 au moins (v. lettre 145), habitait à Paris depuis 1749, date de sa nomination au poste de secrétaire du roi. Il recevait souvent Collé, Crébillon fils, Duclos et Saurin, tous amis d'Helvétius.

4. Brécourt, qui était à Versailles le 6 ou 7 (v. lettre 221) devait être à Paris depuis la veille ou l'avant-veille.

224 . *Helvétius à Madame Helvétius*

[12 juillet 1755]

Mon pere, ma chere amie, a été hier dans un etat à faire craindre qu'il ne passa cette nuit. Ce matin il est moins mal, mais je ne crois pas que cela aille loin. Tu juges bien que c'est icy la maison de[s] larmes. Je n'ay presque point dormy cette nuit; je craignois trop pour cela. Voila ma peur qui sera remize à un jour ou deux. Adieu.

Ma chere femme, tu sçais que tu dois ecrire à Mr Stuard et faire venir Pelletier qui se chargera de ses papiers et de te les faire tenir.[1] Aime-moy toujours; je ne dis pas combien je te desire, tu peux bien t'en douter. Mais il faut finir ce maudit demenagement. Si cela etoit fait, j'espere que tu viendrois icy. Je te desire et crains en meme tems de t'afliger par cet affreux spectacle. Je ne scais ce que je veux, mais je sens que je t'aime à l'adoration. Adieu, aimes-moy.

[*adresse* :] À Madame / Madame Helvetius, rue / Neuve-des-Petits-Champs, proche / la rue Ste-Anne / À Paris

[*instructions relatives au porteur* :] On donnera douze sols au cocher / qui remettra cette lettre à son / adresse avant midy / ce samedy, 12 juillet 1755

MANUSCRIT

*A. Voré; 3 p.; orig. autogr.; traces de colle rouge.

NOTE EXPLICATIVE

1. Voir lettre précédente, note 1.

225 . *Helvétius à Madame Helvétius*

[Vers le 15 juillet 1755][1]

Je n'ay rien de nouveau à te dire, si ce n'est que mon pere vit encor et en verité il n'y avoit hier nulle apparençe qu'il put passer la nuit. Tu sens l'etat où j'ay été depuis deux jours et où je seray peutestre encor ce soir, car si le redoublement [se produit][a], il n'y aura aucune esperançe. Adieu, ma chere femme, je t'embrasse et t'aime de toute mon ame. Je suis dans un etat de langueur qui ne me laisse d'autre sentiment que celuy de mon amour pour toy.

Non seulement tu m'envoirras des boucles noires, des souliers bronzés et des bas noirs, mais tu m'envoiras encor mon epée de deuil.

Adieu, ma chere petite, aimes-moy toujours.

[*adresse* :] À Madame / Madame Helvetius, rue / Neuve-des-Petits-Champs, proche la / rue Ste-Anne / À Paris

MANUSCRIT

*A. Voré; 3 p. (une demi-feuille pliée une fois); orig. autogr.; traces de colle rouge.

TEXTE

[a] Omis dans le A.

NOTE EXPLICATIVE

1. Helvétius s'attend à la mort imminente de son père. Compte tenu de l'existence et du contenu de la lettre suivante, la présente est à dater approximativement de l'avant-veille du décès.

226 . *Helvétius à Madame Helvétius*

[Vers le 16 juillet 1755][1]

Mon pere, ma chere femme, vient de reçevoir le bon Dieu. Tu sens bien dans quel etat est mon ame : j'ay la tete à l'envers dans le moment que je t'ecris, j'ay le cœur navré, je suis dans un etat affreux. Ma mere est dans la meme situation. Tout ce que je puis te dire, c'est qu'à travers tous les sentiments dont je suis affecté, je sens encor que je t'adore, que je n'aimeray jamais que toy et que je te desire toujours. Adieu, ma chere amie. Mon pere est dans un triste etat; je ne crois pas que cela aille bien loin. Nous verrons demain. Adieu encor une fois. Adieu, aime-moy toujours; dis-le-moy. J'ay les yeux trop en larmes pour pouvoir t'ecrire davantage.

[*adresse* :] À Madame / Madame Helvetius, rue / Neuve-des-Petits-Champs, proche / la rue Ste-Anne / À Paris

MANUSCRIT
*A. Voré; 2 p.; orig. autogr.; traces de colle rouge.

NOTE EXPLICATIVE
1. Le père d'Helvétius vient de recevoir les derniers sacrements. Il est mort le 17.

227 . *Helvétius à Madame Helvétius*

[17 juillet 1755]

Mon pere, ma chere petite, est dans l'etat le plus pitoiable; cependant il vit encor. Mais comme c'est aujourd'huy le mauvais jour, je crains qu'il ne passe cette nuit.[1] Quand à mon ame, tu juges bien qu'elle ne peut etre tranquille et que cette succession de desespoir et d'esperançes doit tuer. Adieu, ma chere enfant, je t'aime de toute mon ame. Ne te fatigue pas trop dans ton demenagement. Conserve-moy une femme que j'adore et fais bien mes compliments à Lolote.[2] N'oublie pas Pelletier.[3]

[*adresse* :] À Madame / Madame Helvetius, rue Neuve- / des-Petits-Champs, proche la rue / Ste-Anne / À Paris

[*instructions relatives au porteur* :] On donnera douze sols au cocher qui / remettra cette lettre à son adresse avant / midy, ce jeudy, 17 juillet 1755

MANUSCRIT
*A. Voré; 2 p. (une demi-feuille pliée une fois); orig. autogr.; fragments de cire rouge.

NOTES EXPLICATIVES
1. Helvétius père est mort le jour même de cette lettre.
2. Leur fille aînée.
3. Voir les lettres 223 et 224.

REMARQUES
Le 18 juillet, dans une lettre au duc de Luynes, la reine exprime en ces termes l'affliction que lui cause la mort du père d'Helvétius : "Vous avez bien raison de dire que c'est un ami que je perds dans mon pauvre Helvétius, car jusqu'au dernier moment il était occupé et attendri quand on lui parlait de moi. Il est mort comme un saint, et il y avait longtemps qu'il était dans la grande piété jointe à ses charités immenses, mais c'est vous entretenir bien tristement." Le même jour, de Luynes fait écho à ce commentaire : "La Reine a appris ce matin la nouvelle de la mort de M. Helvétius, arrivée hier au soir. Elle a été toute la matinée en pleurs, et est véritablement affligée." (Luynes, XIV, p. 202.)

228 . *Helvétius à Madame Helvétius*

[18 juillet 1755]

Oui vraiement, ma chere amie, je te desirerois. J'epancherois ma douleur dans ton ame, elle en seroit pour moy moins cruelle; je gouterois presque du plaisir à considerer la part que tu y prendrois mais, mon cœur, la meme tendresse qui me fait te desirer m'empeche de te faire venir. Le spectacle de demain matin sera encor affreux. C'est demain à 7 heures du matin que se fera l'enterrement.[1] Je dineray avec ma mere et j'iray coucher à Paris pour en partir dimanche et finir le plustost que je pourray mes affaires à Compiegne.[2] De là je compte revenir à Versailles faire mes arrangements avec ma mere, que nous finirons le plutost que nous pourrons et qui certainement ne seront pas longues. Je crois que nous aurons besoin de Mr Guerin, mais je te parleray de tout cela demain au soir apres avoir pris langue avec ma mere.

Je suis fort aize que nous entrerions[a] lundy dans la nouvelle maison.[3] Il faudra conserver la salle d'en bas pour y recevoir tous nos meubles. Adieu, ma chere amie. Mille compliments à Mr Dieste.

[*adresse* :] À Madame / Madame Helvetius, rue Neuve- / des-Petits-Champs, proche la rue S^te^-/ Anne / À Paris

[*instructions relatives au porteur* :] On donnera douze sols au cocher qui / remettra avant quatre heures cette lettre / à son adresse / ce 18 juillet 1755 – vendredy

MANUSCRIT

*A. Voré; 2 p.; orig. autogr.; traces de colle rouge.

TEXTE

[a] Le A : "entrerions ⟨demain⟩".

NOTES EXPLICATIVES

1. Jean-Claude-Adrien Helvétius fut enterré à l'église royale et paroissiale de Saint-Louis à Versailles.
2. C'est effectivement le dimanche 20 juillet qu'Helvétius a rejoint la cour, qui se trouvait à Compiègne, en vue de solliciter une pension pour sa mère.
3. L'aménagement de la maison est cependant loin d'être terminé à cette date, comme l'indique Mme de Graffigny le mercredi 23 juillet : "J'ai eté [...] voir Minette qui couche dans sa nouvelle maison pour la premiere fois sure une couchette au milieu d'une chambre où tous ses mœubles sont en tas et au milieu de douze maçon, autant de serurier et de menuisiers, dans le platre et la poussiere jusque par dessus la cheville du pieds, grosse de cinq mois, et courant du premier au quatrieme tant que le jour dure. Sa belle-mere se desespere à Versailles et voudroit etre à Paris. Son mari est à Compiene. En verité elle est à plaindre. Elle soutient tout cela avec courage." (G.P., LXII, p. 151.)

229 . *Helvétius à Madame Helvétius*

[19 juillet 1755][1]

C'est ce soir, ma chere amie, que je t'embrasseray et que je coucheray avec toy dans notre beau lit bleu. Comme M^{de} la Dauphine[2] n'est pas encor parfaitement bien et qu'elle a donné beaucoup d'inquiétude à la Reine, je veux encor assister à son diné. D'icy là je crois qu'elles seront calmées.

Adieu, ma chere petite, je t'aime à l'adoration et mon amour ne finira qu'avec moy.

Je suis mort de fatigue depuis que je suis icy où je n'ay cessé de faire des visittes. Adieu, à ce soir.

[*instructions relatives au porteur* :] On donnera douze sols au cocher qui / remettra avant midy cette lettre à / son adresse / ce samedy, à huit heures.

MANUSCRIT
*A. Voré; 2 p.; orig. autogr.; fragments de cachet sur cire noire.

TEXTE
L'adresse a été déchirée.

NOTES EXPLICATIVES

1. Cette lettre et deux des dix suivantes, envoyées par Helvétius de la cour après la mort de son père, sont les seules à comporter à la fois le même filigrane particulier et un cachet noir. Pendant cette période, qui prendra fin avec son retour à Voré le 21 août, Helvétius n'a effectué qu'un seul voyage de Versailles à Paris. Comme l'annonçait déjà, pour le lendemain, la lettre précédente, et comme le confirme celle-ci, ce voyage était prévu pour le samedi 19 juillet.
2. Marie-Josèphe de Saxe (1731–1767), fille de Frédéric-Auguste II, électeur de Saxe et successeur de Stanislas Leszczynski au trône de Pologne, avait épousé le Dauphin en 1747. Elle était la mère de trois futurs rois de France.

230 . *Helvétius à Madame Helvétius*

[19 juillet 1755][1]

Ma chere petite, je comtois aller vous voir ce soir, mais comme Mr de Marfillatre[2] n'a pas encor fini, je ne pourray retourner que demain à Paris. Adieu, ma chere petite; je t'aime de tout mon cœur et je suis fort inquiet de ta santé.

[*adresse* :] À Madame / Madame Helvetius / À Paris

MANUSCRIT

*A. Voré; 1 p. (demi-feuille pliée une fois); orig. autogr.; cachet sur cire noire.

NOTES EXPLICATIVES

1. Manifestement la dernière lettre d'Helvétius expédiée de Versailles après la mort de son père. Cachetée d'une cire noire, elle annonce la remise de son départ prévu selon la lettre précédente pour le soir du 19 juillet.
2. Guillaume Malfillâtre, notaire du père d'Helvétius à Versailles.

231 . *Helvétius à Madame Helvétius*

Ce lundy, 21 [juillet 1755][1]

Je suis, ma chere amie, arrivé hier[1] à Compiegne. Il me semble que tout le monde est fort porté pour ma mere, mais je n'ay pas trouvé M[r] le comte de St-Florentin[2]. Il est à Paris, il en reviendra mardy au soir ou mecredy matin. Il faudra qu'il parle au Roy, que je sache la reponse du Roy, que je le remercie, et je ne sçais pas où cela me menera. Tu vas bientost aller à Versailles. Fait tout hater pour le depart de ma mere pour Paris, car j'ay non seulement fort envie mais encor un grand besoin de m'en aller à la campagne, ce que je feray le plustost qu'il me sera possible.

Nous aurions icy de quoy meubler nos six chambres de Lumigny avec ce qu'on apelle damas de fil. Nous avons suffisament de chaizes et de fauteuil, nous avons deux lits qui conviendroient fort bien à Lumigny. En y ajoutant les deux autres de Paris notre affaire seroit faite.

Adieu, ma chere petite, aime-moy autant que je t'aime. Je ne puis te dire combien il m'est affreux d'etre icy avec le triste habit que je porte.

Si tu ecris à ma mere, mande-luy de ma part ce que je t'ay ecrit à ce sujet.

[*adresse* :] À Madame / Madame Helvetius, rue Neuve- / des-Petits-Champs, proche la rue / Ste-Anne / À Paris

MANUSCRIT

*A. Voré; 3 p.; orig. autogr.; cachet sur cire noire abîmé, montrant des armoiries avec deux écussons; timbre de la poste : DE COMPIEGNE.

NOTES EXPLICATIVES

1. Dans la lettre 228, Helvétius avait en effet annoncé son intention de se rendre à Compiègne le dimanche 20 juillet.
2. Louis Phélypeaux, comte de Saint-Florentin (1705–1777), membre de l'Académie des sciences et de celle des inscriptions et belles-lettres, succède en 1725 à son père au département de la "religion prétendue réformée". Secrétaire d'État, il s'occupe des affaires de l'intérieur du royaume, poste dans lequel il se distingue en signant une quantité pro-

digieuse de lettres de cachet. En 1770, il succédera à Choiseul au ministère des Affaires étrangères et recevra le titre de duc de La Vrillière.

232 . *Helvétius à Madame Helvétius*

[Vers le 25 juillet 1755][1]

Ma chere petite, si je ne t'ay pas ecris plustost, c'est que je comptois de jour en jour que M^r de St-Florentin travailleroit avec le Roy, et tu juges bien que, la pension une fois accordée, je ne tarderay gueres à me rendre à Paris aupres de toy si tu y es.

Je n'ay encor reçu qu'une lettre de toy et point de reponse à celle que je t'avois ecritte. Donne-moy de tes nouvelles, je t'en prie, car je crains bien d'etre obligé de rester encor icy quelques jours. M^r de St-Florentin ne travaillera gueres avec le Roy avant le mardy ou le mecredy de la semaine prochaine. Je suis toujours malade et languissant depuis que je suis icy et tu penses bien que je m'y ennuie à mort. Adieu, ma chere enfant, je t'aime de toute mon ame; je te le repeterois mille fois avec le meme plaisir, quoique je sois devoré de vapeurs.

[*adresse* :] À Madame / Madame Helvetius, rue Neuve- / des-Petits-Champs, proche la rue / Ste-Anne / À Paris

MANUSCRIT

*A. Voré; 3 p.; orig. autogr.; fragments de cachet sur cire noire; timbre de la poste : DE COMPIEGNE. La moitié inférieure du deuxième feuillet a été coupée, mais rien n'indique que le texte de la lettre s'y continuait.

NOTE EXPLICATIVE

1. Cette lettre se situe entre le retour de Saint-Florentin, annoncé dans la lettre précédente pour le mardi 22 ou le mercredi 23, et le dernier jour où Helvétius aurait pu parler de "semaine prochaine", soit le dimanche 27. La première phrase de la lettre donne à croire qu'il l'a écrite deux ou trois jours après le retour du ministre.

233 . *Helvétius à Madame Helvétius*

[Vers le 31 juillet 1755][1]

Je te diray, ma chere enfant, que je suis desolé. Le roy devoit travailler hier; il n'a rien fait. Je verray aujourd'huy, et s'il ne fait rien, j'auray encor l'espoir du vendredy, mais s'il ne faisoit rien ce jour-là avec M^r de St-

Florentin, je ne sçais plus où cela me meneroit. Il part dimanche pour Versailles; il doit y rester quatre ou cinq jours. Ainsy j'en aurois au moins pour 8 ou 10 jours à l'attendre.

Je ne puis t'exprimer le chagrin que j'ay d'etre depuis si longtems separé de toy; je sens que je t'aime plus que jamais. Dans un pais où tout me manque, je n'ay que ton idée pour me consoler, et l'incertitude où je suis du moment où je te reverray m'en fait un supliçe. Je te jure bien que, s'il ne s'agissoit des affaires de ma mere, et que cela me regarda uniquement, j'enverrois tout au diable.

J'ay reçu une lettre de toy charmante. Je suis ravie que tu m'aimes autant, mais gare pour moi! Mr Turgot[2] partira bientost pour Paris; au moins ne va pas l'aimer tandis que je suis icy à penser à toy, à t'adorer, et à te le mander; il pourroit bien... Mais non, je compte trop sur ta tendresse.

Je suis bien aize que tu sois delogé, mais tu t'es bien pressé de faire ranger mes livres en bas. Les cloisons ne sont pas seches; tu scais bien que le platre neuf peut faire tomber d'apoplexie. D'ailleurs ma mere n'est pas venue à Paris; peutestre faudra-t-il encor tout rechanger. Il falloit l'obliger à venir pour voir ce qu'il luy convenoit, car lorsqu'on vit ensemble il faut beaucoup de conciliation, et souvent tu es vive. Dieu veuille que cela reussise, mais je t'avoue qu'apres les tracas, l'ennuy et [a]la douleur que j'eprouve depuis trois mois, je ne pourrois, ma [b][foy, pl]us en supporter, et que j'aimerois mieux aller loger [ailleurs][b] que de voir maintenant deranger une pincette[a] [c]dans ma chambre. Je crains encor que l'humidité des cloisons ne pourrissent mes livres.

Excuses-moy si je suis un peu de mauvaise humeur; cela ne m'empeche pas de t'aimer à la folie, mais je suis malheureux.[c]

[*adresse* :] À Madame / Madame Helvetius, rue Ste- / Anne, proche la rue des Orties[3] / À Paris

MANUSCRIT

*A. Voré; 3 p.; orig. autogr.; le cachet sur cire noire a été à demi enlevé, ce qui a déchiré le coin de la lettre; timbre de la poste : DE COMPIEGNE.

TEXTE

[a] Écrit en haut de la troisième page. [b] Déchirure. [c] Écrit en haut de la deuxième page.

NOTES EXPLICATIVES

1. Probablement le jeudi 31 juillet, puisqu'il reste à Helvétius l'espoir de voir Saint-Florentin le vendredi. Le roi a effectivement quitté Compiègne pour La Muette le dimanche 3 août (v. Barbier, IV, p. 91).
2. Voir lettre 203, note 1.
3. Première lettre à porter l'adresse de la rue Sainte-Anne. L'ancienne rue des Orties-Saint-Honoré commençait rue d'Argenteuil et se terminait rue Sainte-Anne, aux actuels numéros 18 et 20, qui correspondent à l'emplacement de l'hôtel d'Helvétius.

Hôtel d'Helvétius, rue Sainte-Anne

234. *Helvétius à Madame Helvétius*

[Vers le 2 août 1755][1]

Ma foy, ma pauvre amie, la tete tourne à ton pauvre mary. Le Roy n'a pas encor travaillé vendredy avec Mr de St-Florentin. Tu juges bien dans quel etat je suis : je jure, je me tourmante, mais je t'aime. Je suis extremement inquiet de cette petite perte que tu as eu. Je voudrois te revoir, je t'adore et j'en suis eloigné, mais je prends mon party. Je viens de dire à la Reine et à Mr le comte de St-Florentin que je m'en irois lundy. Tu sçais que le Roy partira dimanche, qu'il[a] ne reviendra icy que jeudy et, comme il ne travaillera pas peutestre que 7 ou huit jours apres son retour avec Mr de St-Florentin, j'iray luy faire mon remerciment à Versailles où il sera le dix-huit.[2] Je compte d'icy à ce tems-là accomoder mes affaires avec ma mere et qu'apres avoir remercié le Roy, je partiray tout de suite pour Voré. Adieu, ma chere, ma belle et ma tendre amie, je t'aime aussy fort que je jure.

[*adresse* :] À Madame / Madame Helvetius, rue Ste- / Anne, vis-à-vis la rue des Orties / À Paris

MANUSCRIT
*A. Voré; 3 p.; orig. autogr.; fragments de cachet sur cire noire; timbre de la poste : DE COMPIEGNE.

TEXTE
[a] Le A : "qui".

NOTES EXPLICATIVES
1. Helvétius parle au passé du vendredi 1er août, et il a écrit avant le dimanche 3, jour dont il parle au futur. Mais il se peut que cette lettre ait quand même été écrite le vendredi 1er, étant donné les mots "le Roy partira dimanche", employés au lieu de "le Roy partira demain".
2. En fait, le roi sera de retour à Versailles le 19.

235. *Helvétius à Madame Helvétius*

Ce dimanche, [3 août 1755]

Ma chere petite, je suis au comble de ma joie. Ma mere a six mille francs de pension. Cela vient d'étre fait; je n'ay que le tems de te l'apprendre. Je ne suis pas sûre encore d'etre demain à Paris. Je remerciray le Roy à son retour à Versailles.[1] Aimes-moy, je t'adore.

[*adresse* :] À Madame / Madame Helvetius, rue / Ste-Anne, vis-à-vis la rue / des Orties / À Paris.

MANUSCRIT

*A. Voré; 2 p. (une demi-feuille pliée une fois); orig. autogr.; cachet sur cire noire; timbre de la poste : DE COMPIEGNE.

NOTE EXPLICATIVE

1. Voir lettre précédente, note 2.

REMARQUES

Le 8 août, Saint-Florentin écrit à la mère d'Helvétius : "Je ne vous ay pas informé directement, Mad[e], de la pension que le Roy vous a accordée, par ce que j'ay voulu laisser à M. votre fils le plaisir de vous l'aprendre..." (A.N., O[1]398, p. 115.) Voici le texte du brevet de pension : "Aujourd'huy 1[er] août 1755, le Roy étant à Compiegne, mettant en consideration les longs services qu'a rendû à leurs M[te[s]] le feu s[ieur] Helvetius, docteur en medecine de la faculté de Paris, medecin consultant de Sa M[té], cy-devant son medecin ord[re], directeur general des hopitaux, con[seill]er d'État, p[er] medecin de la Reine, le zele qu'il a fait paroitre dans toutes ces places pour la personne de leurs M[tes], la distinction avec laquelle il a exercé sa profession jusqu'au d[er] moment de sa vie, l'activité et la charité avec lesquelles il se portoit au secours des pauvres, Sa M[te] a voulu, en donnant à la d[e] sa v[euv]e une marque de sa bienveillance, faire en même tems connoître son attention à recompenser le vraie merite. À cet effet Sa M[te] a accordé et fait don à lad[ite] d[e] v[e] du s[ieur] Helvetius de la s[omm]e de 6 000[lt] de pension ann[u]elle." (A.N., O[1] 99, fol. 213.)

236. *Helvétius à Madame Helvétius*

[Vers le 17 août 1755][1]

Je ne puis t'exprimer, ma chere femme, l'etat où je me suis trouvé lorsque je t'ay quitté hier. J'avois le cœur penetré de douleur et de joye. J'etois au desespoir de te voir souffrir et enchanté de me voir aimé. Je t'aime aussy à la folie. Quelque envie que j'ay d'etre à Voré, je suis à toy; dès un mot je reviens à Paris. Mande-moy comment tu te portes, ma chere amie. Menage-toy bien, leve-toy tres tard.[2] Dès que tes portes seront mizes et peintes, c'est-à-dire vers la fin de [la] semaine prochaine, il faut faire tendre ta chambre, donner tes ordres pour le reste, et venir à Voré.

Ma mere verra ce matin la Reine à onze heures et un quart. Pour moy je ne puis te dire ni quand le Roy viendra ni quand je le verray. Cependant le malheur de Mr de Chambort[3], amy de Mr Turgot, que M[r] le Dauphin a par malheur blessé d'un coup de fusil, avancera peutestre le voiage du Roy. Je vais envoier chez luy. M[r] Le Roy[4] me donne un garde pour un an et demi et je ne l'ay pu refuser; c'est 100 ecus par an et par consequent 450[5] pour un an et demi qu'il m'en coutera; ainsy ne gronde pas. Adieu, ma chere femme, assure-moy que tu m'aimes toujours. Ecris-moy demain et marque-moy l'etat de ta santé.

Ma mere me charge de te dire qu'elle ira mecredy diner avec toy; elle te prie de faire mettre demain les [a][cou]leurs chez elle si tu peux. Adieu, je t'adore.

[*adresse* :] À Madame / Madame Helvetius, rue / Ste-Anne, proche la rue Clos / Gorgeot[6] / À Paris

[*instructions relatives au porteur* :] On donnera 12 sols au cocher / qui remettra cette lettre à son adresse / avant deux heures

MANUSCRIT

*A. Voré; 3 p.; orig. autogr.; traces de cire noire.

TEXTE

[a] Trois au quatre lettres enlevées avec le sceau.

NOTES EXPLICATIVES

1. Lettre écrite après l'accident du marquis de Chambors, survenu le 16 (v. note 3 ci-après), et avant le retour du roi le 19 août à Versailles.
2. Mme Helvétius, enceinte de cinq mois, avait fait une fausse couche le 10 août ou peu de jours avant (v. lettre de Mme de Graffigny à Devaux du 10 août 1755, G.P., XLII, p. 178).
3. Yves-Jean-Baptiste de La Boissière, marquis de Chambors (1726–1755), écuyer du roi et du Dauphin, est blessé lors d'une chasse, le samedi 16 août, par la décharge accidentelle d'un fusil que tient le Dauphin (Luynes, XIV, p. 236), et il en meurt le 20 août. Le Dauphin, consterné, décidera de ne plus aller à la chasse, la veuve et le fils posthume recevront une pension, et la bonté royale s'étendra à toute la famille de Chambors.
4. Charles-Georges Le Roy (1728–1789), lieutenant des chasses du parc de Versailles, a fourni plusieurs articles à l'*Encyclopédie*, notamment "Fermier", "Forêt" et "Garenne". Ami intime d'Helvétius, il allait jouer un rôle important dans l'affaire de *L'Esprit* et être un des rares philosophes à prendre la défense de l'auteur persécuté, dans son *Examen des critiques du livre intitulé De l'Esprit* (1760). Plus tard, il allait s'illustrer par ses observations sur la conduite animale dans deux ouvrages, les *Lettres sur les animaux* (1768) et les *Lettres philosophiques sur l'intelligence et la perfectibilité des animaux* (1802).
5. Il s'agit de 450 livres. L'écu d'argent valait trois livres.
6. L'ancienne rue du Clos-Gorgeau reliait la rue Traversière à la rue Sainte-Anne à l'endroit des numéros 12 et 14 actuels. L'ouverture de l'avenue Napoléon (actuelle avenue de l'Opéra) la fera disparaître en 1867.

237 . *Helvétius à Madame Helvétius*

[Vers le 18 août 1755][1]

J'attends ta lettre et je n'en recois pas encor. Je t'avois cependant dit que je ne t'ecrirois qu'apres que tu m'aurois ecrit, et je m'apperçois que les serments de mary sont encor avec toy comme les serments d'amants. Je t'aime, ma chere enfant, de tout mon cœur et je te le repete avec le plus grand plaisir.

La Reine a fait ton frere[2] le marin garde de pavillon.[3] C'est hier au soir que je l'ay appris. J'en remerciray aujourd'huy la Reine. Apparament que tu ne le sçavois pas non plus que moy. En verité c'est tres mal à ton frere de ne nous en avoir point donner avis et de nous expozer à manquer ainsy à la reine.

Adieu, ma chere amie; j'ay vingt visittes à faire et je commençe à huit heures du matin ma course. Tu juges bien que je ne suis pas bien content. Aimez-moy toujours un peu si vous ne pouvez pas aimer beaucoup un mary [qui vous adore][a]. Tu es et seras toujours ma femme du pr[emier][a] jour.

[*adresse* :] À Mad[ame][a] / Madame [Helvetius la jeune, rue][a] / Ste-Anne, vis-à-vis la [rue][a] / des Orties / À Paris

MANUSCRIT

*A. Voré; 3 p.; orig. autogr.; la plus grande partie du cachet en cire noire a été enlevée, emportant une partie de l'adresse; timbre de la poste : DE·VERSAILLES.

TEXTE

[a] Mots conjecturés sur la base de plusieurs autres lettres.

NOTES EXPLICATIVES

1. Le mois d'août 1755 est à retenir, Mme Helvétius ayant quitté fin juillet la maison de la rue Neuve-des-Petits-Champs, et le filigrane de la présente lettre ne se retrouvant que dans celles écrites entre le début de juillet et le 17 août 1755. Elle a dû être rédigée peu après qu'Helvétius a eu quitté sa femme pour se rendre à Versailles, ce qui la situe dans la période postérieure au 16 août, et le rappel du serment qu'il a fait de ne pas écrire le premier donne à croire qu'il l'a écrite très peu de temps après cette date. Toutefois, la lettre précédente qui est à dater du 17 août, lui est antérieure, étant donné la teneur de son premier paragraphe.
2. Mathieu-Joseph sera promu enseigne le 23 avril 1757 et capitaine de bombardiers à Brest en 1770.
3. La compagnie des gardes du pavillon amiral avait été formée en 1716 avec les meilleurs éléments des compagnies de gardes-marine. Les noms "garde-marine" ou "garde de marine" étaient donnés, sous l'Ancien Régime, aux jeunes gens se destinant à la carrière d'officier de marine. Les trois premières compagnies de garde-marine avaient été créées par Colbert en 1682.

238 . *Helvétius à Madame Helvétius*

[19 août 1755][1]

Je comptois, ma chere petite, recevoir aujourd'huy par la poste en reponse à la mienne une lettre de toy. Si d'icy à une heure je ne reçois rien, je n'ay plus d'esperançe que dans les cochers. Le Roy reviendra, je crois, aujourd'huy; je ne sçais pas si je ne pourray le voir, car cela n'est pas facile. On ignore s'il restra demain icy et, au cas que je ne pus le voir aujourd'huy, s'il ne faudroit pas attendre jusqu'au vendredy ou au samedy pour le remerçier. Je t'avoue que je n'en suis pas de meilleure humeur. Je sçauray tout cela dans la journée.

Mande-moy, mon cher enfant, comment tu te portes. Tes maçons ont vraissamblablement finis, tu vas etre dans la semaine aux prizes avec les menuissiers. Tache, ma chere amie, de bien dormir dans ton entresol; le someil pourra te reparer. Menage bien ta santé, ne te tracasse pas trop, ne reste pas trop longtems sur tes jambes. Il suffit que tu promettes pour boire aux menuissiers s'ils pozent tes portes dans la journée. Quand tu n'auras plus qu'à faire balayer et à faire pozer les glaces de ta chambre, La Vigne[2] suffira; repoze-t'en sur luy et dort d'autant.

Adieu, ma chere petite, je t'aime de toute mon ame; aimes-moy de meme. Adieu encor une fois et encor une fois je t'adore.

[*adresse* :] À Madame / Madame Helvetius, rue / Ste-Anne, vis-à-vis la rue / des Orties / À Paris

[*instructions relatives au porteur* :] On donnera douze sols au cocher / qui remettra avant une heure cette / lettre à son adresse / ce mardy 19, 1755

MANUSCRIT

*A. Voré; 3 p.; orig. autogr.; traces de colle noire.

NOTES EXPLICATIVES

1. La mention par Helvétius qu'il attend le retour du roi à Versailles et l'indication "ce mardy 19, 1755" ne laissent pas de doute sur le mois.
2. Jacques Lenormand, dit Lavigne, valet de chambre d'Helvétius, prendra sa retraite avant la mort de son maître et recevra 300 livres de rente et de pension viagère (M.C., LVI, 176 et 364).

239 . *Helvétius à Madame Helvétius*

[19 août 1755][1]

Je recois, ma chere amie, dans le moment ta lettre qui me tire d'une grande inquietude. Je craignois que tu ne fut malade et je n'aurois pas parti demain si je n'en eusse reçu; j'aurois meme été à Paris.

J'ay vu aujourd'huy le roy et je l'ay remercié. Je verray demain matin le pere de la Reine et je partiray à deux heures pour aller coucher à Dreux. Ainsy il faut m'envoier Pierre[2] aussitost que tu auras reçu ma lettre. Il faudra aussy envoier un homme à M[r] l'abbé Pluquet luy dire que je l'attends à midy pour manger un morceau et partir à deux heures. Je te prie de luy envoier tout de suite, car tu sçais qu'il est lambin; au moins nous en avons le soupçon.

Depeche-toy, ma chere amie, sans te fatiguer. Reviens rejoindre à Voré un mary qui t'adore.

[*adresse* :] À Madame / Madame Helvetius / rue Ste-Anne, vis-à-vis la rue / des Orties / À Paris

[*instructions relatives au porteur* :] On donnera douze sols au / cocher qui remettra cette lettre à son / adresse.

MANUSCRIT

*A. Voré; 3 p. (une demi-feuille pliée une fois); orig. autogr.; cachet sur cire noire représentant le profil gauche d'une femme.

NOTES EXPLICATIVES

1. La lettre qu'Helvétius annonce avoir reçue est sans doute celle qu'il dit espérer recevoir le jour même, dans la précédente. La date du 19 résulte également du fait qu'Helvétius arrive à Voré le 21 (v. Registre-journal de Voré), et qu'il indique ici son intention de partir le lendemain et de passer la nuit suivante à Dreux, ville située à mi-chemin entre Versailles et Rémalard.
2. Domestique d'Helvétius.

240 . *Helvétius à Madame Helvétius*

[21 août 1755][1]

Ma chere petite, je suis arrivé jeudy à Voré. Le lieu me fait autant de plaisir que ton absençe me fait de peine. Je voudrois t'y posseder; il n'est point de belle terre lorsqu'on s'y trouve privé de ce que l'on adore. Mande-moy donc, ma chere enfant, quand tu viendras me joindre. Tes ouvriers avançent-ils? Selon mon calcul tu ne dois plus avoir affaire qu'à ton tapissier. Le salon une fois tendu, tu peux donner tes ordres pour le reste. Je me flatte qu'il n'est point tombé de nouveau plancher. Je ne doute pas non plus du desir que tu as de venir embrasser ton mary. Viens donc; cependant ne te fatigue pas trop; il vaut mieux rester deux jours de plus à Paris que de risquer de succomber de fatigue. N'entends-tu rien dans la petite chambre où tu couches? Peux-tu y dormir? Le someil pourroit te retablir. Oh! le beau lieu que Voré pour dormir! Je voudrois bien t'y tenir pour t'y berçer.

À propos si tu vois le chevalier Turgot, fais-le ressouvenir d'ecrire à M[r] de La Billarderie[2] pour les faisants qu'il m'a promis. Les notres ont presque tous manqué; nous n'en avons que onze qui sont à la verité grand comme pere et mere. Tu sçais que M^r de La Motte[3] est attaqué de la poitrine, qu'il est allé à des eaux d'Auvergne. Mr Olery[4] s'est chargé de faire les emplettes que tu demandes; Corbay[5] doit aujourd'huy t'ecrire à ce sujet. Il faudroit encor que tu scus de M^r Le Roy s'il pourroit nous faire faire deux pieçes de panneaux avec lesquels ont prend les lapins lorsqu'on les furete, car nous en avons trop.

Adieu, ma chere amie, je t'embrasse et t'aime de tout mon cœur. Mille respects à ma mere. Reponse s'il te plait et surtout marque-moy le jour de ton arrivée dans notre île de Bar-a-Tharia[6]. Mille compliments à Mr Dieste et à Mlle La Grange. M^r l'abbé Pluquet vous assure de ses respects.

[*adresse* :] À Madame / Madame Helvetius la jeune / rue Ste-Anne, vis-à-vis la rue / des Orties / À Paris

MANUSCRIT

*A. Voré; 3 p.; orig. autogr.; cachet sur cire rouge; timbre de la poste : REMALARD.

NOTES EXPLICATIVES

1. D'après le Registre-journal de Voré, Helvétius y est arrivé le jeudi 21 août, ce qui correspond à l'indication de jour contenue dans la présente lettre. Ce n'est pas la première fois qu'il parle au passé du jour même où il écrit une lettre.
2. Ami des Turgot, Charles-Claude de Flahault de La Billarderie (1730–1809), d'abord capitaine de cavalerie, puis gentilhomme de la maison des enfants de France, devient en 1754 comte d'Angivillier et, en 1774, directeur général des bâtiments du roi.
3. Un Hubert de Champi, seigneur de La Motte, mort en 1760, est mentionné dans l'inventaire après décès d'Helvétius (M.C., LVI, 171, n° 82).
4. Ollery d'Orainville, propriétaire de forges près de Voré, achetait du bois à Helvétius et était "particulièrement lié" avec lui (M.C., LVI, 171 et 364; Archives de l'Orne, C 38, n° 114).
5. Jean-Baptiste Corbay, procureur fiscal de la haute justice de Feillet et receveur des domaines de Voré et de Feillet. Sa veuve, Marguerite-Pauline Desvignes, recevra une pension de 300 livres à la mort d'Helvétius (M.C., LVI, 176, 178 et 364).
6. Barataria, "île fertile et abondante où, avec les richesses de la terre, on peut amasser le trésor du ciel" (*Don Quichotte*, partie II, chapitre 42). Sancho Pança en avait été gouverneur pendant un certain temps.

241 . *Helvétius à Madame Helvétius*

[22 ou 23 août 1755][1]

J'espere, ma chere petite, que tu seras bien pres de ton depart lorsque tu receveras ma lettre. Je ne puis t'exprimer l'impatienҫe avec laquelle je t'attends. D'abord pour moy (comme dit ta fille), c'est-à-dire pour te voir, t'embrasser, et vivre avec toy; et ensuite pour toy, pour t'arracher au tracas dans lequel tu es. Quand tu devois laisser là les biblioteques, viens à Voré.

Je suis fort faché de la mort de Mr de Chambor. Si tu vois Mr Turgot[2], tu peux luy dire combien je prends de part à sa douleur. Ne le fais cependant pas venir pour cela. Mon compliment serat tout aussy bon à mon retour. J'ay dis à Corbay où tu voulois etre logé. Tout serat pret; il ne s'agit plus que de te rendre icy. Adieu, ma chere amie, il n'est pas possible de t'aimer plus vivement que moy. Rends-moy, je te prie, amour pour amour; il me seroit affreux de n'etre pas aimé de toy.

Mille respects à ma mere, mille compliments à Mr Dieste et à Mlle Lagrange.

[*adresse* :] À Madame / Madame Helvetius la jeune, rue Ste- / Anne, vis-à-vis la rue des / Orties / À Paris

MANUSCRIT

*A. Voré; 3 p.; orig. autogr.; cachet sur cire rouge; timbre de la poste : REMALARD.

NOTES EXPLICATIVES

1. Helvétius vient d'apprendre la mort de Chambors, survenue le 20 août, nouvelle qui a dû mettre au moins deux jours à parvenir jusqu'à Voré. Cette lettre a précédé la lettre 242, dernière de la série, dont la date ne saurait être postérieure au 24 août.

2. Voir lettre 203, note 1.

242 . *Helvétius à Madame Helvétius*

[23 ou 24 août 1755][1]

Enfin, ma chere enfant, le tems approche où je te verray et je t'embrasseray. C'est donc jeudy prochain ou vendredy que je seray rejoint à ce que j'aime; le tems est aussy long pour moy que pour toy. Je voudrois bien deja te tenir dans mon chateau de Gaillardin[2]. Je conçois tout le traças que tu as à Paris et toute ta fatigue; je voudrois bien que tu ne te donnes pas tant de peine. Je ne conçois pas comment tu as encor les maçons à la maison. Seroit-il arrivé quelque accident nouveau? Quelques murs ou quelques plafonds seroient-ils tombés, car je sçais bien que je comptois que tu en serois defaite le lendemain de mon depart pour Versailles?

Quant aux menuissiers je vois bien que Mr Sauvage[3] ne t'a tenu parole ni sur tes portes ni sur mes biblioteques, et j'en suis outré, car je crains bien que tu ne puisse dormir dans ton entresol non plus qu'en ton sallon. Je compte recevoir encor mecredy une lettre qui annoncera ta venue pour le lendemain; ainsy je ne t'ecriray plus. N'oublie pas les faisants aupres du chevalier.[4] Amene-tu avec toy l'abbé de Mably? Son frere, son eternel frere[5] est-il venu et scait-il quand il pourra nous venir joindre?

Adieu, ma tres aimée femme; assurez ma mere de mes respects. Faittes mille compliments à Mr Dieste et à Mlle Lagrange. Je t'embrasse de tout mon cœur.

J'oubliois de te dire de me faire faire une culotte noire, vu que ma culotte est déchirée. Tu diras à Mr Guerin d'apporter de la cire noire à cacheter.

[*adresse* :] À Madame / Madame Helvetius la jeune / rue Ste-Anne, vis-à-vis la rue / des Orties / À Paris

MANUSCRIT

*A. Voré; 3 p.; orig. autogr.; cachet sur cire rouge; timbre de la poste : REMALARD.

NOTES EXPLICATIVES

1. Dans la lettre 236, écrite vers le 17 août, Helvétius espérait que sa femme pourrait se mettre en route pour Voré dès après la fin de la semaine suivante, c'est-à-dire vers le samedi 30 août. Mais Mme Helvétius a pu avancer son départ de quelques jours, puisque son mari l'attend déjà à Voré pour le jeudi 28 ou le vendredi 29, ce qui suppose qu'elle a quitté Paris le mardi 26 ou le mercredi 27. Pour que la présente lettre lui parvienne à temps, Helvétius a dû l'écrire le dimanche 24 au plus tard.
2. Château féodal du XIe siècle, démoli en 1442, dans la commune de Gaillardon, à 16 km de Chartres; il n'en reste que les débris du donjon qu'on appelle "épaule de Gaillardon", d'où l'allusion facétieuse d'Helvétius.
3. Les Sauvage étaient une famille de menuisiers : Jean-Baptiste, Jean-Louis et André, morts respectivement en 1769, 1774 et 1779.
4. Le chevalier Turgot.
5. Étienne Bonnot, abbé de Condillac (1715–1780), dont l'épistémologie a influencé fortement le sensualisme d'Helvétius. Membre de l'Académie des sciences de Berlin, auteur de l'*Essai sur l'origine des connaissances humaines* (1746), du *Traité des systèmes* (1749), du *Traité des sensations* (1754) et du *Traité des animaux* (1755), il allait se rendre en Italie dans le courant du mois de mars 1758 pour prendre le poste de précepteur de l'infant Don Ferdinand de Parme, petit-fils de Louis XIV.

REMARQUES

C'est de cette époque que datent les portraits d'Helvétius et de sa femme dûs à Louis-Michel Van Loo (1707–1771). "J'ai eté ce matin au salon, écrit Mme de Graffigny le 3 septembre 1755. Il est charmant cette année. C'est le triomphe de l'Ecole francoise. Helvessius y est admirable en grand, sa femme horrible par le meme peintre. Enfin, il est parvenu à lui donner l'air ignoble." (G.P., LXII, p. 205.) Ces deux portraits sont reproduits, l'un dans le frontispice de l'ouvrage de Cumming, l'autre, en couleurs, dans le *National Geographic Magazine* de juillet 1975 (p. 117). En fait, il est permis d'estimer que Mme Helvétius est loin d'avoir "l'air ignoble" dans ce portrait.

243 . *Helvétius à Pierre-Antoine de Fontenay*[1]

À Voré, ce 1er 8bre 1755

Si je me suis, Monsieur, déterminé à faire suite des procès-verbaux de mon garde[2] contre les personnes que vous avés envoyé chasser le 23 et le 26 du mois dernier, ce n'a été qu'après que j'ai été parfaitement informé que vos gens étaient très souvent à chasser indifféremment dans la paroisse de Boissy. Je n'ignore pas, Monsieur, que vous avés dans cette paroisse un fief nommé Francvillier qui relève de moy, mais ce fief étant en l'air, c'est-à-dire sans domaine, ne vous donne le droit de chasser que sur les petites terres qui en dépendent. Par exemple, celui nommé la Bourganerie ne consiste pas dans le lieu de ce nom, mais seulement dans une pièce de terre qui en fait partie et qui n'est point celle des Limons, sur laquelle vos gens ont été trouvés. Au reste, Monsieur, ne cherchant qu'à bien vivre avec mes voisins, j'accepte la proposition que vous me faites d'ordonner à votre garde de faire tenir son chien derrière lui quand il passera pour aller chasser sur les petites parties qui vous appartiennent et où vous avés le droit d'envoyer chasser; et en considération je fais suspendre les poursuittes commencées sur les deux procès-verbaux rendus par mon garde, pour en faire usage néantmoins au cas que vos gens seraient retrouvés chassant sur ce qui m'appartient.

J'ay l'honneur d'estre, avec une parfaitte considération,

Monsieur,

Votre très humble et très
obéissant serviteur,

Helvetius

[*adresse* :] À Monsieur / Monsieur de Maison-Maugis / en son château, à Maison-Maugis

MANUSCRIT

A. Archives de Maison-Maugis, Orne; orig.

IMPRIMÉ

*1. Comte P. A. de Moucheron, *Maison-Maugis, son histoire, ses seigneurs, son château, ses environs*, Montligeon, 1891, p. 18.

TEXTE

Nous ignorons si cette lettre est autographe. En général, Helvétius préférait les terminaisons verbales en -ez à celles en -és.

NOTES EXPLICATIVES

Les paroisses et terres mentionnées dans cette lettre se trouvent dans la région de Voré et du château voisin de Maison-Maugis.

1. Seigneur de Maison-Maugis.
2. Flamant, garde-chasse d'Helvétius à Boissy-Maugis. Le procès-verbal mentionné dans cette lettre figure dans le Registre-journal de Voré, à la date du 30 septembre 1755.

244 . *Nicolas-Antoine Boulanger*[1] *à Helvétius*

De Paris, le 20 9bre 1755

Enfin, mon cher amy, je peux vous faire part des feuilles de mes disputes. Je vous les envoye, lisés-les avec quelque indulgence, je vous prie, comme un amusement de mes vacances, et non comme un ouvrage dont le fond et la forme soient limés par vingt années. Vous verrés par l'jmmensité du sujet et par sa grandeur que je ne vous fais pas une priere déplacée, surtout si vous vous rappellés que je n'avois pas ecrit une lettre de ces feuilles il y a deux mois, et qu'elles etoient encore dans le cahos. Vous savés d'ailleurs que j'emousse tres souvent ma plume sur certains rochers qui me commandent aussi despotiquement que ces fiers souverains de l'Asie qui veulent qu'on ne vive que pour eux; c'est une raison de plus pour que vous me pardonniés mes ratures. Si vous vous amusés de cette lecture, je pourrai en partie avoir cette obligation aux malheurs imprevus du Portugal[2] dont toute l'Europe est affectée. Les revolutions de la nature faisant la baze de mes principes, c'est là que j'ay toujours eté chercher l'homme; et vous verrés icy que pour raisonner sur les premieres societés je n'ay point eté consulter l'homme sauvage, ni l'homme dans l'etat de [a]nature, animal ou corrompu[a], ni enfin l'homme métaphisique, mais l'homme échapé aux malheurs du monde. J'ai eté chercher un etre reel, que j'ai etudié dans un etat reel, et vous me dirés, cher amy, si j'ai trouvé la realité. Au reste, bonnes ou mauvaises, mes feuilles se recommandent à votre sagesse, et moy je me recommande à votre amitié. J'aurois bien voulu ecrire pour mes concitoyens et pour le genre humain, mais sur cette matiere je n'ai pu ecrire que pour moy; c'est une loy que je me suis faitte pour ne point gener ma façon de penser, pour etre clair avec mes amis dans tous les paradoxes qui me sont particuliers et surtout pour ne point produire de tres grands maux en voulant produire de tres grands biens. C'est une tres belle chose, il est vrai, d'être le legislateur du monde, mais lisés, cher amy, dans l'histoire, et vous verrés que tous ces fameux legislateurs : Moyse, Zamolxis[3], Zoroastre, Licurgue, Romulus et Jesus, ont tous disparus et qu'on n'a jamais sçu le lieu de leur sepulture; or je n'aime point à disparoitre. Comme je n'ai point ainsy que ces grands hommes eté exposé sur l'eau ou dans le feu à ma naissance, je ne peux nullement pretendre à leur sublime assomption; il vaut donc mieux que je vive connu de quelques amis qu'jllustré par les mytologies des nations. Votre amitié et votre bon cœur sont sans doute de cet avis; c'est pourquoy je vous prie de me les conserver et vous embrasse en reconnoissance. J'ai ces jours-cy ecrit à Lyon.

MANUSCRITS

*A. Bibl. de l'Institut, ms 3927, fol. 2–3; 3 p.; copie.

B. B.N., ms. fr. 19230, fol. 18; 2 p.; copie.

IMPRIMÉ

1. J. Hampton, *Nicolas-Antoine Boulanger et la science de son temps*, Genève & Lille, 1955, p. 37–38; avec un facsimilé de la première page du B.

TEXTE

[a] Le B : "nature animal ou corrompuë".

NOTES EXPLICATIVES

Dans l'un et l'autre manuscrit, cette lettre se trouve placée en préface à une copie manuscrite des *Recherches sur l'origine du despotisme oriental.* Mais quand cet ouvrage a été publié en 1761 à Genève par les Cramer, c'est une autre préface épistolaire qu'on a choisi de lui donner (v. l'appendice du vol. 3, consacré aux lettres apocryphes).

1. Boulanger (1722–1759), ingénieur des ponts et chaussées, voyait dans les grands cataclysmes de la nature l'origine des superstitions et des idées religieuses. D'après l'introduction de *L'Antiquité dévoilée...* (Amsterdam, Rey, 1766, p. VI), sa mort était survenue peu après un séjour chez les Helvétius : "Il etoit allé passer quelque tems à la campagne chez un honnête et célebre philosophe alors persécuté : son état étoit déjà très facheux : il sentit qu'il empiroit & se hâta de revenir à Paris dans la maison maternelle où il mourut peu de semaines après son retour."

2. Allusion au tremblement de terre de Lisbonne du 1er novembre 1755.

3. Législateur mythique de la Thrace.

245. *Helvétius à Madame Helvétius*

[20 février 1756]

Eh bien, ma belle dame, vous ne m'ecrivez donc pas un pauvre petit mot! La guittare a donc tous vos amours, et le pauvre mary est entierement oublié. Bienheureux encor s'il n'a d'autre rival que la guittare et s'il en est quitte pour cela. Je ne veux pas pousser là-dessus mes reflections; vous devinez ce que je tais. Pour moy qui n'ait d'autre guitare et d'autre amour que toy, je te repeteray *toujours toujours que j'adore mon Ismene.*[1]

Monsieur Garnier[2] est parti pour Paris la veille de mon arrivée. Ainsy ce n'est pas ma cour, c'est mon serviçe que je fais actuellement. Ce Monsieur Garnier doit revenir samedy. S'il tient parole, cela ne derangera point mon voiage, mais s'il ne viens point, je resteray icy jusqu'à son arrivée. Tu recevras demain ou moy ou la lettre par laquelle je te manderay mon sejour à la cour. Voila, coquine, bien du tems que tu as à toy; n'en profite pas pour me faire ce que tu sçais. Mande-moy que tu m'aime. Quand tu devrois m'attraper, je te scauray gréz de ton attrappe.

Mille respects à ma mere, à Mr Dieste; mille compliments à nos amys et à Mr Guerin.

[*adresse* :] À Madame / Madame Helvetius, rue Ste-Anne / butte St Roch, vis-à-vis la rue / des Orties / À Paris [*instructions relatives au porteur* :] On donnera douze sols au cocher qui / remettra avant 6 heures du soir cette / lettre à son adresse / ce vendredy, 20 fevrier 1756

MANUSCRIT

*A. Voré; 2 p.; orig. autogr.; cachet sur cire rouge représentant la lettre R.

NOTES EXPLICATIVES

1. Référence à la pastorale héroïque *Ismène*, de Rebel et Francœur, qui ne contient pas exactement ces mots. Lors de sa première représentation à Versailles en 1747, Mme de Pompadour y joua le rôle de la nymphe Ismène, qu'adorait le berger Daphnis.
2. Maître d'hôtel de quartier de la reine (v. lettre 193).

246 . *Helvétius à Madame Helvétius*

[22 février 1756]

Je ne puis te rien dire encor, ma chere amie, sur mon retour. Ce n'est qu'au diné de la Reine que je sçauray si Mr Garnier est arrivé. On m'a assuré hier qu'il viendroit aujourd'huy ou demain matin. Tu peux compter que, lorsqu'il sera icy, je ne me le feray pas dire deux fois et que je me rendray bien vite aupres de toy. C'est pour moy un triste sejour que celuy-cy. Je t'aime de toute mon ame et je te le repete avec le plus grand plaisir. Je suis persuadé que tu m'aimes de meme; j'ay trop d'interest à m'en flatter pour en douter. Tu feras fort bien d'aller au bal de l'Opera[1] et de t'y amuzer, mais tu ferois tres mal de venir lundy, car tu seras accablée de fatigue et que vraisemblablement je seray sur la route de Paris.

Mr Gabriel[2] m'a parlé hier d'un tapissier; comme je ne scavois point que tu luy eut envoié de memoire, je ne sçavois ce qu'il vouloit me dire. C'est à un nommé Mr Gentil[3], qui est au garde-meuble du Roy, qu'il l'a remis pour l'examiner et le verifier. Je sçais seulement que le memoire monte à douze mille francs et cela me paroit bien cher. Je verray Mr Gabriel là-dessus si je ne pars point ce soir.

Adieu, ma chere petite, aimes-moy toujours et comptes qu'il est impossible de sentir pour toy plus de tendresse.

Mille respects à ma mere; mille compliment à nos amis.

[*adresse* :] À Madame / Madame Helvetius, rue Ste-Anne, butte / St Roch, vis-à-vis la rue des Orties / À Paris

[*instructions relatives au porteur* :] On donnera douze sols au cocher qui / remettra avant 4 heures du soir cette lettre / à son adresse, ce 22 fevrier 1756

MANUSCRIT

*A. Voré; 3 p.; orig. autogr.; cachet sur cire rouge représentant le profil gauche d'une femme.

NOTES EXPLICATIVES

1. Le bal de l'Opéra se tenait traditionnellement le lundi gras.
2. Jacques-Ange Gabriel (1698–vers 1782), premier architecte du roi, inspecteur général des bâtiments, maître de la garde-robe de la Dauphine, était fils et petit-fils d'architectes. On compte à son actif la construction de l'École militaire (de 1751 à 1769), de l'Opéra (1753) et du Petit Trianon (1762–1764), la restauration de la colonnade du Louvre, ainsi que la reconstruction du château de Compiègne et de certaines ailes du château de Versailles.
3. François ou Jean-François Gentil, garde général des meubles de la couronne (*Almanach royal*, 1752–1764).

247 . *Helvétius à Madame Helvétius*

[Vers le 23 février 1756][1]

Je ne puis pas encor te dire si j'iray ce soir à Paris. Il est midy, je vais chez la Reine. Si j'y trouve Mr Garnier, je seray ce soir à Paris. S'il n'est point de retour, je resteray icy pour l'y attendre. Si je ne te vois point ce soir, je te manderay demain ce qui en sera. Adieu, je t'embrasse et t'adore.

Mille respects à ma mere. Des compliments à nos amis et à Mlles Lollote et Adelaide.[2]

MANUSCRIT

*A. Voré; 1 p. (demi-feuille); orig. autogr.; traces de cire rouge.

NOTES EXPLICATIVES

1. Cette lettre est la suite logique des deux précédentes (v. les références à Garnier).
2. Leurs deux filles.

248 . *Helvétius à Monsieur Simon*[1]

Mr Simon

À Voré près Regmalard au Perche, le 24 8bre 1756

Pour raison de ma chatellenie[2] de Regmalard, Monsieur, j'ai fait et porté la foy et hommage[3] que je devois au Roy à cause de son chateau et chatellenie de Mortagne[4] entre les mains de M[r] le chancellier[5] dès le 15 mars dernier, enregistré en la chambre des comptes à Roüen le 31 du même mois. Il s'agit presentement, Monsieur, de faire recevoir mon aveu[6] par les officiers de Mortagne. Auparavant il faut que je paye le rachat[7] dû à la d[ite] chatellenie de Mortagne[a] [b]à cause de mon acquit fait de Madame de Vernejoux[8], veuve de M. de Vernejoux, secretaire du roy[b], à laquelle la d[ite] seigneurie de Regmalard[c] appartenoit par la donnation qui lui en avoit été faitte par M[r] Fagon[9]. Comme je desire satisfaire à ce payement, voulant rendre mon aveu sous 10 à 12 jours, je m'adresse à vous, Monsieur, et je vous envoye copie d'une quittance de ce rachat de 1692 dont la taxe[d] fut reglée à 243[lt]16[s]4[d], laquelle doit faire la regle etant la meme que celle qui se feroit aujourd'huy, par ce que les droits sont fixés par la coûtume du grand Perche qui ne souffre aucune augmentation ny diminution. Je vous prie[e], Monsieur, si cela vous est possible, de m'envoyer une quittance dud[it] rachat pour deux cent quarente trois livres seize sols quatre deniers. Je vous remettrai cette somme à mon retour à Paris. En attendant, la presente vous servira de garantie, et alors s'il faut une copie de mon contrat d'acquit, je vous la fournirai. Vous m'evitterés par ce moyen beaucoup de frais et d'embarras pour la taxe de ce rachat, mais si cela ne vous est pas possible, je vous prie de me marquer à qui il faut que je m'adresse à Mortagne ou à Alençon et de vouloir bien recommander d'expedier promptement celui qui sera chargé de payer pour moy. Je vous prie encore de me repondre pour que je puisse recevoir votre lettre[10] jeudy prochain, et j'ai l'honneur d'estre, avec la plus parfaitte estime, Monsieur, votre très humble et trés obeissant serviteur.

MANUSCRIT

*A. Voré; 3 p.; brouillon écrit de la main d'un secrétaire.

TEXTE

[a] Le A : ⟨et comme je desire y satisfaire, je m'adresse à vous, Monsieur. Chaque rachat est de⟩. [b] Dans l'interligne. [c] Le A : ⟨Voré⟩. [d] Le A : "taxe ⟨a été faite⟩." [e] Le A : ⟨donc⟩.

NOTES EXPLICATIVES

1. Non encore identifié.
2. Fief ayant acquis la dignité de seigneurie souveraine, et comportant en particulier, à ce titre, les droits de haute, de moyenne et de basse justice.
3. Serment de fidélité prêté par le vassal à son seigneur.
4. Ancienne capitale du comté de Perche, Mortagne est situé à 21 km au nord-ouest de Rémalard.
5. Guillaume de Lamoignon de Blancmesnil (1683–1772), chancelier depuis 1750. Une copie de cet acte d'hommage se trouve aux archives de Seine-Maritime, Rouen, II B 170, tome 126, fol. 232 verso–233 recto.
6. Aveu et dénombrement. Description détaillée de tout ce qui constituait un

domaine, due au seigneur souverain par son vassal une fois en sa vie.

7. Droit que le seigneur prélevait sur une terre concédée en fief, lorsqu'elle changeait de titulaire.
8. Voir lettre 156, note 4.
9. Voir lettre 156, note 5.
10. La réponse de Simon, datée du 27 octobre, est conservée à Voré. Elle fait partie d'une série de lettres d'affaires relatives aux opérations d'aveu et de dénombrement des terres d'Helvétius.

249 . *Helvétius à Madame Helvétius*

[23 novembre? 1756?][1]

Je n'ay, ma chere amie, que le tems de te dire que je t'adore, que je t'iray retrouver demain au soir, parceque je veux encor aller demain au diné de la Reine. Cela me vaut un jour de cour; ainsy je ne te reverray que demain au soir. Adieu; aime-moy toujours.

[*adresse* :] [À Madame / Madame Helvetius, rue] Ste[a] [-Anne / À Paris][b]

[*instructions relatives au porteur* :] On donnera douze sols au cocher qui / rendra avant quatre heures cette lettre à / son adresse, ce mardy 23.[1]

MANUSCRIT

*A. Voré; 1 p. (demi-feuille); cachet sur cire rouge; orig. autogr.; le tiers du deuxième feuillet a été déchiré.

TEXTE

[a] Tout le reste de l'adresse a été déchiré.

[b] L'adresse aurait pu tout aussi bien être : [rue Neuve- / des-Petits-Champs, proche la rue/] Ste [-Anne / À Paris]

NOTE EXPLICATIVE

1. Lettre écrite de Versailles à Paris un "mardy 23" entre le mariage d'Helvétius et l'affaire de *L'Esprit*. Nous n'avons pu éliminer les mardi 23 suivants : janvier 1753, avril 1754, décembre 1755, mars 1756 et novembre 1756. Si la lettre est adressée à la rue Neuve-des-Petits-Champs, elle ne peut être postérieure au 23 avril 1754.

Table des illustrations

UNIVERSITY OF TORONTO ROMANCE SERIES

1 **Guido Cavalcanti's Theory of Love**
J. E. Shaw

2 **Aspects of Racinian Tragedy**
John C. Lapp

3 **The Idea of Decadence in French Literature, 1830–1900**
A. E. Carter

4 **Le Roman de Renart dans la littérature française et dans les littératures étrangères au moyen âge**
John Flinn

5 **Henry Céard : Idéaliste détrompé**
Ronald Frazee

6 **La Chronique de Robert de Clari : Etude de la langue et du style**
P. F. Dembowski

7 **Zola before the Rougon-Macquart**
John C. Lapp

8 **The Idea of Art as Propaganda in France, 1750–1759 : A Study in the History of Ideas**
J. A. Leith

9 **Marivaux**
E. J. H. Greene

10 **Sondages, 1830–1848 : Romanciers français secondaires**
John S. Wood

11 **The Sixth Sense : Individualism in French Poetry, 1686–1760**
Robert Finch

12 **The Long Journey : Literary Themes of French Canada**
Jack Warwick

13 **The Narreme in the Medieval Romance Epic : An Introduction to Narrative Structures**
Eugene Dorfman

14 **Verlaine : A Study in Parallels**
A. E. Carter

15 **An Index of Proper Names in French Arthurian Verse Romances, 1150–1300**
G. D. West

16 **Emery Bigot : Seventeenth-Century French Humanist**
Leonard E. Doucette

17 **Diderot the Satirist : An Analysis of Le Neveu de Rameau and Related Works**
Donal O'Gorman

18 **'Naturalisme pas mort' : Lettres inédites de Paul Alexis à Emile Zola 1871–1900**
B. H. Bakker

19 **Crispin Ier :**
La Vie et l'œuvre de Raymond Poisson, comédien-poète du XVIIe siècle
A. Ross Curtis

20 **Tuscan and Etruscan :**
The Problem of Linguistic Substratum Influence in Central Italy
Herbert J. Izzo

21 **Fécondité d'Emile Zola : Roman à thèse, évangile, mythe**
David Baguley

22 **Charles Baudelaire, Edgar Allan Poe : Sa Vie et ses ouvrages**
W. T. Bandy

23 **Paul Claudel's Le Soulier de Satin : A Stylistic, Structuralist, and Psychoanalytic Interpretation**
Joan Freilich

24 **Balzac's Recurring Characters**
Anthony R. Pugh

25 **Morality and Social Class in Eighteenth-Century French Literature and Painting**
Warren Roberts

26 **The Imagination of Maurice Barrès**
Philip Ouston

27 **La Cité idéale dans Travail d'Emile Zola**
F. I. Case

28 **Critical Approaches to Rubén Darío**
Keith Ellis

29 **Universal Language Schemes in England and France 1600–1800**
James Knowlson

30 **Science and the Human Comedy : Natural Philosophy in French Literature from Rabelais to Maupertuis**
Harcourt Brown

31 **Molière : An Archetypal Approach**
Harold C. Knutson

32 **Blaise Cendrars : Discovery and Re-creation**
Jay Bochner

33 **Francesco Guicciardini : The Historian's Craft**
Mark Phillips

34 **Les Débuts de la lexicographie française : Estienne, Nicot et le Thresor de la langue françoyse (1606)**
T. R. Wooldridge

35 **An Index of Proper Names in French Arthurian Prose Romances**
G. D. West

36 **The Legendary Sources of Flaubert's Saint Julien**
B. F. Bart and R. F. Cook

37 **The Rule of Metaphor : Multi-Disciplinary Studies of the Creation of Meaning in Language**
Paul Ricœur

38 **The Rhetoric of Valéry's Prose Aubades**
Ursula Franklin

39 **Unwrapping Balzac : A Reading of La Peau de chagrin**
Samuel Weber

40 **The French Fictional Journal : Fictional Narcissism/Narcissistic Fiction**
Valerie Raoul

41 **Correspondance générale d'Helvétius : Volume I : 1737–1756; lettres 1–249**
Édition critique préparée par Peter Allan, Alan Dainard, Jean Orsoni et David Smith

www.ingramcontent.com/pod-product-compliance
Lightning Source LLC
Chambersburg PA
CBHW022142130726
47905CB00004BA/1080

* 9 7 8 1 4 4 2 6 3 8 8 0 8 *